國文經緯貫通大義

本書由蘇州大學哲學一級重點建設學科經費資助出版

唐文治 著

朱光磊 孫明柱 編

廣陵書社

圖書在版編目（ＣＩＰ）數據

國文經緯貫通大義 / 唐文治著 ; 朱光磊，孫明柱編
. -- 揚州 ： 廣陵書社，2024.9
（吳地文化系列叢書）
ISBN 978-7-5554-2015-6

Ⅰ. ①國… Ⅱ. ①唐… ②朱… ③孫… Ⅲ. ①文章學
Ⅳ. ①H05

中國國家版本館CIP數據核字(2024)第099926號

書　　名	國文經緯貫通大義
作　　者	唐文治 著　朱光磊 孫明柱 編
責任編輯	孫語婧

出版發行　　廣陵書社

揚州市四望亭路 2-4 號　　郵編 225001
（0514）85228081（總編辦）　85228088（發行部）
http://www.yzglpub.com　　E-mail:yzglss@163.com

印　　刷	無錫市海得印務有限公司
裝　　訂	無錫市西新印刷有限公司

開　　本	889 毫米 × 1194 毫米　1/32
印　　張	18.75
字　　數	312 千字
版　　次	2024 年 9 月第 1 版
印　　次	2024 年 9 月第 1 次印刷
標準書號	ISBN 978-7-5554-2015-6
定　　價	120.00 元

唐文治先生像

整理説明

　　本書爲《國文經緯貫通大義》一書的整理本。原書爲唐文治編著，共八卷，於一九二五年編成并在同年由湘鄂印刷公司印刷，無錫西溪唐公館、無錫國學專修館聯名发行。該書列出作文四十四法，每一作文法之下羅列相關範文，并加以評點，是唐文治總結歷代文章作法之大成。

　　此後，又有三家出版社刊印此書。其一，臺北文史哲出版社全本影印了該書；復旦大學出版社《歷代文話》叢書删去該書範文，僅僅收録唐文治的評語；上海古籍出版社《唐文治文章學論著集》則將該書圈點删除，并點校了所選範文與唐文治的評語。本書以無錫國學專修館刊本爲底本進行整理，保留了全部圈點，并對之進行現代標點整理。

　　一、校注。本書所選之文章，異體字、俗字等隨文校改，未出校。字句有明顯錯誤則更正出校，其餘一概依原本照録。

二、原書中所用圈點，全部保留。本書圈點具有句讀、賞鑒雙重功能。從句讀功能上看，文章以圈標示句讀。從賞鑒功能上看，文章之圈點針對不同的作文法各有相應的指示。大致而言，圈乃文章之精神，點乃文章之綫索。此圈點之效用源自桐城義法，對於文章分析殊爲重要，不可輕易視之。

三、標點。本來圈點即有句讀功能，但不如現代標點細緻明晰。爲方便讀者閱讀，特在原文上標注現代標點。

目録

六

自叙

往者余詢桐城吳摯甫先生：『公交游遍天下，今世作者共有幾人？』先生憮然有間曰：『凡

握管爲文者夥矣。以云內家，吾未之見也。』余訝其言之過高，且意所謂『內家者』：審命意爾、

辨性質爾、析理與氣爾。厥後課徒二十年，稍有閱歷，忽豁然有悟，知吳先生之言啓我。乃編讀、

文數十法，名曰《國文經緯貫通大義》，用以開示諸生，指撝奧義云。

聖人既竭目力焉，繼之以規矩準繩，以爲方圓平直，不可勝用也；既竭耳力焉，繼之以六律，

正五音，不可勝用也。此政治學之大原也，而文學亦荄滋於此。蓋規矩者，形也，通於形之變化

離奇，則進於神矣；音律者，聲也，通於聲之抑揚徐疾，則斂於氣矣。文字者，經天而緯地者也。

吾日求古文之綫索，則知古書之經緯，與其命意。於是我之精神與古人之精神訢合而無間，

乃借古人之精神，發揮我之精神。舉并世之孝子忠臣、義夫烈婦，一切可驚可駭、可喜可悲之事，

宇宙間形形色色、怪怪奇奇，壹見之於文章。於是我之精神，更有以歆動後人之精神，不相謀而適相感，奮乎百世之上，百世之下，聞者莫不興起也，而況於親炙之者乎？質諸鬼神而無疑，俟諸後聖而不惑，吾道一以貫之，無非求之經緯而已。文之所重於人間世，豈非以其然哉！

且夫人之居處適其宜，而築室始有結構之法：『乃左乃右，乃疆乃理』執事之法度也；『殖殖其庭，有覺其楹』匠氏之秩序也。入其門，堂奧顯於前，餘屋廠於外，其不知法度可知也；登其堂，非三楹，非五軒，茅茨以爲牆，几筵以爲戶，其不知秩序可知也。惟一區一徑、一庭一壺、一草一木，皆得其所，而後謂之胸有丘壑。若是者何也？經緯而已矣。

如是而推之於文，則讀《易》可以悟《書》也，如是而讀《書》可以悟《詩》也，如是而讀《詩》《禮》可以悟《春秋》也。孔子五十學《易》，作《十翼》，傳法無一同者，經緯之變化也。《左傳》《史記》之文，經緯千端，牢籠二十篇，都凡數百章，篇法章法，無一同者，經緯之變化也。《論語》萬有，而每篇體制面貌，亦無一同者，變化多也。韓、柳、歐、蘇諸子，則具體而微，下焉者當以經緯之多寡，辨其所造之等次。晉以下之史書，宋以後之文集，幾於千篇一律，覽其前而即知其末。

者，變化少也。近世以來，桐城、陽湖，號爲宗派者，頗能學古人之經緯，稍稍運用於其間。而其

氣體或荼弱而不能振，天資耶？人事耶？抑時代爲之耶？

學者欲窮理以究萬事，必讀文以求萬法。又必先潛研乎規矩之中，然後能超出乎規矩之外，

而又扶之以浩然之氣，正大之音。格物致知，所以充其用也；閱世考情，所以廣其識也。至於化

而裁之，從心所欲不踰矩，所謂『過此以往，未之或知』也。由是而成經成史、成子成集，成訓詁

家、成性理家、成政治家、成大文學家，豈非通乎經緯之道而然哉？

然而更有其本焉。天下惟謹守規矩之人，乃能爲謹守規矩之文；惟胸羅經緯之人，乃能爲

胸羅經緯之文。繫古作者，吐辭爲經，行爲世法，表裏交正。子思子曰：『惟天下至誠，爲能經

綸天下之大經，立天下之大本。』《禮記·月令篇》曰：『無變天之道，無絕地之理，無亂人之紀』。

天道、地理、人紀者，造化之文章、天下之大本。變之、絕之、亂之而國以傾。嗚呼！宣教明化，觀

乎人文。陰消陽息，蠖屈龍伸。雲雷屯難之會，天造草昧。君子以經綸，盛德大業至矣哉！乙丑

夏五唐文治自序。

例言

一、孔子有言：『知之者不如好之者，好之者不如樂之者。』學道如此，學文亦然。所以少樂趣者，由於不知門徑耳。苟得門徑，自然駸駸日上矣。是編所錄，專在開示門徑。惟須程度較高者讀之，方能獲益。至讀文之法，柳子厚所謂『激而發之欲其清，固而存之欲其重』，曾文正所謂『字字若履危石而下』『而其氣則翔翥於虛無之表』二說盡之矣。任意亂讀，徒費時光，甚或襲庸俗之調，卑陋不能自拔，惜哉！

一、學者讀文，務以精熟背誦，不差一字爲主。其要法，每讀一文，先以三十遍爲度。前十遍求其綫索之所在，劃分段落，最爲重要。次十遍求其命意之所在，有虛意，有實意，有旁意，有正意，有言中之意，有言外之意。再十遍考其聲音，以求其神氣，細玩其長短疾徐、抑揚頓挫之致。三十遍後，自不知手之舞之、足之蹈之，雖讀百遍而不厭矣。能得斯境，方能作文。然實各有其

性之所近，至易而無難也。

一、圈點之學，始於謝疊山，盛於歸震川、鍾伯敬、孫月峰，而大昌於方望溪、曾文正。圈點者，精神之所寄。學者閱之，如親聆教者之告語也。惟昔人圈點所注意者，多在說理、練氣、敘事三端。方、曾兩家，乃漸重章法、句法。近時講家，多循文教授，或炫博矜奇，難獲實益。是編精意，專在線索，而線索專在於圈點。如『局度整齊法』，則專圈整齊處；『鷹隼盤空法』，專圈騰空處；『段落變化法』，專圈變化處。學者得此指點，并詳玩評語，舉一反三，畢業後可得無數法門矣。

一、余嘗教學生讀文作文，必須辨陰陽、剛柔性質之異。惟辨性質尚易，而得用法較難。是編於每法下，注明適用於某種之文。學者用心潛玩，觸類旁通，自有因時制宜之妙。嘗謂文人作十數題，倘能俱有精采，各極其勝，此神手也；次焉者十得八九，或十得六七；至程度卑淺者，十題中不過能作一二題，其餘不足觀矣。今得是編讀之，盡得應用之法，豈復有難題乎？

一、讀是編者，要在按照編目，循序漸進，由淺入深。而尤要者，在推廣諸法。譬如讀《詩

經》，即可悟《詩經》各篇之文法；讀《左傳》《史記》，即可悟《左傳》《史記》各篇之文法；讀韓、歐文，即可悟韓、歐集中各篇之文法。則是編所選雖不多，而推類以及其餘，則靈通諸書無難矣。善弈棋者，悟得路路皆通，方成國手。善讀文者，悟得篇篇有法，方成能手。進而益上，則行乎其所不得不行，止乎其所不得不止，神於法而不拘於法，則成文中之聖手矣。

一、原編尚有『精探理奧法』，選目爲周子《太極圖說》、張子《西銘》、朱子《仁說》《觀心說》等篇。又有『條陳事理法』，選目爲孫文定《三習一弊疏》、林文忠《燒鴉片烟疏》、李文忠《請減蘇淞太浮糧疏》、曾惠敏《收回伊犁辦事艱難情形疏》等。編後因篇幅過多，且學者必須讀余所編《性理學大義》《政治學大義》，方爲得窺全豹，故將是二目刪去。然若謂法盡於此，則大謬矣。

又余前編《讀文法》十品，係爲程度較淺者而設。是編則程度甚深，宜俟十品讀畢，再從事於斯。選文偶有一二重複者，講法亦截然不同也。

國文經緯貫通大義卷一

【局度整齊法】

普通適用，以意義分明，不板滯爲主。

《書·無逸篇》

周公曰：『嗚呼！君子所其無逸。先知稼穡之艱難，乃逸，則知小人之依。相小人，厥父母勤勞稼穡，厥子乃不知稼穡之艱難，乃逸，乃諺，既誕。否則侮厥父母，曰：「昔之人無聞知。」』

周公曰：『嗚呼！我聞曰：昔在殷王中宗，嚴恭寅畏，天命自度，治民祇懼，不敢荒寧。肆中宗之享國七十有五年。其在高宗時，舊勞於外，爰暨小人。作其即位，乃或亮陰，三年不言。

其惟不言，言乃雍，不敢荒寧。嘉靖殷邦，至于小大，無時或怨。肆高宗之享國五十有九年。其在祖甲，不義惟王，舊爲小人。作其即位，爰知小人之依。能保惠于庶民，不敢侮鰥寡。肆祖甲之享國三十有三年。自時厥後立王，生則逸。生則逸，不知稼穡之艱難，不聞小人之勞，惟耽樂之從。自時厥後，亦罔或克壽。或十年，或七八年，或五六年，或四三年。』

周公曰：『嗚呼！厥亦惟我周大王、王季，克自抑畏。文王卑服，即康功、田功，徽柔懿恭，懷保小民，惠鮮鰥寡。自朝至于日中昃，不遑暇食，用咸和萬民。文王不敢盤于游田，以庶邦惟正之供。文王受命惟中身，厥享國五十年。』

周公曰：『嗚呼！繼自今嗣王，則其無淫于觀、于逸、于游、于田，以萬民惟正之供。無皇曰「今日耽樂」，乃非民攸訓，非天攸若，時人丕則有愆。無若殷王受之迷亂，酗于酒德哉！』

周公曰：『嗚呼！我聞曰：古之人猶胥訓告，胥保惠、胥教誨，民無或胥，譸張爲幻。此厥不聽，人乃訓之，乃變亂先王之正刑，至于小大。民否則厥心違怨，否則厥口詛祝。』

周公曰：『嗚呼！自殷王中宗，及高宗，及祖甲，及我周文王，茲四人迪哲。厥或告之曰「小

人怨汝、詈汝」，則皇自敬德厥愆，曰「朕之愆」。允若時，不啻不敢含怒。此厥不聽，人乃或譸張

爲幻。曰「小人怨汝詈汝」，則信之。則若時，不永念厥辟，不寬綽厥心。亂罰無罪，殺無辜，怨

有同，是叢于厥身。」

周公曰：『嗚呼！嗣王其監于茲。』

《尚書》文中之整齊者、如《堯典篇》『咨十有二牧』以下是也。此篇則一變其面貌，以『周公曰嗚呼』五字作綫索，敘事錯落，而其意愈轉愈深，亦愈轉愈緊。前言無逸則天命歸，逸則天命不永；後言無逸則人心順，逸則人心怨詛。深嗟永嘆，反復丁寧，學者宜日三復也。余嘗謂讀《書》讀《詩》，務宜留心周公之著作，如此篇可師可法，尤宜注意。

○『君子所其無逸』一段，是『翕如法』。『殷王中宗』以下數段、是『純如皦如法、末段是『繹如法』。『嗣王其監于茲』一段，爲總結束，醒出『命意法』。

○『自時厥後立王』一段，爲小結束。『厥亦惟我周』一段，爲『提筆法』、『無皇曰今

日耽樂』數語，爲『抑揚響亮法』。

○篇中五『不敢』字，亦係綫索，所謂敬畏天命也、王伯厚先生曰：『《無逸》多言「不敢」、《孝經》亦多言「不敢」，堯舜之兢業、曾子之戰兢，皆所以存此心也。」

《詩·蕩篇》

蕩蕩上帝，下民之辟。　疾威上帝，其命多辟。　天生烝民，其命匪諶。　靡不有初，鮮克有終。

文王曰咨，咨女殷商。　曾是彊禦，曾是掊克。　曾是在位，曾是在服。　天降滔德，女興是力。

文王曰咨，咨女殷商。　而秉義類，強禦多懟。　流言以對，寇攘式內。　侯作侯祝，靡屆靡究。

文王曰咨，咨女殷商。　女炰烋于中國，斂怨以爲德。　不明爾德，時無背無側。　爾德不明，以無陪無卿。

文王曰咨，咨女殷商。　天不湎爾以酒，不義從式。　既愆爾止，靡明靡晦。　式號式呼，俾晝作夜。

文王曰咨，咨女殷商。　如蜩如螗，如沸如羹。　小大近喪，人尚乎由行。　內奰于中國，覃及鬼方。

文王曰咨，咨女殷商。

文王曰咨，咨女殷商。匪上帝不時，殷不用舊。雖無老成人，尚有典刑。曾是莫聽，大命以傾。

文王曰咨，咨女殷商。人亦有言，顛沛之揭。枝葉未有害，本實先撥。殷鑒不遠，在夏后之世。

《詩經》中有以一語作全篇綫索者，如《皇矣篇》之『帝謂文王』是也、此篇以『文王曰咨，咨女殷商』作全篇綫索，其意愈轉愈深，亦愈轉愈緊，音調鏗鏘，亦千古無匹、

○命意固在末章結二句，而實在一『命』字。玩首章『其命多辟』『其命匪諶』、及第七章『大命以傾』可見。

《左傳·長勺之戰》（莊公十年）

十年春，齊師伐我。公將戰，曹劌請見。其鄉人曰：『肉食者謀之，又何間焉？』劌曰：『肉食者鄙，未能遠謀。』乃入見。問何以戰，公曰：『衣食所安，弗敢專也，必以分人。』對曰：『小惠未遍，民弗從也。』公曰：『犧牲玉帛，弗敢加也，必以信。』對曰：『小信未孚，神弗福也。』公曰：『小大之獄，雖不能察，必以情。』對曰：『忠之屬也，可以一戰。戰則請從。』

公與之乘，戰于長勺。公將鼓之，劌曰：『未可。』齊人三鼓，劌曰：『可矣。』齊師敗績。公將馳之，劌曰：『未可。』下視其轍，登軾而望之，曰：『可矣。』遂逐齊師、

既克，公問其故。對曰：『夫戰，勇氣也。一鼓作氣，再而衰，三而竭。彼竭我盈，故克之。夫大國，難測也，懼有伏焉。吾視其轍亂，望其旗靡，故逐之。』

一段點綴在前，則此文便索然無味。此等處，學者宜善自領會、

凡文局度之整齊者，妙在天然綰合，若以斧鑿爲之，則呆滯不靈矣、此文以『公曰』『對曰』三段，爲第一整齊法；以『公將鼓之，劌曰未可』『公將馳之、劌曰未可』，爲第二整齊法；以『故克之』『故逐之』爲第三整齊法。皆天然綰合，非出人爲。然非得『肉食者謀之』

韓退之《進學解》

國子先生晨入太學，招諸生立館下，誨之曰：『業精於勤，荒於嬉；行成於思，毀於隨。方今聖賢相逢，治具畢張。拔去凶邪，登崇畯良。占小善者率以錄，名一藝者無不庸。爬羅剔抉，

刮垢磨光，蓋有幸而獲選，孰云多而不揚？諸生業患不能精，無患有司之不明；行患不能成，無

患有司之不公。』

　言未既，有笑於列者，曰：『先生欺予哉！弟子事先生，於茲有年矣。先生口不絕吟於六藝

之文，手不停披於百家之編。記事者必提其要，纂言者必鈎其玄，貪多務得，細大不捐；焚膏油

以繼晷，恒兀兀以窮年；先生之業，可謂勤矣！牴排異端，攘斥佛老；補苴罅漏，張皇幽眇；尋

墜緒之茫茫，獨旁搜而遠紹；障百川而東之，迴狂瀾於既倒；先生之於儒，可謂有勞矣！沈浸醲

郁，含英咀華。作為文章，其書滿家；上規姚姒，渾渾無涯；周《誥》殷《盤》，佶屈聱牙；《春

秋》謹嚴，《左氏》浮誇；《易》奇而法，《詩》正而葩；下逮《莊》《騷》，太史所録；子雲、相如，

同工異曲；先生之於文，可謂閎其中而肆其外矣！少始知學，勇於敢為；長通於方，左右具宜；

先生之於為人，可謂成矣！然而公不見信於人，私不見助於友。跋前躓後，動輒得咎。暫為御

史，遂竄南夷。三年博士，冗不見治。命與仇謀，取敗幾時。冬暖而兒號寒，年豐而妻啼飢。頭

童齒豁，竟死何裨。不知慮此，而反教人為？』

先生曰：『吁！子來前。夫大木爲宋、細木爲桷、榑櫨、侏儒、椳、闑、扂、楔，各得其宜，施

以成室者，匠氏之工也。玉札、丹砂、赤箭、青芝、牛溲、馬勃、敗鼓之皮，俱收并蓄，待用無遺者，

醫師之良也。登明選公，雜進巧拙，紆餘爲妍，卓犖爲杰，較短量長，惟器是適者，宰相之方也。

昔者孟軻好辯，孔道以明，轍環天下，卒老於行；荀卿守正，大論是弘，逃讒於楚，廢死蘭陵。是

二儒者，吐辭爲經，舉足爲法，絕類離倫，優入聖域，其遇於世何如也？今先生學雖勤而不繇其

統，言雖多而不要其中，文雖奇而不濟於用，行雖修而不顯於衆；猶且月費俸錢，歲靡廩粟；子

不知耕，婦不知織；乘馬從徒，安坐而食。踵常途之促促，窺陳編以盜竊。然而聖主不加誅，宰

臣不見斥，茲非其幸與？動而得謗，名亦隨之。投閒置散，乃分之宜。

『若夫商財賄之有亡，計班資之崇庳，忘己量之所稱，指前人之瑕疵，是所謂詰匠氏之不以杙

爲楹，而訾醫師，以昌陽引年，欲進其豨苓也。』

何謂『進學解』？言進學而解嘲也、與《獲麟解》不同。先解明題旨，方知文之妙蘊。

或問：『此篇宜入「洸洋詼詭法」，茲編入「局度整齊法」，何也、？』曰：東方朔《答客難》所

以不及子雲《解嘲》者，以《解嘲》文局度較爲整齊也。子雲《解嘲》又不如《進學解》者，

以《進學解》局度更爲整齊也。昌黎此文，實從《客難》《解嘲》脫胎而來，而能一變其面貌

者，惟其整齊也。前半以『先生之業可謂勤矣』四段作『整齊法』，後幅以『先生學雖勤而

不繇其統』四句作呼應。後半以匠氏、醫師、宰相三段作『整齊法』，後路以『宰臣不見斥』

結處，以匠氏、医師作呼應。人但覺其參差錯落，而不覺其整齊。要知惟其整齊，所以更覺

詼詭。如《孟子·矢人豈不仁於函人》章，上言矢人、函人，後又言『弓人而恥爲弓』『矢人

而恥爲矢』，逸趣橫生。昌黎即隱用此法。

○『記事者必提其要』二句，爲讀書要法；『沈浸醲郁』二句，爲用功要法；此蓋昌黎

精言其心得處。

○玩『上規姚姒』一段，可見昌黎平日所學，在《易》《書》《詩》《春秋左氏傳》《莊子》

《離騷》《史記》、子雲、相如共九家，此蓋昌黎精言其師法處。吾輩欲學昌黎，求之於是數

書足矣。

○選韵極精，且在有意無意之間、。此法余別有論、。

王紫翔先生《李傅相六十壽序》

聖天子改元之八年，玄黓敦牂之歲，宮太傅伯相合肥李公年六十矣、。海內縉紳士庶、，人人頌公功、，僉謂公歷仕四朝，位極將相，以爲明良之盛、際遇之隆，亘古莫竝，不可無一言以獻。而某忝公一日之知，竊有感於公之所以獨處其難者。

衆曰：『屬同治初元，東南糜爛於寇。公以詞臣投筆從戎、率偏師數千，浮江東下。群寇鴟張豕突，致死於我。公鏖戰無前，搗其巢穴，群酋面縛，大憝授首。此不亦難矣乎？』某曰：

『未也。』

衆曰：『流寇蹂躪齊、魯、宋、衞、，蕩搖我畿輔。鏖午之衆，蔓延十數載。時則名王喪師，元戎左次。天子倚公長城、，命爲元帥。公電掣風馳，師不踰時，三方底定、。此不亦難矣乎？』某曰：

『未也。』

眾又曰：『瑪加利之事、西人狡焉思逞。公單舸浮海，駐旌之累，慴之以威、懷之以德。使者計窮、束手受約。子儀免冑，回紇自退，仲淹居邊，西夏寢謀。此不亦尤難矣乎？』某曰：『猶未也。』

眾又曰：『伊犂疆場之事、行人失辭。皇太后疇咨群臣、僉謂和終無成、戰則必勝。公以元老壯猷，獨持慎重之說。蓋我與俄人，非宋、金不共戴天之憾，而天方授我，知呼韓終有臣漢之年。敵亦悔禍之延，言尋舊盟，卒如公指。此不亦尤難矣乎？』

某曰：『猶未也。天下知公之難，而不知公之所以難。國家養士二百年，名臣魁儒輩出，百姓安樂富庶。窮泰極侈，而天下生民之禍亟矣。仰賴列聖七葉重光，重以先皇帝聰明首出，神武不殺、嵩嶽效靈，人物獻瑞，天生宏濟艱難之臣，以翊輔中興之運。自咸豐、同治以來，將相重臣，可以圖雲臺、繪凌烟者，不可一二數。而海內喁喁仰望，若日星河漢，必首曾文正公與公。公受知文正公，遂荷穆廟簡畀之重，殄掃群寇，而黔首諡如。蓋文正實創業於艱難辛苦中，而俟公以

成之。此文正獨爲其難，而公猶爲其易也。洎繼文正躋首輔，比年中外事益煩劇，天下延頸舉踵而望公。公不恤以一身任勞怨，此文正猶爲其易，而公獨爲其難也。然某竊窺公之所以獨任其難者，則尤非天下淺嘗公者之所及知。

『某侍公二載，見公未明而起，讀書如諸生。夫書莫粹於六經，而《春秋》經尼山筆削，實爲萬世治世之書。《春秋》之義：善善惡惡，興滅繼絕，内諸夏、外夷狄，貴王賤霸而已。

『軍興以來，天下多故，網羅海内人材，兼收并蓄。或乃賢不肖雜糅其間，公必有以《春秋》「善善惡惡」之義治之。

『昔年日本襲我琉球、夷其宗社、以輔車之共戴，而閱牆以尋仇，公必有以《春秋》「興滅繼絕」之義治之。

『西人恃其機械，有蔑視中國之心，然攘夷狄先修政事，公必有以《春秋》「内諸夏、外夷狄」之義治之。

『漢、唐、宋、明之盛，皆雜霸之遺。獨我朝重道崇儒，比隆唐、虞、三代。然天下士大夫功利

之見，浸淫於心，牢不可破，公必有以《春秋》「貴王賤霸」之義治之。

『夫處其難而忽其難，自古持祿保位者，所以泄泄沓沓也。知其難而畏其難，而益思讀書以闢其難，公之所以爲公也。』伊訓之告太甲曰：「其難其愼。」孔子之對定公曰：「爲君難，爲臣不易。」公其知之矣。」

衆皆曰善。退而叙次其説，而郵獻於公，以爲爾日擧觴之侑云。

此文爲『四整四奇法』，余於《國文大義》中已詳論之。前半『衆曰』四段，已隱括李公生平事實，此爲叙事最要之法、中段乃『化實爲虛法』。後半『春秋』四段，乃將來希望於李公者。而以『衆皆曰善』結之，則堆垛皆化爲烟雲矣，是『布局法』之最易學步者。

【轆轤旋轉法】

適用於意義繁雜、由淺入深之文。以善變化爲主。

《詩·文王篇》

文王在上，於昭于天。周雖舊邦，其命維新。有周不顯，帝命不時。文王陟降，在帝左右。

亹亹文王，令聞不已。陳錫哉周，侯文王孫子。文王孫子，本支百世。凡周之士，不顯亦世。

世之不顯，厥猶翼翼。思皇多士，生此王國。王國克生，維周之楨。濟濟多士，文王以寧。

穆穆文王，於緝熙敬止。假哉天命！有商孫子。商之孫子，其麗不億。上帝既命，侯于周服。

侯服于周，天命靡常。殷士膚敏，祼將于京。厥作祼將，常服黼冔。王之藎臣，無念爾祖。

無念爾祖，聿修厥德。永言配命，自求多福。殷之未喪師，克配上帝。宜鑒于殷，駿命不易。

命之不易，無遏爾躬。宣昭義問，有虞殷自天。上天之載，無聲無臭。儀刑文王，萬邦作孚。

《孝經》云：『宗祀文王於明堂，以配上帝。』此詩之作，當在其時、蓋周公所作也、首章言天命之維新作總冒、第二、第三章述文王之所以興。第四、第五章言商孫子之誠服、第六、第七章申儆成王。中以『天命』作綫索，而以『輥轤旋轉法』出之，用意愈轉愈緊。

於此可悟『潛氣內轉』之法、實自周公創之也。

○首章言『於昭于天』『在帝左右』者、非徒以神道設教、蓋言配天、配帝之義。下文言『殷之未喪師、克配上帝』、則言殷亦配天、宜鑒于殷、用以申儆成王也。

《诗·既醉篇》

既醉以酒，既飽以德。君子萬年，介爾景福。

既醉以酒，爾殽既將。君子萬年，介爾昭明。

昭明有融，高朗令終。令終有俶，公尸嘉告。

其告維何？籩豆靜嘉。朋友攸攝，攝以威儀。

威儀孔時，君子有孝子。孝子不匱，永錫爾類。

其類維何？室家之壼。君子萬年，永錫祚胤。

其胤維何？天被爾禄。君子萬年，景命有僕。

其僕維何？釐爾女士。釐爾女士，從以孫子。

此篇與《下武篇》略異，蓋《下武篇》用旋轉法，兼用提筆法，此篇則純用旋轉法也、

亦與《文王篇》略異，蓋《文王篇》以『天命』作主，愈轉愈深，結出命意；此篇則以頌禱作

主，以『君子萬年』（壽）、『天被爾祿』（富）、『室家之壺』（康寧）、『昭明有融』（攸好德）、『景

命有僕』（考終命），五福平列，無淺深之可分也。於此可悟法同意異之妙。

《莊子·繕性篇》

繕性於俗，學以求復其初；滑欲於俗，思以求致其明，謂之蔽蒙之民。

古之治道者，以恬養知。生而無以知為也，謂之以知養恬。知與恬交相養，而和理出其性、

夫德，和也；道，理也。德無不容，仁也；道無不理，義也；義明而物親，忠也；中純實而反乎

情，樂也；信行容體而順乎文，禮也。禮樂遍行，則天下亂矣。彼正而蒙己德，德則不冒。冒則

物必失其性也。

古之人，在混芒之中，與一世而得澹漠焉。當是時也，陰陽和靜，鬼神不擾，四時得節，萬物不傷，群生不夭，人雖有知，無所用之，此之謂至一。當是時也，莫之為而常自然。逮德下衰，及燧人、伏羲始為天下，是故順而不一。德又下衰，及神農、黃帝始為天下，是故安而不順。德又下衰，及唐、虞始為天下，興治化之流，澆淳散朴，離道以善，險德以行，然後去性而從於心。心與心識，知而不足以定天下，然後附之以文，益之以博。文滅質，博溺心，然後民始惑亂，無以反其性情而復其初。由是觀之，世喪道矣，道喪世矣。世與道交相喪也，道之人何由興乎世，世亦何由興乎道哉！道無以興乎世，世無以興乎道，雖聖人不在山林之中，其德隱矣。隱故不自隱。

古之所謂隱士者，非伏其身而弗見也，非閉其言而不出也，非藏其知而不發也，時命大謬也。當時命而大行乎天下，則反一無迹；不當時命而大窮乎天下，則深根寧極而待。此存身之道也。

古之存身者，不以辯飾知，不以知窮天下，不以知窮德，危然處其所而反其性，已又何為哉！道固不小行，德固不小識。小識傷德，小行傷道。故曰：正己而已矣。樂全之謂得志。

古之所謂得志者，非軒冕之謂也、謂其無以益其樂而已矣。今之所謂得志者，軒冕之謂也、

軒冕在身，非性命也，物之儻來，寄也。寄之，其來不可圉，其去不可止。故不爲軒冕肆志，不爲

窮約趨俗，其樂彼與此同，故無憂而已矣。今寄去則不樂、由是觀之，雖樂未嘗不荒也。

故曰：喪己於物，失性於俗者，謂之倒置之民。

此篇前後兩小段相應，中間一氣滾下，包無數小段。其每小段住處，皆官止神行、似住

非住。起處皆用提筆，司馬子長及韓昌黎文妙處，皆出於此、

○首段言講學，而不善治性者。

二段言繕性宜知與恬交相養。迨枝葉多則天下亂、由於己之蒙冒、故物失其性。

三段徵實二段之意，古之人混芒澹漠，是最善治性者。迨燧人、伏羲後，民智日開，民

性日失。心性識知，民益惑亂。然在上者導民以文博，而士君子在下者，宜求所以繕性之

方。於是以『世喪道』『道喪世』，潛氣內轉至隱士。『隱故不自隱』句，收束特奇。此爲似

頓非頓之法。

四段『時命大謬』句，接得尤奇。要知世人之迷亂其性，皆由不安時命、『反一無迹』，『深根寧極而待』，與上『至一』遙應。繕性至此，乃能存身。《易傳》：『龍蛇之蟄，以存身也』。

五段『不以辯飾知』三句，是繕性功夫。『反其性』三字，與上『反其性情』相應，是繕性宗旨。『反其性』者，反其混芒、澹漠、無有之天也。『正己』與上『彼正而蒙己德』相應。

夫人『正己』，物正而後樂全。『樂全之謂得志』句，神氣直射至末『倒置之民』句。

六段『軒冕』之樂，與上『正己』之樂相反。樂而荒則性益迷，故古之繕性者，先在不以儻來之物動其心。

末段以『己性』二字雙結，與首段句法呼應。然而『倒置之民』尤不如『蔽蒙之民』。

蔽蒙者，以講學而失其性；倒置者，以軒冕而失其性也。

○以上皆就此文之迹象言，而神氣之妙，學者須處處善自領會。姑舉一二處言之：如

『文滅質、博溺心』『世喪道、道喪世』等句、唯神氣奇、故句法益奇。又如三段『其德隱矣、隱故不自隱』、六段『今寄去則不樂、由是觀之、雖樂未嘗不荒也』，皆虛頓法。而『其德隱矣』下，疾速以『隱故不自隱』一折：『去則不樂』下，疾速以『雖樂未嘗不荒也』一挽；一折一挽中，包無限餘意，此皆文之神髓。凡學古者，務於此等處學步。

《國策·莊辛諷楚王》

莊辛謂楚襄王曰：『君王左州侯，右夏侯，輦從鄢陵君與壽陵君，專淫佚侈靡，不顧國政，郢都必危矣！』襄王曰：『先生老悖乎？將以為楚國妖祥乎？』莊辛曰：『臣誠見其必然者也，非敢以為國妖祥也。君王卒幸四子者不衰，楚國必亡矣！臣請避於趙，淹留以觀之。』

莊辛去之趙，留五月，秦果舉鄢、郢、巫、上蔡、陳之地。襄王流[二]揜於城陽。於是使人發騶，徵莊辛於趙。莊辛曰：『諾。』

[一] 『流』原作『留』。

莊辛至。襄王曰：「寡人不能用先生之言，今事至於此，爲之奈何、？」莊辛對曰、：「臣聞鄙語曰：「見兔而顧犬，未爲晚也；亡羊而補牢，未爲遲也。」臣聞昔湯、武以百里昌，桀、紂以天下亡。

今楚國雖小，絕長續短，猶以數千里，豈特百里哉！

『王獨不見夫蜻蛉乎？六足四翼，飛翔乎天地之間，俯啄蚊虻而食之，仰承甘露而飲之。自以爲無患，與人無爭也；不知夫五尺童子，方將調飴膠絲，加己乎四仞之上，而下爲螻蟻食也。

『夫蜻蛉其小者也，黃雀因是以俯噣白粒，仰棲茂樹，鼓翅奮翼。自以爲無患，與人無爭也；不知夫公子王孫左挾彈、右攝丸，將加己乎十仞之上，以其類爲招。晝游乎茂樹，夕調乎酸醎，候忽之間、，墜於公子之手。

『夫黃雀其小者也，黃鵠因是以游於江海、淹乎大沼，俯噣鱔鯉、仰嚙陵衡。奮其六翮、而凌清風，飄搖乎高翔。自以爲無患，與人無爭也；不知夫射者方將修其碆盧，治其矰繳，將加己乎百仞之上，被礛磻，引微繳，折清風而抎矣。故晝游乎江湖，夕調乎鼎鼐。

『夫黃鵠其小者也，蔡靈侯之事因是以南游乎高陂、北陵乎巫山，飲茹溪之流，食湘波之魚、、

左抱幼妾，右擁嬖女，與之馳騁乎高蔡之中，而不以國家為事；不知夫子發方受命乎靈王、繫己以朱絲而見之也。

「蔡靈侯之事其小者也，君王之事因是以左州侯，右夏侯，輦從鄢陵君與壽陵君，飯封祿之粟，而載方府之金，與之馳騁乎雲夢之中，而不以天下國家為事；不知夫穰侯方受命乎秦王，填黽塞之內，而投己乎黽塞之外。」

襄王聞之，顏色變作，身體戰慄，於是乃以執圭而授之為陽陵君，與淮北之地。

此文因家弦戶誦，讀者疑為程度較低，不甚措意。　不知此文每段均有綫索呼應、且段末句法無不變化，是分段中之最應學步者。　末兩段結語，筆鋒尤生辣可畏。

○起處『見兔顧犬』『亡羊補牢』，點綴最有趣味。　若將此段刪去，即從蜻蛉説起、便索然無味。

二八

曾子固《寄歐陽舍人書》

鞏頓首載拜舍人先生：

去秋人還，蒙賜書，及所撰先大夫墓碑銘，反覆觀誦，感與慚并。

夫銘誌之著於世，義近於史，而亦有與史異者。蓋史之善惡無所不書，而銘者，蓋古之人有功德、材行、志義之美者，懼後世之不知，則必銘而見之。或納於廟，或存於墓，一也。苟其人之惡，則於銘乎何有？此其所以與史異也。其辭之作，所以使死者無有所憾，生者得致其嚴。而善人喜於見傳，則勇於自立，惡人無有所紀，則以媿而懼。至於通材達識、義烈節士、嘉言善狀，皆見於篇。則足為後法。警勸之道，非近乎史，其將安近？

及世之衰，人之子孫者，一欲褒揚其親，而不本乎理。故雖惡人，皆務勒銘，以誇後世。立言者既莫之拒而不為，又以其子孫之請也，書其惡焉，則人情之所不得，於是乎銘始不實。後之作銘者，當觀其人，苟託之非人，則書之非公與是，則不足以行世而傳後。故千百年來，公卿大夫至於里巷之士，莫不有銘，而傳者蓋少，其故非他，託之非人，書之非公與是故也。

然則孰爲其人，而能盡公與是歟？非蓄道德而能文章者，無以爲也。

則不受而銘之，於衆人則能辨焉。而人之行，有情善而迹非，有意奸而外淑，有善惡相懸，而不可

以實指，有實大於名，有名侈於實。猶之用人，非蓄道德者，惡能辨之不惑、議之不徇，不惑不

徇，則公且是矣。而其辭之不工，則世猶不傳，於是又在其文章兼勝焉。故曰非蓄道德而能文章

者，無以爲也。豈非然哉、

然蓄道德而能文章者，雖或并世而有，亦或數十年而有之。其傳之難如此，其遇

之難又如此。若先生之道德文章，固所謂數百年而有者也。先祖之言行卓卓，幸遇而得銘，其公

與是，其傳世行後，無疑也。而世之學者，每觀傳記所書古人之事，至其所可感，則往往盡然不知

涕之流落也，況其子孫也哉！況鞏也哉！其追睎祖德而思所以傳之之繇，則知先生推一賜於鞏，

而及其三世，其感與報，宜若何而圖之？

抑又思之，若鞏之淺薄滯拙，而先生進之；先祖之屯蹶否塞以死，而先生顯之。則世之魁閎

豪杰、不世出之士，其誰不願進於門？潛遁幽抑之士，其誰不有望於世、善誰不爲、而惡誰不媿

以懼?爲人之父祖者,孰不欲教其子孫?爲人之子孫者,孰不欲寵榮其父祖?此數美者,一歸於先生。既拜賜之辱,且敢進其所以然。所諭世族之次,敢不承教而加詳焉。媿甚。不宣。

本法又兼兩法、一曰『逐層脫卸法』、如《莊辛諷楚王篇》,每段脫去上一層、直接下一層是也。一曰『剝繭抽蕉法』、意義紬繹之而不窮是也。孟子曰:『不成章不達、』子固先生文,其妙全在曲折而達,透迤周至,既逐層脫卸、復兼剝繭抽蕉之趣。其態度之從容鎮靜,自朱子而外,殆無有能及之者。

○末段萬壑千巖,神迴氣合,全篇意義作一總結束,所謂『繹如以成』也。凡文之結束處、俱應如此。

【格律謹嚴法】

適用於論古及說理之文,條陳事理亦用之,以莊重爲主。

《左傳・取郜大鼎于宋》（桓公二年）

夏四月，取郜大鼎于宋。戊申，納于大廟。非禮也。臧哀伯諫曰：『君人者，將昭德塞違，以臨照百官，猶懼或失之，故昭令德，以示子孫。是以清廟茅屋，大路越席，大羹不致，粢食不鑿，昭其儉也；袞冕黻珽，帶裳幅舄，衡紞紘綖，昭其度也；藻率鞞鞛，鞶厲游纓，昭其數也；火龍黼黻，昭其文也；五色比象，昭其物也；鍚鸞和鈴，昭其聲也；三辰旂旗，昭其明也。夫德，儉而有度，登降有數。文、物以紀之，聲、明以發之，以照臨百官，百官於是乎戒懼，而不敢易紀律。今滅德，立違，而置其賂器於大廟，以明示百官，百官象之，其又何誅焉？國家之敗，由官邪也；官之失德，寵賂章也。郜鼎在廟，章孰甚焉？武王克商，遷九鼎于雒邑，義士猶或非之，而況將昭違亂之賂器於大廟，其若之何？』公不聽。

周内史聞之，曰：『臧孫達其有後於魯乎！君違，不忘諫之以德。』

左氏文長篇多出以雄奇、小品多出以詼詭、至周規折矩者頗不多見、此篇以『德』『違』

二字作主、上半篇言『德』、下半篇言『違』、中間以『今滅德，立違』五字作轉關、末又以『君違，不忘諫之以德』作封鎖，文法周密之至。

○凡文之格律謹嚴者，一反一正，一曲一折，最易板滯，要須出於自然、如本書所選，皆自然之法也。

歐陽永叔《五代史·伶官傳序》

嗚呼！盛衰之理，雖曰天命，豈非人事哉！原莊宗之所以得天下，與其所以失之者，可以知之矣。

世言晉王之將終也，以三矢賜莊宗而告之曰：『梁，吾仇也；燕王，吾所立；契丹，與吾約為兄弟，而皆背晉以歸梁。此三者，吾遺恨也。與爾三矢，爾其無忘乃父之志。』莊宗受而藏之於廟。其後用兵，則遣從事以一少牢告廟，請其矢，盛以錦囊，負而前驅，及凱旋而納之。

方其係燕父子以組，函梁君臣之首，入於太廟，還矢先王，而告以成功，其意氣之盛，可謂壯哉！及仇讎已滅，天下已定，一夫夜呼，亂者四應，倉皇東出，未及見賊，而士卒離散，君臣相顧，不知所歸，至於誓天斷髮，泣下沾襟，何其衰也。豈得之難而失之易歟？抑本其成敗之迹而皆自於人歟？

《書》曰：『滿招損，謙受益。』憂勞可以興國，逸豫可以亡身，自然之理也。故方其盛也，舉天下之豪傑，莫能與之爭；及其衰也，數十伶人困之，而身死國滅，為天下笑。夫禍患常積於忽微，而智勇多困於所溺，豈獨伶人也哉！

此文以『盛』『衰』二字作主。首段總冒，中間一段『盛』，一段『衰』，末段以『方其盛也』『及其衰也』作封鎖。所以不覺板滯者，由歐公丰神妙絕千古，一唱三嘆，皆出於天籟，臨時隨意點綴，故能化板為活耳。

嗚呼！惟我皇考崇公，卜吉於瀧岡之六十年、其子脩始克表於其阡、非敢緩也、蓋有待也。

脩不幸、生四歲而孤。太夫人守節自誓。居貧、自力於衣食、以長以教、俾至於成人。太夫人告之曰：

『汝父爲吏廉、而好施與。喜賓客、其俸祿雖薄、常不使有餘、曰、「毋以是爲我累。」故其亡也、無一瓦之覆、一壠之植、以庇而爲生。吾何恃而能自守邪？吾於汝父、知其一二、以有待於汝也。自我爲汝家婦、不及事吾姑、然知汝父之能養也。汝孤而幼、吾不能知汝之必有立、然知汝父之必將有後也。

『吾之始歸也、汝父免於母喪方逾年。歲時祭祀、則必涕泣曰、「祭而豐、不如養之薄也。」間御酒食、則又涕泣曰、「昔常不足、而今有餘、其何及也！」吾始一二見之、以爲新免於喪適然耳。既而其後常然、至其終身未嘗不然。吾雖不及事姑、而以此知汝父之能養也。

『汝父爲吏、常夜燭治官書、屢廢而歎。吾問之、則曰、「此死獄也、我求其生不得耳。」吾

曰：「生可求乎？」曰：「求其生而不得、則死者與我皆無恨也、矧求而有得邪！以其有得、則知

不求而死者有恨也。夫常求其生、猶失之死、而世常求其死也！」回顧乳者抱汝而立於旁、因指

而嘆曰：「術者謂我歲行在戌將死、使其言然、吾不及見兒之立也、後當以我語告之。」其平居教

他子弟、常用此語、吾耳熟焉、故能詳也。其施於外事、吾不能知。其居於家、無所矜飾、而所為

如此、是真發於中者邪！嗚呼！其心厚於仁者邪！此吾知汝父之必將有後也。汝其勉之！

『夫養不必豐、要於孝；利雖不得溥於物、要其心之厚於仁。吾不能教汝、此汝父之志也。』

脩泣而志之、不敢忘。

此文首段總冒以『吾於汝父、知其一二、以有待於汝』一句、引起『能養』『有後』二

意。中間一段『能養』一段『有後』、後以『養不必豐』四句作封鎖。天性肫摯、字字血淚、

更不可以法繩之、而法度自然精密。至哉文乎！

〇首段『非敢緩也、蓋有待也』八字、丰神最宜細玩、當與《出師表》『親賢臣、遠小人』

一段同讀。倘改去『也』字、即失神氣矣。

范希文《岳陽樓記》

慶曆四年春，滕子京謫守巴陵郡。越明年，政通人和，百廢俱興，乃重修岳陽樓，增其舊制，刻唐賢今人詩賦於其上，屬予作文以記之。

予觀夫巴陵勝狀，在洞庭一湖。銜遠山，吞長江，浩浩湯湯，橫無際涯；朝暉夕陰，氣象萬千。此則岳陽樓之大觀也，前人之述備矣。然則北通巫峽，南極瀟湘，遷客騷人，多會於此，覽物之情，得無異乎？

若夫霪雨霏霏，連日不開，陰風怒號，濁浪排空；日星隱曜，山岳潛形；商旅不行，檣傾楫摧；薄暮冥冥，虎嘯猿啼。登斯樓也，則有去國懷鄉，憂讒畏譏，滿目蕭然，感極而悲者矣。

至若春和景明，波瀾不驚，上下天光，一碧萬頃；沙鷗翔集，錦鱗游泳；岸芷汀蘭，郁郁青青。而或長烟一空，皓月千里，浮光耀金，靜影沈璧，漁歌互答，此樂何極！登斯樓也，則有心曠神怡，寵辱皆忘，把酒臨風，其喜洋洋者矣。

嗟夫！余嘗求古仁人之心，或異二者之爲，何哉？不以物喜，不以己悲。居廟堂之高，則憂

其民；處江湖之遠，則憂其君。是進亦憂，退亦憂。然則何時而樂耶？其必曰『先天下之憂而

憂，後天下之樂而樂』歟。噫！微斯人，吾誰與歸？

【鷹隼盤空法】

普通適用，辯論文尤宜，以善學到題法爲主。

凡端人正士之文，必周規而折矩，所謂誠也、。此文與前數篇同一格局。首段以『覽物

之情，得無異乎』開出『憂』『樂』二意，中間一段『憂』，一段『樂』，末段以『先天下之憂而

憂，後天下之樂而樂』作封鎖。浩然正大之氣，隱躍行間，而才鋒絕不外露。格局自然謹

嚴，望而知爲端人正士之文。雖不能至，心嚮往之矣、。

○『先天下之憂』二句，實隱用《孟子》『樂以天下、憂以天下』之意、，而造語則更深一

層、，此可悟襲古變化之法。

《孟子‧齊桓晉文之事章》

齊宣王問曰：『齊桓、晉文之事，可得聞乎？』

孟子對曰：『仲尼之徒，無道桓、文之事者，是以後世無傳焉。臣未之聞也。無以，則王乎？』

曰：『德何如，則可以王矣？』

曰：『保民而王，莫之能禦也。』

曰：『若寡人者，可以保民乎哉？』

曰：『可。』

曰：『何由知吾可也？』

曰：『臣聞之胡齕曰：「王坐於堂上，有牽牛而過堂下者。王見之，曰：『牛何之？』對曰：『將以釁鍾。』王曰：『舍之。吾不忍其觳觫，若無罪而就死地。』對曰：『然則廢釁鍾與？』曰：『何可廢也。以羊易之。』」不識有諸？』

曰：『有之。』

曰：『是心足以王矣。百姓皆以王為愛也，臣固知王之不忍也。』

王曰：『然。誠有百姓者。齊國雖褊小，吾何愛一牛？即不忍其觳觫，若無罪而就死地、故以羊易之也。』

曰：『王無異於百姓之以王為愛也。以小易大，彼惡知之？王若隱其無罪而就死地、則牛羊何擇焉？」

王笑曰、『是誠何心哉？我非愛其財而易之以羊也、宜乎百姓之謂我愛也。』

曰：『無傷也，是乃仁術也，見牛未見羊也。君子之於禽獸也，見其生不忍見其死、聞其聲不忍食其肉，是以君子遠庖廚也。』

王說曰：《詩》云：「他人有心，予忖度之。」夫子之謂也。夫我乃行之、反而求之、不得吾心。夫子言之，於我心有戚戚焉。此心之所以合於王者，何也、

曰：『有復於王者曰：「吾力足以舉百鈞而不足以舉一羽，明足以察秋毫之末而不見輿薪。』則王許之乎？」

曰：『否。』

『今恩足以及禽獸，而功不至於百姓者獨何與？然則一羽之不舉，爲不用力焉；輿薪之不見，爲不用明焉；百姓之不見保，爲不用恩焉。故王之不王，不爲也，非不能也。』

曰：『不爲者與不能者之形，何以异？』

曰：『挾太山以超北海，語人曰「我不能」，是誠不能也。爲長者折枝，語人曰「我不能」，是不爲也，非不能也。故王之不王，非挾太山以超北海之類也；王之不王，是折枝之類也。老吾老，以及人之老；幼吾幼，以及人之幼。天下可運於掌。《詩》云：「刑于寡妻，至于兄弟，以御于家邦。」言舉斯心加諸彼而已。故推恩足以保四海，不推恩無以保妻子。古之人所以大過人者無他焉，善推其所爲而已矣。今恩足以及禽獸，而功不至於百姓者獨何與？權，然後知輕重；度，然後知長短。物皆然，心爲甚。王請度之。抑王興甲兵，危士臣，構怨於諸侯，然後快於心與？』

王曰：『否。吾何快於是？將以求吾所大欲也。』

曰：『王之所大欲，可得聞與？』

王笑而不言、

曰：『為肥甘不足於口與？輕煖不足於體與？抑為采色不足視於目與？聲音不足聽於耳與？便嬖不足使令於前與？王之諸臣，皆足以供之。而王豈為是哉？』

曰：『否，吾不為是也。』

曰：『然則王之所大欲可知已。欲辟土地，朝秦、楚，莅中國而撫四夷也、以若所為，求若所欲，猶緣木而求魚也、』

王曰：『若是其甚與？』

曰：『殆有甚焉。緣木求魚，雖不得魚，無後災。以若所為，求若所欲，盡心力而為之，後必有災、』

曰：『可得聞與？』

曰：『鄒人與楚人戰，則王以為孰勝？』

曰：『楚人勝。』

曰：『然則小固不可以敵大，寡固不可以敵衆、弱固不可以敵強。海內之地方千里者九，齊集有其一。以一服八，何以異於鄒敵楚哉？蓋亦反其本矣。今王發政施仁，使天下仕者皆欲立於王之朝，耕者皆欲耕於王之野，商賈皆欲藏於王之市，行旅皆欲出於王之塗，天下之欲疾其君者，皆欲赴愬於王。其若是，孰能禦之？』

王曰：『吾惽，不能進於是矣。願夫子輔吾志，明以教我、我雖不敏，請嘗試之。』

曰：『無恒產而有恒心者，惟士爲能。若民，則無恒產，因無恒心。苟無恒心，放辟邪侈，無不爲已。及陷於罪，然後從而刑之，是罔民也。焉有仁人在位，罔民而可爲也？是故明君制民之產，必使仰足以事父母，俯足以畜妻子，樂歲終身飽、凶年免於死亡。然後驅而之善，故民之從之也輕。今也制民之產，仰不足以事父母，俯不足以畜妻子，樂歲終身苦，凶年不免於死亡。此惟救死而恐不贍，奚暇治禮義哉！王欲行之，則盍反其本矣。五畝之宅，樹之以桑，五十者可以衣帛矣；雞豚狗彘之畜，無失其時，七十者可以食肉矣；百畝之田，勿奪其時，八口之家可以無飢

矣；謹庠序之教，申之以孝悌之義，頒白者不負戴於道路矣。老者衣帛食肉，黎民不飢不寒，然而不王者，未之有也。』

凡文之當擒題而不遽擒者，必先盤旋作勢，左右縈繞，所謂『膺隼盤空法』是也。《孟子》最善用此法。如此篇『是心足以王矣』下，本可直接『是乃仁術也』節，乃偏以『百姓皆以王為愛也』，推開作『盤空法』。『此心之合於王者，何也』下，本可直接『老吾老』節，乃偏以『有復於王者』兩節作『盤空法』。『王請度之』下，本可直接『制民之產』，乃偏以『抑王興甲兵』節一跌作『盤空法』；內又以『肥甘不足於口』『鄒人與楚人戰』作小『盤空法』，『今王發政施仁』節作大『盤空法』，然後結出『恒產』，便格外有力矣。善用心者覓此等綫索，自能領悟。

○一經一緯，即一縱一橫也。孟子熟於縱橫學，故其文特妙。此章以『王』字作主。第一段泛言不忍之心，第二段言省察擴充不忍之心，第三段言行不忍人之政之效驗，第四

段言行不忍人之政之實際、皆係直下、所謂經也。其他譬喻盤空、皆係橫放、所謂緯也。古人有言：『經天緯地謂之文。』如孟子者始足以當之。而其所以异於策士者、在道理之純正耳。故學文之本、尤在學道。

《孟子‧許行章》(節録)

有爲神農之言者許行、自楚之滕、踵門而告文公曰：『遠方之人、聞君行仁政、願受一廛而爲氓。』文公與之處。其徒數十人、皆衣褐、捆屨、織席以爲食。

陳良之徒陳相、與其弟辛、負耒耜而自宋之滕、曰：『聞君行聖人之政、是亦聖人也、願爲聖人氓。』陳相見許行而大悦、盡弃其學而學焉、

陳相見孟子、道許行之言、曰：『滕君則誠賢君也。雖然、未聞道也。賢者與民并耕而食、饔飧而治。今也滕有倉廩府庫、則是厲民而以自養也、惡得賢？』

孟子曰：『許子必種粟而後食乎？』曰：『然。』

『許子必織布而後衣乎？』曰：『否。許子衣褐。』

『許子冠乎？』曰：『冠。』

曰：『奚冠？』曰：『冠素。』

曰：『自織之與？』曰：『否，以粟易之。』

曰、『許子奚爲不自織？』曰：『害於耕。』

曰、『許子以釜甑爨，以鐵耕乎？』曰：『然。』

『自爲之與？』曰：『否，以粟易之。』

『以粟易械器者，不爲厲陶冶；陶冶亦以其械器易粟者，豈爲厲農夫哉？且許子何不爲陶冶，舍，皆取諸其宮中而用之？何爲紛紛然與百工交易？何許子之不憚煩？』曰：『百工之事、固不可耕且爲也。』

『然則治天下獨可耕且爲與？有大人之事，有小人之事。且一人之身，而百工之所爲備、如必自爲而後用之，是率天下而路也。故曰：或勞心，或勞力。勞心者治人，勞力者治於人。治於

人者食人，治人者食於人，天下之通義也。』

此文比前篇更緊。『許子必種粟』節不倫不類，是『盤空法』之最奇者、《國策》中亦多

此法。此游説學也。下節『豈爲厲農夫哉』下，本可直接『治天下不可耕且爲』，乃又以『許

子何不爲陶冶舍』推開，作『盤空法』。陳相一答，極爲呆鈍、『然則治天下』句，便直接擒

題，有千鈞之力，下文便如千弩齊發矣。故文之善者，莫過於蓄勢。能善蓄勢，自無迂緩空

泛之弊。

〇以上兩章均係『設喩盤空法』。此外尚有『鱼我所欲』章，以『生亦我所欲』數節、

盤出『非獨賢者有是心也』；以『一簞食』數節，盤出『此之謂失其本心』，則純以清空之義

理，曲折盤旋，宜參考之。

蘇子瞻《韓非論》

聖人之所爲惡乎异端，盡力而排之者，非异端之能亂天下，而天下之亂所由出也。昔周之

衰，有老聃、莊周、列禦寇之徒，更爲虛無淡泊之言，而治其猖狂浮游之說，紛紜顛倒，而卒歸於無有。由其道者，蕩然莫得其當、是以忘乎富貴之樂、而齊乎死生之分。此不得志於天下、高世遠舉之人，所以放心而無憂。雖非聖人之道，而其用意固亦無惡於天下。自老聃之死百餘年、有商鞅、韓非著書，言治天下無若刑名之賢。及秦用之，終於勝、廣之亂。教化不足而法有餘，秦以不祀，而天下被其毒。後世之學者，知申、韓之罪，而不知老聃、莊周之使然。

何者？仁義之道，起於夫婦、父子、兄弟相愛之間；而禮法刑政之原，出於君臣上下相忌之際。相愛則有所不忍，相忌則有所不敢。不敢與不忍之心合，而後聖人之道，得存乎其中。今老聃、莊周論君臣、父子之間，汎汎乎若萍浮於江湖而適相值也。夫是以父不足愛，而君不足忌。不忌其君，不愛其父，則仁不足以懷，義不足以勸，禮樂不足以化。此四者皆不足用，而欲置天下於無有。夫無有豈誠足以治天下哉！商鞅、韓非求爲其說而不得，得其所以輕天下而齊萬物之術，是以敢爲殘忍而無疑。

今夫不忍殺人而不足以爲仁，而仁亦不足以治民。則是殺人不足以爲不仁，而不仁亦不足

以亂天下。如此則舉天下唯吾之所爲，刀鋸斧鉞，何施而不可！昔者夫子未嘗一日敢易其言，雖天下之小物，亦莫不有所畏。今其視天下，眇然若不足爲者，此其所以輕殺人歟！太史遷曰：『申子卑卑，施於名實。韓子引繩墨，切事情，明是非，其極慘礉少恩，皆原於道德之意。』嘗讀而思之，事固有不相謀而相感者，老、莊之後，其禍爲申、韓。

由三代之衰至於今，凡所以亂聖人之道者，其弊固已多矣，而未知其所終。奈何其不爲之所也！

此文祇是言刑名原於道德。首段言『聖人之所爲惡乎异端』，用『盤空法』；落到『而不知老聃、莊周之使然』、爲『擒題法』、第二段申言精義，以『仁義之道』『禮法刑政之原』作『盤空法』；落到『是以敢爲殘忍而無疑』爲『擒題法』。第三段暢言餘意，以『今夫不忍殺人』作『盤空法』；落到『老、莊之後，其禍爲申、韓』爲『擒題法、用意一層深一層，筆陣縱橫，而秩序絲毫不亂。子瞻自道其文謂『如萬斛泉隨地涌出』，此乃英雄欺人之

論，實則其文自有法度也。

蘇子瞻《論始皇漢宣李斯》

秦始皇時，趙高有罪，蒙毅案之當死，始皇赦而用之。長子扶蘇好直諫，上怒，使監蒙恬於上郡。始皇東游會稽，并海走瑯琊；少子胡亥、李斯、蒙毅、趙高從。道病，使蒙毅還禱山川。未及還，上崩。李斯、趙高矯詔立胡亥，殺扶蘇、蒙恬、蒙毅，卒以亡秦。蘇子曰：始皇制天下輕重之勢，使內外相形，以禁奸備亂，可謂密矣。蒙恬將三十萬人，威震北方；扶蘇監其軍，而蒙毅侍帷幄爲謀臣，雖有大奸賊，敢睥睨其間哉！不幸道病，禱祠山川，尚有人也；而遣蒙毅，故高、斯得成其謀。始皇之遣毅，毅見始皇病，太子未立而去左右，皆不可以言智。然天之亡人國，其禍敗必出於智所不及。聖人爲天下，不恃智以防亂，恃吾無致亂之道耳。夫閹尹之禍，如毒藥猛獸，未有不裂肝碎首者也。自書契以來，惟東漢呂彊、後唐張承業，二人號良善。豈可望一二於千萬，以徼必亡之禍哉？然世主皆甘心而不

悔、如漢桓、靈、唐肅、代、猶不足深怪。始皇、漢宣皆英主、亦湛於趙高、恭、顯之禍、彼自以爲聰明人杰也、奴僕薰腐之餘何能爲。及其亡國亂朝、乃與庸主不异。吾故表而出之、以戒後世人主如始皇、漢宣者。

或曰：『李斯佐始皇定天下、不可謂不智。扶蘇親始皇子、秦人戴之久矣、陳勝假其名、猶足以亂天下、而蒙恬持重兵在外、使二人不即就誅、而復請之、則斯、高無遺類矣、以斯之智、而不慮此、何哉？』蘇子曰：嗚呼！秦之失道有自來矣、豈獨始皇之罪。自商鞅變法、以殊死爲輕典、以參夷爲常法。人臣狼顧脅息、以得死爲幸、何暇復請？方其法之行也、求無不獲、禁無不止、軼自以爲軼堯、舜而駕湯、武矣。及其出亡而無所舍、然後知爲法之弊。夫豈獨軼悔之、秦亦悔之矣。荆軻之變、持兵者熟視始皇環柱而走、莫之救者、以秦法重故也。李斯之立胡亥、不復忌二人者、知法令之素行、而臣子之不敢復請也。二人之不敢復請、亦知始皇之鷙悍而不可回也、豈料其僞也哉！周公曰：『平易近民、民必歸之。』孔子曰：『有一言而可以終身行之、其恕矣乎！』夫以忠恕爲心、而以平易爲政、則上易知而下易達。雖有賣國之奸、無所投其隙；倉卒

五一

国文經緯貫通大義卷一

之變，無自發焉。其令行禁止，蓋有不及商鞅者矣，而聖人終不以彼易此，軼立信於徙木，立威於棄灰，刑其親戚師傅，積威信之極。以至始皇，秦人視其君如雷電鬼神，不可測也。古者，公族有罪，三宥然後置刑。今至使人矯殺其太子而不忌，太子亦不敢請，則威信之過也。故夫以法毒天下者，未有不反中其身及其子孫者也。漢武、始皇皆果於殺者也，故其子如扶蘇之仁，則寧死而不請；如戾太子之悍，則寧反而不訴，知訴之必不察也。戾太子豈欲反者哉！計出於無聊也。故爲二君之子者，有死與反而已。李斯之智，蓋足以知扶蘇之必不反也。吾又表而出之，以戒後世人主之果於殺者。

此文祇是論始皇之不智。首段叙事即揭出命意。第二段以『然天之亡人國』一折作『盤空法』，以漢宣陪始皇之不智。第三段以『或曰』推開作『盤空法』，以商鞅作主、推論秦之不智。又以『忠恕平易』作『盤空法』，以漢武陪始皇之不智。縱橫捭闔，變化無方。學者熟讀此文，於『操縱離合』之法，可以思過半矣。

惲子居《辨微論》

有天下之實，人之所樂居也；篡天下之名，人之所不樂居也。可以居有天下之實矣，不居篡天下之名可也。可以居其實，而幾幾乎不能居，則進不足以取萬乘，而退且至於覆全宗。於是乎名有所不顧，而篡隨之。

建安十五年十二月，曹操下令曰：『孤始舉孝廉、欲好作政教以立名譽。徵為典軍校尉，意更為國家討賊立功。』使題墓道曰『漢故征西將軍曹侯之墓』，此其志也。明年正月，即以子丕副丞相，去下令止數十日耳。十七年而加殊禮，十八年而受九錫。是故操之為篡，決於下令之時。

夫篡已決矣，而其令如是，豈嘗言與？非也。凡人之志，皆自小而之大，積漸成之。方曹操入仕之初，漢祚雖衰，群雄未起，度其心亦不過望中外二千石而已。及遇亂離，則忠主救民、策勳拜爵之心，人人所同。奸人之雄亦人也，何必不同乎人情？以是觀之，曹操之令，皆由中之言也。

如是則破黃巾、討董卓，豈常有篡之說在其計中哉！迨至邀袁術、逼陶謙，而事一變。朝雒陽、遷許下，而事又一變。東縛呂布，北并袁紹，南下劉表，而天下大半歸曹氏矣。

然謂操之篡決於此時，則大不可。何也？操之強，固天下莫當者也。提數十萬之衆、乘數百

戰之威，使一旦孫、劉順命，吳、楚內降，孔明、公瑾諸人，不敢一舉手抗拒。軍威遐暢，訖於嶺海。

固可下視秦、項，追迹高、光。即不然，而赤壁之役，絕江破敵，窮追而豫州走死，疾下而討虜而

縛，於是收江表之豪杰，規山南之形勢；巴蜀效圖而納士，關隴送質而入朝。操即北而逡巡，再

三退讓，天下誰居操之右者？何必害荀彧、殺崔琰、殺皇后皇子，至梟獍狗彘之不若哉？

不幸水師被燬，陸路解散，鼎足之形已成，席卷之勢已壞。又況兵敗之後，內權動搖，肘腋之

間，悉成機械。於是而曹操所處，非前日之勢矣。其令曰：『誠恐離兵為人所禍，既為子孫計，

又已敗，則國家傾危，是以不得慕虛名而受實禍。』亦由中之言也。蓋未敗之前，曹操有有天下

之志，而不必有篡天下之心。既敗之後，曹操有失天下之疑，而不得不為篡天下之舉。善取不得

則惡求，緩圖不得則急攫。慕義不若貪利之急，求福不如避禍之周。故篡之事，起於喪師，而篡

之局，成於下令，斷斷然也。

夫王莽無功，故東郡平而即真，其勢定也、桓溫有功，故枋頭敗而廢立，其勢不定也、勢不

定者，必求所以定之。曹操才大、故既敗之後、尚伐吳以作其氣；桓溫力薄、故既敗之後、即徙鎮以蓄其威、皆所以求其定也。求定而後篡成、篡成而後身固。然自是而畢生之行、盡爲逆資；蓋世之功、悉成盜道矣。若是者勢也、而其中有至微之機焉。伊尹歸政數十年，周公歸政亦數十年，無纖微之嫌可疑，無毫髮之患可避，人人之所知也。曹操輔政，自比伊尹；削平僭亂，自比周公、赤壁之事，勝則以禮制諸侯，敗則必以威劫共主，而終於不勝而敗者，何哉？

天下爲仁義之言，而心懷彼此，其言未嘗不仁義也；爲忠孝之事，而心懷彼此，其事未嘗不忠孝也。然天道人事，必不能使終身爲仁義忠孝之人，故必有以激動之，使自覆之而自露之。如劉裕，秦未定而旋師；李存勗，梁未滅而改號，皆是故也。是以君子慎於內則防私，慎於外則戒僞。動四海、振千古之事，其上至於媲聖賢，其下極於儕盜賊，皆於心之至微形之。作《辨微論》。

《易傳》曰：『臣弒其君，子弒其父，非一朝一夕之故，其所由來者漸矣、』此文祇是論曹操之篡，非一朝一夕之故，乃抉其心術之隱，命題曰《辨微論》。用無數『盤空法』落到

『若是者勢也』，而其中有至微之機焉』；又用伊尹、周公兩層作『盤空法』，折到『皆於心之至微形之』，曲折愈多則盤旋之勢愈遠。然其文勢雖極騰空，而其命意極爲緊醒。若不善學之，則成一片荒場矣。

○凡文到題處，最宜注意。即如《史記·伯夷列傳》，用無數『盤空法』，落到『伯夷叔齊雖賢，得夫子而名益彰』。《平淮西碑》用兩段『盤空法』，落到『蔡人立其子，元濟以請』。此文一起『有天下之實』『纂天下之名』、『盤空法』也。惟空論不宜多糾纏，學者不可不知。

○文氣雄駿，可與《過秦論》并讀。而先正多不道之者，殆以其多用排比偶語，且措詞有欠穩處耳。然其煉氣之法，專在空際盤旋，如天下雷行。擒題處有『霹靂應手神珠馳』之妙，豈可以小疵而忽之。

惲子居《續辨微論》

周恭帝元年正月辛丑朔、遺檢校大尉領歸德軍節度使趙匡胤率師禦北漢、、、。癸卯、次陳橋驛、將士謀立匡胤爲天子。李處耘以事白匡胤弟匡義及趙普、部分將士環立待旦、遺郭延贇入京報石守信、王審琦。甲辰黎明、將士逼匡胤寢所。匡胤被酒臥、徐起、將士擁立還汴。乙巳、即皇帝位。惲子居曰：宋之受命、太祖蓋授謀于太宗、非一日矣。不然、以太祖之英武、豈有軍中大指揮四出、而主將獨被酒臥、至亂兵入寢、尚徐起之事耶！是故太祖之有天下、太宗之力也。；而秦、、、、王廷美無勛焉、此趙普所親與也。

宋太祖建隆二年夏六月、宋太后杜氏殂、召趙普入受遺命、謂太祖曰：『周有長君、汝安得至此？汝百歲傳光義、光義傳光美、光美傳德昭。』普即榻前爲誓書、於尾署曰『臣普記』。惲子居曰：此飾說也。夫太祖之傳位太宗、以太宗與聞乎禪代也。與聞禪代不可以示後世、則飾爲遞傳之說。遞傳之說不可以示後世、則飾爲長君之說。不然、授受大事、太后何至眞冷時始及之耶？蓋此議之定也、亦非一日矣。是故廷美以無勛之人、亦得列于誓書、此亦趙普所親與也。

開寶九年十月帝崩，晉王光義即位。太宗太平興國四年五月、平太原、劉繼元降。六月、圍幽州、與契丹戰，敗績。軍中常夜驚不知帝所在，有謀立德昭者。八月師還，久不行太原之賞，德昭以爲言。帝怒曰：『汝自爲之，賞未晚也。』德昭退自刎。六年春，皇子德芳卒。九月，柴禹錫、趙鎔、楊守一告秦王廷美驕恣，將有陰謀，以趙普爲司徒兼侍中，察之。帝以傳國訪普。普曰：『太祖已誤，陛下豈可再誤。』廷美遂得罪。七年三月，罷秦王廷美開封尹，爲西京留守，勒就第。五月，貶爲涪陵縣公，安置房州。雍熙元年，涪陵公廷美以憂卒。懼子居曰：『人之生未有不愛其兄及其弟者也，下愚且然，況于上智乎！太宗以絕人之資，好學深思，明于治亂，斷無有處心積慮，上負其兄，下殺其弟者也。而至如此者何也？蓋先王之所以治天下也：曰是曰非，是非明而褒者知榮，貶者知辱矣；曰功曰罪，功罪明而賞者不驕，罰者不怨矣。曰利曰害，利害明而趨者得生，避者免死矣。庸人計利害而不計功罪，聖人以功罪制之；豪杰計功罪而不計是非，聖人以是非權之；拘儒計是非而不計利害，聖人以利害濟之；愚民無所知也，聖人就其所知之是非、功罪、利害以導安之，此天下之大防也。

至聖人之治一家，則曰親疏而已。夫親疏者，不可以是非較，雖大舜、曾參之爲子，不能自言。

其理也；不可以功罪衡，雖周公、召公之爲臣，不能自名其勞也；不可以利害惑，雖累錐刀至富

有四海，積鄉秩至貴爲天子，皆不足敵吾天屬之愛也；此人之所同然也。而其壞也，庸愚問家庭

以利害，拘儒薄骨肉以是非，而爲豪杰者，皆陷于計功罪。是故如太宗者、其心以爲吾有有天下

之功，吾受天下于吾兄、吾固無愧于天下者也；吾兄有一天下之功，吾受天下于吾兄、而傳之以

至于吾兄之子，吾尤無愧于吾兄者也。觀其怒德昭之言，其始念必傳之德昭瞭然矣、、不意德昭

自殺，德芳旋即夭亡。于是以爲彼廷美者，無尺寸之功，何德干之。且恐干之而不致之太祖之子

孫也、于是功罪之念勝，而利害益明，是非益晦，趙普之邪説，遂得而入之矣。

夫兄弟之友愛，未有如太祖、太宗、廷美者也。重之以太后之命、宗臣之書，其要結不可謂不

至也、而計功一念，遂潰裂之。如唐太宗之于建成、元吉，明代宗之于英宗，其始亦必無相排之

意也。太宗讓太子而計化家爲國之功，故有玄武門之戕；代宗迎上皇而計易危爲安之功，故有

南内之錮。彼數君者，何常無孝子悌弟之説在性分中哉？勢奪其外，理敗其中也。　夫宋太宗者，

精敏亞于唐太宗，宏豁勝于明代宗，未嘗不欲歸國于太祖之子孫，以成家世之美談、朝廷之盛事也、。是故太祖即位，即以太宗爲都虞侯、趙普爲樞密直學士，賞開國之功也。太宗即位，即以廷美爲開封尹，德昭爲武功郡王，明傳國之次也。其事若成，豈非超漢軼唐千載未有之統緒哉！而惜乎其不遂也、。惟唐明皇有功，宋王成器能讓，兄弟乃終身無間言。蓋人之功不可忘、己之功不可不忘，此又不可不知也夫！

此文一變前篇格局、，用兩小段、一大段法，以是非、功罪、利害、親疏互相穿插、作大『盤空法』。後又以唐太宗、明代宗陪襯、作『盤空法、空法』。結處又以『唐明皇有功，宋王成器能讓』作小『盤空法』。自『先王之所以治天下』起，文氣純在空際，夭矯震盪、而計功之念，則心術之微也，并不點題，尤見高老。

【奇峰突起法】

普通適用，紀事尤宜，以緊切本題、有關人心世道爲主。

《易·繫辭傳下》（節錄）

八卦成列，象在其中矣。因而重之，爻在其中矣、剛柔相推、變在其中矣、繫辭焉而命之，動在其中矣。吉凶悔吝者，生乎動者也。剛柔者，立本者也。變通者，趣時者也。吉凶者，貞勝者也。天地之道，貞觀者也。日月之道，貞明者也。天下之動，貞夫一者也。夫乾確然示人易矣、夫坤隤然示人簡矣。爻也者，效此者也。象也者，像此者也。爻象動乎內，吉凶見乎外，功業見乎變，聖人之情見乎辭。天地之大德曰生，聖人之大寶曰位。何以守位曰仁，何以聚人曰財。理財正辭禁民爲非曰義。

韓子云：『《易》奇而法。』此文自『八卦成列』起至『吉凶者，貞勝者也』，皆言《易》

之原理。而下文忽以『天地之道』一節奇峰突起、實則言《乾》《坤》《坎》《離》歸於《既濟》

定爾，此所謂『奇而法』也。『聖人之情見乎辭』句，官止神行。下文忽以『天地之大德』一

節奇峰特起：『聖人之情』安在？『大德』『大寶』而已。聖人非覬『大寶』者，能欲行仁義

以宏『天地之大德』，則固其情也。此所謂奇而法也。

○《文選》所謂『潛氣內轉』法，曾文正所謂『茹』字法，皆在『聖人之情』一句內、

《詩・小毖篇》

予其懲而毖後患，莫予荓蜂，自求辛螫。肇允彼桃蟲，拚飛維鳥，未堪家多難，予又集于蓼。

此诗八句意四轉。『予其懲』二句，奇峰突起法也。『莫予荓蜂

』二句一轉，又爲一峰。

『肇允彼桃蟲』二句一轉，又爲一峰。『未堪家多難』二句又爲一峰。而三峰却收攝於首二

句總峰之內。周公之文奇特如此，亦純矣哉！學者得其意而擴充之，則臨文時自有奇妙之

境矣。

《左傳·鄭厲公自櫟侵鄭》（莊公十四年）

鄭厲公自櫟侵鄭，及大陵，獲傅瑕。傅瑕曰：『苟舍我，吾請納君。』與之盟而赦之。六月甲子，傅瑕殺鄭子及其二子而納厲公。

初，內蛇與外蛇鬭於鄭南門中，內蛇死。六年而厲公入。公聞之，問於申繻曰：『猶有妖乎？』對曰：『人之所忌，其氣燄以取之，妖由人興也。人無釁焉，妖不自作。人棄常，則妖興，故有妖。』厲公入，遂殺傅瑕。使謂原繁，曰：『傅瑕貳，周有常刑，既伏其罪矣。納我而無二心者，吾皆許之上大夫之事，吾願與伯父圖之。』且寡人出，伯父無裏言；入，又不念寡人，寡人憾焉。』對曰：『先君桓公，命我先人典司宗祏。社稷有主，而外其心，其何貳如之？苟主社稷，國內之民，其誰不爲臣？臣無二心，天之制也。子儀在位，十四年矣，而謀召君者，庸非貳乎。莊公之子，猶有八人，若皆以官爵行賂勸貳，而可以濟事，君其若之何？臣聞命矣。』乃縊而死。

此文『納厲公』下，應直接『厲公入，遂殺傅瑕』，乃忽插入『蛇鬭』一段，奇峰突起，天

外飛来，可悟穿插變化之妙。

○左氏敘趙盾弒晉靈公，内敘『宣子見靈輒』一段，評家以爲奇峰突起、其實非也、『宣子見靈輒』，不過追敘，并非穿入。文法迥異，讀者宜辨。

○後半段以『貳』字作綫索。原繁之辭委婉可誦，而情極可憫，身既將死、焉用文之！

韓退之《柳子厚墓誌銘》

子厚，諱宗元。七世祖慶，爲拓跋魏侍中，封濟陰公。曾伯祖奭，爲唐宰相，與褚遂良、韓瑗俱得罪武后，死高宗朝。皇考諱鎮，以事母棄太常博士，求爲縣令江南。其後以不能媚權貴失御史、權貴人死，乃復拜侍御史。號爲剛直，所與游皆當世名人。

子厚少精敏，無不通達。逮其父時，雖少年已自成人，能取進士第，嶄然見頭角。衆謂柳氏有子矣。其後以博學宏詞授集賢殿正字。儁傑廉悍，議論證據今古，出入經史百子，踔厲風發，率常屈其座人，名聲大振，一時皆慕與之交。諸公要人，争欲令出我門下，交口薦譽之。貞元十

九年，由藍田尉拜監察御史。順宗即位，拜禮部員外郎。遇用事者得罪，例出爲刺史。未至，又例貶永州司馬。居閑，益自刻苦，務記覽，爲詞章，汎濫停蓄，爲深博無涯涘，而自肆於山水間。

元和中，嘗例召至京師，又偕出爲刺史，而子厚得柳州。既至，嘆曰：『是豈不足爲政邪？』因其土俗，爲設教禁，州人順賴。其俗以男女質錢，約不時贖，子本相侔，則沒爲奴婢。子厚與設方計，悉令贖歸。其尤貧力不能者，令書其傭，足相當，則使歸其質。觀察使下其法於他州，比一歲，免而歸者且千人。衡、湘以南爲進士者，皆以子厚爲師。其經承子厚口講指畫爲文詞者，悉有法度可觀。

其召至京師而復爲刺史也，中山劉夢得禹錫亦在遣中，當詣播州。子厚泣曰：『播州非人所居，而夢得親在堂，吾不忍夢得之窮，無辭以白其大人；且萬無母子俱往理。』請於朝，將拜疏，願以柳易播，雖重得罪，死不恨。遇有以夢得事白上者，夢得於是改刺連州。嗚呼！士窮乃見節義。今夫平居里巷相慕悦，酒食游戲相徵逐，詡詡强笑語以相取下，握手出肺肝相示，指天日涕泣，誓生死不相背負，真若可信。一旦臨小利害，僅如毛髮比，反眼若不相識；落陷穽不一

引手救，反擠之又下石焉者，皆是也。此宜禽獸夷狄所不忍爲，而其人自視以爲得計，聞子厚之風，亦可以少愧矣！

子厚前時少年，勇於爲人，不自貴重，顧藉謂功業可立就，故坐廢退。既退，又無相知有氣力得位者推挽，故卒死於窮裔，材不爲世用，道不行於時也。使子厚在臺省時，自持其身，已能如司馬、刺史時，亦自不斥；斥時有人力能舉之，且必復用不窮。然子厚斥不久，窮不極，雖有出於人，其文學辭章，必不能自力以致必傳於後如今無疑也。雖使子厚得所願，爲將相於一時，以彼易此，孰得孰失，必有能辨之者。

子厚以元和十四年十一月八日卒，年四十七。以十五年七月十日歸葬萬年先人墓側。子厚有子男二人，長曰周六，始四歲；季曰周七，子厚卒乃生。女子二人，皆幼。其得歸葬也，費皆出觀察使河東裴君行立。行立有節概，重然諾，與子厚結交，子厚亦爲之盡，竟賴其力。葬子厚於萬年之墓者，舅弟盧遵。遵，涿人，性謹慎，學問不厭。自子厚之斥，遵從而家焉，逮其死，不去。既往葬子厚，又將經紀其家，庶幾有始終者。銘曰：

是惟子厚之室，既固既安，以利其嗣人。

是文奇處，專在『士窮乃見節義』一段，若刪去之，便了無精義矣、皆用此法。或突然叙於篇首，或於中間，或於結處，或叙天時、或叙地理、或叙人情，或用陪襯，或感慨時事。讀王益吾先生《續古文辭類纂》，便知其妙。然欲追昌黎之奇氣，則能者鮮矣。

○『子厚前時少年，勇於爲人』一段，以議論法行之，亦係奇峰突起。有此一段，概其生平，精神團結，故銘辭即可不甚注意。此亦文體之當知者。

○『爲文辭，有法度可觀』，子厚文章之法度，《與韋中立論師道書》論之最詳，學者求之於此書足矣、

韓退之《試大理評事王君墓誌銘》

君諱適，姓王氏。好讀書，懷奇負氣，不肯隨人後舉選。見功業有道路可指取，有名節可以

戾契致、困於無資地、不能自出、乃以干諸公貴人、借助聲勢。諸公貴人既志得、皆樂熟軟媚耳目者、不喜聞生語、一見輒戒門以絕。上初即位、以四科募天下士。君笑曰：『此非吾時邪？』即提所作書、緣道歌吟、趨直言試。既至、對語驚人、不中第、益困。以上所
如不遇。

久之、聞金吾李將軍年少喜事可撼、乃踏門告曰：『天下奇男子王適、願見將軍白事、』一見語合意、往來門下。盧從史既節度昭義軍、張甚、奴視法度士、欲聞無顧忌大語、有以君生平告者、即遣客鈎致。君曰：『狂子不足以共事。』立謝客。李將軍由是待益厚、奏爲其衛胄曹參軍、充引駕仗判官、盡用其言。將軍遷帥鳳翔、君隨往。改試大理評事、攝監察御史、觀察判官。櫛垢爬痒、民獲蘇醒。以上從
李將軍。

居歲餘、如有所不樂、一旦載妻子入閿鄉南山不顧。中書舍人王涯、獨孤郁、吏部郎中張惟素、比部郎中韓愈、日發書問訊、顧不可強起、不即薦。明年九月疾病、輿醫京師。某月某日卒、年四十四。十一月某日、即葬京城西南長安縣界中。曾祖爽、洪州武寧令。祖微、右衛騎曹參軍。父嵩、蘇州崑山丞。妻上谷侯氏處士高女。以上卒葬
及家世。

高固奇士，自方阿衡太師，世莫能用吾言。再試吏，再怒去，發狂投江水。初，處士將嫁其

女，懲曰：『吾以齟齬窮，一女憐之，必嫁官人，不以與凡子。』君曰：『吾求婦氏久矣，惟此翁可

人意。且聞其女賢，不可以失。』即謾謂媒嫗：『吾明經及第，且選，即官人，侯翁女幸嫁，若能令

翁許我，請進百金爲嫗謝。』諾許，白翁。翁曰：『誠官人耶？取文書來。』君計窮吐實。嫗曰：

『無苦。翁大人不疑人欺。我得一卷書，麤若告身者，我袖以往，翁見未必取眎。幸而聽我，行其

謀。』翁望見文書銜袖，果信不疑，曰：『足矣。』以女與王氏、以上取婦之奇。

生三子，一男二女。男三歲夭死，長女嫁亳州永城尉姚佺，其季始十歲、 銘曰：

鼎也不可以柱車，馬也不可使守閭。 佩玉長裾，不利走趨。 祇繫其逢，不繫巧愚。 不諧其

須，有銜不祛、 鑽石埋辭、以列幽墟、

〇凡墓誌閥閱，或叙在前，或叙在後，未有叙在中間者。 此文因侯處士事、用奇峰突起

惟奇事乃能有奇文，然非昌黎之奇氣，亦不能曲折以達。

法、附敘於後、全篇文頓覺生色、《史記》中常用此法、昌黎實脫胎於子長也。

○銘辭奇古、亦係奇峰突起。

韓退之《圬者王承福傳》

圬之爲技、賤且勞者也。有業之、其色若自得者。聽其言、約而盡。問之、王其姓、承福其

名、世爲京兆長安農夫。天寶之亂、發人爲兵、持弓矢十三年、有官勳、棄之來歸、喪其土田、手

鏝衣食、餘三十年。舍於市之主人、而歸其屋食之當焉。視時屋食之貴賤、而上下其圬之傭以償

之、有餘、則以與道路之廢疾餓者焉。又曰：粟、稼而生者也。若布與帛、必蠶績而後成者也。

其他所以養生之具、皆待人力而後完也。吾皆賴之。然人不可遍爲、宜乎各致其能以相生也。

故君者、理我所以生者也；而百官者、承君之化者也。任有小大、惟其所能、若器皿焉。食焉而

怠其事、必有天殃。故吾不敢一日捨鏝以嬉。夫鏝、易能可力焉、又誠有功、取其直、雖勞無愧、

吾心安焉。夫力易强而有功也、心難强而有智也。用力者使於人、用心者使人、亦其宜也。吾特

擇其易爲而無愧者取焉。

嘻！吾操鍤以入貴富之家有年矣。有一至者焉，又往過之，則爲墟矣。有再至三至者焉，而往過之，則爲墟矣。問之其鄰，或曰：『噫！刑戮也。』或曰：『身既死而其子孫不能有也。』或曰：『死而歸之官也。』吾以是觀之，非所謂食焉怠其事而得天殃者邪？非強心以智而不足，不擇其才之稱否而冒之者邪？非多行可愧，知其不可而強爲之者邪？將富貴難守，薄功而厚饗之者邪？抑豐悴有時，一去一來而不可常者邪？吾之心憫焉。是故擇其力之可能者行焉、樂富貴而悲貧賤，我豈异於人哉？

又曰：功大者，其所以自奉也博。妻與子，皆養於我者也。吾能薄而功小，不有之可也。又吾所謂勞力者，若立吾家而力不足，則心又勞也。一身而二任焉，雖聖者不可能也。

愈始聞而惑之，又從而思之，蓋賢者也，蓋所謂獨善其身者也。然吾有譏焉，謂其自爲也過多，其爲人也過少。其學楊、朱之道者邪？楊之道，不肯拔我一毛而利天下。而夫人以有家爲勞心，不肯一動其心以畜其妻子，其肯勞其心以爲人乎哉？雖然，其賢於世之患不得之而患失之者，

以濟其生之欲，貪邪而亡道，以喪其身者、其亦遠矣、又其言有可以警余者、故余爲之傳而自鑒焉。

中間以『吾操鏝以入貴富之家』一段、作奇峰突起法、所謂：『風行水上、煥爲文章、風定波息、與水相忘。』蓋篇中獨到處也。凡文必須有獨到處、有關於世道人心及勸善懲惡、然後可傳、而此文借王承福口中叙出、尤爲奇特。

○『食焉而怠其事、必有天殃』、精理名言。昌黎所謂『其言有可以警余者』、殆即此二語。

○此文蓋寓言體、大半叙本人之言、亦傳中創格、構局者宜注意。

唐蔚芝《〈論語‧微子篇〉大義》

嗚呼！士大夫生當世、何爲降其志而辱其身乎？言中倫、行中慮、養我氣以全我節、猶之可也、若夫言不中倫、行不中慮、斯已而已矣。豈不悲哉！

孔子生周季、皇皇栖栖、轍環天下、卒老於行。後人考《史記》、讀其《世家》而悲之、吾謂《論

語·微子》一篇，即吾夫子生平不遇之列傳也、、。司馬子長之贊，更不若吾夫子之自贊也、。《微子篇》曷爲首三仁與柳下季？天下之亡，先亡於無人心；人心之亡，先亡於無是非。是非喪矣、直道不行矣、。不爲三仁之忠，即爲柳下之和。是兩端者，孰吉孰凶，何去何從，不有孔子，孰折厥中？

孔子厄於齊，見誚於楚狂，舍沮、溺其誰與？訪丈人而無從。『鳳兮鳳兮，何德之衰！』孔子其鳳乎？其猶龍乎？其逸民乎？其夷、齊之同心乎？其柳下惠、少連、虞仲之等朋乎、《易》曰：『不事王侯，高尚其事。』古之逸民，蓋有之矣。而孔子獨曰：『我則异於是，無可無不可。』

其自命何其高也！其自贊何其深且遠也！

天風浪浪，海山蒼蒼，獨不得與太師、少師、擊磬諸人，鼓琴於高山流水，別有天地之間，其知音益復寡矣。 回憶周家初造，忠厚開基，人才鱗萃，菁莪造士，四方爲綱。嗚呼！何其盛也！

昔者孔子與於蜡賓，出游於觀之上，喟然嘆曰：『大道之行也，與三代之英，丘未之逮也，而有志焉。』孔子之嘆，蓋嘆魯也。乃嘆魯而不能興魯，思周公而不能興周公之禮樂。神游於唐、虞之朝，夢見乎大同之治，獨抱無可無不可之志以終。

後之人讀其書，悲其世。及行迷之未遠，獨窮困乎此時。以爲天下皆濁，何必與之清？；衆人皆醉，何必與之醒！吾學孔子而不可得，乃所願如古之柳下惠，殆可取則焉。君子曰：惜哉！降其志辱其身矣。言中倫，行中慮，其斯而已矣！

《微子》一篇，本有烟波無盡之概。此文以『天風浪浪』一段作奇峰突起法、旋接以『昔者孔子與於蜡賓』推開，另作一峰。結處神迴氣合、俯仰身世，無限痛淚。

〇自『天風浪浪』以下十數行一筆揮洒、其氣不斷。竊擬此文當在永叔、南豐之間、不識知言者以爲何如也？

國文經緯貫通大義卷二

【兩扇開闔法】

適用於義理之文，以不板滯爲主。

《孟子·莊暴章》

莊暴見孟子曰：『暴見於王，王語暴以好樂，暴未有以對也、』曰：『好樂何如、？』孟子曰：
『王之好樂甚，則齊國其庶幾乎。』
他日見於王，曰：『王嘗語莊子以好樂，有諸？』
王變乎色，曰：『寡人非能好先王之樂也、直好世俗之樂耳、』

曰：『王之好樂甚、則齊其庶幾乎！今之樂、由古之樂也。』

曰、『可得聞與？』

曰、『獨樂樂與人樂樂，孰樂？』

曰：『不若與人。』

曰：『與少樂樂，與眾樂樂，孰樂？』

曰、『不若與眾。』

『臣請為王言樂、今王鼓樂於此，百姓聞王鐘鼓之聲、管籥之音，舉疾首蹙頞而相告曰：「吾王之好鼓樂，夫何使我至於此極也？父子不相見，兄弟妻子離散。」今王田獵於此，百姓聞王車馬之音，見羽旄之美，舉疾首蹙頞而相告曰：「吾王之好田獵，夫何使我至於此極也？父子不相見，兄弟妻子離散。」此無他，不與民同樂也。

『今王鼓樂於此，百姓聞王鐘鼓之聲，管籥之音，舉欣欣然有喜色而相告曰：「吾王庶幾無疾病與？何以能鼓樂也？」今王田獵於此，百姓聞王車馬之音，見羽旄之美，舉欣欣然有喜色而

相告曰：「吾王庶幾無疾病與？何以能田獵也？」此無他，與民同樂也。今王與百姓同樂，則王矣。」

『兩扇法』創於《論語》，於『令尹子文』章及『定公問一言興邦』章均是，惟係并列。

『子文』章尤係合傳體，並非一開一闔，自《孟子》始用『開闔法』。此文以『獨樂』兩段，作兩小隊。『今王鼓樂於此』兩段，作兩大隊。文氣排奡震盪，實為韓文所本。

○兩節『今王鼓樂於此』，均是『凌空法』。惟凌空故能盤旋震動，若沾實則滯矣。

《孟子·牛山之木章》

孟子曰：『牛山之木嘗美矣，以其郊於大國也，斧斤伐之，可以為美乎？是其日夜之所息，雨露之所潤，非無萌蘖之生焉，牛羊又從而牧之，是以若彼濯濯也。人見其濯濯也，以為未嘗有材焉，此豈山之性也哉？

『雖存乎人者，豈無仁義之心哉、其所以放其良心者，亦猶斧斤之於木也、旦旦而伐之，可

以爲美乎？其日夜之所息，平旦之氣，其好惡與人相近也者幾希、則其旦晝之所爲，有梏亡之矣。

梏之反覆，則其夜氣不足以存。夜氣不足以存，則其違禽獸不遠矣。人見其禽獸也，而以爲未嘗

有才焉者，是豈人之情也哉？

『故苟得其養，無物不長；苟失其養，無物不消。孔子曰：「操則存，舍則亡；出入無時，莫

知其鄉。」惟心之謂與、？』

此文以譬喻作『開闔法』、『苟得其養』四句爲『封鎖法、』。義理之精，無過於此、文法

之妙、亦不易得。學者當日三復此章。

○文氣之緊，全在數『其』字，此以虛字作綫索法也、

○本經中尚有『宋牼將之楚』章爲『兩扇開闔法』。『伯夷非其君不事』章、『今之事君

者』章爲『兩扇竝列法』。又《禮記・檀弓篇》亦多兩扇竝列之文，如『喪欲速貧』『杜蕢揚

觶』章之類，茲不復錄。

韓退之《原毀》

古之君子，其責己也重以周，其待人也輕以約。重以周，故不怠；輕以約，故人樂為善。

聞古之人有舜者，其為人也，仁義人也。求其所以為舜者，責於己曰：『彼人也，予人也，彼能是，而我乃不能是？』早夜以思，去其不如舜者，就其如舜者。舜，大聖人也，後世無及焉。

聞古之人有周公者，其為人也，多才與藝人也。求其所以為周公者，責於己曰：『彼人也，予人也，彼能是，而我乃不能是？』早夜以思，去其不如周公者，就其如周公者。周公，大聖人也，後世無及焉。

是人也，乃曰不如舜、不如周公，吾之病也，是不亦責於身者重以周乎？其於人也，乃曰：『能有是，是亦足矣。』『能善是，是亦足矣。』不亦待於人者輕以約乎？

『彼人也，能有是、是足為良人矣；能善是、是足為藝人矣。』取其一，不責其二；即其新，不究其舊；恐恐然惟懼其人之不得為善之利。一善易修也，一藝易能也，其於人也，乃曰：『能有是，是亦足矣。』曰：『能善是，是亦足矣。』不亦待於人者輕以約乎？

今之君子則不然。其責人也詳，其待己也廉。詳故人難於為善，廉故自取也少。己未有善，曰：『我善是，是亦足矣。』己未有能，曰：『我能是，是亦足矣。』外以欺於人，內以欺於心，未少

有得而止矣，不亦待其身者已廉乎？其於人也，曰：『彼雖能是，其人不足稱也；』彼雖善是，其用不足稱也。』舉其一不計其十，究其舊不圖其新，恐恐然惟懼其人之有聞也，是不亦責於人者已詳乎？夫是之謂不以眾人待其身，而以聖人望於人，吾未見其尊己也。

雖然，為是者有本有原，怠與忌之謂也。怠者不能修，而忌者畏人修。吾常試之矣，嘗試語於眾，曰：『某良士，某良士。』其應者，必其人之與也；不然，則其所疏遠不與同其利者也；不然，則其畏也。不若是，強者必怒於言，懦者必怒於色矣。又嘗語於眾曰：『某非良士，某非良士。』其不應者，必其人之與也；不然，則其所疏遠不與同其利者也；不然，則其畏也。不若是，強者必說於言，懦者必說於色矣。是故事修而謗興，德高而毀來。嗚呼！士之處此世，而望名譽之光，道德之行，難已！將有作於上者，得吾說而存之，其國家可幾而理歟、

此文格局雖係兩扇、實則四扇。蓋『古之君子』一段中分兩扇、『今之君子』一段中又分兩扇也。『嘗試語於眾曰』兩段，為『封鎖法』。用筆全在虛際，故能理實氣空，且曲盡人情物理。要知此等文，係從諸子中得來，不善學之，則局板而氣滯矣。

【段落變化法】

普通適用，尤宜於詼詭恬適之文。

韓退之《送李愿歸盤谷序》

太行之陽有盤谷。盤谷之間，泉甘而土肥，草木藂茂，居民鮮少。或曰：『謂其環兩山之間，故曰盤。』或曰：『是谷也，宅幽而勢阻，隱者之所盤旋。』友人李愿居之。

愿之言曰：『人之稱大丈夫者，我知之矣。利澤施於人，名聲昭於時，坐於廟朝、進退百官，而佐天子出令；其在外則樹旗旄、羅弓矢，武夫前呵，從者塞途，供給之人，各執其物，夾道而疾馳。喜有賞，怒有刑。才畯滿前，道古今而譽盛德，入耳而不煩。曲眉豐頰，清聲而便體，秀外而惠中，飄輕裾，翳長袖，粉白黛綠者，列屋而閑居；妒寵而負恃，爭妍而取憐。大丈夫之遇知於天子、用力於當世者之所爲也。吾非惡此而逃之，是有命焉，不可幸而致也。

『窮居而野處，升高而望遠，坐茂樹以終日、濯清泉以自潔。採於山，美可茹；釣於水，鮮可食。起居無時，惟適之安。與其有譽於前，孰若無毀於其後；與其有樂於身，孰若無憂於其心。車服不維，刀鋸不加，理亂不知，黜陟不聞。大丈夫不遇於時者之所爲也，我則行之。

『伺候於公卿之門，奔走於形勢之途，足將進而趑趄，口將言而囁嚅，處污穢而不羞，觸刑辟而誅戮，僥倖於萬一，老死而後止者，其於爲人，賢不肖何如也？』

昌黎韓愈聞其言而壯之，與之酒而爲之歌曰：

盤之中，維子之宮；盤之土，可以稼；盤之泉，可濯可沿；盤之阻，誰争子所？窈而深、廓其有容；繚而曲，如往而復。嗟盤之樂兮，樂且無央；虎豹遠迹兮，蛟龍遁藏；鬼神守護兮，呵禁不祥。飲且食兮壽而康，無不足兮奚所望！膏吾車兮秣吾馬，從子於盤兮，終吾生以徜徉！

首段序地理、次段『願之言曰、三段『窮居而野處、四段『伺候於公卿之門』、均爲『硬接法』。首段『友人李愿居之』，爲『突入法』。次段『不可幸而致也、爲『推開法』。

三段『我則行之』，爲『攝入法』。四段『其於爲人，賢不肖何如也』，爲『比較法』。可知作文不獨布局當變化，凡每段之起訖處皆應變化，不獨段落當變化，即句法亦皆當變化。此篇之法，最便初學。

○次段若將『願之言曰』刪去，改『嗚呼』二字，下『我』字均改『李君』，末段改『昌黎與之飲酒而爲之歌』，亦無不可。乃插入『願之言曰』一句，全篇遂覺格外生色。不知韓子布局時已有此意耶？抑潤色時點綴成之耶？要知此乃畫龍點睛法也。

○歌詞起處，均與首段相應。

韓退之《張中丞傳後叙》

元和二年四月十三日夜，愈與吳郡張籍，閱家中舊書，得李翰所爲《張巡傳》。翰以文章自名，爲此傳頗詳密。然尚恨有闕者，不爲許遠立傳，又不載雷萬春事首尾。

遠雖材若不及巡者，開門納巡，位本在巡上，授之柄而處其下，無所疑忌，竟與巡俱守死，成

功名，城陷而虜，與巡死先後異耳。兩家子弟材智下，不能通知二父志、以爲巡死而遠就虜，疑畏死而辭服於賊。遠誠畏死、何苦守尺寸之地，食其所愛之肉，以與賊抗而不降乎？當其圍守時、外無蚍蜉蟻子之援，所欲忠者國與主耳、而賊語以國亡主滅。遠見救援不至、而賊來益眾，必以其言爲信。外無待而猶死守、人相食且盡、雖愚人亦能數日而知死處矣。遠之不畏死亦明矣。

烏有城壞其徒俱死，獨蒙愧恥求活？雖至愚者不忍爲、嗚呼！而謂遠之賢而爲之邪？

說者又謂遠與巡分城而守、城之陷，自遠所分始，以此詬遠。此又與兒童之見無異。人之將死、其臟腑必有先受其病者、；引繩而絕之，其絕必有處、觀者見其然，從而尤之，其亦不達於理矣。小人之好議論、不樂成人之美如是哉！如巡、遠之所成就，如此卓卓，猶不得免，其他則又何說！

當二公之初守也、寧能知人之卒不救、棄城而逆遁？苟此不能守，雖避之他處何益？及其無救而且窮也、將其創殘餓羸之餘，雖欲去，必不達。二公之賢，其講之精矣！守一城、捍天下、以千百就盡之卒，戰百萬日滋之師，蔽遮江淮，沮遏其勢。天下之不亡，其誰之功也？當是時、棄

城而圖存者，不可一二數，擅强兵坐而觀者相環也、不追議此、而責二公以死守，亦見其自比於逆亂，設淫辭而助之攻也。

愈嘗從事於汴、徐二府，屢道於兩府間，親祭於其所謂雙廟者。其老人往往說巡、遠時事云。

南霽雲之乞救於賀蘭也，賀蘭嫉巡、遠之聲威功績出己上，不肯出師救。愛霽雲之勇且壯，不聽其語，强留之，具食與樂，延霽雲坐。霽雲慷慨語曰：『雲來時，睢陽之人，不食月餘日矣、雲雖欲獨食，義不忍；雖食且不下咽。』因拔所佩刀斷一指，血淋漓，以示賀蘭。一座大驚，皆感激爲雲泣下。雲知賀蘭終無爲雲出師意，即馳去。將出城，抽矢射佛氏浮圖，矢著其上甎半箭，曰：『吾歸破賊，必滅賀蘭、此矢所以志也。』

愈貞元中過泗州，船上人猶指以相語。城陷，賊以刃脅降巡。巡不屈，即牽去，將斬之。又降霽雲，雲未應。巡呼雲曰：『南八，男兒死耳，不可爲不義屈。』雲笑曰：『欲將以有爲也。公有言，雲敢不死？』即不屈。

張籍曰：『有于嵩者，少依於巡。及巡起事，嵩常在圍中。籍大曆中，於和州烏江縣見嵩，

嵩時年六十餘矣。以巡初嘗得臨渙縣尉，好學無所不讀，籍時尚小，粗問巡、遠事，不能細也。

云巡長七尺餘，鬚髯若神。嘗見嵩讀《漢書》，謂嵩曰：「何爲久讀此？」嵩曰：「未熟也。」巡

曰：「吾於書讀不過三遍，終身不忘也。」因誦嵩所讀書，盡卷不錯一字。嵩驚，以爲巡偶熟此

卷，因亂抽他帙以試，無不盡然。嵩又取架上諸書試以問巡，巡應口誦無疑。嵩從巡久，亦不見

巡常讀書也。爲文章，操紙筆立書，未嘗起草。初守睢陽時，士卒僅萬人，城中居人戶亦且數萬，

巡因一見問姓名，其後無不識者。巡怒，鬚髯輒張。及城陷，賊縛巡等數十人，坐，且將戮，巡起

旋。其衆見巡起，或起或泣。巡曰：「汝勿怖。死，命也。」衆泣不能仰視。巡就戮時，顏色不

亂，陽陽如平常。遠寬厚長者，貌如其心，與巡同年生，月日後於巡，呼巡爲兄，死時年四十九。

嵩，貞元初死於亳、宋間。或傳嵩有田在亳、宋間，武人奪而有之。嵩將詣州訟理，爲所殺。嵩無

子。』張籍云。

此文綫索當注意者二：一、先議論，後叙事，布局之奇也：二、『遠雖才若不及巡者』

以下三段、文氣震盪已極，乃以『愈嘗從事於汴、徐二府』數語作一結束、見許遠事之非誣也。南霽雲一段，文氣激昂已極，乃以『愈貞元中過泗州』二語作一結束，見南霽雲之事非誣也。此從《史記·伯夷列傳》『太史公曰：予登箕山，其上蓋有許由冢云』脫胎而來。綫索之最當著眼處，結尾張籍云一段，已於首段『愈與吳郡張籍閱家中舊書』先行伏筆，故不獨不嫌其突、且不覺其煩瑣，此段落變化最妙法也。余嘗有最俗之比喻，譬諸觀電光影戲，當研究其藉電光以攝影之法，若不探其本，則永爲觀影戲之人矣。讀古人文章，須處處求古人綫索，至作文時乃有把握：若不揣其本，則永爲讀文之人、而不能爲作文之人矣！深可惜也。

〇首段『雷萬春』確爲『南霽雲』之誤，否則中間南霽雲兩段、無著落矣、末段專以張籍語作結，亦叙文中之奇特者。

唐蔚芝《英軺日記序》

光緒二十有八年夏五，英國君主愛惠將加冕於倫敦。先期，外務部聞於朝、天子發璽書、簡

專使、福事賀慶。於是某遂奉出使英國之命，兼應比、法、美、日諸國之請，周爰彼邦。張旃以出，

封軺而返，經途八萬里，爲時十七旬。滂滂地圓，隨日以行；左旋一周，極西極東。丹穴空桐，

仁智信武；禮俗教治，殊尚異嚮。恢越視聽，怵然服念於九重憂勤劬惄，鑒觀求莫之盛心。通變

宜民，神化丹青，寄耳目於膚使；咨才咨事，咨義咨親，繫政諭所賴。微獨宣德諭指，説山名物

而已。

於時僚寀有見聞、譯輮有誦述、削牘既多，裒錄成帙、乃復綜而論之，曰：倫敦在西海之壖，

孤縣三絶島，而輨轄五洲，吸收宙合之精華。都市殷賑，鴻紛璟瑋，舉天下之財政家、製造家、工

藝家、商家、農家、外交內治家，靡不集聽矚於斯，權低昂於斯。彼都人士乘堅而策肥，高步而遠

視。崔構閎九天，陶復洞九淵，颿軌電郵，呼吸萬里，誠上帝驕子、倮屬之幸民哉！其政策和而

堅，善動而能靜，屈群策不殫厥力。其民樸屬勤於事，綮谿浩宕，而尊上親長，服從於法律。其風

俗外希鶩，内善葆光，重學而輕教。起十七世紀以迄今兹，三紀有勝，非幸也，數也。

巴黎恢恢，冠絕西歐。林麓翳陰，萬物棣通。士女遨嬉，談辭談張。議堂擴千步，民政所宗。

其氣憍，其學說日新，其民英跱自嘉，而心志發揚。方時國社，闌逐教徒，汎淵歐魚，鄰國爲壑。

夫彰善癉惡，品物恒情，昌兹壯佼，標宗樹異。歐人懲昔禍，有戒心焉。自西徂東，所不能不三致意也。

• 美利堅洲，於歐視爲西，於亞視爲東。名城大都，星綴岳崎。天産軋茁，地寶湧盈。藝學引錣，利主考工。舟車亘亥步，朱、圭、猗頓，比户可封。合衆國以之，越坎拿大山而西，其間堂密美樅，田疇罫畫，黄冠草服，氈帳穹廬。極目窈窕，熙熙然有邃古初風焉。天留奧壤，厭飫白民，乃不免有形茹神恣，椎結懼墨者，雜處其中。種族之蔽，人權之畸，不已酷乎！

• 日本兄師德，自奮東方。行觀其庠序，則子衿青青，徽志易別；行察其主藏，經制出入，准平靡失。• 其心競於學界也，其作新而不破糅其國粹也。旋觀我齊州英俊，案飾謹謹，玩心羅騷。齊以苦言之藥，不至挾策而亡其羊已。

凡茲四國，一縱一橫，或翕或張，巧算不可窮，離朱亦迷方。某既馮軾觀之、而倫敦旋軔之初，先至比利時國之博間賽都城。厥民殷析、殫精工藝。比主黃髮髭髾，手持一編，研研講議、若無預於歐洲戰國策者。荷蘭遺俗，謐康若茲，其持弱之道乎？其將伺人之不見有所得乎？夫民生而有血氣則爭，爭而不已則困，困而猶不能不爭，且別求所以善其爭者，而開化之術出焉，進步之程偉焉。歐、美兩洲自十七世紀之末，磅礡扶輿、更師迭長、與時王相要、靡不履繁霜而凜堅冰，鏡前車而修來軫，諸國之迹燦然已。

縈惟中國，力謀自強。方今官守其度、士勸其學，工農商師講於野、兵技巧家興於軍。百廢舉歔、作事謀始。日積而月累，固將月異而歲不同。自茲以往，歐亞學界之中，我庠士其且競勝於禮義乎？我政家其競勝於經濟乎？我兵家其競勝於武力乎？我農工商其競勝於產殖乎？夫傾者易之復、否者泰之來，某誠不敢爲謇言，而泰西智士之言，其期於我國，乃有過我自期者。輒以臥薪嘗膽之心，爲拜手颺言之頌。當世君子，其或不鄙乎斯言。

凡鴻紛瑰瑋之文、段落尤宜講究。此文以『倫敦在西海之壖』一段作『總攝法』。次巴黎、次美利堅、次日本、皆用『硬接法』。而每段結束處無不變化。尤妙者、『倫敦啓軔之初、先至比利時國之博闈賽都城』作『藏過逆溯法』、遂開『民生而有血氣則爭』一大段文字、紆迴震盪、極行文之樂、實皆從段落變化而來。

〇每段中『其』字俱宜注意、爲虛字作綫索法。

〇此文予作草稿後、請先師沈子培先生刪改十之五六。今先師歸道山久矣、反復此稿、輒爲黯然。

【一唱三嘆法】

適用於感喟情景之文、以反復抑揚爲主。

《詩·卷耳篇》

采采卷耳，不盈頃筐、嗟我懷人，置彼周行、

陟彼崔嵬，我馬虺隤。我姑酌彼金罍，維以不永懷。

陟彼高岡，我馬玄黃。我姑酌彼兕觥，維以不永傷。

陟彼砠矣，我馬瘏矣。我僕痡矣，云何吁矣。

《禮記·樂記篇》『一唱而三嘆，有遺音者矣、』三嘆者、言其曲折而有序、曲折愈多，則愈婉轉，聲情畢達，餘音嫋嫋然也。此詩或爲文王拘幽羑里，后妃思之而作。首章言『嗟我懷人』，而二三章則言『不永懷』『不永傷』，蓋自慰之辭，所謂哀而不傷也。末章則再三嘆息，而不克置念矣、

○凡詩文中有叠用『矣』字及『也』字者、均有無限感慨、無限丰神、玩此及《旄邱》詩可見。

《詩·鴟鴞篇》

鴟鴞鴟鴞！既取我子，無毀我室！恩斯勤斯，鬻子之閔斯。

迨天之未陰雨，徹彼桑土，綢繆牖戶。今女下民，或敢侮予？

予手拮据，予所捋荼，予所蓄租，予口卒瘏。曰予未有室家。

予羽譙譙，予尾翛翛。予室翹翹，風雨所漂搖，予維音嘵嘵。

此管、蔡作亂後，周公托為禽言以曉成王也，精神全在一『予』字、言辛苦者獨有『予』耳。款款深情，千古獨絕。唐李漢云『周情孔思』，殆韓子心得之言，而漢述之耳、

《詩·常棣篇》

常棣之華，鄂不韡韡。凡今之人，莫如兄弟。

死喪之威，兄弟孔懷。原隰哀矣，兄弟求矣。

脊令在原，兄弟急難。每有良朋，況也永嘆。

兄弟鬩于牆，外禦其務。　每有良朋，烝[二]也無戎。

喪亂既平，既安且寧。　雖有兄弟，不如友生。

儐爾籩豆，飲酒之飫。　兄弟既具，和樂且孺。

妻子好合，如鼓瑟琴。　兄弟既翕，和樂且湛。

宜爾室家，樂爾妻帑。　是究是圖，亶其然乎！

此管、蔡作難，周公作詩以感之。　厥後召穆公述之，遂為燕兄弟之樂歌。　上七章皆言兄弟，所以喚醒其良心也。　第二章兩言兄弟。　末章却不言兄弟，曰『是究是圖，亶其然乎』，作為正言亦可，作為反言亦可。　一往深情，苟有良知，無不下淚矣。

○第一章『凡今之人』二句，大聲疾呼、第五章『喪亂既平』四句、則凄然欲絕矣。

[二]『烝』原作『蒸』。

《詩·小宛篇》

宛彼鳴鳩，翰飛戾天。我心憂傷，念昔先人。明發不寐，有懷二人。

人之齊聖，飲酒溫克。彼昏不知，壹醉日富。各敬爾儀，天命不又。

中原有菽，庶民采之。螟蛉有子，蜾蠃負之。教誨爾子，式穀似之。

題彼脊令，載飛載鳴。我日斯邁，而月斯征。夙興夜寐，毋忝爾所生。

交交桑扈，率場啄粟。哀我填寡，宜岸宜獄。握粟出卜，自何能穀？

溫溫恭人，如集于木。惴惴小心，如臨于谷。戰戰兢兢，如履薄冰。

　此大夫刺幽王之詩也、朱子以爲大夫遭時之亂，而兄弟相戒以免禍之詩、第四、第五章感慨遥深，丰神獨絶、兩『我』字與首章『我』字遥應，至『哀我填寡、哀我填寡』，則離憂已極矣。

歸結至『戰戰兢兢』，所謂『怨誹而不亂也』。

○此詩曾文正選入《鳴原堂論文》中，謂生平最喜讀此、茲編中，孝親、慈幼、敬天、勤

學、愛民、意義甚廣，無所不備也、

○『明發不寐，有懷二人』，即良知之發，孟子所謂平旦之氣、好惡與人相近者也、。凡人於明發之時，善念必多，涵養而擴充之，希賢希聖之道在是矣、。《禮記・祭義篇》引此二句以爲文王祭祀之詩，深得聖人之意，旨哉言乎！

《史記・游俠列傳序》

韓子曰：『儒以文亂法，而俠以武犯禁、。』二者皆譏、，而學士多稱於世云。至如以術取宰相卿大夫，輔翼其世主，功名俱著於春秋，固無可言者。。及若季次、原憲，閭巷人也，讀書懷獨行君子之德，義不苟合當世，當世亦笑之。。故季次、原憲終身空室蓬戶，褐衣疏食不厭。。死而已四百餘年，而弟子志之不倦。。今游俠，其行雖不軌於正義，然其言必信，其行必果，已諾必誠，不愛其軀，赴士之阸困，既已存亡死生矣、，而不矜其能、，羞伐其德、，蓋亦有足多者焉。。且緩急人之所時有也。。太史公曰：昔者虞舜窘于井廩，伊尹負于鼎俎，傅説匿於傅險，呂尚

困于棘津，夷吾桎梏，百里飯牛，仲尼畏匡，菜色陳、蔡。此皆學士所謂有道仁人也，猶然遭此菑，

況以中材而涉亂世之末流乎！其遇害何可勝道哉！

鄙人有言曰：『何知仁義，已饗其利者爲有德。』故伯夷醜周，餓死首陽山，而文、武不以其

故貶王；跖、蹻暴戾，其徒誦義無窮。由此觀之，『竊鉤者誅，竊國者侯；侯之門，仁義存』，非虛

言也。今拘學或抱咫尺之義，久孤於世，豈若卑論儕俗，與世沉浮而取榮名哉？而布衣之徒，設

取予然諾，千里誦義，爲死不顧世，此亦有所長，非苟而已也。故士窮窘而得委命，此豈非人之所

謂賢豪間者邪？誠使鄉曲之俠與季次、原憲比權量力，效功於當世，不同日而論矣。要以功見言

信、俠客之義，又曷可少哉！

古布衣之俠，靡得而聞已、近世延陵、孟嘗、春申、平原、信陵之徒，皆因王者親屬，藉於有土

卿相之富厚，招天下賢者，顯名諸侯，不可謂不賢者矣。比如順風而呼，聲非加疾，其勢激也。至

如閭巷之俠，修行砥名，聲施於天下，莫不稱賢，是爲難耳。然儒、墨皆排擯不載。自秦以前，匹

夫之俠，湮滅不見，余甚恨之。以余所聞，漢興、有朱家、田仲、王公、劇孟、郭解之徒，雖時扞當世

之文網,然其私義廉絜退讓,有足稱者。名不虛立,士不虛附。至如朋黨宗强比周,設財役貧,豪暴侵凌孤弱,恣欲自快,游俠亦醜之。余悲世俗不察其意,而猥以朱家、郭解等,令與暴豪之徒同類而共笑之也。

司馬子長作一傳,皆有傳外之意,故能牢籠萬有,傲睨古今。此文因自悲身世,不遇游俠,故其推崇如此;至以爲在季次、原憲之上,其義雖不可訓,而其文之丰神,古來得未曾有。永叔諸序皆出於此,不可不熟讀也。

○第一段以儒俠相比較,折到游俠之足多。第二段見人世不可無游俠,云季次、原憲不同日而論,則贊游俠更勝於儒者矣。第三段嘆游俠之不傳,故特竭力表揚。『儒、墨皆排擯不載』四句,與首段『學士多稱於世』相應,神迴氣合。

○讀此文要在抑揚吞吐四字留意,而頓挫處爲尤要,曾文正所謂『其氣若翔翥於虛無之表』者是也。

○讀此文宜遲不宜速、宜婉轉不宜驟、方能得其唱嘆之致。後歐文仿此、

李遐叔《吊古戰場文》

浩浩乎平沙無垠、敻不見人。河水縈帶、群山糾紛、黯兮慘悴、風悲日曛。蓬斷草枯、凛若霜晨、鳥飛不下、獸鋌亡群。亭長告予曰：『此古戰場也、常覆三軍。往往鬼哭、天陰則聞。』傷心哉！秦歟漢歟！將近代歟！吾聞夫齊、魏徭戍、荊、韓召募。萬里奔走、連年暴露。沙草晨牧、河冰夜渡。地闊天長、不知歸路。寄身鋒刃、腷臆誰訴？秦、漢而還、多事四夷、中州耗斁、無世無之。古稱戎夏、不抗王師。文教失宣、武臣用奇。奇兵有異於仁義、王道迂闊而莫爲。

嗚呼噫嘻！

吾想夫北風振漠、胡兵伺便。主將驕敵、期門受戰。野豎旄旗、川迴組練。法重心駭、威尊命賤、、利鏃穿骨、驚沙入面。主客相搏、山川震眩。聲析江河、勢崩雷電。

至若窮陰凝閉、凛冽海隅；積雪没脛、堅冰在鬚；鷙鳥休巢、征馬踟蹰；繒纊無溫、墮指裂

膚。當此苦寒、天假強胡、憑陵殺氣、以相翦屠、徑截輜重、橫攻士卒、都尉新降、將軍覆沒；屍

填巨港之岸，血滿長城之窟。無貴無賤，同爲枯骨。可勝言哉！

鼓衰兮力盡，矢竭兮弦絕、白刃交兮寶刀折，兩軍蹙兮生死決、降矣哉終身夷狄，戰矣哉骨

暴沙礫。鳥無聲兮山寂寂，夜正長兮風淅淅。魂魄結兮天沈沈，鬼神聚兮雲冪冪。日光寒兮草

短，月色苦兮霜白。傷心慘目，有如是耶！

吾聞之，牧用趙卒，大破林胡，開地千里，遁逃匈奴、漢傾天下，財殫力痛、任人而已、其在

多乎！周逐獫狁，北至太原。既城朔方，全師而還。飲至策勳，和樂且閑。穆穆棣棣，君臣之間。

秦起長城，竟海爲關。茶毒生靈，萬里朱殷。漢擊匈奴，雖得陰山，枕骸遍野，功不補患。

蒼蒼烝民，誰無父母？提攜捧負，畏其不壽。誰無兄弟，如足如手？誰無夫婦，如賓如友。

生也何恩？殺之何咎？其存其歿，家莫聞知；人或有言，將信將疑。悁悁心目，寢寐見之。布奠

傾觴，哭望天涯。天地爲愁，草木凄悲。吊祭不至，精魂何依？必有凶年，人其流離。嗚呼噫嘻！

時耶命耶？從古如斯！爲之奈何？守在四夷。

所貴乎作文者，欲其感動人心耳。此文因痛當時爭城爭地殺人衆多，而托於古戰場以諷之。末段淋漓嗚咽，雖善戰者讀之，亦當流涕。賈君房《罷珠厓對》，蘇子瞻《諫用兵書》，與此文可稱三絕。吾輩今日正宜推廣此等文字，《易》所稱『利武人之貞』者正在於此。

○方存之評《論語》『子路從而後』章云：『上數節將隱者氣象寫足，中間點出「隱者也」三字，爲畫龍點睛法。後來《吊古戰場文》《秋聲賦》《方山子傳》，皆用此法』。其説極精。此文首段先將古戰場景象寫足，下接『此古戰場也，常覆三軍』數句，遂格外有力，而『傷心哉』數句，亦格外有神。

○第二段用『吾聞夫』、第三段用『吾想夫』、第六段用『吾聞之』，句調重複、『牧用趙卒』一段，時代倒置。然其煉字選韵，備極精能，且用意忠厚，溢於言外，雖有小疵，不足掩大醇也。

歐陽永叔《送徐無黨南歸序》

草木鳥獸之爲物，衆人之爲人，其爲生雖異、而爲死則同、一歸於腐壞漸盡泯滅而已、而衆人之中，有聖賢者，固亦生且死於其間，而獨异於草木鳥獸衆人者，雖死而不朽，愈遠而彌存也。其所以爲聖賢者，修之於身，施之於事，見之於言，是三者所以能不朽而存也。修於身者，無所不獲；施於事者，有得有不得焉；其見於言者，則又有能有不能也。施於事矣，不見於言可也。自《詩》《書》《史記》所傳，其人豈必皆能言之士哉？修於身矣，而不施於事，不見於言，亦可也。孔子弟子，有能政事者矣，有能言語者矣。若顏回者，在陋巷曲肱飢臥而已，其群居則默然終日如愚人。然自當時群弟子皆推尊之，以爲不敢望而及。而後世更千百歲，亦未有能及之者。其不朽而存者，固不待施於事，況於言乎！

予讀班固《藝文志》、唐四庫書目，見其所列、自三代秦漢以來、著書之士、多者至百餘篇、少者猶三四十篇，其人不可勝數。而散亡磨滅，百不一二存焉。予竊悲其人文章麗矣，言語工矣，無异草木榮華之飄風、鳥獸好音之過耳也。方其用心與力之勞，亦何异衆人之汲汲營營，而忽焉

以死者，雖有遲有速，而卒與三者同歸於泯滅。夫言之不可恃也蓋如此。今之學者，莫不慕古聖

賢之不朽，而勤一世以盡心於文字間者，皆可悲也！

東陽徐生，少從予學爲文章，稍稍見稱於人。既去，而與群士試於禮部、得高第，由是知名。

其文辭日進，如水湧而山出。予欲摧其盛氣，而勉其思也、故於其歸，告以是言。然予固亦喜爲

文辭者、亦因以自警焉。

○《孟子》『尹士』章一唱三嘆，丰神搖曳，亦爲歐文之祖，宜熟讀之。

此文極爲清淡，而丰神千古不減，後一段精神更覺不磨、何者？以其脫胎於《史記》者

深也、吾嘗論史公於數百年後，得門徒數人：韓、柳、歐、曾是也。韓、柳得其陽剛之美，

歐、曾得其陰柔之美。譬諸弈棋，史公爲國手，韓柳等則四手也。此文則駸駸乎入三手矣。

歐陽永叔《送楊寘序》

予嘗有幽憂之疾，退而閑居，不能治也。既而學琴於友人孫道滋，受宮聲數引、久而樂之、不

知疾之在其體也、。夫疾，生乎憂者也。藥之毒者，能攻其疾之聚、，不若聲之至者，能和其心之所

不平。心而平、不和者和，則疾之忘也宜哉。[二]夫琴之爲技小矣、，及其至也，大者爲宮，細者爲

羽；操弦驟作，忽然變之；急者凄然以促，緩者舒然以和。如崩崖裂石，高山出泉，而風雨夜至

也；如怨夫寡婦之嘆息，雌雄雍雍之相鳴也。其憂深思遠，則舜與文王、孔子之遺音也；悲愁感

憤，則伯奇孤子、屈原忠臣之所嘆也。喜怒哀樂，動人必深，而純古澹泊，與夫堯舜三代之言語、

孔子之文章，《易》之憂患、《詩》之怨刺，無以異。其能聽之以耳，應之以手，取其和者，道其堙

鬱，寫其憂思，則感人之際，亦有至者焉。

予友楊君，好學有文，累以進士舉，不得志。及從蔭調，爲尉於劍浦，區區在東南數千里外、，

是其心固有不平者、。且少又多疾、，而南方少醫藥，風俗、飲食异宜。以多疾之體，有不平之心、，

居异宜之俗，其能鬱鬱以久乎？然欲平其心以養其疾，於琴亦將有得焉。故予作《琴說》以贈其

[一]『夫疾，生乎憂者也。藥之毒者，能攻其疾之聚，不若聲之至者，能和其心之所不平。心而平，不和者和，則疾之忘也宜

哉。』原本缺，今補之。

行、、、、、、、、、、、
且邀道滋酌酒進琴以爲別。

《秋聲賦》滿紙皆秋聲、、、、、、、、、此文滿紙皆琴聲。『桃花流水杳然去，別有天地非人間』，文境

仿佛似之、神乎技矣！、、、、、、

○《琴説》在結末點出，高絶。、、此亦自然天籟也。

○歐公文最善唱嘆，以多有選入別法者，故本法僅録二首。學者但從其丰神搖曳處求

之足矣、、、。

唐蔚芝《〈論語・雍也篇〉大義》

空山鼓琴，《先進》之文也；雲水蒼茫，《微子》之文也；桃源繚遠，聖哲離憂，《雍也》之文

也。承《公冶長》一篇，故又歷記諸弟子之事。有弟子三千人、、鴻才碩德，不能見用於世，徒抱博

施濟衆之願以終，何哉？『不有祝鮀之佞，而有宋朝之美，難乎免於今之世矣。』此吾黨所爲往復

神傷而不自已也。。。。。

周公曰：『平易近民、民必歸之、』『雍也可使南面、』以其能『居敬而行簡』，未有不居敬行簡、而能臨民者。《易傳》曰：『易簡而天下之理得矣。』顏子獨非南面才乎？不幸短命死矣！子華、原思之辨取與也，仲弓之當見用也，回之三月不違仁也，由、賜、求、達、藝也，閔子騫之不為費宰也，伯牛之不幸而有疾也，皆不世出之才也。『回也不改其樂』，何樂也？樂道也、鄉鄰有鬭者，閉戶可也。嗚呼！道也道也，亦足悲也。冉求聞夫子之教，終當說子之道也；子夏以文學之選，而為君子儒也；子游以文學之選，而崇尚尚氣節之士也。孟之反之不伐，與顏子無伐善相近，其亦嘗奉教於聖門乎？昔在我周文王，文明宣化，樂育群才，鳳凰鳴於朝陽，菁莪盈於中沚。迨其衰也，後先疏附奔走禦侮之彥，遂集於孔氏之門。然而奇才異能，率擯不用，蓋祝鮀、宋朝盈天下，而賢者且求免於今之世，豈不悲哉！

嗚呼！道之不行也，世網之周密也，人心之險巇也，然而救世之心愈不容已也。『何莫由斯道也？』孔子所以三嘆言之。『文質彬彬』，得見君子斯可矣。『人之生也直』，直道而行也；罔而免，終身不知道也。知之、好之、樂之，道有淺深也；語上、語下，道有高下也；知之與仁，雖行

事性質不同、而其歸於道則一也。嗚呼！道也道也！天運有剝復也、世道有循環也。斧柯之假，

當在齊、魯之間，而聖人救世之心愈不容已也。齊一變可至於魯，魯一變可至於道也。『觚哉觚

哉』，破以爲圓，失其方正之道也。『君子可逝也，不可陷也；可欺也，不可罔也』，難罔以非其道

也。大聲疾呼以告吾黨，從井救人之事，不可爲也。亦惟有博文約禮，終身弗畔於道而已矣！

西狩獲麟，孔子曰：『吾道窮矣！』子見南子，子路不說，曰：『吾道窮矣！』夫子矢之曰：

『天厭之，天厭之。』不肯終枉其道。至是而聖人之心乃愈傷矣。嗚呼！『道之不行也，吾知之

矣。』『道之不明也，吾知之矣。』『中庸之爲德也，民鮮久矣。』然而聖人救世之心愈不容已也。

故《雍也》一篇，特以『博施濟衆』終。蓋博施濟衆，聖人之行其道也；立人達人，賢者之行其道

也。仁者相人偶也，『能近取譬』，即强恕而行也。『爲仁之方』，即爲仁之道也。仁非迂遠而難

行，道非空虛而無際也。然而南面之權不得，則博施濟衆、立人達人之道，終不可得而行也。君

子不能行其道，而小人乃得行其道也；孔子不得行博施濟衆之道，而人乃借博施濟衆之說，以行

其道也。嗚呼！道也道也，既難免於今之世，乃獨慕乎古之人。讀《雍也》一篇，而徒傷心於道

也道也，何傳道之竟鮮其人？何莫由斯道也？

此文雖不敢比擬古人，而一唱三嘆之致、或有契乎聖心、復之神，務望學者熟讀而深思之。

【逐層駁難法】

適用於辯駁事理、義理之文，於函牘亦宜，以和平簡辣爲主。

韓退之《諱辯》

愈與李賀書，勸賀舉進士。賀舉進士有名，與賀爭名者，毀之曰：『賀父名晉肅，賀不舉進士爲是，勸之舉者爲非。』聽者不察也、和而唱之、同然一辭。皇甫湜曰：『若不明白，子與賀且得罪。』愈曰：『然。』律曰：『二名不偏諱。』釋之者曰：『謂若言「徵」不稱「在」，言「在」不稱「徵」是也。』律曰：『不諱嫌名。』釋之者曰：『謂若「禹」與「雨」、「丘」與「薑」之類是也、今

賀父名晉肅，賀舉進士，為犯二名律乎？為犯嫌名律乎？父名『晉肅』，子不得舉進士；若父名

『仁』，子不得為人乎？

夫諱始於何時？作法制以教天下者，非周公、孔子歟？周公作詩不諱，孔子不偏諱二名，《春

秋》不譏不諱嫌名。康王釗之孫，實為昭王。曾參之父名晳，曾子不諱『昔』。周之時有騏期，

漢之時有杜度，此其子宜如何諱？將諱其嫌，遂諱其姓乎？將不諱其嫌者乎？漢諱武帝名徹為

『通』，不聞又諱車轍之『轍』為某字也。諱呂后名雉為『野雞』，不聞又諱治天下之『治』為某字

也。今上章及詔，不聞諱『滸』『勢』『秉』『機』也；惟宦官宮妾，乃不敢言『諭』及『機』，以為觸

犯。士君子言語行事，宜何所法守也？今考之於經，質之於律，稽之以國家之典，賀舉進士為可

邪？為不可邪？

凡事父母得如曾參，可以無譏矣；作人得如周公、孔子，亦可以止矣。今世之士，不務行曾

參、周公、孔子之行，而諱親之名，則務勝於曾參、周公、孔子，亦見其惑也。夫周公、孔子、曾參卒

不可勝，勝周公、孔子、曾參，乃比於宦官宮妾，則是宦官宮妾之孝於其親，賢於周公、孔子、曾參

者邪？

筆致夭[二]矯、凌厲無前、自從《穀梁傳》得來。至於直窮到底、尤爲要法、如

○凡辯駁之文、不宜多説、多則支離、轉爲人所駁詰矣、

此篇末段是也、

柳子厚《駁復讎議》

臣伏見天后時、有同州下邽人徐元慶者、父爽爲縣尉趙師韞所殺、卒能手刃父讎、束身歸罪、

當時諫臣陳子昂、建議誅之而旌其廬、且請編之於令、永爲國典。臣竊獨過之。臣聞禮之大本、

以防亂也。若曰無爲賊虐、凡爲子者殺無赦。刑之大本、亦以防亂也。若曰無爲賊虐、凡爲治者

殺無赦。其本則合、其用則异。旌與誅莫得而并焉。誅其可旌、兹謂濫、黷刑甚矣；旌其可誅、

兹謂僭、壞禮甚矣！果以是示於天下、傳於後代、趨義者不知所向、違害者不知所立、以是爲典

[二]『夭』原作『矢』。

可乎？

　蓋聖人之制，窮理以定賞罰，本情以正褒貶，統於一而已矣。嚮使刺讞其誠偽，考正其曲直，原始而求其端，則刑、禮之用，判然離矣。何者？若元慶之父，不陷於公罪，師韞之誅，獨以其私怨，奮其吏氣，虐于非辜，州牧不知罪、刑官不知問，上下蒙冒，籲號不聞；而元慶能以戴天爲大恥，枕戈爲得禮，處心積慮以衝讎人之胸，介然自克，即死無憾，是守禮而行義也。執事者宜有慚色，將謝之不暇，而又何誅焉？

　其或元慶之父不免於罪，師韞之誅不愆于法、是非死於吏也，是死於法也。法其可讎乎？讎天子之法，而戕奉法之吏，是悖驁而凌上也。執而誅之，所以正邦典，而又何旌焉？

　且其議曰：『人必有子，子必有親。親親相讎，其亂誰救？』是惑於禮也甚矣！禮之所謂讎者，蓋其冤抑沈痛而號無告也，非謂牴罪觸法，陷於大戮，而曰：『彼殺之，我乃殺之。』不議曲直，暴寡脅弱而已。其非經背聖，不亦甚哉！《周禮》：『調人掌司萬人之讎。凡殺人而義者，令勿讎，讎之則死。有反殺者，邦國交讎之。』又安得親親相讎也？《春秋公羊傳》曰：『父不受

誅，子復讎可也；父受誅，子復讎，此推刃之道，復讎不除害。』今若取此以斷兩下相殺，則合於

禮矣。

且夫不忘讎，孝也；不愛死，義也。元慶能不越於禮，服孝死義，是必達禮而聞道者也。夫

達禮聞道之人，豈其以王法為敵讎者哉？議者反以為戮，黷刑壞禮，其不可以為典明矣。請下臣

議附於令，有斷斯獄者，不宜以前議從事。謹議。

子厚固深於《穀梁》學者，剖析爽利，莫攖其鋒。凡老吏斷獄詞，及為公牘文字，均當

以此為法。

○治天下之道，明是非而已。是非茫昧，而人心於是乎亡。旌與誅并用、使民惑於是

非矣。此文深有功於世道。

蘇子瞻《屈到嗜芰論》

屈到嗜芰，有疾，召其宗老而屬之，曰：『祭我必以芰、』及祥，宗老將薦芰、屈建命去之、君

子曰：『不違而道。』唐柳宗元非之曰：『屈子以禮之末，忍絕其父將死之言。且《禮》有「齋之

日，思其所樂，思其所嗜」。子木去芰，安得爲道？』甚矣柳子之陋也！子木，楚卿之賢者也，夫

豈不知爲人子之道？事死如事生，況於將死丁寧之言，棄而不用，人情之所忍乎？是必有大不忍

於此者，而奪其情也。夫死生之際，聖人嚴之。薨於路寢，不死於婦人之手；至於結冠纓，啓手

足之末，不敢不勉。其於死生之變亦重矣。父子平日之言，可以恩掩義，至於死生至嚴之際，豈

容以私害公乎！曾子有疾，稱君子之所貴乎道者三。孟僖子卒，使其子學禮於仲尼。管仲病，勸

桓公去三豎。夫數君子之言，或主社稷，或勤於道德，或訓其子孫，雖所趣不同，然皆篤於大義，

不私其躬也如是。今赫赫楚國，若敖氏之賢聞於諸侯，身爲正卿，死不在民，而口腹是憂，其爲陋

已甚矣。使子木行之，國人誦之，太史書之，天下後世，不知夫子之賢，而惟陋是聞，子木其忍爲

此乎？故曰是必有大不忍者而奪其情也。

　　然《禮》之所謂『思其所樂，思其所嗜』，此言人子追思之道也。曾皙嗜羊棗，而曾子不忍

食。父沒而不能讀父之書，母沒而不能執母之器，皆人子之情自然也，豈待父母之命耶？今薦芰

之事，若出於子則可，自其父母則為陋耳。豈可以飲食之故，而成父莫大之陋乎！曾子寢疾，曾元難於易簀。曾子曰：『君子之愛人也以德，細人之愛人也以姑息。』若以柳子之言為然，是曾元為孝子，而曾子顧禮之末，易簀於病革之中，為不仁之甚也。中行偃死，視不可含，范宣子盟而撫之曰：『事吳敢不如事主！』猶視，欒懷子曰：『主苟終，所不嗣事於齊者，有如河。』乃瞑。嗚呼！范宣子知事吳為忠於主，而不知報齊以成夫子憂國之美，其為忠則大矣。古人以愛惡比之美疚藥石，曰：『石猶生我，疚之美者，其毒滋多。』由是觀之，柳子之愛屈到，是疚之美，子木之違父命，藥石也哉。

以『陋』字作綫索、引事嫌煩，文氣亦較平。

王弇州《讀楚語論》

屈到嗜芰，有疾，召其宗老而屬之曰：『祭我必以芰。』及祥，宗老將薦芰，屈建命去之、君子曰：『不違而道。』柳宗元非之曰：『《禮》有「齋之日，思其所樂，思其所嗜」，子木去芰，安得

一一四

為道、』蘇子復非之曰：『甚矣柳子之陋也、赫赫楚國，若敖氏之賢聞於諸侯，身為正卿、死不

在民，而口腹是憂，陋亦甚矣！使子木行之，國人誦之，太史書之，天下後世不知夫子之賢，而唯

陋是聞，子木其忍為此乎？』

余則曰：甚矣屈建之忍也！而蘇子之好異也！

今夫取禮之輕者與食之重者比，奚啻食重。然則禮而輕也。當其身尚不以廢食，而況於其

親乎哉！從治命不從亂命，恒也。屈到之命薦芰，亂也否也。且夫芰與蔬蔌等耳，非若邑之痂、

長孺之爪甲，腥穢而不可登席；又非若銅雀之伎之淫侈也、臨穴之殉之酷也。宗老言之，建從

之，撤一蔬可以易，益一豆不為多，國人何所誦？太史何所書？而天下後世何所知乎？今以建之

却之，又不能為之諱，而國人之媚新令尹者，以為不違道而書之，太史傳之天下後世，是揚先人之

過者，建之却也，不在薦也。夫不忍於一薦之小禮，而棄忘其父之嗜好，其不孝小也。急於揚己

之名，而不諱其父之誤，其不孝大也。夫建也挾左右廣之甲，而欲無禮於盟主之上卿、棄諸侯之

信而不之顧，此夷狄也，而何有於小禮也？其父生不得志于鼎俎，而又衛建之驚桀，故示微于宗

老。而建卒弁髦之，寧不違道也。

或云：『屈到之芰，建可薦也。建之不薦，左氏可無稱也？左氏之稱，柳子可無非也？柳子之非，蘇子可無譏也？蘇子之譏，子可無衷也？』甚矣，儒者之好持論也！余無以對。

樹義正大，能直窮到底、結處尤有趣味。知此理，則彼亦一是非，此亦一是非[二]，可以息矣。

〇屈到不囑其子而囑宗老，則屈建平日不能善承父命可知。文以『生不得志於鼎俎』為言，讀書得間，令人無從翻案矣。

蘇子瞻《論項羽、范增》

漢用陳平計，間疏楚君臣。項羽疑范增與漢有私，稍奪其權。增大怒，曰：『天下事大定矣，君王自為之。願賜骸骨歸卒伍。』歸未至彭城，疽發背死。蘇子曰：增之去善矣。不去，

[二]『此亦一是非』原作『此一亦是非』。

羽必殺增，獨恨其不早耳。然則當以何事去？增勸羽殺沛公，羽不聽、終以此失天下、當於是

去耶？曰：否。增之欲殺沛公、人臣之分也；羽之不殺、猶有君人之度也。增曷為以此去哉？

《易》曰：『知幾其神乎！』《詩》曰：『相彼雨雪、先集維霰。』增之去、當於羽殺卿子冠軍時也。

陳涉之得民也、以項燕、扶蘇。項氏之興也、以立楚懷王孫心；而諸侯叛之也、以弑義帝。

且義帝之立、增為謀主矣。義帝之存亡、豈獨為楚之盛衰、亦增之所與同禍福也。未有義帝亡、

而增獨能久存者也。羽之殺卿子冠軍也、是弑義帝之兆也。其弑義帝、則疑增之本也、豈必待陳

平哉？物必先腐也、而後蟲生之；人必先疑也、而後讒入之。陳平雖智、安能間無疑之主哉！

吾嘗論義帝、天下之賢主也、獨遣沛公入關、而不遣項羽；識卿子冠軍於稠人之中、而擢以

為上將。不賢而能如是乎？羽既矯殺卿子冠軍、義帝必不能堪、非羽弑帝、則帝殺羽、不待智者

而後知也。增始勸項梁立義帝、諸侯以此服從、中道而弑之、非增之意也。夫豈獨非其意、將必

力爭而不聽也。不用其言而殺其所立、羽之疑增、必自是始矣。方羽殺卿子冠軍、增與羽比肩而

事義帝、君臣之分未定也。為增計者、力能誅羽則誅之、不能則去之、豈不毅然大丈夫也哉！增

年已七十，合則留，不合則去，不以此時明去就之分，而欲依羽以成功名，陋矣、

雖然、增，高帝之所畏也；增不去，項羽不亡。嗚呼！增亦人杰也哉！

○一結爲『神龍掉尾法』，蘇氏父子常用之。

以義帝爲賢，殊失事實。惟文氣特雄快、

王弇州《書蘇子范增論後》

蘇子之論范增甚奇，而其爲書生，於事體則甚闇、

夫卿子冠軍何人也、？以一言之偶中、而懷

王拜之爲上將軍，其智勇未聞也。章邯既破項梁而殺之，楚人之膽奪矣。移兵而渡河，以大破趙

人，趙人之膽奪矣。趙舉而秦強，夫以已破之楚膽，而當方張之秦勢，且皆半菽之飢腹，而冰霜不

完之指、唯有解甲而逆潰耳、義送子相齊，蓋欲以爲遁穴而僥倖於目前之未戰、乃佯爲大言以壓

項籍、籍不殺宋義，趙必下，楚必潰。楚之潰在呼吸之間，而無他術可以解、爲籍計者，何以不殺

義也！

增、此時去籍，則秦追僇亡楚之末將而族之必也。籍勝則恨增、以為宋義之黨，而先去以為三軍之望、族之亦必也。即兩俱免族，而當叛臣債將之名，為增計者何以去也？

夫增、奇策士也，豈惟不去而已，當與籍謀而殺義。不然，何殺義之後事日取增計，而尊之為亞父也？然則增不當去乎？曰：有。坑秦卒二十萬人，失仁。失仁不足以取天下，一當諫也、弒義帝失義、失義不足以取天下，二當諫也。違義帝之約，而王漢、王楚，失信。失信不足以取天下，三當諫也。諫不從則去之。去之而無忿懟之迹，以完其身可耳。若殺卿子冠軍，何以取天下，三當諫也。

三、族之亦必也。即兩俱免族，而當叛臣債將之名，為計者何以去也？

去也？

切中事理、文筆亦犀利無比。

○蘇子瞻《荀卿論》謂李斯以荀卿之學亂天下，姚姬傳駁之。劉孟塗又謂子瞻實指王荊公而言，語頗中肯。此等駁辯文尚多，不復詳錄。

【空中樓閣法】

普通適用，最宜於恬適之文，以天然爲主。

《詩・斯干篇》

秩秩斯干，幽幽南山。如竹苞矣，如松茂矣。兄及弟矣，式相好矣、無相猶矣。

似續妣祖，築室百堵，西南其户。爰居爰處，爰笑爰語。

約之閣閣，椓之橐橐。風雨攸除，鳥鼠攸去，君子攸芋。

如跂斯翼，如矢斯棘，如鳥斯革，如翬斯飛，君子攸躋。

殖殖其庭，有覺其楹，噲噲其正，噦噦其冥，君子攸寧。

下莞上簟，乃安斯寢。乃寢乃興，乃占我夢。吉夢維何？維熊維羆，維虺維蛇。

大人占之：維熊維羆，男子之祥；維虺維蛇，女子之祥。

乃生男子。○。乃寢之牀、載衣之裳、載弄之璋。其泣喤喤、朱芾斯皇、室家君王。

乃生女子、載寢之地、載衣之裼、載弄之瓦。無非無儀、唯酒食是議、無父母貽罹。

此詩爲宣王考室而作。君子將營宮室、宗廟爲先、故第二章言『似續妣祖』、爰因承先而思啓後、乃啓後之義。忽以『下莞上簟、乃安斯寢』兩章作『空中樓閣法』、閑閑布置、可謂異想天開。能悟此法、則堆垛皆化爲烟雲矣。

○海市蜃樓、空明境界也。人心中忽現一空明之境界、何等安舒！文字中忽現一空明之境界、何等恬適！冰壺秋月、朗澈無遺、惟胸襟高曠者、方能悟此。

《史記·留侯世家》（節録）

留侯性多病、即道引不食穀、杜門不出。歲餘、上欲廢太子、立戚夫人子趙王如意。大臣多諫争、未能得堅決者也。呂后恐、不知所爲。人或謂呂后曰：『留侯善畫計策、上信用之。』呂后乃使建成侯呂澤劫留侯、曰：『君常爲上謀臣、今上欲易太子、君安得高枕而卧乎、？』留侯曰：

『始上數在困急之中，幸用臣策。今天下安定，以愛欲易太子，骨肉之間，雖臣等百餘人、何益？』

呂澤彊要曰：『為我畫計。』留侯曰：『此難以口舌爭也。顧上有不能致者，天下有四人。四

者年老矣，皆以為上慢侮人，故逃匿山中，義不為漢臣。然上高此四人。今公誠能無愛金玉璧

帛，令太子為書，卑辭安車，因使辯士固請，宜來。來以為客，時時從入朝，令上見之，則必異而問

之。問之，上知此四人賢，則一助也。』於是呂后令呂澤使人奉太子書，卑辭厚禮，迎此四人。四

人至，客建成侯所。

漢十二年，上從擊破布軍歸，疾益甚，愈欲易太子。留侯諫不聽，因疾不視事。叔孫太傅稱

說引古今，以死爭太子。上詳許之，猶欲易之。及燕，置酒，太子侍。四人從太子，年皆八十有

餘，鬚眉皓白，衣冠甚偉。上怪之，問曰：『彼何為者？』四人前對，各言名姓，曰東園公、角里

先生、綺里季、夏黃公。上乃大驚曰：『吾求公數歲，公辟逃我，今公何自從吾兒游乎？』四人皆

曰：『陛下輕士善罵，臣等義不受辱，故恐而亡匿。竊聞太子為人仁孝，恭敬愛士，天下莫不延

頸欲為太子死者，故臣等來耳。』上曰：『煩公幸卒調護太子。』四人為壽已畢，趨去。上目送

之，召戚夫人，指示四人者曰：『我欲易之，彼四人輔之，羽翼已成，難動矣。呂后真而主矣。』戚

夫人泣，上曰：『爲我楚舞，吾爲若楚歌。』歌曰：『鴻雁高飛，一舉千里。羽翮已就，橫絕四海。

橫絕四海，當可奈何！雖有矰繳，尚安所施！』歌數闋，戚夫人噓唏流涕。上起去，罷酒。竟不易。

太子者，留侯本招此四人之力也。

此『空中樓閣法』，皆留侯計也。四人者，僞飾耳。夫使四皓而果賢者，何以肯爲太子

出，且客建成侯所？一可疑也。太子既不廢，厥後何以絕無建白？二可疑也。四人皆匹

夫，非如伯夷、太公，爲天下之大老，又無兵柄，漢高何以畏之？三可疑也。大抵漢高欲羅

致四皓，惟張良知之。至是時優孟之衣冠，忽隨太子後，漢高問之，知留侯之助太子也，則

大驚，故曰『羽翼已成，難動矣』。此以僞應僞，以智鬥智，心心相印之術也。乃子長并不

點出所以然，但循文叙去，令後人自悟，可謂高絕。後世知此法者鮮矣。

○凡作事不可爲今人所思。爲今人所思者，人令人之空中樓閣者也、讀書不可爲古

人所欺。為古人所欺者，入古人之空中樓閣者也。故作事在隱約之間，切宜注意。讀文在隱約之間，亦切宜注意。我自有靈官知覺在也。

陶淵明《桃花源記》

晋太元中，武陵人捕魚為業，緣溪行，忘路之遠近，忽逢桃花林。夾岸數百步，中無雜樹，芳草鮮美，落英繽紛。漁人甚異之，復前行，欲窮其林。林盡水源，便得一山，山有小口，彷彿若有光。便捨船從口入。初極狹，纔通人。復行數十步，豁然開朗。土地平曠，屋舍儼然，有良田、美池、桑竹之屬，阡陌交通，鷄犬相聞。其中往來種作，男女衣著，悉如外人。黄髮垂髫，并怡然自樂。見漁人，乃大驚，問所從來。具答之。便要還家，設酒殺鷄作食。村中聞有此人，咸來問訊。自云先世避秦時亂，率妻子邑人，來此絶境，不復出焉，遂與外人間隔。問今是何世，乃不知有漢，無論魏、晋。此人一一為具言所聞，皆嘆惋。餘人各復延至其家，皆出酒食。停數日，辭去。此中人語云：『不足為外人道也。』既出，得其船，便扶向路，處處誌之。及郡下，詣太守說如此。

太守即遣人隨其往、尋向所誌、遂迷、不復得路。○南陽劉子驥、高尚士也。聞之、欣然規往、未果、尋病終。後遂無問津者。

此文係真境耶、抑幻境耶？海市蜃樓、可望而不可即、惟聰明智慧人始能到此、不足爲外人道也。

○陶公胸襟中有此境界、遂不覺成此絕妙文字。其隱約處、全在『此中人語云』二句、及『後遂無問津者』句。

蘇子瞻《後赤壁賦》

是歲十月之望、步自雪堂、將歸於臨皋。二客從予、過黃泥之坂。霜露既降、木葉盡脫、人影在地、仰見明月。顧而樂之、行歌相答。已而嘆曰：『有客無酒、有酒無肴。月白風清、如此良夜何？』客曰：『今者薄暮、舉網得魚、巨口細鱗、狀如松江之鱸。顧安所得酒乎、』歸而謀諸婦。婦曰：『我有斗酒、藏之久矣、以待子不時之需。』於是携酒與魚、復游於赤壁之下。江流有聲、

斷岸千尺。山高月小，水落石出。曾日月之幾何，而江山不可復識矣。

予乃攝衣而上，履巉巖，披蒙茸，踞虎豹，登虬龍，攀棲鶻之危巢，俯馮夷之幽宮。蓋二客不

能從焉。劃然長嘯，草木震動，山鳴谷應，風起水湧。予亦悄然而悲，肅然而恐，凜乎其不可留

也。反而登舟，放乎中流，聽其所止而休焉。時夜將半，四顧寂寥。適有孤鶴，橫江東來。翅如

車輪，玄裳縞衣，戛然長鳴，掠予舟而西也。須臾客去，予亦就睡。夢一道士，羽衣蹁躚，過臨皋

之下，揖予而言曰：『赤壁之游樂乎？』問其姓名，俛而不答。嗚呼噫嘻！我知之矣。疇昔之夜，

飛鳴而過我者，非子也邪？道士顧笑，予亦驚寤。開戶視之，不見其處。

《前赤壁賦》，如冰壺朗徹，空明已極，後賦如何作法？、迨既有上半篇重游之妙境，更

如何結法？不得已乃以一夢作結。既有夢境，乃以孤鶴橫空而來布置於前，此所謂『空中

樓閣法』也。子瞻自道其文，如萬斛泉隨地湧出，要知此乃到窮極處，用無中生有之法，逃

於空虛。此國手弈棋之最後著也。聰明人讀此，自有靈妙悟境。

尤西堂《反恨賦》

試登高堂，金石絲簧。旨酒既設，寶劍既張。僕乃揖古聖，坐先王。美人君子，左右侍旁、咏歌書史，擊節未央。

有如屈原被放，懷沙欲死，楚王忽寤，車騎迎止。冠鋏蘭臺，旌蓋江沚。宋玉珥筆，景差布紙、笑鼓枻之漁翁，謝申申之嫛姊。

若夫荊卿行刺，直入秦宮，左手把其袖，右手摶其胸。咸陽喋血，函谷銷烽。呼三晉與齊、楚，朝天子於京東。重和歌而擊筑，快易水之寒風。

至如李陵降北，拔劍登臺，遂平朔漠，凱唱而回。入報天子，賜爵行杯。出史公於蠶室，懸軍候於藁街，大將軍方斯下矣，萬戶侯何足道哉！

若乃武侯出師，秋風五丈，星斗乍明，旌旗增壯、驅戎馬於鄴中、橫舳艫於江上，遂讖懿而擒權、睹漢京之重創。息銅鼓於茅廬，臥綸巾於玉帳。

更如岳侯報國，誓復中原。書生蛾伏，太子狼奔，六陵洒掃，二聖還轅。誅賊臣於偃月，答后

士與皇天。

又如信國勤王，仰天泣血。奔走江、淮，號召吳、越。迎少主於崖山，新高宗之宮闕。千秋萬歲，衣冠文物。

別有夜郎仙人，長沙才子，宣室再召，沈香更倚。明妃返於昭陽，班姬拜爲彤史。宋玉之美，得婿巫山；子建之才，重婚洛水。莫不窈窕珮環，輝煌金紫。風雲生色，花鳥送喜。人生如此，其可已矣！

噫嘻！天地循環，無往不復。杲日其雨，滄海如陸。苦樂相倚，吉凶互伏。得鹿豈便爲真？失馬安知非福？秋何氣而悲傷？塗何窮而慟哭？喚奈何於清歌，觀不平於棋局。當我生而多恨，何暇代古人以戚戚哉！

李次青云：『恨海終填，情天易補。不必有是事，不可無此文。』余謂此文奇情壯采，可謂絕才。首段凌空，尤爲得勢。惟題係反恨，當先悲後樂，末段尚有未合。

顧金城《愚公移山賦》（以『天鑒其誠，佑以神力』爲韻）

北山之前，愚公居焉。太行屹爾，王屋歸然。螺峰萬點，蝸舍數椽。勢多突兀，路每回旋。爰聚室而謀曰：『予家於斯有年矣，甚患此當廬翠叠，排闥青連。誰能出不由路？今當畢力以遷、化穹山爲坦道，庶人定之勝天。』

於是共矢艱辛，無遺悔懺。欲抉石而開林，遂荷鋤而負鑱。如磨杵而欲使針成，如掘井而當於水監；如塞漏巵而捧土孤行，如平堅壘而偏師獨陷。將百堵以全移，而一簣之或欠。力矢硡硠，情非泛泛。斯真所謂愚而自用，外人且引以爲鑒者也。

河曲叟見而笑曰：『先生休矣。予忖度之，請爲子開其蔽、且爲子釋其疑。今夫造化自太初而定，天工非人力所爲。是以長房縮地而地如故、夸父逐日而日難追，杞人憂天而天無墮理、精衛填海而海無窮期。況此二山者，週七百里而綿亘，矗千萬仞而嶄巇。而子以空拳孤掌，皓首龐眉，乃欲削平巉嶸，劚碎厜㕒。吾恐河清莫俟，人壽難知，斷非殘年餘力之所得而移也。然則子盍仔肩釋彼，而胡爲筋骨勞其、？』

公曰：『否。否。夫子之云固當、而未識微志之精誠也、夫魯戈揮而日返、杞婦哭而城傾。

繩作鋸而木斷，溜破石而天驚。桃核積而崑崙比峻，桑田變而滄海難盈。惟至誠而不息，故無功之弗成。吾今者負鋤而往，挈室以行。朝而夕，夕而朝，無時或間。子有孫，孫有子，接踵而生、如巨靈之擘華，如篳路之披荊。險等蠶叢之關，勤同蟻垤之營。而山非有人以增壤也、亦何恃而不平！』

於是智叟退而無言。操蛇聞而上奏，帝乃鑒其心堅，嘉其績懋。爰命夸蛾，特加眷佑。揮以驅石之鞭，拂以拏雲之袖；戴以巨海之鼇，飛以靈峰之鷲。電掣雷奔，烟銷月透。而是二山者，遂一移河朔之東，一移雍岐之右。如天竺見飛來之峰，如羅浮有離合之岫。

向使志或游移，力多委靡。念未質諸蒼穹，盟未堅乎白水。將見一事無成，半途輒止、梯之躋也，猶驚萬丈高峰；石之開兮，尚待五丁力士。其何能境現空明，道如砥矢？大力者負之以趨、始願時固不及此。此以見無瞻徇之謂愚，能左右之曰以。

然後知先難者後獲，志銳者情真。閱始終而不怠，自耳目之一新、彼野人之獻曝，其愚非

等倫也；宋人之揠苗，其愚難并陳也。得鹿者之覆蕉疑夢，其愚更不足珍也。惟公之愚，獨有千古。宜乎精誠之至，可以上通於神、

列禦寇乃筆之於書，且喟然嘆息曰：『愚者之有成、非智者所能測也。彼夫懸梁刺股以窮經，卧薪嘗膽而爲國，皆仞乃爲山之極。鳥飛數而習彌勤，蛾術時而功不息。百川以學海爲歸，九由一念之專精，卒致大猷之允塞。雖下愚與上智不移、惟人十而己千亦得。願學者借鏡於移山之愚公，而無懈於用力。』

李次青云：『題本寓言，無庸刻舟求劍、此作舉頭天外、用筆如活虎生龍、脫盡排比棄曰。』『行氣布局至此，可謂盡態極妍。』余按：此寓言而歸於虛境，可以開發心思，故列入本法。

○文如看山不喜平。『空中樓閣、』須有無窮變化之妙、若膠柱鼓瑟，則樓閣即成呆滯物矣、願學者善會之。

國文經緯貫通大義卷三

【匣劍帷燈法】

適用於叙事之文，劍光燈彩，至結處一閃爍，方爲神妙；有竟體不露者亦高。

《書・金縢篇》

既克商二年，王有疾弗豫。二公曰、『我其爲王穆卜！』周公曰：『未可以戚我先王、』公乃自以爲功，爲三壇同墠。爲壇於南方北面，周公立焉。植璧秉珪，乃告大王、王季、文王。史乃册，祝曰：『惟爾元孫某，遘厲虐疾。若爾三王是有丕子之責于天，以旦代某之身。予仁若考，能多材多藝，能事鬼神。乃元孫不若旦多材多藝、不能事鬼神，乃命于帝庭，敷佑四方。用能定

爾子孫于下地，四方之民罔不祗畏。嗚呼！無墜天之降寶命，我先王亦永有依歸！今我即命于元龜，爾之許我，我其以璧與珪，歸俟爾命；爾不許我，我乃屏璧與珪。』乃卜三龜，一習吉。啟籥見書，乃并是吉。公曰：『體，王其罔害。予小子新命于三王，惟永終是圖。茲攸俟，能念予一人。』公歸，乃納册于金縢之匱中，王翼日乃瘳。

武王既喪，管叔及其群弟乃流言於國曰：『公將不利於孺子。』周公乃告二公曰：『我之弗辟，我無以告我先王。』周公居東二年，則罪人斯得。于後公乃爲詩以貽王，名之曰《鴟鴞》。王亦未敢誚公。

秋大熟，未穫。天大雷電以風。禾盡偃，大木斯拔，邦人大恐。王與大夫盡弁，以啓金縢之書，乃得周公所自以爲功，代武王之說。二公及王乃問諸史與百執事，對曰：『信。噫！公命我勿敢言。』王執書以泣，曰：『其勿穆卜！昔公勤勞王家，惟予沖人弗及知。今天動威以彰周公之德。惟朕小子其新逆，我國家禮亦宜之。』王出郊，天乃雨，反風，禾則盡起。二公命邦人凡大木所偃，盡起而築之。歲則大熟。

此文妙訣、全在『納册于金縢之匱中』一句。設以後人爲之、必謂『告諸史與百執事

曰：毋以告人』、如此則以下文章皆失勢矣。惟以『匣劍帷燈法』出之、不著絲毫痕迹。以

下『天大雷電以風』及『對曰：「信。噫！公命我勿敢言。」』乃有千鈞之力。悟得此法、

則布局煉氣、自然處處得宜矣。

○先儒以此篇爲周公所作、余謂周公無自贊之理、當係史官所記、『秋大熟』以下、或

據《史記》以爲周公已没之事。『親逆』謂『逆周公之懸』、其説尤非。上文明言『周公居東

二年』、其時尚未營洛邑、何得謂爲已没？後儒當據《尚書》以糾正《史記》、不當據《史記》

而疑《尚書》也。至讀『王出郊天』爲句、尤謬。上文『天大雷電以風』『天』字可屬上句

讀乎？説經好事穿鑿、最當切戒。

○或問：『「匣劍帷燈法」與「空中樓閣法」、奚以异？』曰：空中樓閣者、本無其事、

虛設一境界。匣劍帷燈、則實有其事、而故意隱藏之、後乃忽然呈露。其法迥然不同、未可

誤會爲一也。

《詩·燕燕篇》

燕燕于飛，差池其羽、之子于歸，遠送于野。瞻望弗及、泣涕如雨。

燕燕于飛，頡之頏之。之子于歸，遠于將之。瞻望弗及、佇立以泣。

燕燕于飛，下上其音。之子于歸，遠送于南。瞻望弗及、實勞我心。

仲氏任只，其心塞淵。終溫且惠，淑慎其身。先君之思，以勖寡人。

讀此詩者，皆傷其離情之鬱結、音調之淒楚，乃入本法何也？此詩蓋大有深意存焉。

按：桓公爲戴媯所出，陳國之甥也。州吁如陳，陳人因石碏一言，遂執而殺之，其必有内綫明矣。戴媯大歸于陳，莊姜蓋切托以報讎之事。曰『其心塞淵』，見其人之篤實也；曰『淑慎其身』，見其人之謹慎也。如是則恐其忘先君之讎，故曰『先君之思』，乃不直言戴媯之思先君，而轉言戴媯之勖莊姜。匣劍帷燈，囑其勿忘報讎之意，絲毫不露，可謂神矣。此説余得之門人李君頌韓。李君説《叔于田詩》，謂『將叔毋狃，戒其傷女』二句，即指鄭莊而言，

亦深得詩人之意。

《論語・儀封人章》

儀封人請見曰：『君子之至於斯也，吾未嘗不得見也。』從者見之。出曰：『二三子何患於喪乎、天下之無道也久矣！天將以夫子爲木鐸。』

儀封人與夫子問答之辭、本經所未詳，乃出而言曰：『天將以夫子爲木鐸、』則當時之問答，其救世傳道之心可知矣。夫子之木鐸，不行於一時，而傳於萬世。封人固非常人，而實由《論語》用『匣劍帷燈法』以記載之，特爲奇妙也。

《論語・夫子爲衛君章》

冉有曰：『夫子爲衛君乎？』子貢曰：『諾。吾將問之。』入曰：『伯夷、叔齊何人也？』曰：『古之賢人也。』曰：『怨乎？』曰：『求仁而得仁、又何怨。』出曰：『夫子不爲也。』

衛輒拒父之非、聖門大賢、亦當知之、而冉有以爲疑、子貢以爲問者、盖蒯瞶用趙鞅之師、挾大國以壓本國、實爲國人所不容、故衛人奉輒以拒蒯瞶。《公羊傳》所謂『以王父命辭[二]父命』、亦是一理、當時爲輒者惟有逃之而已、故子貢曰『伯夷、叔齊何人也?』夫子答曰:『古之賢人也。』其不爲衛君已可知矣。乃又問曰:『怨乎?』將以窮夷、齊之心理也、夫子答曰:『求仁而得仁、又何怨。』則衛輒之心術顯、罪案定矣、故出曰:『夫子不爲也。』聖門言語之科、可謂精妙無倫、而文筆記載實有生龍活虎、不可捉摸之致。

〇《史記・朱虛侯列傳》欲鋤諸呂氏、乃曰。『非其種者、鋤而去之。』此『匣劍帷燈法』也。《武安侯列傳》魏其欲言武安陰事、卒不可得、至末乃揭出『上曰:使武安侯在者、族矣!』則劍光燈彩畢露矣。《封禪書》言武帝之迷信、窮形盡態、而不著一按語、均是『匣劍帷燈法』。因文繁不録、學者宜參考之。

[二]『辭』原作『拒』。

《左傳・祭仲殺雍糾》（桓公十五年）

祭仲專，鄭伯患之。使其婿雍糾殺之、將享諸郊、雍姬知之、謂其母曰：『父與夫孰親？』其母曰：『人盡夫也，父一而已，胡可比也？』遂告祭仲曰：『雍氏舍其室、而將享子於郊。吾惑之、以告。』祭仲殺雍糾，尸諸周氏之汪。公載以出，曰：『謀及婦人，宜其死也。』

此文爲『簡曼不支法』、实係『匣劍帷燈法』。其機括包在『雍姬知之』四字內、所以知之者，雍糾與之謀也、『父與夫孰親』一問，其母已知其有變，而故爲不知、直答以『人盡夫也』三句，是何异禽獸之聲也！雍姬告祭仲，稱其夫曰『雍氏』，數其罪曰『舍其室、其父曰『子』，自稱曰『吾』，是不啻聞禽獸之聲也、祭仲殺雍糾，公載以出，文氣極緊迫。至『謀及婦人』八字，則圖窮而匕首見矣。此等生辣文字，本傳中亦不多見、使司馬子長爲之，必得數百字始能暢快。

《左傳·連稱、管至父弒齊襄公》(莊公八年)

齊侯使連稱、管至父戍葵丘。瓜時而往,曰:『及瓜而代。』期成,公問不至。請代,弗許。

故謀作亂。

僖公之母弟曰夷仲年,生公孫無知,有寵於僖公,衣服禮秩如適。襄公絀之。二人因之以作

亂。

連稱有從妹在公宮,無寵,使間公,曰:『捷,吾以汝爲夫人。』

冬十二月,齊侯游于姑棼,遂田于貝丘。見大豕,從者曰:『公子彭生也。』公怒曰:『彭生

敢見!』射之,豕人立而啼。公懼,隊于車,傷足,喪屨。反,誅屨於徒人費。弗得,鞭之,見血。

走出,遇賊于門,劫而束之。費曰:『我奚御哉!』袒而示之背,信之。費請先入,伏公而出鬬,

死于門中。石之紛如死于階下。遂入,殺孟陽于牀。曰:『非君也,不類。』見公之足于戶下,遂

弒之,而立無知。

方望溪先生云:『《左氏》之文,有太史公不能及者。如此篇謀亂之始,連稱、管至父

與無知交何由合，何以深言相結而爲亂謀，連稱如何自言其從妹何由通無知之意於宮中、而謀伺襄公之間，若太史公爲之，曲折叙次，非數十百言莫備。作亂之時，連稱之妹如何告公出之期，無知、連、間公」二語隱括，而其中情事不列而自明。此但以「因之作亂」及「使管何以部署其家衆，何以不襲公於外，而轉俟其歸，何以直入公宮而無阻間，非數十百言莫孕於「間公」二字。蓋弑謀所以無阻，皆由得公之間也。』余按：此即所謂『匣劍帷燈法』。備。此則一切薙芟，直叙公田及徒人費之鞭，而以「走出，遇賊於門」遙接作亂，騰躍而入、匪夷所思。費入告變，襄公與二三臣倉皇定謀。孟陽如何請以身代，諸臣如何伏公於户下，費與石之紛如如何相誓同命以禦賊，非數十百言莫備。此獨以「伏公而後出鬬」一語隱括，而其中情事不列而自明。其尤奇變不測者，後無一語及連稱之妹，而中間情事，皆包望溪先生之評，可謂精密已極。學者讀文，必須如此細心，方能盡得古人之法。然須知死讀一文無益，必須推廣遍及諸篇，庶古文之奥竅，盡在我胸中矣。

適用於議論之文，以眾意紛紜，縱橫馳騁為主；貴在煉氣，切忌囂張凌亂。

《書‧牧誓篇》

時甲子昧爽，王朝至于商郊牧野，乃誓、。王左杖黃鉞、，右秉白旄以麾、，曰：『逖矣西土之人、！』

王曰：『嗟我友邦家君，御事、司徒、司馬、司空、亞旅、師氏、千夫長、百夫長，及庸、蜀、羌、髳、微、盧、彭、濮人，稱爾戈、，比爾干、，立爾矛、，予其誓、！』

王曰：『古人有言曰：「牝雞無晨、。牝雞之晨、，惟家之索、。」今商王受惟婦言是用，昏棄厥肆祀弗答、，昏棄厥遺王父母弟不迪、。乃惟四方之多罪逋逃，是崇、是長、是信、是使、，是以為大夫、卿士，俾暴虐于百姓，以姦宄于商邑。今予發，惟恭行天之罰。今日之事、，不愆于六步、七步，乃止齊焉、。夫子勖哉！不愆于四伐、五伐、六伐、七伐、，乃止齊焉、。勖哉夫子！

尚桓桓。如虎如貔,如熊如羆,于商郊!弗迓克奔,以役西土,勖哉夫子!爾所弗勖,其于爾躬有戮!」

第一節點綴威儀,《禮記》所謂『戎容暨暨,言容謠謠』是也。自『王曰:「嗟我友邦冢君」』以下,爲誓文總冒。自『王曰:「古人有言曰」』以下,爲討商受檄文。自『今予發』以下,爲誓文本意。文氣雄俊奔放,絕無渟蓄,想見周公飛書馳檄之樂。

韓退之《送孟東野序》

大凡物不得其平則鳴。草木之無聲,風撓之鳴;水之無聲,風蕩之鳴。其躍也或激之,其趨也或梗之,其沸也或炙之。金石之無聲,或擊之鳴。人之於言也亦然,有不得已者而後言。其歌也有思,其哭也有懷,凡出乎口而爲聲者,其皆有弗平者乎!

樂也者,鬱於中而泄於外者也,擇其善鳴者而假之鳴。金、石、絲、竹、匏、土、革、木八者,物之善鳴者也。

維天之於時也亦然,擇其善鳴者而假之鳴。是故以鳥鳴春,以雷鳴夏,以蟲鳴秋,

以風鳴冬。四時之相推敓，其必有不得其平者乎！

其於人也亦然。人聲之精者爲言，文辭之於言，又其精也，尤擇其善鳴者而假之鳴。其在唐、虞，咎陶、禹其善鳴者也，而假以鳴。夔弗能以文辭鳴，又自假於《韶》以鳴。夏之時，五子以其歌鳴。伊尹鳴殷，周公鳴周。凡載於《詩》《書》六藝，皆鳴之善者也。周之衰，孔子之徒鳴之，其聲大而遠。《傳》曰：『天將以夫子爲木鐸。』其弗信矣乎！其末也，莊周以其荒唐之辭鳴。楚，大國也，其亡也以屈原鳴。臧孫辰、孟軻、荀卿，以道鳴者也。楊朱、墨翟、管夷吾、晏嬰、老聃、申不害、韓非、眘到、田駢、鄒衍、尸佼、孫武、張儀、蘇秦之屬，皆以其術鳴。秦之興，李斯鳴之。漢之時，司馬遷、相如、揚雄最其善鳴者也。其下魏、晉氏鳴者，不及於古，然亦未嘗絕也。就其善者，其聲清以浮，其節數以急，其辭淫以哀，其志弛以肆；其爲言也，亂雜而無章，將天醜其德莫之顧邪？何爲乎不鳴其善鳴者也？

唐之有天下，陳子昂、蘇源明、元結、李白、杜甫、李觀皆以其所能鳴。其存而在下者，孟郊東野始以其詩鳴。其高出魏、晉，不懈而及於古，其他浸淫乎漢氏矣。從吾游者，李翱、張籍其尤

也、三子者之鳴信善矣，抑不知天將和其聲而使鳴國家之盛邪？抑將窮餓其身，思愁其心腸，而使自鳴其不幸邪？三子者之命則懸乎天矣。其在上也奚以喜？其在下也奚以悲？東野之役於江南也，有若不釋然者，故吾道其命於天者以解之。

此可悟文家用法變化之妙。而『大凡物不得其平』一起，尤能涵蓋一切、

○此文實不過敘文章之源流、而以一『鳴』字作綫索，遂令人目迷五色，應接不暇，於海，萬派朝宗，可謂神乎技矣。初學讀此，最易得煉氣之法。

用三十八『鳴』字，參差錯落，處處變化。文境如雷電風雲、一時并作；又如百川歸

蘇明允《項籍論》

吾嘗論項籍有取天下之才，而無取天下之慮；曹操有取天下之慮，而無取天下之量；劉備有取天下之量，而無取天下之才，故三人者終其身無成焉。

且夫不有所棄，不可以得天下之勢；不有所忍，不可以盡天下之利、是故地有所不取、城有

所不攻，勝有所不就，敗有所不避、

、其來不喜，其去不怒，肆天下之所爲，而徐制其後，乃克有濟。

嗚呼！項籍有百戰百勝之才，而死於垓下，無惑也。吾於其戰鉅鹿也，見其慮之不長、量之不大、

未嘗不怪其死於垓下之晚也。方籍之渡河，沛公始整兵嚮關。籍於此時，若急引軍趨秦，及其鋒

而用之，可以據咸陽，制天下。不知出此，而區區與秦將爭一旦之命。既全鉅鹿，而猶徘徊河南、

新安間。至函谷，則沛公入咸陽數月矣。夫秦人既已安沛公而讎籍，則其勢不得強而臣，故籍雖

遷沛公漢中，而卒都彭城。使沛公得還定三秦，則天下之勢，在漢不在楚。楚雖百戰百勝，尚何

益哉？故曰：兆垓下之死者，鉅鹿之戰也。

或曰：『雖然，籍必能入秦乎？』曰：項梁死、章邯謂楚不足慮，故移兵伐趙、有輕楚心，而

良將勁兵，盡於鉅鹿。籍誠能以必死之士，擊其輕敵寡弱之師，入之易耳。且亡秦之守關，與沛

公之守，善否可知也。沛公之攻關，與籍之攻，善否又可知也。以秦之守，而沛公攻入之：沛公

之守，而籍攻入之。然則亡秦之守，籍不能入哉？

或曰：『秦可入矣，如救趙何？』曰：虎方捕鹿、罷據其穴搏其子、虎安得不置鹿而返。返

則碎於罷明矣。軍志所謂『攻其必救』也、使籍入關,王離、涉間必釋趙自救、

前,趙與諸侯救者十餘壁躡其後,覆之必矣。是籍一舉解趙之圍,而收功於秦也。戰國時,魏伐

趙,齊救之,田忌引兵疾走大梁,因存趙而破魏。彼宋義號知兵,殊不達此,屯安陽不進,而曰『待

秦敝』,吾恐秦未敝而沛公先據關矣!籍與義俱失焉。

是故古之取天下者,常先圖所守、諸葛孔明棄荆州而就西蜀,吾知其無能爲也。且彼未嘗

見大險也,彼以爲劍門者可以不亡也。吾嘗觀蜀之險,其守不可出,其出不可繼,兢兢而自完,猶

且不給,而何足以制中原哉!若夫秦、漢之故都,沃土千里,洪河大山,真可以控天下,又烏事乎

不可以措足如劍門者而後曰險哉!今夫富人必居四通五達之都,使其財帛出於天下,然後可以

收天下之利。有小丈夫者,得一金櫝而藏諸家,拒戶而守之。嗚呼!是求不失也,非求富也。大

盜至,劫而取之,又焉知其果不失也?

論項籍處未必能得事實。武侯既與吳分據荆州,乃入西蜀。今謂其棄荆州而就西蜀,

『吾知其無能爲』、尤屬妄論。惟其文氣如駿馬下坡，不可羈勒，初學讀之，最易進步、

○世傳明允常手一編書讀之，二子私窺之，則《戰國策》也。故明允之文，最深於『縱横捭闔之法』，尤長於設喻。惲子居先生《大雲山房文集》，是得其宗傳者。

蘇明允《春秋論》

賞罰者，天下之公也；是非者，一人之私也。位之所在，則聖人以其權爲天下之公，而天下以懲以勸；道之所在，則聖人以其權爲一人之私，而天下以榮以辱。周之衰也，位不在夫子而道在焉。夫子以其權是非天下可也。而《春秋》賞人之功，赦人之罪，去人之族，絕人之國，貶人之爵；諸侯而或書其名，大夫而或書其字，不惟其法，惟其意，不徒曰此是此非，而賞罰加焉。則夫子固曰：『我可以賞罰人矣。』賞罰人者，天子、諸侯事也。夫子病天下之諸侯、大夫，僭天子、諸侯之事，而作《春秋》，而已則爲之，其何以責天下？位，公也；道，私也。私不勝公，則道不勝位。位之權，得以賞罰；而道之權，不過於是非。道在我矣，而不得爲有位者之事，則天下皆

曰：『位之不可僭也如此。』不然、天下其誰不曰『道在我、則是道者、位之賊也。或曰：『夫子豈誠賞罰之耶？徒曰賞罰之耳、庸何傷？曰：『我非君也、非吏也。』執塗之人而告之曰某爲善、某爲惡可也。又繼之曰、某爲善吾賞之、某爲惡吾罰之、則人有不笑我者乎？夫子之賞罰何以异此？』然則何足以爲夫子？何足以爲《春秋》？

曰：夫子之作《春秋》也、非曰孔氏之書也、又非曰我作之也、賞罰之權、不以自與也。曰：此魯之書也、魯作之也。有善而賞之、曰魯賞之；有惡而罰之、曰魯罰之。『何以知之？』

曰：夫子繫《易》、謂之《繫辭》；言孝、謂之《孝經》、皆自名之、則夫子私之也。而《春秋》者、魯之所以名史、而夫子托焉、則夫子公之也。『公之以魯史之名、則賞罰之權固在魯矣。《春秋》之賞罰、自魯而及於天下、天子之權也。魯之賞罰不出境、而以天子之權與之何也？』曰：天子之權在周、夫子不得已而以與魯也。武王之崩也、天子之位、當在成王。而成王幼、周公以爲天下不可以無賞罰、故不得已而攝天子之位、以賞罰天下、以存周室。周之東遷也、天子之權、當在平王。而平王昏、故夫子亦曰：『天下不可以無賞罰』。而魯、周公之國也。居魯之地者、宜如

周公，不得已而假天子之權、以賞罰天下、以尊周室，故以天下之權與之也、『然則假天子之權者，何也？』曰：『如齊桓、晉文可也。』『夫子欲魯如齊桓、晉文、而不遂以天子之權賞罰天下，何也？』曰：『有周公之心，而後可以行桓、文之事。此其所以不與齊、晉而與魯也。夫子亦知魯君之才，不足以行周公之事矣，顧其心以爲今之天下，無周公故至此，是故以天子之權與其子孫，所以見思周公之意也。

吾觀《春秋》之法，皆周公之法，而又詳內而略外，此其意欲魯法周公之所爲，且先自治而後治人也明矣。夫子嘆『禮樂征伐，自諸侯出』，而田常弒其君，則沐浴而請討。然則天子之權，夫子固明以與魯也。子貢之徒，不達夫子之意，續經而書『孔丘卒』。夫子既告老矣，大夫告老而卒不書，而夫子獨書。夫子作《春秋》以公天下，而豈私一孔丘哉！嗚呼！夫子以爲魯國之書，而子貢之徒，以爲孔氏之書也歟！

遷、固之史、有是非而無賞罰，彼固史臣之體宜爾也。後之效夫子作《春秋》者，吾惑焉、《春

秋》有天子之權，天下有君，則《春秋》不當作；天下無君，則天子之權，吾不知其誰與。天下之人，烏有如周公之後之可與者？與之而不得其人則亂，不與人而自與則僭。不與人、不自與而無所與則散。嗚呼！後之《春秋》亂邪、僭邪、散邪！

《穀梁传》制勝處，在設一問題以解釋之，未竟，又出一問題以解釋之，如舞刀槍劍槊、斬釘截鐵，一絲不亂。而他人視之，則如目迷五色，莫究其妙。此文專學《穀梁傳》，學者得其綫索而善效之，自能所向披靡矣。

【淒入心脾法】

適用於哀感、吊祭并銘誌之文，以發於真性情爲主，用白描亦可，惟忌寒傖儇俚俗。

《書·微子篇》

微子若曰：『父師、少師，殷其弗或亂正四方。我祖底遂陳于上，我用沈酗于酒，用亂敗厥

德于下。殷罔不小大，好草竊姦宄。卿士師師非度。凡有辜罪，乃罔恒獲。小民方興，相爲敵讎。今殷其淪喪，若涉大水，其無津涯。殷遂喪，越至于今！」

曰：『父師、少師，我其發出狂，吾家耄遜于荒。今爾無指告予，顛隮若之何其、

父師若曰：『王子！天毒降災荒殷邦、方興沈酗于酒。乃罔畏畏，咈其耇長，舊有位人。今殷民乃攘竊神祇之犧牷牲、用以容，將食無災。降監殷民，用乂讎斂，召敵讎不怠。罪合于一，多瘠罔詔。』

『商今其有災，我興受其敗。商其淪喪，我罔爲臣僕，詔王子出迪。我舊云刻子，王子弗出、我乃顛隮、自靖，人自獻于先王，我不顧行遯。」

方存之先生云：『此篇乃微子與父師、少師商論出處之詞也、首二節微子傷殷之將亡。三節問己之出處。「父師」以下數節答其論殷亂之詞，比微子之言，更加一倍。末二節答其論出處之詞，須玩其沈痛哀切，千載下如聞其痛哭也、」

又云：『「越至于今」下復加「曰」字、此史臣善體會情事之文。蓋微子論殷亂、至此

心中不知如何沈痛，故口中亦遂歇住片時，然後再言。記者將上二節一斷，然後加「曰」字

提起，直將微子哀痛之心和盤托出，而文情更深矣、』

余按：凄入心脾之文，自古以來當以此篇爲最。比干獨不言者、其死志已決也、尤可

哀也。

《詩‧柏舟篇》

汎彼柏舟，亦汎其流、耿耿不寐，如有隱憂。微我無酒，以敖以游。

我心匪鑒，不可以茹。亦有兄弟，不可以據。薄言往愬，逢彼之怒、

我心匪石，不可轉也。我心匪席，不可卷也。威儀棣棣，不可選也。

憂心悄悄，慍于群小、覯閔既多，受侮不少。靜言思之，寤辟有摽。

日居月諸，胡迭而微？心之憂矣，如匪澣衣。靜言思之，不能奮飛。

此篇《傳》以爲『仁而不遇』之詩，朱子謂『婦人不得於其夫、故以柏舟自比』。情韻淒凉，讀十餘過，不覺隕涕矣。

《詩·綠衣篇》

綠兮衣兮、綠衣黃裏。心之憂矣、曷維其已！

綠兮衣兮、綠衣黃裳。心之憂矣、曷維其亡！

綠兮絲兮、女所治兮。我思古人、俾無訧兮。

絺兮綌兮、凄其以風。我思古人、實獲我心。

此篇蓋衞莊姜傷己而作、與《柏舟篇》文境略同。用筆極淡極輕、而情韵千古不匱、

《詩·谷风篇》

習習谷風，以陰以雨。黽勉同心，不宜有怒。采葑采菲、無以下體、德音莫違、及爾同死。

行道遲遲、中心有違。不遠伊邇、薄送我畿。誰謂茶苦、其甘如薺。宴爾新昏、如兄如弟、

涇以渭濁、湜湜其沚。宴爾新昏、不我屑以。毋逝我梁、毋發我笱。我躬不閱、遑恤我後！

就其深矣、方之舟之。就其淺矣、泳之游之。何有何亡、黽勉求之。凡民有喪、匍匐救之。

不我能慉，反以我爲讎。既阻我德，賈用不售。昔育恐育鞫、及爾顛覆。既生既育、比予

于毒。

我有旨蓄，亦以御冬。宴爾新昏，以我御窮。有洸有潰，既詒我肆。不念昔者，伊余來塈。

此篇朱子謂：『婦人爲夫所棄，故作此詩以叙其悲怨之情。』蓋夫婦之道苦矣、首章以『黽勉同心』四字作總攝，下以『爾』『我』『予』三字對說，相形之下，不覺泣涕如雨。自古哀怨之音，殆莫過於此矣。

○《氓詩》『三歲爲婦』章，音韵絕佳、人讀之不以爲可憐者，上文『以爾車來、以我賄遷』，不莊故也。此篇『不我能慉』章，人讀之莫不痛心者，上文『涇以渭濁、湜湜其沚』，至

潔故也、於此可悟『無邪』之旨，出於人之本性。

○吾友辜君鴻銘謂：『杜工部「絕代有佳人」一詩，脫胎於此、「幽居在空谷」《谷風》之意也；「新人已如玉」，「宴爾新昏」也；「但見新人笑，那聞舊人哭」、「不我恤以」也；「在山泉水清，出山泉水濁」、「涇以渭濁，湜湜其沚」也；「侍婢賣珠回，牽蘿補茅屋」、「我有旨蓄，亦以御冬」也。蓋怨而不怒，彼此同情也。』

《詩·黍離篇》

彼黍離離，彼稷之苗。行邁靡靡，中心搖搖。知我者，謂我心憂；不知我者，謂我何求。悠悠蒼天，此何人哉？

彼黍離離，彼稷之穗。行邁靡靡，中心如醉。知我者，謂我心憂；不知我者，謂我何求。悠悠蒼天，此何人哉？

彼黍離離，彼稷之實。行邁靡靡，中心如噎。知我者，謂我心憂；不知我者，謂我何求。悠悠蒼天，此何人哉？

悠蒼天，此何人哉？

此篇爲周大夫閔宗周之顛覆而作、自此而『王』降爲『風』，空有其號，豈不痛哉！謝疊山先生云：『吾觀十二《國風》，群臣庶民，無一人知天下大義。「王于興師，與子同仇」，獨《無衣》一詩猶有義氣，不知斯人何以生於秦也、秦人能以天王之仇爲天下之同仇，平王不能以厥考之怨爲一人之私怨，人之度量相越如是哉！吾於《黍離》《無衣》二詩重有感也。』

余按：平王以王畿八百里之地盡付他人，周於是日益弱、秦於是日益强。讀《黍離》一篇，不勝世運升降之感矣。謝又云：『「中心如醉」「中心如噎」，憂之甚而昏之如醉，不止於搖搖矣、心憂之極如哽噎然，口不能言，氣不能舒，又不止如醉矣。』愈進愈深、益見其痛心之極也。

《詩·鴇羽篇》

蕭蕭鴇羽，集于苞栩、王事靡盬，不能蓺稷黍、父母何怙？悠悠蒼天！曷其有所？

蕭蕭鴇翼，集于苞棘。王事靡盬，不能蓺黍稷。父母何食？悠悠蒼天！曷其有極？

蕭蕭鴇行，集于苞桑。王事靡盬，不能蓺稻粱。父母何嘗？悠悠蒼天！曷其有常？

此篇《傳》謂：『昭公之後，大亂五世、君子下從征役、不得養其父母而作、』余按：此詩音節凄楚已極，讀之而不動其孝思者，非人也。

《詩·蓼莪篇》

蓼蓼者莪，匪莪伊蒿。哀哀父母、生我劬勞。

蓼蓼者莪，匪莪伊蔚、哀哀父母，生我勞瘁。

缾之罄兮，維罍之恥。鮮民之生，不如死之久矣！無父何怙、無母何恃。出則銜恤、入則

靡至、

父兮生我，母兮鞠我。拊我畜我，長我育我，顧我復我，出入腹我。欲報之德、昊天罔極！

南山烈烈、飄風發發。民莫不穀，我獨何害。

南山律律、飄風弗弗。民莫不穀，我獨不卒。

此詩朱子謂：『人民勞苦，孝子不得終養而作、』謝疊山先生評文，以「生我」章最為沈摯，見《十三經札記》。余謂此詩傳神全在數『我』字，痛心之極亦在數『我』字。我身，父母之所賜也，其何以報父母之德乎？嗚呼！我鮮民也，尚忍讀此詩乎？

諸葛武侯《出師表》

臣亮言：先帝創業未半，而中道崩殂。今天下三分，益州罷敝，此誠危急存亡之秋也。然侍衛之臣不懈於內，忠志之士忘身於外者，蓋追先帝之殊遇，欲報之於陛下也。誠宜開張聖聽，以光先帝遺德，恢宏志士之氣；不宜妄自菲薄，引喻失義，以塞忠諫之路也。

宮中府中，俱為一體，陟罰臧否，不宜异同。若有作姦犯科，及為忠善者，宜付有司，論其刑

賞，以昭陛下平明之治，不宜偏私，使内外异法也。

侍中、侍郎郭攸之、費褘、董允等，此皆良實，志慮忠純，是以先帝簡拔以遺陛下。愚以爲宮中之事，事無大小，悉以咨之，然後施行，必能裨補闕漏，有所廣益。將軍向寵，性行淑均，曉暢軍事，試用於昔日，先帝稱之曰能，是以眾議舉寵爲督。愚以爲營中之事，事無大小，悉以咨之，必能使行陣和穆，優劣得所也。

親賢臣，遠小人，此先漢所以興隆也；親小人，遠賢臣，此後漢所以傾頹也。先帝在時，每與臣論此事，未嘗不嘆息痛恨於桓、靈也。侍中、尚書、長史、參軍，此皆貞亮死節之臣也，願陛下親之、信之，則漢室之隆，可計日而待也。

臣本布衣，躬耕於南陽，苟全性命於亂世，不求聞達於諸侯。先帝不以臣卑鄙，猥自枉屈，三顧臣於草廬之中，諮臣以當世之事，由是感激，遂許先帝以驅馳。後值傾覆，受任於敗軍之際，奉命於危難之間，爾來二十有一年矣。先帝知臣謹慎，故臨崩寄臣以大事也。受命以來，夙夜憂勤，恐托付不效，以傷先帝之明。故五月渡瀘，深入不毛。今南方已定，兵甲已足，當獎帥三軍，

北定中原，庶竭駑鈍，攘除姦凶，興復漢室，還于舊都。此臣所以報先帝而忠陛下之職分也、

至於斟酌損益，進盡忠言，則攸之、禕、允之任也。願陛下托臣以討賊興復之效；不效，則治

臣之罪，以告先帝之靈。若無興德之言，則責攸之、禕、允之咎，以彰其慢。陛下亦宜自謀，以諮

諏善道，察納雅言，深追先帝遺詔。臣不勝受恩感激，今當遠離，臨表涕泣，不知所云。

哀感惻楚，讀之如聞臨表遞泣之聲，其精誠可配《鴟鴞》《東山》之詩矣。

○『先帝』凡十三見，冀喚醒後主之心也。『親賢臣』一段，蓋已燭黃皓等之奸，故為匣

劍帷燈之語，其用心苦矣。

○天下惟有真性情者，乃有真才具，故孟子以『情』與『才』并稱，而俗語亦稱『才

情』，未有無情而能有才者也。人謂無才者不可用，吾謂無情者更不可用，如此文方可謂

之真性情文字。

○曾文正論文，重一『茹』字。余謂讀此等文，當得一『咽』字訣。惟其凄入心脾，故

處處咽住，切忌讀之太速。

韓退之《祭十二郎文》

年月日，季父愈聞汝喪之七日，乃能銜哀致誠，使建中遠具時羞之奠，告汝十二郎之靈：

嗚呼！吾少孤，及長，不省所怙，惟兄嫂是依。中年，兄歿南方，吾與汝俱幼，從嫂歸葬河陽。

既又與汝就食江南，零丁孤苦，未嘗一日相離也。吾上有三兄，皆不幸早世。承先人後者，在孫惟汝，在子惟吾。兩世一身，形單影隻。嫂常撫汝指吾而言曰：『韓氏兩世，惟此而已！』汝時尤小，當不復記憶。吾時雖能記憶，亦未知其言之悲也。

吾年十九，始來京城。其後四年而歸視汝。又四年，吾往河陽省墳墓，遇汝從嫂喪來葬。又二年，吾佐董丞相於汴州，汝來省吾。止一歲，請歸取其孥。明年，丞相薨。吾去汴州，汝不果來。是年，吾佐戎徐州，使取汝者始行，吾又罷去，汝又不果來。吾念汝從于東，東亦客也，不可以久。圖久遠者，莫如西歸，將成家而致汝。嗚呼！孰謂汝遽去吾而歿乎！吾與汝俱少年，以為

雖暫相別，終當久相與處，故捨汝而旅食京師，以求斗斛之禄、。誠知其如此，雖萬乘之公相、、吾不以一日輟汝而就也。

去年，孟東野往。吾書與汝曰：『吾年未四十、，而視茫茫，而髮蒼蒼、，而齒牙動搖。念諸父與諸兄，皆康強而早世。如吾之衰者，其能久存乎？吾不可去，汝不肯來，恐旦暮死，而汝抱無涯之戚也。。』執謂少者歿而長者存、、强者夭而病者全乎！。

嗚呼！。其信然邪？。其夢邪？。其傳之非其真邪？。信也、、吾兄之盛德而夭其嗣乎、？汝之純明而不克蒙其澤乎？。少者强者而夭殁、、長者衰者而存全乎、？未可以為信也。夢也，傳之非其真也，東野之書，耿蘭之報，何為而在吾側也。？嗚呼！其信然矣！。吾兄之盛德而夭其嗣矣！汝之純明，宜業其家者，不克蒙其澤矣！。所謂[二]天者誠難測，而神者誠難明矣、。所謂理者不可推，而壽者不可知矣。。雖然，吾自今年來，蒼蒼者或化而為白矣、，動搖者或脫而落矣。。毛血日益衰，志氣日益微，幾何不從汝而死也。死而有知，其幾何離、；其無知，悲不幾時，而不悲者無窮期矣。

<hr>

[二]『謂』原作『請』。

汝之子始十歲、吾之子始五歲。少而強者不可保、如此孩提者、又可冀其成立邪？嗚呼哀哉、嗚呼哀哉！

汝去年書云：『比得軟腳病、往往而劇。』吾曰：『是疾也、江南之人、常常有之。』未始以為憂也。嗚呼！其竟以此而殞其生乎？抑別有疾而至斯乎？汝之書、六月十七日也。東野云、汝歿以六月二日、耿蘭之報無月日。蓋東野之使者、不知問家人以月日；如耿蘭之報、不知當言月日。東野與吾書、乃問使者、使者妄稱以應之耳。其然乎？其不然乎？

今吾使建中祭汝、吊汝之孤、與汝之乳母。彼有食可守、以待終喪、則待終喪而取以來；如不能守以終喪、則遂取以來。其餘奴婢、并令守汝喪。吾力能改葬、終葬汝於先人之兆、然後惟其所願。嗚呼！汝病吾不知時、汝歿吾不知日；生不能相養以共居、歿不得撫汝以盡哀；斂不憑其棺、窆不臨其穴。吾行負神明、而使汝夭；不孝不慈、而不得與汝相養以生、相守以死。一在天之涯、一在地之角、生而影不與吾形相依、死而魂不與吾夢相接。吾實為之、其又何尤！彼蒼者天、曷其有極！自今已往、吾其無意於人世矣！當求數頃之田於伊潁之上、以待餘年、教吾

子與汝子，幸其成；長吾女與汝女，待其嫁，如此而已。嗚呼！言有窮而情不可終，汝其知也邪？其不知也邪？嗚呼哀哉！尚饗！

歷敘生前離合之因，復計死後兒女之事，絮絮道家常，讀之淚雨落不能掩。昔人謂韓子長於陽剛之文，此獨非陰柔之至者乎？蓋賢者固無所不能，而至情至性，更不可磨滅也。

○司馬子長《報任少卿書》、柳子厚《與京兆許孟容書》，多淒入心脾之語，惟子長書多怨、子厚書略蕪，故不錄彼而錄此。

○駢文中如洪稚存《傷知己賦序》，汪容甫《自序》，亦均淒入心脾，惟牢愁已甚，非學者所宜誦習，故亦不錄。

歸熙甫《先妣事略》

先妣周孺人，弘治元年二月二十一日生。年十六年來歸。踰年生女淑靜，淑靜者，大姊也；期而生有光；又期而生女子，殤一人；期而不育者一人；又踰年生有尚，妊十二月；踰年生淑

順、；一歲又生有功。有功之生也、孺人比乳他子加健、然數顰蹙顧諸婢曰、『吾爲多子苦。』老

嫗以杯水盛二螺進曰：『飲此後，妊不數矣。』孺人舉之盡，暗不能言。

正德八年五月二十三日，孺人卒。諸兒見家人泣，則隨之泣，然猶以爲母寢也。傷哉！於是

家人延畫工畫。出二子命之曰：『鼻以上畫有光，鼻以下畫大姊。』以二子肖母也。

孺人諱桂。外曾祖諱明、外祖諱行，太學生。母何氏。世居吳家橋，去縣城東南三十里。

由千墩浦而南，直橋并小港以東，居人環聚，盡周氏也。外祖與其三兄皆以資雄，敦尚簡實，與人

姁姁說村中語，見子弟甥侄無不愛。

孺人之吳家橋則治木綿，入城則緝纑，燈火熒熒，每至夜分。外祖不二日使人問遺。孺人不

憂米鹽，乃勞苦若不謀夕。冬月爐[二]火炭屑，使婢子爲團，累累暴階下。室靡棄物，家無閑人。

兒女大者攀衣，小者乳抱，手中紉綴不輟，戶內[三]灑然。遇僮奴有恩，雖至箠楚，皆不忍有後言。

[一]『爐』原作『鑪』。
[二]『内』原作『外』。

一六五

吳家橋歲致魚、蟹、餅餌，率人人得食。家中人聞吳家橋人至，皆喜。

有光七歲，與從兄有嘉入學，每陰風細雨，從兄輒留，有光意戀戀，不得留也、孺人中夜覺

寢，促有光暗誦《孝經》，即熟讀，無一字齟齬，乃喜。

孺人卒，母何孺人亦卒。周氏家有羊狗之痾。舅母卒，四姨歸顧氏又卒，死三十人而定，惟

外祖與二舅存。孺人死十一年，大姊歸王三接，孺人所許聘者也。十二年，有光補學官弟子；十

六年而有婦，孺人所聘者也。期而抱女，撫愛之，益念孺人。中夜與其婦泣，追惟一二，仿佛如

昨，餘則茫然矣。世乃有無母之人，天乎痛哉！

純用白描法，令無母之人讀之，自然淚涔涔下，真血性文字也。

○張皋文先生《先妣事略》，與此相類，然微有不逮者，非天性之不如，蓋文字稍亞耳，

學者宜參閱之。

【說經鏗鏘法】

適用於釋經解字之文，貴簡鍊精當，宜明古經師家法，忌凌雜無序。

《易·繫辭傳》（節錄）

『鳴鶴在陰，其子和之，我有好爵，吾與爾靡之、』子曰、『君子居其室，出其言善，則千里之外應之，況其邇者乎？居其室，出其言不善，則千里之外違之，況其邇者乎？言出乎身、加乎民；行發乎邇，見乎遠。言行，君子之樞機。樞機之發，榮辱之主也。言行，君子之所以動天地也，可不慎乎？』

『勞謙，君子有終，吉。』子曰、『勞而不伐，有功而不德，厚之至也。語以其功，下人者也。德言盛、禮言恭，謙也者致恭，以存其位者也。』

『不出戶庭，無咎。』子曰：『亂之所生也，則言語以爲階。君不密則失臣，臣不密則失身，幾

事不密則害成。是以君子慎密而不出也。」

子曰：『作《易》者其知盜乎？《易》曰、「負且乘，致寇至、」負也者，小人之事也、；乘也者，君子之器也。小人而乘君子之器，盜思奪之矣、；上慢下暴，盜思伐之矣。慢藏誨盜，冶容誨淫

《易》曰：「負且乘，致寇至、」盜之招也。」

《易》曰、：『憧憧往來，朋從爾思。』子曰：『天下何思何慮？天下同歸而殊塗，一致而百慮。天下何思何慮？日往則月來，月往則日來，日月相推而明生焉。寒往則暑來，暑往則寒來，寒暑相推而歲成焉。往者屈也，來者信也，屈信相感而利生焉。尺蠖之屈，以求信也。龍蛇之蟄，以存身也。精義入神，以致用也。利用安身，以崇德也。過此以往，未之或知也。窮神知化，德之盛也。』

《易》曰：『公用射隼于高墉之上，獲之，無不利、。』子曰：『隼者，禽也、；弓矢者，器也、；射之者，人也。君子藏器於身，待時而動，何不利之有？動而不括、，是以出而有獲。語成器而動者也』。子曰：『小人不恥不仁，不畏不義，不見利不勸，不威不懲、；小懲而大誡，此小人之福也。

《易》曰、「履校滅趾，無咎。」此之謂也、

『善不積不足以成名，惡不積不足以滅身。小人以小善爲無益而弗爲也，以小惡爲無傷而弗

去也。故惡積而不可揜，罪大而不可解。《易》曰：「何校滅耳，凶。」』

子曰：『危者安其位者也，亡者保其存者也，亂者有其治者也。是故君子安而不忘危，存而

不。亡，治而不忘亂。是以身安而國家可保也。《易》曰、「其亡其亡，繫于苞桑。」』

子曰：『德薄而位尊，知小而謀大，力小而任重，鮮不及矣。《易》曰、「鼎折足，覆公餗，其

形渥、凶。」言不勝其任也、

子曰、『知幾其神乎？君子上交不諂，下交不瀆，其知幾乎！幾者動之微，吉之先見者也。

君子見幾而作，不俟終日。《易》曰：「介于石，不終日，貞吉。」介如石焉，寧用終日？斷可識

矣、君子知微知彰，知柔知剛，萬夫之望。』

子曰：『君子安其身而後動，易其心而後語，定其交而後求。君子修此三者，故全也。危以

動，則民不與也；懼以語，則民不應也；無交而求，則民不與也。莫之與，則傷之者至矣。《易》

曰：「莫益之，或擊之，立心勿恒，凶。」」

此十數節，包括修己治人之綱，關係人情物理之要，可作座右銘，可作家庭訓，宜終身熟讀之。

○《易》曰憧憧往來」四節，係『逐層脫卸法』。因往來而言日月寒暑，因屈信而言尺蠖龍蛇，因崇德而言德之盛也，意義一層深一層。

○說《易》最忌支離，如『公用射隼于高墉之上』，程子謂：『若以後儒釋之，必以卦象如何分配，而夫子僅言「隼者禽也」云云，可見不必拘於象數矣。』

○「小人不恥不仁」節，八「不」字八種用法，較之《論語》『不憤不啟』、《左傳》『不備不虞」，尤為奇特，此造句變化法之最神奇者。

○「幾」字為人生最要之事，能知心幾，然後能知事幾。故心幾不靈警者，不足以治事，不足以閱世而觀人。治心幾當奈何？讀書窮理而已。

《孟子·小弁章》

公孫丑問曰：『《小弁》小人之詩也。』孟子曰：『何以言之。？』曰：『怨。』

曰：『固哉高叟之爲詩也！高子曰：『《小弁》小人之詩也。』孟子曰：『何以言之、？』曰：『怨。』有人於此，越人關弓而射之，則己談笑而道之；，無他，疏之也。其兄關弓而射之，則己垂涕泣而道之；，無他，戚之也。《小弁》之怨，親親也。親親，仁也。固矣夫高叟之爲詩也！』曰：『《凱風》何以不怨？』曰：『《凱風》，親之過小者也；《小弁》，親之過大者也。親之過大而不怨，是愈疏也；親之過小而怨，是不可磯也。愈疏，不孝也；不可磯，亦不孝也。

孔子曰、『舜其至孝矣，五十而慕。』』

凡說經之文，莫妙於用分疏法，此文第二、第四節皆用分疏，故清晰靈警。孟子得曾子、子思之傳，最深於《詩》學，讀『咸丘蒙』章可見。

許叔重《說文解字叙》

叙曰：古者庖犧氏之王天下也、，仰則觀象於天、，俯則觀法於地、，視鳥獸之文與地之宜、，近取

諸身，遠取諸物，於是始作《易》八卦，以垂憲象。及神農氏結繩爲治，而統其事。庶業其繁，飾

偽萌生。黃帝之史倉頡，見鳥獸蹏迒之迹，知分理之可相別异也，初造書契。百工以乂，萬品以

察，蓋取諸夬。『夬，揚于王庭』，言文者宣教明化於王者朝廷，『君子所以施祿及下，居德則忌』

也。倉頡之初作書，蓋依類象形，故謂之文。其後形聲相益，即謂之字。文者，物象之本；字者，

言孳乳而寖多也。著[二]於竹帛謂之書。書者，如也。以迄五帝三王之世，改易殊體。封于泰山

者，七十有二代，靡有同焉、

《周禮》：八歲入小學，保氏教國子先以六書、一曰指事。指事者，視而可識，察而見意，

『二』『二』是也。二曰象形。象形者，畫成其物，隨體詰詘，『日』『月』是也。三曰形聲。形聲

者，以事爲名，取譬相成，『江』『河』是也。四曰會意。會意者，比類合誼，以見指撝，『武』『信』

是也。五曰轉注。轉注者，建類一首，同意相受，『考』『老』是也。六曰假借。假借者，本無其

字，依聲托事，『令』『長』是也。及宣王大史籀著《大篆》十五篇，與古文或异。至孔子書六經，

[一]『著』原作『箸』。

左丘明述《春秋傳》，皆以古文，厥意可得而説。

其後諸侯力政，不統於王，惡禮樂之害己，而皆去其典籍，

律令异灑，衣冠异制，言語异聲，文字异形。秦始皇帝初兼天下，丞相李斯乃奏同之，罷其不與秦

文合者。斯作《倉頡篇》，中車府令趙高作《爰歷篇》，大史令胡毋敬作《博學篇》，皆取史籀大

篆，或頗省改，所謂小篆者也。是時秦燒滅經[一]書，滌除舊典，大發吏卒，興戌役。官獄職務絲，

初有隷書，以趣約易，而古文由此絶矣。自爾秦書有八體，一曰大篆，二曰小篆，三曰刻符，四曰

蟲書，五曰摹印，六曰署書，七曰殳書，八曰隷書。

漢興有草書。《尉律》：『學僮十七已上，始試。諷籀書九千字，乃得爲史，』又以八體試

之。郡移大史并課，最者以爲尚書史。書或不正，輒舉劾之。今雖有《尉律》，不課，小學不修，

莫達其説久矣。孝宣皇帝時，召通《倉頡》讀者，張敞從受之，涼州刺史杜業、沛人爰禮、講學大

夫秦近，亦能言之。孝平皇帝時，徵禮等百餘人，令説文字未央廷中，以禮爲小學元士。黃門侍

[一]『經』原作『詩』。

郎揚雄采以作《訓纂篇》。凡《倉頡》已下十四篇，凡五千三百四十字，群書所載，略存之矣。及亡新居攝，使大司空甄豐等校文書之部。自以為應制作，頗改定古文。時有六書：一曰古文，孔子壁中書也。二曰奇字，即古文而異者也。三曰篆書，即小篆，秦始皇帝使下杜人程邈所作也。四曰左書，即秦隸書。五曰繆篆，所以摹印也。六曰鳥蟲書，所以書幡信也。

壁中書者，魯恭王壞孔子宅，而得《禮記》《尚書》《春秋》《論語》《孝經》。又北平侯張蒼，獻《春秋左氏傳》。郡國亦往往於山川得鼎彝，其銘即前代之古文，皆自相似。雖叵復見遠流，其詳可得略說也。而世人大共非訾，以為好奇者也，故詭更正文，鄉壁虛造不可知之書，變亂常行以耀於世。諸生競逐說字、解經誼，稱秦之隸書，為倉頡時書，云：『父子相傳，何得改易？』乃猥曰：『馬頭人為長，人持十為斗，虫者屈中也。』廷尉說律，至以字斷法：『苛人受錢，苛之字止句也。』若此者甚眾，皆不合孔氏古文，謬於史籀。俗儒鄙夫，翫其所習，蔽所希聞，不見通學，未嘗睹字例之條，怪舊執而善野言，以其所知為秘妙，究洞聖人之微恉。又見《倉頡篇》中『幼子承詔』，因曰：『古帝之所作也。』其辭有神僊之術焉、』其迷誤不諭，豈不悖哉！

《書》曰：『予欲觀古人之象。』言必遵修舊文，而不穿鑿。孔子曰：『吾猶及史之闕文，今亡矣夫！』蓋非其不知而不問。人用己私，是非無正，巧說衺辭，使天下學者疑。蓋文字者，經藝之本，王政之始，前人所以垂後，後人所以識古。故曰：本立而道生。知天下之至嘖而不可亂也。

今敘篆文，合以古籀，博采通人，至於小大，信而有證，稽譔其說。將以理群類，解謬誤，曉學者，達神恉。分別部居，不相雜厠也。萬物咸睹，靡不兼載。厥誼不昭，爰明以諭。其稱《易》，孟氏；《書》，孔氏；《詩》，毛氏；《禮》，周官；《春秋》，左氏；《論語》《孝經》，皆古文也。其於所不知，蓋闕如也。

歷敘源流、自然古質。

○叔重是書，蓋象《易》而作，故以『一』字冠於編、而解之曰：『惟初太極，道立於一，造分天地，化成萬物』蓋窮理盡性之書也、後學解字，必須有益於身心世道，兼被於實用、方爲許氏家法。

潘鳳洲《倉頡作書始於甲子説》

『倉頡作書始於甲子』，此悠謬之説也。許氏《説文解字叙》曰：『古者庖羲氏之王天下也，仰則觀象於天，俯則觀法於地，視鳥獸之文與地之宜，近取諸身，遠取諸物，於是始作《易》八卦，以垂憲象。』又曰：『黄帝之史倉頡，見鳥獸蹏迒之迹，知分理之可相別异也，初造書契。百工以乂，萬品以察，蓋取諸夬。』其言本《易傳》，見上古聖人易結繩之治，畫卦與作書同原、無可疑者。

『甲』象人頭，『子』象小兒形。見之鐘鼎彝器者，『甲』或作『十』，子或作『㞢』。書契之初，必從簡易，斷爲最初之古文則可；必執二文謂倉史作書，造耑於此，不應制字之首，舍『仰觀俯察』而先『近取諸身』者也。

然則倉頡作書宜何始？曰：『始於一。』『一』者何也，即伏羲畫卦之『一』也。一生二，二生三，三生萬物。天以之清，地以之平。《説文》注『不』字以一爲天，注『至』字以一爲地，皆古古相傳之學。蓋『一』者《易》之奇，是爲乾元，乾元入坤，成既濟定，乾元用九，乃見天則。《説

文》注曰『惟初大始，道立於一，萬事萬物未繇推見、

且甲子者，陰陽之用。《易》有大極，是生兩儀，未有『一』不能有陰

陽。畫卦與書契時有先後，聖有作述而已，非二本也。或以《鶡冠》异說，『倉頡所書，始於甲

子』，欲叚大撓制憲，依附證成，則隸首作數，與倉頡、大撓同。

時憲必出於數，數必出於一。言作書始於『一』，合於庖羲之《易》，合於孔子之《大傳》，合

於《周官》保氏六書之學，合於許氏所受兩漢經師之傳，亦合於治憲作數。言作書始於甲子，不

合於經，不合於傳，不合於禮，不合於家法，并不合於時憲算數。

○經學家文集，以阮芸臺《揅經室集》、段懋堂《經韵樓集》爲最，次則錢竹汀《潛研堂

集》、孫淵如《問字堂集》，又王蘭泉所選《湖海文傳》，均佳，讀之可得門徑。

説經之文，最忌迂拘複疊，此文爽利無比，可一破拘攣之習。

唐蔚芝《〈孟子〉大義序》

聖賢之士，所以栖栖皇皇，不惜以其一身爲犧牲者、志在救民而已矣。《孟子》一書，尊民之學也。其言曰：『民爲貴，社稷次之，君爲輕。』天下可愛者民，可畏者民，可親可寶者民，戕賊民、保君亦惟民。是故民以君爲天，而國以民爲本。後世人主，不知此誼，於是乎虐民殄民、戕賊其民，吸民之脂膏，椎民之骨髓，以殺其民，此亡國破家所以相隨屬也。孔子曰：『舉直錯諸枉，則民服、舉枉錯諸直，則民不服。』見負版者則式之，此尊民之學也。孟子願學孔子，故一以尊民爲旨，而又大暢厥辭。昔者孔子慨想大同之世，喟然嘆曰：『大道之行也，與三代之英。』而孟子則曰：『中天下而立，定四海之民。』先聖後聖，其揆一也，志在救民而已矣。

堯舜之道，孝弟爲先。儒者之義，出處進退爲大。孟子論虞舜之孝曰：『不得乎親，不可以爲人；不順乎親，不可以爲子，大孝終身慕父母。』又曰：『事孰爲大？事親爲大。守孰爲大？守身爲大。』蓋孟子得曾子之傳者也，曾子守身以事親者也。孟子本大孝立孝之旨，而發揮其宏綱。故言孝弟者，必以孟子爲本。孝弟者，生機也，人道之所以生生而不息也。孟子又得子思之

傳者也。子思子氣節最嚴，出處進退之間，懍乎不少假借、故『魯繆公無人乎子思之側、則不能安子思』，『亟問，亟餽鼎肉，子思不悅。於卒也摽使者出諸大門之外，北面再拜稽首而不受』。孟子私淑子思，故曰：『吾未聞枉己而正人者也。故將大有爲之君，必有所不召之臣。』子思有壁立萬仞之氣概，孟子有泰山巖巖之精神。是故言出處進退者，必以孟子爲本。士未有不講出處進退之大義，而見齒於儒林者也。

政治之學，當世無可與言者，則尚友古人而聽其詔語。不仁者可與言哉？孺子一歌、滄浪淼然、情韻復絕。天下之至道，亦天下之至文也。曰『出乎爾者，反乎爾者也』，何其言之恕也。曰『既不能令，又不受命』，何其言之悲也。曰『率土地而食人肉，罪不容於死』，何其言之恫心也。凡生於天地之間者皆曰命。民命之重於天地間當何如？戰國時人君，專務辟土地，充府庫，視民命若土苴、若草芥，故孟子特痛哭流涕長太息言之。嗚呼！及是時明其政刑，及是時般樂怠敖，同此時也，而求禍求福，判如霄壤，在此心一轉移之間耳。是故言政治學者，必以孟子爲本。

司馬遷曰：『孟子述唐、虞、三代之德，所如不合，退而與萬章之徒，作《孟子》七篇。』蓋公孫丑、萬章皆爲孟子高弟。孔門之徒三千，傳嬗最衆。孟門弟子，不及孔門，佐成七篇之書者，厥惟二子。今讀《公孫丑篇》『知言養氣』皆孟子生平得力之所在。《萬章》一篇，首揭人倫，推崇虞舜，至矣盡矣。繼乃言唐、虞、三代相與禪讓授受之理、示天下重器，王者大統。天視民視，天聽民聽；謳歌訟獄，悉順民心；剖析精微，折衷至當。而廓然大公之氣象，令人神游皇古之間，古之人蓋未有能道之者。辨義之學，斯爲極則。然則孟子固精義以入神，而公孫、萬章之徒，其學識亦不可及哉！

《告子》一篇，言心性仁義之辨、而『牛山之木』章，直揭良心。『魚我所欲』章，直揭本心。《盡心》一篇，言盡心知性之學。而『不學不慮』章，直揭良知良能。宋陸氏象山之學，直指本心。明王氏陽明之學，專致良知。本所心得，各樹一幟。而論者謂性理也，心兼理氣者也。若專以心之靈氣爲主，期於一超頓悟，則於釋氏之光明寂照，所謂心之精神是謂之聖者，殆無所異，恐非孟氏立教之本意。或且屏絕之，以爲不得與於儒家之列。不知世有乞墦之齊人、龍斷之市儈，雞鳴

而起，孳孳為利，其心縱極卑鄙齷齪，然苟闔戶而詔以良心所在，則未有不面赤汗下悚然悔悟者、

然則本心之呈露，良知之發見，其有功於世道，固非細也。

國文經緯貫通大義卷三

之支與流裔。且世固有崇拜陽明而國以寖強者矣。通人達士，必不黨同伐异而自隘其門牆也。竊以爲陸氏、王氏之學，不得謂非孟子

孟子曰：『五百年必有王者興、其間必有名世者。』又曰：『由堯、舜至於湯、由湯至於文

王、由文王至於孔子，皆五百有餘歲。由孔子而來，百有餘歲。去聖人之世、若此其未遠也；近

聖人之居，若此其甚也。』蓋孟子之意，以其學直紹孔子。而司馬遷則曰：『「自周公卒五百歲而

有孔子。孔子卒後至於今五百歲，有能紹名世，正《易傳》，繼《春秋》，本《詩》《書》《禮》《樂》

之際？」意在斯乎！』是司馬氏之意，欲以《史記》紹孔子，則近於妄矣。余嘗謂：自古聖賢，皆

躬膺道統之寄，與夫名世之勛，亦非必以五百年爲定。《周易》六子卦，以乾坤爲主卦；六十四

卦，以八卦爲主卦；而每卦又各自有其主爻。元會之運適然，云五百年者，其大較耳。孟子曰：

『無有乎爾，則亦無有乎爾。』數百年後有韓子，得孟子之傳者也。又數百年有周、程、張、朱諸

子，亦得孟子之傳者也。道之所在，即屬聖賢之統系。『豪杰之士，雖無文王猶興。』烏可以妄自

菲薄乎哉！

本朱子輯《孟子要略》之意、發爲文章、頗有灝氣流行之概。孟子自述其宗旨、不過曰：『正人心，息邪説，距詖行，放淫辭。』

○世有能傳孟子之學説者，吾國其庶幾乎！、

○拙著《《大學》〈中庸〉大義序》亦能深入理奧，以其蹊徑較高，故未録。

【逸趣橫生法】

適用於紀人、叙事小品之文，大文中偶爾插入亦可；以天然爲主，忌俚俗。

《左傳·大棘之戰》（宣公二年）

二年，春，鄭公子歸生受命于楚、伐宋。宋華元、樂吕御之、二月壬子、戰于大棘。宋師敗績。囚華元，獲樂吕，及甲車四百六十乘，俘二百五十人，馘百人。狂狡輅鄭人，鄭人入于井，倒

戟而出之，獲狂狡。君子曰：『失禮違命，宜其爲禽也。戎，昭果毅以聽之之謂禮、殺敵爲果、致果爲毅。易之，戮也。』

將戰，華元殺羊食士，其御羊斟不與、及戰，曰：『疇昔之羊，子爲政；今日之事，我爲政。』與入鄭師，故敗。君子謂：『羊斟，非人也，以其私憾，敗國殄民，於是刑孰大焉、《詩》所謂「人之無良」者，其羊斟之謂乎，殘民以逞。』宋人以兵車百乘、文馬百駟、以贖華元于鄭。半入，華元逃歸，立于門外，告而入。見叔牂，曰：『子之馬然也。』對曰：『非馬也，其人也。』既合而來奔。

宋城，華元爲植，巡功。城者謳曰：『睅其目，皤其腹，棄甲而復。于思于思，棄甲復來。』使其驂乘謂之曰：『牛則有皮，犀兕尚多，棄甲則那？』役人曰：『從其有皮，丹漆若何？』華元曰：『去之，夫其口衆我寡。』

量也。』

方存之先生云：『此篇敘華元之賞不公而刑不當，辱國貽羞，而猶不知恥，非美其有度

余按：此文分三段，極詼詭之趣，妙在能隨地生波，於此可悟游名園者，所謂『山窮水盡疑無路，柳暗花明又一村』，以其隨景而異也。能得此法，自然因境生情，有無限變幻之態。

《左傳·楚子伐蕭》(宣公十二年)

冬，楚子伐蕭，宋華椒以蔡人救蕭。蕭人囚熊相宜僚及公子丙。王曰：『勿殺，吾退。』蕭人殺之、王怒，遂圍蕭，蕭潰。

申公巫臣曰：『師人多寒。』王巡三軍，拊而勉之。三軍之士，皆如挾纊。遂傳於蕭。還無社與司馬卯言，號申叔展。叔展曰：『有麥麴乎？』曰：『無。』『有山鞠窮乎？』曰：『無。』『河魚腹疾奈何？』曰：『目於眢井而拯之。』『若為茅絰，哭井則已。』明日，蕭潰。申叔視其井，則茅絰存焉，號而出之。

吳摯甫先生云：『民逃其上曰潰。潰者，民無固志也，只此一字、而蕭見滅之故可知矣；追序無社一事，而蕭潰之狀可知矣。』余按：『還無社』一段，如天外飛來，寫足蕭人之

無鬥志、叔展問答，奇陷詼詭之至，爲隱語之祖。

○此文應分三段。第一段書蕭潰之原因，在殺熊相宜僚及公子丙；第二段見楚國軍心之固；第三段見蕭人軍心之不固。天然映射。

《史記・滑稽列傳》

孔子曰：『六藝於治一也。《禮》以節人，《樂》以發和，《書》以道事，《詩》以達意，《易》以神化，《春秋》以道義。』太史公曰：天道恢恢，豈不大哉！談言微中，亦可以解紛。

淳于髡者，齊之贅婿也。長不滿七尺，滑稽多辯，數使諸侯，未嘗屈辱。齊威王之時，喜隱，好爲淫樂長夜之飲，沈湎不治，委政卿大夫。百官荒亂，諸侯并侵，國且危亡，在於旦暮，左右莫敢諫。淳于髡說之以隱曰：『國中有大鳥，止王之庭，三年不蜚又不鳴，王知此鳥何也？』王曰：『此鳥不飛則已，一飛沖天；不鳴則已，一鳴驚人。』於是乃朝諸縣令長七十二人，賞一人，誅一人，奮兵而出。諸侯振驚，皆還齊侵地，威行三十六年，語在《田完世家》中。威王八年，楚

大發兵加齊。齊王使淳于髡之趙請救兵，齎金百斤，車馬十駟。淳于髡仰天大笑，冠纓索絶。王曰：『先生少之乎？』髡曰：『何敢！』王曰：『笑豈有説乎？』髡曰：『今者臣從東方來，見道傍有禳[二]田者，操一豚蹄，酒一盂，祝曰[三]：「甌窶滿篝，污邪滿車，五穀蕃熟，穰穰滿家。」臣見其所持者狹，而所欲者奢，故笑之。』於是齊威王乃益齎黃金千鎰、白璧十雙、車馬百駟。髡辭而行，至趙。趙王與之精兵十萬，革車千乘。楚聞之，夜引兵而去。威王大悦，置酒後宮，召髡賜之酒。問曰：『先生能飲幾何而醉？』對曰：『臣飲一斗亦醉，一石亦醉。』威王曰：『先生飲一斗而醉，惡能飲一石哉！其說可得聞乎？』髡曰：『賜酒大王之前，執法在傍，御史在後，髡恐懼俯伏而飲，不過一斗徑醉矣。若親有嚴客，髡帣韝韛鞠䠱，侍酒於前，時賜餘瀝，奉觴上壽，數起，飲不過二斗徑醉矣。若朋友交游，久不相見，卒然相睹，歡然道故，私情相語，飲可五六斗徑醉矣。若乃州閭之會，男女雜坐，行酒稽留，六博投壺，相引爲曹，握手無罰，目眙不禁，前有墮珥，後有

[一]『禳』原作『穰』。

[二]『祝曰』原作『而祝曰』。

遺簪，髡竊樂此，飲可八斗而醉二參。日暮酒闌，合尊促坐，男女同席，履舄交錯，杯盤狼藉，堂上燭滅，主人留髡而送客，羅襦襟解，微聞薌澤，當此之時，髡心最歡，能飲一石。故曰酒極則亂，樂極則悲，萬事盡然。』言不可極，極之而衰，以諷諫焉。齊王曰：『善。』乃罷長夜之飲，以髡為諸侯主客。宗室置酒，髡嘗在側。

其後百餘年、楚有優孟。

優孟者，故楚之樂人也。長八尺，多辯，常以談笑諷諫。楚莊王之時，有所愛馬、衣以文繡、置之華屋之下，席以露牀，啗以棗脯。馬病肥死，使群臣喪之，欲以棺槨大夫禮葬之。左右爭之，以為不可。王下令曰：『有敢以馬諫者，罪至死。』優孟聞之，入殿門，仰天大哭。王驚而問其故。優孟曰：『馬者王之所愛也，以楚國堂堂之大，何求不得，而以大夫禮葬之，薄，請以人君禮葬之。』王曰：『何如？』對曰：『臣請以彫玉為棺，文梓為槨，楩楓豫章為題湊，發甲卒為穿壙，老弱負土，齊、趙陪位於前，韓、魏翼衛其後，廟食太牢，奉以萬戶之邑。諸侯聞之，皆知大王賤人而貴馬也。』王曰：『寡人之過，一至此乎！為之奈何？』優孟曰：『請為大王六畜葬之。以壠竈為椁，銅歷為棺，齎以薑棗，薦以木蘭，祭以粳稻，衣以火光，葬之於人腹腸。』於是王乃使以馬

屬太官，無令天下久聞也。楚相孫叔敖，知其賢人也，善待之。病且死，屬其子曰、『我死，汝必

貧困，若往見優孟，言我孫叔敖之子也。』居數年，其子窮困負薪，逢優孟，與言曰：『我孫叔敖之

子也。父且死時，屬我貧困往見優孟。』優孟曰：『若無遠，有所之。』即為孫叔敖衣冠，抵掌談

語。歲餘像孫叔敖，楚王及左右不能別也。莊王置酒，優孟前為壽。莊王大驚，以為孫叔敖復生

也，欲以為相。優孟曰：『請歸與婦計之，三日而為相。』莊王許之。三日後，優孟復來、王曰、

『婦言謂何？』孟曰：『婦言慎無為，楚相不足為也。如孫叔敖之為楚相，盡忠為廉以治楚，楚王

得以霸。今死，其子無立錐之地，貧困負薪以自飲食。必如孫叔敖，不如自殺。』因歌曰：『山居

耕田苦，難以得食。起而為吏，身貪鄙者餘財，不顧恥辱。身死家室富，又恐受賕枉法，為姦觸大

罪，身死而家滅。貪吏安可為也！念為廉吏，奉法守職，竟死不敢為非。廉吏安可為也！楚相孫

叔敖，持廉至死。方今妻子窮困，負薪而食，不足為也！』於是莊王謝優孟、乃召孫叔敖子、封之

寢丘四百戶，以奉其祀，後十世不絕，此知可以言時矣。其後二百餘年，秦有優旃。

優旃者，秦倡侏儒也。善為笑言，然合於大道。秦始皇時，置酒而天雨，陛楯者皆沾寒。優

旃見而哀之,謂之曰:「汝欲休乎、

「諾。」居有頃,殿上上壽呼萬歲。優旃臨檻大呼曰:「陛楯郎!」郎曰:「諾。」優旃曰:「汝

雖長何益,幸雨立。我雖短也,幸休居。」於是始皇使陛楯者得半相代。

至函谷關,西至雍、陳倉。優旃曰:「善。多縱禽獸於其中,寇從東方來,令麋鹿觸之足矣。」始

皇以故輟止。二世立,又欲漆其城。優旃曰:「善。主上雖無言,臣固將請之。漆城雖於百姓

愁費,然佳哉!漆城蕩蕩,寇來不能上。即欲就之,易爲漆耳,顧難爲蔭室。」於是二世笑之,以

其故止。居無何,二世殺死。優旃歸漢,數年而卒。

太史公曰:淳于髡仰天大笑,齊威王橫行;優孟搖頭而歌,負薪者以封;優旃臨檻疾呼,陛

楯得以半更、豈不亦偉哉!

昔人謂:『此傳一層深一層、髡語舌辯之雄、不必有裨於國;孟語篤友誼於死生,節

俠之流;旃語乃得忠厚之意。』余謂此傳不過寓言耳,即有實事,亦係子長點綴成之,蓋兼

『洸洋恣肆之法』、若刻舟求劍、則陋矣。

○總冒極奇。見滑稽者流、未嘗不有益於世道、而諷諫之旨未嘗非六藝之支流。惟其爲極諧之文、故以極莊者冠之。

○『甌窶滿車』四句、二字爲韻、創調。

○優孟之仰天大哭、與淳于髡之仰天大笑遙相應。

○優孟一歌、不成歌、亦不成文、豈《荀子・成相篇》之遺歟？可謂奇絕。

○《漢書・東方朔傳》、機鋒百出、曾文正極賞之。余以爲《朔傳》亦滑稽極矣、似不及此傳之空靈。學者宜參考。

唐蔚芝《〈孟子・滕文公篇〉大義》

治國家之道奈何？曰：善審天下之音、屏虛務實、無喜獲禽。苟希獲禽、則攘雞之人至、哇鵝之人亦至。

或者不達。告之曰：余幼讀《滕文公篇》『問爲國』章、孟子答以井田學校之制、中心躍然以喜、以爲孟子之道、庶幾得行；滕之新國、庶幾可建。乃讀『許行』章以後、闃然不聞有興革之事、則又嘆文公爲异說所惑、而痛恨許行不置、至今猶怏怏不慊也。

且夫聖人之治天下、實事求是而已矣。若好虛聲而忘實事、國其危矣！許行爲神農之言、以爲高出於堯、舜；爲并耕之说、以爲可破君子治野人、野人養君子之論。文公雖賢君、因其持说之高、遂不免爲所蠱惑。聖賢豪杰、經營一事、數年而不足。而庸夫俗子、一二言敗壞之而有餘。由是而性學晦也、井田廢也、學校輟也、先王之大經大法、於是而墜地也。平等之说張、而無等之論且日滋也。

且夫虛僞之士、未有不謀利者也。虛僞而好詭遇、所謂枉尋直尺是也；虛僞而以順爲正、所謂妾婦之道是也；虛僞而好鑽營、所謂鑽穴隙相窺、踰牆相從是也；虛僞而好破壞、所謂毁瓦畫墁是也。如是而可以行王政乎哉？孟子卓立乎戰國策士之中、一齊人之傅、不敵衆楚人南蠻之咻。當時也、脅肩諂笑、未同而言者、皆竊笑其旁也；橫征苛斂、競爲非義者、皆擠排之而不息其喙也。於是慨然曰：『是盈天下皆禽獸也！』是園囿污池沛澤多而禽獸至也、是得禽獸若丘陵

也，是人近於禽獸，而禽獸偪人也。『我亦欲正人心，息邪說，距詖行，放淫辭。』爲此輩而發也。

且夫虛僞如陳仲子者，其人可以爲廉士乎哉？與蚓爭食，其行下同於蚓；哇鵝之肉，而傷天之性。使天下皆若而人者，是相率而爲僞者也，是道其民而出於無用者也。此趙威后之所以欲殺之也。

且夫物之不齊，物之情也。聖人靜居天地之中，觀察乎萬物形形色色之狀。就其中之走者，定其名曰獸，而又別之曰若虎也、若豹也、若犀也、若象也、若狐狸也、若牛羊也、若豚也；就其中之飛者，定其名曰禽，而又別之曰一禽也、十禽也、若鳧舌也、若鷄也、若鵝也；就其中之至靈而可貴者，定其名曰人，而又別之曰若君子也、若野人也、若諸夏也、若蠻夷也、若諸侯也、若處士也、若丈夫也、若女子也、若妾也、若婦也。

且夫君子所惡於妾婦之道者，惡其巧言如簧也、畏其舌也。張儀之言曰：『吾之舌尚存乎、』是故君子於禽獸之中，所深惡而痛疾者曰鳧舌；於人類之中，所深惡而痛疾者曰妾婦之道之舌，爲其聲之惡而亂是非也。

且夫意者心之音也。風之自也，至微也而至顯也，至隱也而至彰也。聖人欲察天下之意，必

審天下之音、。因天下之音，乃可以知天下之意。意之發而爲言，曰『言必稱堯、舜』，曰『爲神農

之言』，曰『楊朱、墨翟之言』，又曰『天下之言、』。天下之言不同，天下之意萬殊也、。言者又意之

表也，其性善者其音和，其音和者其言明且清，其人可用，其國家可治，此百不失一者也。其志惡

者其音嚚，其音嚚者其言浮以雜，其人不可用，其國家必亂，此百不失一者也。其君雖賢，其在王

所者，長幼卑尊，皆非懷好音者、，則虛僞之聲得以入，其意皆馳於虛無縹緲之域、，其言皆騖於詖、

淫、邪、遁之途，而其國必不可以治，此亦百不失一者也、。孟子卓立乎處士橫議之中，發其正大之

音，如鳳凰之鳴於岐山。曰：『予豈好辯哉，予不得已也！』將以息天下之惡聲也。吾故謂治國

家者，在善審天下之音，屏虛務實，無喜獲禽。且夫獲哇鵝之士，隱居井上，下飲黃泉，其害猶可

止也、；獲攘雞之士，或相倍蓰、，或相什百、，或相千萬，狼戾以攘奪於民，其害不可言也、。然而風會

所趨，天下士大夫，皆下喬木而入幽谷矣。蓋睍睆之音相淆亂，而嚶嚶之音不可聞矣。

文境詼詭、，氣可排山、，古人所謂『燃犀照渚、，萬怪惶惑』者也、。說經之文用此法、，尤不

易得。

○救國之道，實事求是而已、此四字見《漢書·河間獻王傳》。實事者、務事實也；求是者、求真是而不惑於似是之非也。苟主張虛僞之『學說、』則一身不可救藥，浸至一國不可救藥矣、！此篇之大意如此。

○以『且夫』作綫索、係仿賈生《過秦論、》；『於是』二字、韓文公《原道》『今也』二字之法、其要在言有序。不善學之，則凌亂矣。

國文經緯貫通大義卷四

【短兵相接法】

適用於刑名家、法律家之文，宜詰屈，忌氣促。

《公羊傳·春王正月》（隱公元年）

元年春王正月。

元年者何？君之始年也。春者何？歲之始也。王者孰謂？謂文王也。曷爲先言『王』，而後言『正月』？王正月也。何言乎王正月？大一統也。公何以不言即位？成公意也。何成乎公之意？公將平國而反之桓、曷爲反之桓？桓幼而貴，隱長而卑，其爲尊卑也微、國人莫知。隱長

又賢，諸大夫扳隱而立之、隱於是焉而辭立、則未知桓之將必得立也。且如桓立，則恐諸大夫之不能相幼君也。故凡隱之立，爲桓立也。隱長又賢，何以不宜立？立適以長不以賢，立子以貴不以長。桓何以貴？母貴也。母貴則子何以貴？子以母貴。

○此文當與《穀梁傳》比較，宜注意。

隱賤桓貴，未知何據。而筆自蒼辣。王者謂文王、尤見何休説『黜周王魯』之謬。

《穀梁傳·春王正月》（隱公元年）

元年春王正月、

雖無事，必舉正月，謹始也、

公何以不言即位？成公志也。焉成之？言君之不取爲公也、

君之不取爲公何也？將以讓桓也。讓桓正乎？曰不正。《春秋》成人之美，不成人之惡。隱不正而成之何也？將以惡桓也。其惡桓何也？隱將讓而桓弑之，則桓惡矣。桓弑而隱讓，則隱善矣。善則其不正焉何也？《春秋》貴義而不貴惠，信道而不信邪。孝子揚父之美，不揚父之惡。先君

之。之欲與桓，非正也，邪也。雖然，既勝其邪心以與隱矣、已探先君之邪志而遂以與桓、則是成父之

惡也。兄弟，天倫也。爲子受之父，爲諸侯受之君，已廢天倫而忘君父，以行小惠，曰小道也。若

隱者，可謂輕千乘之國，蹈道則未也。

詞嚴義正，筆挾風霜。其以讓桓爲不正，更如老吏斷獄，斬釘截鐵。鄭君稱『《穀梁》

善於經』，其斯之謂乎！

《穀梁傳·鄭伯克段于鄢》（隱公元年）

夏五月，鄭伯克段于鄢。

克者何？能也。何能也？能殺也。何以不言『殺』？見段之有徒眾也、

以知其爲弟也？殺世子母弟目君，以其目君，知其爲弟也。段，弟也，而弗謂『弟』；公子也，而

弗謂『公子』，貶之也。段失子弟之道矣，賤段而甚鄭伯也。何甚乎鄭伯？甚鄭伯之處心積慮，

成於殺也。于鄢，遠也。猶曰取之其母之懷中而殺之云爾，甚之也。然則爲鄭伯者宜奈何？緩

國文經緯貫通大義卷四

追逸賊、親親之道也。

鄭莊公爲人、無君、無母、無弟、而又事事出以作僞。得此生辣之筆、以正其罪、千秋而後、大義懍然矣。

○《左傳》中短兵相接法甚多、如衛文公大布之衣、齊侯與蔡姬乘舟於囿、臧文仲聞六與蓼滅等皆是、宜參考之。

《國策・三國攻秦》

三國攻秦、入函谷。秦王謂樓緩曰：『三國之兵深矣、寡人欲割河東而講。』對曰：『割河東、大費也；免於國患、大利也。此父兄之任也、王何不召公子池而問焉？』王召公子池而問之、對曰：『講亦悔、不講亦悔。』王曰：『何也？』對曰：『王割河東而講、三國雖去、王必曰：「惜矣！三國且去、吾特以三城從之。」此講之悔也。王不講、三國入函谷、咸陽必危、王又曰：「惜矣！吾愛三城而不講。」此又不講之悔也。』王曰：『鈞吾悔也、寧亡三城而悔、無危咸陽而悔

一九八

也、。寡人決講矣。』卒使公子池以三城講於三國、三國之兵乃退、

樓緩明知三城之當割、故卸其職於公子池。公子池明明以利害比較、乃偏不説出。故以『講』『不講』兩層、爲按而不斷之語、而兩害取輕之意、使秦王當下自悟、自己説出。寥寥數語、作作有芒、雖係短兵、而語氣皆含遠神、可謂能品。

《國策・趙威后問齊使》

齊王使使者問趙威后。書未發、威后問使者曰、『歲亦無恙耶？民亦無恙耶？王亦無恙耶？』使者不説、曰：『臣奉使使威后。今不問王、而先問歲與民、豈先賤而後尊貴者乎、』威后曰：『不然。苟無歲、何有民？苟無民、何有君？故有問。舍本而問末者耶？』乃進而問之曰：『齊有處士曰鍾離子、無恙耶？是其爲人也、有糧者亦食、無糧者亦食；有衣者亦衣、無衣者亦衣。是助王養其民者也、何以至今不業也？葉陽子無恙乎？是其爲人、哀鰥寡、卹孤獨、振窮困、補不足。是助王息其民者也、何以至今不業也？北宮之女嬰兒子、無恙耶？徹其環瑱、至老不

、嫁，以養父母。是皆率民而出於孝情者也。胡爲至今不朝也？此二士弗業，一女不朝，何以王齊國，子萬民乎？於陵子仲尚存乎？是其爲人也，上不臣於王，下不治其家，中不索交諸侯。此率民。而出於無用者，何爲至今不殺乎？」

此皆政治中之要義，而出以極生辣之筆，令人但覺其可畏，不知其有深意存焉，此文家大變化法也。

○論於陵子仲語、、、與孟子義相合、尤爲特識、。

《**史記・商君列傳**》（節錄）

孝公既用衞鞅，鞅欲變法，恐天下議己。衞鞅曰：『疑行無名，疑事無功。且夫有高人之行者，固見非於世；有獨知之慮者，必見敖於民。愚者闇於成事，知者見於未萌。民不可與慮始，而可與樂成。論至德者，不和於俗；成大功者，不謀於衆。是以聖人苟可以强國，不法其故；苟可以利民，不循其禮。』孝公曰：『善。』甘龍曰：『不然。聖人不易民而教，知者不變法而治。因民

而教，不勞而成功；緣法而治者，吏習而民安之。」衛鞅曰：「龍之所言，世俗之言也。常人安於故俗，學者溺於所聞。以此兩者，居官守法可也，非所與論於法之外也。三代不同禮而王，五伯不同法而霸。智者作法，愚者制焉；賢者更禮，不肖者拘焉。」杜摯曰：「利不百，不變法；功不十，不易器。法古無過，循禮無邪。」衛鞅曰：「治世不一道，便國不法古。故湯、武不循古而王，夏、殷不易禮而亡。反古者不可非，而循禮者不足多。」孝公曰：「善。」以衛鞅為左庶長，卒定變法之令。

商君相秦十年，宗室貴戚多怨望者。趙良見商君。商君曰：「鞅之得見也，從孟蘭皋，今鞅請得交，可乎？」趙良曰：「僕弗敢願也。」

商君曰：「子不說吾治秦與？」趙良曰：「反聽之謂聰，内視之謂明，自勝之謂強。虞舜有言曰：『自卑也，尚矣。』君不若道虞舜之道，無爲問僕矣。」商君曰：「始秦戎翟之教，父子無別，同室而居。今我更制其教，而爲其男女之別，大築冀闕，營如魯衛矣。子觀我治秦也，孰與五羖大夫賢？」趙良曰：「千羊之皮，不如一狐之掖；千人之諾諾，不如一士之諤諤。武王諤諤以昌，殷紂墨墨以亡。君若不非武王乎，則僕請終日正言而無誅可乎？」商君曰：「語有之矣！貌

言，華也。；至言，實也。；苦言，藥也。；甘言，疾也。夫子果肯終日正言，軼之藥也。軼將事子，子又何辭焉！』趙良曰：『夫五羖大夫，荆之鄙人也、聞秦繆公之賢，而願望見，行而無資，自粥於秦客，被褐食牛。期年，繆公知之，舉之牛口之下，而加之百姓之上，秦國莫敢望焉。相秦六七年，而東伐鄭，三置晉國之君，一救荆國之禍。發教封内，而巴人致貢；施德諸侯，而八戎來服。由余聞之，款關請見。五羖大夫之相秦也，勞不坐乘，暑不張蓋，行於國中，不從車乘，不操干戈，功名藏於府庫，德行施於後世。五羖大夫死，秦國男女流涕，童子不歌謠，舂者不相杵。此五羖大夫之德也。今君之見秦王也，因嬖人景監以爲主，非所以爲名也；相秦不以百姓爲事，而大築冀闕，非所以爲功也；刑黥太子之師傅，殘傷民以峻刑，是積怨畜禍也、之效上也捷於令、今君又左建外易，非所以爲教也、君又南面而稱寡人，日繩秦之貴公子。《詩》曰：「相鼠有體，人而無禮；人而無禮，何不遄死？」以《詩》觀之，非所以爲壽也。公子虔杜門不出，已八年矣，君又殺祝懽而黥公孫賈。《詩》曰：「得人者興，失人者崩。」此數事者，非所以得人也。君之出也，後車十數，從車載甲，多力而駢脅者爲驂乘，持矛而操闟戟者，旁車而趨。此

一物不具，君固不出。《書》曰：「恃德者昌，恃力者亡。」君之危若朝露，尚將欲延年益壽乎、則何不歸十五都，灌園於鄙，勸秦王顯巖穴之士，養老存孤，敬父兄，序有功，尊有德，可以少安。君尚將貪商於之富，寵秦國之教，畜百姓之怨。秦王一旦捐賓客而不立朝，秦國之所以收君者，豈其微哉？亡可翹足而待。』商君弗從。

趙良語，乏精采耳。

『短兵相接之法』，於法律家辯難，最爲相宜。此文專用此法，故覺倔强有致。惜後半

韓退之《獲麟解》

麟之爲靈，昭昭也。咏於《詩》，書於《春秋》，雜出於傳記百家之書，雖婦人小子，皆知其爲祥也、。然麟之爲物，不畜於家，不恒有於天下。其爲形也不類，非若馬牛犬豕豺狼麋鹿然。然則雖有麟，不可知其爲麟也。角者吾知其爲牛，鬣者吾知其爲馬，犬豕豺狼麋鹿，吾知其爲犬豕豺狼麋鹿。惟麟也、不可知。不可知，則其謂之不祥也亦宜。雖然，麟之出，必有聖人在乎位，麟

爲聖人出也。聖人者，必知麟、麟之果不爲不祥也、又曰、『麟之所以爲麟者、以德不以形。』若麟之出，不待聖人，則謂之不祥也亦宜。

滿腹牢騷意，加以倔强筆出之，异哉此文之靈也！人亦不能知也、

韓退之《雜說三》

談生之爲《崔山君傳》，稱鶴言者，豈不怪哉！然吾觀於人，其能盡其性而不類於禽獸异物者希矣，將憤世嫉邪？長往而不來者之所爲乎？昔之聖者，其首有若牛者，其形有若蛇者，其喙有若鳥者，其貌有若蒙俱者，彼皆貌似而心不同焉，可謂之非人邪？即有平脅曼膚，顏如渥丹，美而很者，貌則人，其心則禽獸，又惡可謂之人邪？然則觀貌之是非，不若論其心與其行事之可否爲不失也。怪神之事，孔子之徒不言，余將特取其憤世嫉邪而作之，故題之云爾、

《孟子》曰：『人之所以异於禽獸者幾希，庶民去之，君子存之，』《詩》曰：『日之夕

矣，牛羊下來。』今牛羊下來矣、有貌禽而心人者乎、？嗚呼！貌人而心禽、豈不可畏哉！此文發其奧義，可以處世矣。

韓退之《雜説四》[一]

世有伯樂，然後有千里馬。千里馬常有、而伯樂不常有。故雖有名馬，祇辱於奴隸人之手，駢死於槽櫪之間，不以千里稱也。馬之千里者，一食或盡粟一石。食馬者，不知其能千里而食也。是馬也，雖有千里之能，食不飽，力不足，才美不外見，且欲與常馬等不可得，安求其能千里也！策之不以其道，食之不能盡其材，鳴之而不能通其意，執策而臨之曰：『天下無馬！』嗚呼！其真無馬邪？其真不知馬也！

奴隸而欲求千里馬，未可責奴隸也、其心固至善也、惟千里馬而常遇奴隸、伏櫪悲鳴，實爲千古可痛之事耳。居上位者，其愼察之。

〔一〕『韓退之《雜説四》』原作『《雜説四》』。

【光怪離奇法】

適用於敘事比喻之文，理想務須奇特，宜意在言外，忌晦滯。

《莊子・秋水篇》（節錄）

夔憐蚿，蚿憐蛇，蛇憐風，風憐目，目憐心。夔謂蚿曰：『吾以一足，趻踔而行，予無如矣。今子之使萬足，獨奈何？』蚿曰：『不然。子不見夫唾者乎？噴則大者如珠，小者如霧，雜而下者，不可勝數也。今予動吾天機，而不知其所以然。』

蚿謂蛇曰：『吾以眾足行，而不及子之無足，何也？』蛇曰：『夫天機之所動，何可易邪？吾安用足哉！』

蛇謂風曰：『予動吾脊脅而行，則有似也。今子蓬蓬然起於北海，蓬蓬然入於南海，而似無有，何也？』風曰：『然。予蓬蓬然起於北海而入於南海也，然而指我則勝我，鰌我亦勝我。雖

國文經緯貫通大義卷四

然，夫折大木、蜚大屋者，唯我能也，故以衆小不勝爲大勝也。爲大勝者，唯聖人能之。」

此言養氣之道，本於無爲也。朱子《調息箴》曰：『絪縕闔闢，其妙無窮。孰其尸之、

不宰之功。』無爲之謂也。老子《道德經》曰：『專氣致柔，能嬰兒乎、？』若計較於小勝大

勝之間，已落第二乘矣、。

《莊子·徐無鬼篇》（節錄）

有暖姝者，有濡需者，有卷婁者。所謂暖姝者、學一先生之言，則暖暖姝姝而私自說也，自以爲足矣，而未知未始有物也，是以謂暖姝者也。濡需者，豕蝨是也。擇疏鬣，自以爲廣宮大囿；奎蹄曲隈，乳間股脚，自以爲安室利處；不知屠者之一旦鼓臂布草操烟火，而已與豕俱焦也。此以域進，此以域退，此其所謂濡需者也。卷婁者，舜也。羊肉不慕蟻，蟻慕羊肉，羊肉羶也。舜有羶行，百姓說之，故三徙成都，至鄧之虛而十有萬家。堯聞舜之賢，舉之童土之地，曰冀得其來之澤。舜舉乎童土之地，年齒長矣，聰明衰矣，而不得休歸，所謂卷婁者也。是以神人惡衆至、，衆至

則不比，不比則不利也。故無所甚親，無所甚疏，抱德煬和，以順天下，此謂真人。

道家用功之要，墮肢體，窒聰明，離形去知，同於大通，則真人是矣。若三者之中，『以

域進』『以域退』，處危險之地，而猶沾沾自得，豕虱爲尤可憐已。

韓退之《送窮文》

元和六年正月乙丑晦，主人使奴星結柳作車、縛草爲船，載糗輿粻，牛繫軛下，引帆上檣、

揖窮鬼而告之曰：『聞子行有日矣，鄙人不敢問所塗，竊具船與車，備載糗粻，日吉時良，利行四

方，子飯一盂，子啜一觴，攜朋挈儔，去故就新，駕塵彍風，與電爭先。子無底滯之尤，我有資送之

恩，子等有意於行乎？』屏息潛聽，如聞音聲，若嘯若啼，奄嗷嘤嘤，毛髮盡豎，竦肩縮頸，疑有而

無，久乃可明。

若有言者曰：『吾與子居，四十年餘，子在孩提，吾不子愚。子學子耕，求官與名、惟子是

從，不變於初。門神戶靈，我叱我呵，包羞詭隨，志不在他。子遷南荒，熱爍濕蒸，我非其鄉，百

鬼欺陵。太學四年，朝齏暮鹽，惟我保汝，人皆汝嫌。自初及終，未始背汝，心無異謀，口絕行語、

於何聽聞，云我當去？是必夫子信讒，有間於予也。我鬼非人，安用車船？鼻齅臭香，糗粮可捐。

單獨一身，誰爲朋儔，子苟備知，可數已不？子能盡言，可謂聖智，情狀既露，敢不迴避？」

主人應之曰：『子以吾爲真不知也邪！子之朋儔，非六非四，在十去五，滿七除二。各有主

張，私立名字，掉手覆羹，轉喉觸諱。凡所以使吾面目可憎、語言無味者，皆子之志也。其名曰

智窮：矯矯亢亢，惡圓喜方，羞爲姦欺，不忍害傷；其次名曰學窮：傲數與名，摘抉杳微，高揭群

言，執神之機；又其次曰文窮：不專一能，怪怪奇奇，不可時施，秖以自嬉；又其次曰命窮：影

與形殊，面醜心妍，利居衆後，責在人先；又其次曰交窮：磨肌戞骨，吐出心肝，企足以待，置我

讎冤。凡此五鬼，爲吾五患，飢我寒我、興訛造訕，能使我迷、人莫能問。朝悔其行，暮已復然、蠅

營狗苟，驅去復還。』

言未畢，五鬼相與張眼吐舌，跳踉偃仆，抵掌頓脚，失笑相顧。徐謂主人曰：『子知我名，凡

我所爲，驅我令去，小黠大癡。人生一世，其久幾何，吾立子名，百世不磨。小人君子，其心不同，

惟乖於時，乃與天通。攜持琬琰，易一羊皮，飫於肥甘，慕彼糠糜。天下知子，誰過於余？雖遭斥逐，不忍子疏，謂予不信，請質《詩》《書》。』

主人於是垂頭喪氣，上手稱謝，燒車與船，延之上座。

○張文潛曰：『公《送窮文》蓋出子雲《逐貧賦》，然文采過《逐貧》矣。』余謂此文所以勝《逐貧》者，惟其驅使富，點綴奇也。使文人而果得上五鬼相隨，何患不傳？

因逐貧而托爲鬼詞，因鬼詞而思出五鬼，因五鬼而思出送鬼，因送鬼而思出五鬼之不肯去。自悲而加自負，筆如龍蛇捉不住，可謂神矣、

柳子厚《乞巧文》

柳子夜歸自外，庭有設祠者，餐餌馨香，蔬果交羅、插竹垂綏，剖瓜犬牙，且拜且祈。怪而問焉、

女隸進曰：『今茲秋孟七夕，天女之孫將嬪於河鼓。邀而祠者，幸而與之巧，驅去塞拙，手目開利，組紃縫製，將無滯於心焉。爲是禱也。』

柳子曰：『苟然歟？吾亦有所大拙，倘可因是以求去之。』乃纓弁束袵，促武縮氣、旁趨曲

折、傴僂將事，再拜稽首，稱臣而進曰：『下土之臣，竊聞天孫，專巧於天，鞿轄璇璣，經緯星辰，

能成文章，黼黻帝躬，以臨下民。欽聖靈、仰光耀之日久矣。今聞天孫不樂其獨，得貞卜於元龜，

將蹈石梁、欵天津、儷於神夫，於漢之濱。兩旗開張，中星耀芒。靈氣翕歘，茲辰之良。幸而弭

節、薄游民間、臨臣之庭，曲聽臣言：臣有大拙，智所不化，醫所不攻，威不能遷，寬不能容。乾

坤之量，包含海岳，臣身甚微，無所投足。蟻適於垤，蝸休於殼。龜黿螺蜄，皆有所伏。臣物之

靈，進退惟辱，仿佯爲狂，局束爲諂，吁吁爲詐，坦坦爲忝。他人有身，動必得宜，周旋獲笑，顛倒

逢嘻。己所尊眤，人或怒之。變情徇勢，射利抵巇。中心甚憎，爲彼所奇。忍仇佯喜，悅譽遷隨。

胡執臣心，常使不移？反人是己，曾不惕疑。貶名絕命，不負所知、扸嘲似傲，貴者啓齒。臣旁

震驚，彼且不恥。叩稽匍匐，言語譸詭。令臣縮恧，彼則大喜。臣若效之，嗔怒叢己。彼誠大巧，

臣拙無比。王侯之門，狂吠狴犴。臣到百步，喉喘顛汗，睢旴逆走，魄遁神叛。欣欣巧夫，徐入縱

誕，毛群掉尾，百怒一散。世途昏險，擬步如漆，左低右昂，鬪冒衝突。鬼神恐悸，聖智危慄。泯

焉直透，所至如一、是獨何工，縱橫不恤。非天所假，彼智焉出？獨齒於臣、恒使玷黜。沓沓騫騫，恣口所言。迎知喜惡，默測憎憐。搖脣一發，徑中心原。膠加鉗夾，誓死無遷。探心扼膽、踊躍拘牽。彼雖佯退，胡可得瘉！獨結臣舌，喑抑銜冤。擎眥流血，一辭莫宣。胡為賦授，有此奇偏？眩耀為文，瑣碎排偶，抽黃對白，唪哼飛走。駢四儷六，錦心繡口，宮沈羽振，笙簧觸手。觀者舞悅，誇談雷吼。獨溺臣心，使甘老醜。嚚昏莽鹵，樸鈍枯朽。不期一時，以俟悠久、旁羅萬金，不鬻弊帚。跪呈豪杰，投棄不有。眉矉頞蹙，喙唾胸歐。大赧而歸，填恨低首。天孫司巧，而窮臣若是，卒不余畀，獨何酷歟？敢願聖靈悔禍，矜臣獨艱。付與姿媚，易臣頑顏。鑿臣方心，規以大圓。拔去吶舌，納以工言。文詞婉軟，步武輕便。齒牙饒美，眉睫增妍。突梯卷臠，為世所賢。公侯卿士，五步十連，彼獨何人，長享終天！』

言訖，又再拜稽首，俯伏以俟。至夜半，不得命，疲極而睡、見有青袖朱裳，手持絳節而來告曰：『天孫告汝，汝詞良苦，凡汝之言，吾所極知。汝擇而行，嫉彼不為。汝之所欲，汝自可期、胡不為之，而誑我為？汝唯知恥，諂貌淫辭，寧辱不貴，自適其宜。中心已定，胡妄而祈？堅汝之

心，密汝所持，得之爲大，失不污卑。凡吾所有，不敢汝施。致命而昇、汝慎勿疑。」

嗚呼！天之所命，不可中革，泣拜欣受，初悲後懌。抱拙終身，以死誰惕！

與《送窮文》同工異曲，才氣縱橫，神光燦爛，天孫爲織雲錦裳矣！使宋以後人爲之，恐不能到此。

唐蔚芝《説龍》

自太極既判，馮翼肇分，烟烟熅熅，庶類混成。大瀛海環其外，裨海環其中，驚流驪碭，汭溿無窮。望洋向若，不知西東。中有靈物，厥名曰龍、時則宓羲當陽，蹤遠記迹。龍爰負圖以獻、通神明，類萬物，而八卦以成。肇造文字，龍爲功臣。太皞氏嘉乃丕績，以龍紀官，故爲龍師而龍名。虞、夏禪代，鴻水湯湯，下民昏墊，已溺斯傷。龍乃奮翼，周歷河海，大禹因之，曳衝并匦。當殷之際，首陽有仁人，雲龍相從，得名益彰，而龍見於西山。孔子見老聃，問禮訪道，驚怖其言，不能知其乘風雲而上天、而龍再見於函谷之關。

當是時，葉公頗好龍，遣客鈎致、將以豢之、龍曰：『庸子不足與共事。』立謝客。驪驦慕其

名、莫能見、為文以雕畫之、終不得其真焉。秦有祖龍，燔燒《詩》《書》，毒痛四海、龍乃嘆曰：

『嗟乎！世有冒我名以儳儒士者乎！』遂蟄伏不出。時有譚封禪者，或謏之曰黃龍，或頌之曰青

龍、蒼龍，以推五德終始之運。而劉季者故武人，以貌隆準，謬附於龍種，與叙譜牒。龍惡其溷，

韜晦惟恐不深。東漢之季，龍益高臥。是後樓船駕櫓，舟師大興，伏波騰沸，龍更厭棄世俗，或潛

於地中海、太平洋中。不意祖沖之千里船又至、蛬霧橫飛，驚霆震空，神州赤縣，幾莫能容。龍遂

訪北溟之鯤，天池之鵬，將偕隱於太空。一出一入，泛濫鴻濛，一鱗一爪，靡閴其踪。而世之耳

食者，遂謂三代以上有龍，三代以下無龍；中國以內有龍，中國以外無龍。

　君子曰：時之為義大矣哉！天降時雨，山川出雲，維嶽降神，生甫及申。有開必先，品物流

形，本天本地、各以其親。聖君賢相，六位時成，而龍於是乎見焉。其見也時也，龍無容心也。不

幸而時丁否塞，宇宙晦盲，茫茫大地，知我無人。觀雷觀火，為益為盈。尺蠖之屈，利用安身，而

龍於是乎隱焉。其隱也時也，龍無容心也。因其見而世知之，因其隱而世莫知之。知之而以為

有，莫知之而以爲無者，亦時也。而龍無容心也。世無可易，則不易乎世；名無可成，則不成乎名。若歲大旱而霖雨終弗施者，憂則違之，確乎其不可拔，是龍之德也，非龍之悖時也，而龍無容心也。同心之言，則同類相求；重明麗正，則同明相照。世有聖人，首出庶物。黃河倏清，陰陽不測。遂躡雲梯，橫奮八極，不崇朝而萬彙被其閭澤者，亦龍之德也，非龍之趨時也，而龍無容心也。《易》曰：『終日乾乾，與時偕行。』又曰：『先天而天弗違、後天而奉天時。』龍乎龍乎！其知時乎？時之爲義大矣哉！

【倒捲珠簾法】

適用於敘事說理之文，宜綫索分明，忌凌雜無序。

發心思，增壯才氣、

此文自謂仿《毛穎傳》、而不能逮其古雅；後半篇乃自負之意、初學讀之，却可以開

《左傳·晏平仲論踊貴屨賤》（昭公三年）

齊侯使晏嬰請繼室於晉，曰：「寡君使嬰曰：『寡人願事君，朝夕不倦，將奉質幣，以無失

時，則國家多難，是以不獲。不腆先君之適，以備內官，焜燿寡人之望，則又無祿，早世隕命，寡人

失望。君若不忘先君之好，惠顧齊國，辱收寡人，徼福於太公、丁公，照臨敝邑，鎮撫其社稷，則猶

有先君之適及遺姑姊妹若而人。君若不棄敝邑，而辱使董振擇之，以備嬪嬙，寡人之望也。』」

韓宣子使叔向對曰、『寡君之願也。寡君不能獨任其社稷之事，未有伉儷，在縗絰之中，是

以未敢請。君有辱命，惠莫大焉。若惠顧敝邑，撫有晉國，賜之內主，豈唯寡君，舉群臣實受其

貺。其自唐叔以下，實寵嘉之。』」

既成昏，晏子受禮，叔向從之宴，相與語。叔向曰：『齊其何如？』晏子曰：『此季世也，吾

弗知。齊其為陳氏矣！公棄其民，而歸於陳氏。齊舊四量，豆、區、釜、鍾。四升為豆，各自其四、

以登於釜。釜十則鍾。陳氏三量，皆登一焉，鍾乃大矣。以家量貸，而以公量收之。山木如市，

弗加於山；魚鹽蜃蛤，弗加於海。民參其力，二入於公，而衣食其一。公聚朽蠹，而三老凍餒。

國之諸市、屨賤踊貴。民人痛疾、而或燠休之。其愛之如父母、而歸之如流水。欲無獲民、將焉

辟之?箕伯、直柄、虞遂、伯戲、其相胡公、大姬、已在齊矣。』

叔向曰:『然。雖吾公室、今亦季世也。戎馬不駕、卿無軍行、公乘無人、卒列無長。庶民

罷敝、而宮室滋侈。道殣相望、而女富溢尤。民聞公命、如逃寇讎。欒、郤、胥、原、狐、續、慶、伯、

降在皁隸。政在家門、民無所依。君日不悛、以樂慆憂。公室之卑、其何日之有?讒鼎之銘曰:

『昧旦丕顯、後世猶怠。』況日不悛、其能久乎、』

晏子曰:『子將若何?』叔向曰:『晉之公族盡矣。肸聞之、公室將卑、其宗族枝葉先落、則

公從之。肸之宗十一族、唯羊舌氏在而已、肸又無子。公室無度、幸而得死、豈其獲祀?』

初、景公欲更晏子之宅、曰:『子之宅近市、湫隘囂塵、不可以居、請更諸爽塏者。』辭曰:

『君之先臣容焉、臣不足以嗣之、於臣侈矣。且小人近市、朝夕得所求、小人之利也。敢煩里旅?』

公笑曰:『子近市、識貴賤乎?』對曰:『既利之、敢不識乎?』公曰:『何貴何賤?』於是景公繁

於刑、有鬻踊者、故對曰:『踊貴屨賤。』既已告於君、故與叔向語而稱之。景公為是省於刑。君

子曰：『仁人之言，其利博哉。晏子一言，而齊侯省刑。《詩》曰：「君子如祉，亂庶遄已。」其是之謂乎？』

及晏子如晉，公更其宅，反，則成矣。既拜，乃毀之，而爲里室，皆如其舊，則使宅人反之。

『且諺曰：「非宅是卜，唯鄰是卜。」二三子先卜鄰矣，違卜不祥。君子不犯非禮，小人不犯不祥，古之制也。吾敢違諸乎？』卒復其舊宅。公弗許。因陳桓子以請，乃許之。

此文因平仲、叔向論齊、晋皆季世，而先以婚姻之事爲辭，此『倒捲法』也。平仲與景公論『踊貴屨賤』，當叙在前，乃與叔向先言之，而追叙更宅之事，此『倒捲法』也。及平仲自晋反，乃又叙更宅之事，則又賓中之賓也。至賓中之主，則論『踊貴屨賤』而已。悟得此法，則無論倒捲、斜捲，參差錯落，皆成至文。

○起處何等堂皇，中後何等衰颯、中間言民歸陳氏，末即以陳桓子作結，見其勢力之大。讀之曷勝慨然。

韓退之《送高閑上人序》

苟可以寓其巧智，使機應於心，不挫於氣，則神完而守固，雖外物至，不膠於心。堯、舜、禹、湯治天下，養叔治射，庖丁治牛，師曠治音聲，扁鵲治病，僚之於丸，秋之於弈，伯倫之於酒，樂之終身不厭，奚暇外慕？夫外慕徙業者，皆不造其堂，不嚌其胾者也。

往時張旭善草書，不治他伎。喜怒窘窮、憂悲愉佚、怨恨思慕、酣醉無聊不平、有動於心，必於草書焉發之。觀於物，見山水崖谷、鳥獸蟲魚、草木之花實、日月列星、風雨水火、雷霆霹靂、歌舞戰鬥，天地事物之變，可喜可愕，一寓於書。故旭之書，變動猶鬼神，不可端倪，以此終其身而名後世。

今閑之於草書，有旭之心哉？不得其心，而逐其迹，未見其能旭也。爲旭有道，利害必明、無遺錙銖，情炎於中，利欲鬥進，有得有喪，勃然不釋，然後一決於書，而後旭可幾也。今閑師浮圖氏，一死生，解外膠。是其爲心，必泊然無所起；其於世，必淡然無所嗜。泊與淡相遭，頹墮委靡，潰敗不可收拾。則其於書，得無象之然乎？然吾聞浮屠人善幻，多技能，閑如通其術，則吾不

能知矣。

此文以常人爲之，必先敘高閑喜草書、再敘其近於張旭、再勉其不外慕徒業、然後能神完而守固。乃退之以倒捲珠簾法行之，先言神完守固，次言不外慕徒業、次入張旭、次入高閑之草書不如旭，文便處處得力，而勉勵高閑之意，自在言外，亦可謂神品矣。至其氣之蒼茫突兀、凌厲無前，猶爲餘事。

唐蔚芝《大孝終身慕父母義》

慕，愛情也。愛情之發，不衷於性，則有流蕩忘返而不止者、吾得而推慕之情，致慕之紛……慕少艾、慕妻子、慕君、慕禄位、慕壽富；貪夫慕財，烈士慕名，農家慕收，商家慕賄、鷄鳴而起、日入而息、憧憧往來，朋從爾思，日奔聘於嗜欲之中、天性汩濔而無所復存、夫是之謂『雜慕』。於是有矯雜慕之害者，以爲天者人始，父母者人本。禮義作則、荄乎天真；教育萌柢，肇於家庭。繇是敷《曲禮》之訓，循《内則》之文，櫛縰笄總，搢笏端紳，曰如有慕也。庸詎知后王命

冢宰，降德於衆兆民者，皆基於至誠而不系乎繁文、

則將率天下以爲僞，戕賊人性以爲仁義。 夫是之謂『浮慕』。

於是有矯浮慕之弊者，以爲『能』貴返乎不學，『知』宜探乎不慮，收視返聽，吾性吾情、軒豁

呈露。 是故有深愛者，必有和氣；有和氣者，必有愉色；有愉色者，必有婉容。 吾心知有愛，而

慕生焉。 嚴威儼恪，語必以時；或先或後，兢兢扶持。 吾心知有敬，而慕生焉。 顧往往不能持

之以恒，譬諸爲電爲火，成俄頃之光明。 舉凡天下之形形色色，口之於味，耳之於聲，鼻之於臭

四肢之於安佚，皆足以移吾慕父母之心。 幼而粹然，長而昧焉；人而壯然，出而忘焉。 有俶而靡

終，父母縱諒之乎，將何所倚賴以永其天年？ 夫是之謂『無恒之慕』。

君子於是返之於初。 元氣起於子，襄姙於巳，懵焉無所知也。 及夫墜地呱呱，是聲胥五洲而

皆同。 故夫東海、北海、西海、南海，此心此理，放而皆準。 形既生焉，神發知焉，五性森然而覺生

焉，而感生焉。 拊我畜我，長我育我，顧我復我。 當其拊畜、長育、顧復之時，其慕不自知也。 倏

而煦嫗我，條而緣督我，俄而鞭笞我，俄而誥誡我，當其煦嫗、緣督、鞭笞、誥誡之時，其慕莫能名

也、夫是之謂『赤子之慕』。

君子於是繼之以學。十年出就外傅，居宿於外，此始離父母之時也、而慕未嘗漓也。十有三

年，成童舞勺，二十而學禮，三十而博學無方，四十而方物，出謀發慮，五十而服官政，離父母日遠

矣。然而方其處也，固慕父母之時也；及其出也，尤慕父母之時也。思慮之萌，依依於几杖也；

夢魂之越，戀戀於庭闈也。恍兮如見吾親也，醒兮感極而涕零也。怵天時之寒燠而謀所適也、審

人事之變遷而擇所安也。念生活之艱劬，奉養之或缺，而知吾親之憂思而莫殫也。夫是之謂『中

年之慕』。

君子於是要之以終。服美不安、聞樂不樂，食旨不甘，三年之慕，無待言已。至於『霜露既

降，履之必有凄愴之心』，此凄愴之心何心也？『雨露既濡，履之必有怵惕之心』，此怵惕之心何

心也？『齋之日，思其居處，思其笑語，思其志意，思其所樂所嗜。』人生而得天幸，當呱於其逮存

之日思之。若既不幸矣，充其視於無形，聽於無聲之心，直無往而不見吾父母。色不忘乎目，聲

不絕乎耳，心志嗜欲不忘乎心。愛愨著存，松楸瞻拜，恒有涕泣而不自已者，此又何心也？夫是。

之謂『終身之慕』。

　有子與子游立，見孺子慕者。有子曰：『情在於斯，其是也夫？』子游曰：『人喜則斯陶、陶斯咏、咏斯猶、猶斯舞、舞斯慍、慍斯戚、戚斯嘆、嘆斯辟、辟斯踊矣。』品節斯，斯之謂禮。蓋孺子之心，發現乎踊，其慕父母也以踊始，故生人之事父母也以踊終。以踊始者愛也、以踊終者，愛盡而不能復從，於是爲極哀。而其自少至老，層累曲折之數，則皆隨良心之消長以爲轉移。故夫慕者，孺子之心也。聖人因孺子之心以制爲禮，使天下皆生慕父母之心。而其盡一己之良心，必先提撕警覺以存之。譬諸父母喜而吾喜焉，父母憂而吾憂焉，得一衣而先父母焉、得一食而先父母焉。此至微至細之慕思，而聖人常兢兢於此者，蓋以教孝之大源，務嚴誠僞之辨。惟因至誠之發，而察識之、而擴充之。推恩不匱，錫類以至於無窮，庶俾天下人子，咸有以遂其慕父母之情，而致其慕父母之實。夫子曰：『先王有至德要道以順天下。』意在斯乎、夫是之謂『大孝終身慕父母』。

先釋『慕』字，次釋慕父母、次釋終身慕父母、次釋大孝終身慕父母，此謂『倒捲珠簾法』。然必須縱橫變化，意義不窮，乃佳。若呆滯不靈，則索然無味矣。

○此題余共有三篇，刊入《孝經大義》中，惟本法則僅有一篇，宜參考之。

○本法最宜於說經。譬如《周易》『君子以思，不出其位』論，宜先釋『位』字，次釋出其位，次釋不出其位。然如何能不出其位，要在有以深思之；如何能思不出其位，要用《艮・象》以定之，故曰『君子以思，不出其位』。又如《孟子『不嗜殺人者能一之』論》，當先言天下宜統一；次言求統一者不知仁義，乃事殺人；次言殺人日多，乃嗜殺人；次言惟仁人君子，能不嗜殺人；然不嗜殺人，要非徒托空言，必須實有不忍人之政，故曰『不嗜殺人者能一之』。如此逐層詮釋，更以大氣包舉之，行文方能得勢。

【布局神化法】

適用於紀人敘事之文，惟天資穎悟，方克臻此；至學力精深熟極，則亦能為之。

《史記・伯夷列傳》

夫學者載籍極博，猶考信於六藝。《詩》《書》雖缺，然虞、夏之文可知也。堯將遜位、讓於虞舜、舜、禹之間，岳牧咸薦，乃試之於位，典職數十年，功用既興，然後授政。示天下重器，王者大統，傳天下若斯之難也。而說者曰：『堯讓天下於許由，許由不受，恥之逃隱。及夏之時，有卞隨、務光者、』此何以稱焉？太史公曰：『余登箕山，其上蓋有許由冢云。』

孔子序列古之仁聖賢人，如吳太伯、伯夷之倫，詳矣。余以所聞由、光義至高，其文辭不少概見，何哉？孔子曰：『伯夷、叔齊，不念舊惡，怨是用希。』『求仁得仁，又何怨乎？』余悲伯夷之意，睹軼詩可異焉。其傳曰：『伯夷、叔齊，孤竹君之二子也。父欲立叔齊。及父卒，叔齊讓伯夷。伯夷曰：『父命也。』遂逃去。叔齊亦不肯立而逃之。國人立其中子，於是伯夷、叔齊聞西伯昌善養老，盍往歸焉。及至，西伯卒，武王載木主，號爲文王，東伐紂、伯夷、叔齊叩馬而諫曰：『父死不葬，爰及干戈，可謂孝乎？以臣弒君，可謂仁乎？』左右欲兵之。太公曰：『此義人也。』扶而去之。武王已平殷亂，天下宗周，而伯夷、叔齊恥之，義不食周粟，隱於首陽山，采薇而

食之。及餓且死、作歌、其辭曰:「登彼西山兮、采其薇矣。以暴易暴兮、不知其非矣、神農、虞、

夏、忽焉沒兮、我安適歸矣？于嗟徂兮！命之衰矣。」遂餓死於首陽山。」由此觀之、怨邪非邪？

或曰:「天道無親、常與善人。」若伯夷、叔齊、可謂善人者非邪？積仁絜行如此而餓死。且

七十子之徒、仲尼獨薦顏淵為好學。然回也屢空、糟糠不厭、而卒蚤夭。天之報施善人、其何如

哉？盜跖日殺不辜、肝人之肉、暴戾恣睢、聚黨數千人、橫行天下、竟以壽終、是遵何德哉？此其

尤大彰明較著者也。若至近世、操行不軌、專犯忌諱、而終身逸樂富厚、累世不絕。或擇地而蹈

之、時然後出言、行不由徑、非公正不發憤、而遇禍災者、不可勝數也。余甚惑焉！儻所謂天道、

是邪非邪？子曰:「道不同、不相為謀。」亦各從其志也。故曰:「富貴如可求、雖執鞭之士、吾

亦為之。如不可求、從吾所好。」「歲寒然後知松柏之後凋、」舉世混濁、清士乃見。豈以其重若

彼、其輕若此哉？「君子疾沒世而名不稱焉」。

賈子曰:「貪夫徇財、烈士徇名、夸者死權、眾庶馮生。」「同明相照、同類相求。」「雲從龍、風

從虎、聖人作而萬物睹。」伯夷、叔齊雖賢、得夫子而名益彰；顏淵雖篤學、附驥尾而行益顯。巖

穴之士，趣舍有時若此，類名堙滅而不稱。悲夫！閭巷之人，欲砥行立名者，非附青雲之士，惡能施于後世哉！

此文劉海峰先生以爲神奇，以其所叙，多不倫不類也。然以余觀之，并無奇奧之處，其命意不過尊孔而已，特揭明如下。

〇一起『夫學者』四句，因係列傳第一篇，故爲此大排場、固屬全篇總冒，實全書中之綫索、『堯將遜位』以下，引起『讓』字。至『傳天下若斯之難也』一重頓，而『説者曰』以下『推開法』，惜許由、務光不得孔子之品題。『太史公曰』三句，歸震川先生特賞之，見許由確有其人，何以不爲孔子所表章？其神光直射到末段。

〇『孔子序列』一段『提筆法』，醒出命意。以吳泰伯并提者、泰伯居世家之首、爲第一人；伯夷居列傳之首，亦爲第一人；皆以讓國傳者也、由此觀之，『怨邪非邪』『宕筆法』。

○『或曰』以下，亦『推開法』，而尊孔意益見。獨引顏淵者，以孔子屢贊顏子也、夷、跖并稱者，古書之例皆然，玩《孟子》《莊子》可見。雜引《論語》成句，皆尊孔意，非不倫不類也。

○『子曰：道不同，不相爲謀』一段，用『提筆法』，潛氣內轉，至『君子疾沒世而名不稱焉』，即用孔子之言揭出一『名』字，何等有力。

○『賈子曰』以下，言士欲得名，必經孔子品題，皆尊孔意。『巖穴之士』以下，慨山林隱逸之士，未經孔子品題，因致湮沒不彰，深可痛惜。結處如神龍掉尾，神光直迴抱『許由、務光』一段，感嘆無窮。此爲天地間至文，然并無奇奧之旨也。

○後世史書所以不及子長者，不獨格局板滯，蓋後人不過於本人本事敘述明白，而子長則於傳外別有命意，如此作是也。

《史記·孟子荀卿列傳》(節錄)

太史公曰：余讀孟子書，至梁惠王問『何以利吾國』，未嘗不廢書而嘆也。曰：嗟乎！利誠亂之始也。夫子罕言利者，常防其原也。故曰『放於利而行，多怨』。自天子至於庶人，好利之弊，何以異哉！

孟軻，鄒人也。受業子思之門人、道既通，游事齊宣王，宣王不能用、適梁，梁惠王不果所言，則見以爲迂遠而闊於事情。當是之時，秦用商君，富國强兵；楚、魏用吳起，戰勝弱敵；齊威王、宣王用孫子、田忌之徒，而諸侯東面朝齊。天下方務於合從連衡，以攻伐爲賢，而孟軻乃述唐、虞、三代之德，是以所如者不合。退而與萬章之徒，序《詩》《書》，述仲尼之意，作《孟子》七篇。

其後有騶子之屬。齊有三騶子。其前騶忌，以鼓琴干威王，因及國政，封爲成侯，而受相印，先孟子。其次騶衍，後孟子。騶衍睹有國者益淫侈，不能尚德，若《大雅》整之於身，施及黎庶矣。乃深觀陰陽消息，而作怪迂之變，《終始》《大聖》之篇，十餘萬言。其語閎大不經，必先驗小

、推而大之，至於無垠。先序今，以上至黃帝，學者所共術、大并世盛衰，因載其禨祥度制、推而遠之，至天地未生，窈冥不可考而原也。先列中國名山大川通谷禽獸，水土所殖，物類所珍，因而推之，及海外人之所不能睹。稱引天地剖判以來，五德轉移，治各有宜，而符應若茲。以爲儒者所謂中國者，於天下乃八十一分居其一分耳。中國名曰赤縣神州。赤縣神州內，自有九州，禹之序九州是也，不得爲州數。中國外如赤縣神州者九，乃所謂九州也。於是有裨海環之，人民禽獸，莫能相通者，如一區中者，乃爲一州。如此者九，乃有大瀛海環其外，天地之際焉、其術皆此類也。然要其歸，必止乎仁義節儉，君臣上下六親之施，始也濫耳。王公大人，初見其術，懼然顧化，其後不能行之。是以騶子重於齊。適梁，梁惠王郊迎，執賓主之禮。適趙，平原君側行襒席。如燕，昭王擁彗先驅，請列弟子之座而受業，築碣石宮，身親往師之。作《主運》。其游諸侯，見尊禮如此，豈與仲尼菜色陳、蔡，孟軻困於齊、梁同乎哉！故武王以仁義伐紂而王，伯夷餓不食周粟；；衞靈公問陳而孔子不答；；梁惠王謀欲攻趙，孟軻稱太王去邠。此豈有意阿世俗苟合而已哉。持方枘，欲內圜鑿，其能入乎？或曰：『伊尹負鼎而勉湯以王，百里奚飯牛車下而繆公用

國文經緯貫通大義

二三〇

霸，作先合，然後引之大道。騶衍其言雖不軌，儻亦有牛鼎之意乎？自騶衍與齊之稷下先生，如淳于髡、慎到、環淵、接子、田駢、騶奭之徒，各著書言治亂之事，以干世主，豈可勝道哉！」

此傳更爲奇特，叙孟子事不過數行，其後不齒爲鄒衍作傳，何也？蓋天人古今之消息，俱於此傳矣。『大九州』發現後，天下方務於合從連橫，以攻伐爲賢，爭奪相殺，遂無已時。故必以仁義道德救之，子長之特識也、原也」，嗚呼！非好學深思，心知其意者，烏能見及此耶？龍門而後，誰能道其隻字？

○『先驗小物，推而大之，至於無垠』，此即物理學也。數千年後讀此傳，乃更覺有味。

○以孟子、荀卿作主，中包無數游説家，固屬奇文，益徵高識。

《史記·屈原賈生列傳》(節錄)

屈原者，名平，楚之同姓也。爲楚懷王左徒。博聞強志，明於治亂，嫺於辭令、入則與王圖議國事，以出號令；出則接遇賓客，應對諸侯。王甚任之。上官大夫與之同列，爭寵而心害其

能。懷王使屈原造爲憲令，屈平屬草藁未定、、上官大夫見而欲奪之，屈平不與，因讒之曰、、『王使屈平爲令，衆莫不知，每一令出，平伐其功，曰：以爲「非我莫能爲也」』。王怒而疏屈平。、、、、

屈平疾王聽之不聰也，讒諂之蔽明也，邪曲之害公也，方正之不容也，故憂愁幽思而作《離騷》。離騷者，猶離憂也。夫天者人之始也，父母者人之本也。人窮則反本，故勞苦倦極，未嘗不呼天也；疾痛慘怛，未嘗不呼父母也。屈平正道直行，竭忠盡智以事其君，讒人間之，可謂窮矣。信而見疑，忠而被謗，能無怨乎？屈平之作《離騷》，蓋自怨生也。《國風》好色而不淫，《小雅》怨誹而不亂。若《離騷》者，可謂兼之矣。上稱帝嚳，下道齊桓，中述湯武，以刺世事。明道德之廣崇，治亂之條貫，靡不畢見。其文約，其辭微，其志潔，其行廉。其稱文小而其指極大，舉類邇而見義遠。其志潔，故其稱物芳；其行廉，故死而不容自疏。濯淖污泥之中，蟬蛻於濁穢，以浮游塵埃之外，不獲世之滋垢，皭然泥而不滓者也。推此志也，雖與日月爭光可也。

屈平既絀，其後秦欲伐齊。齊與楚從親，惠王患之，乃令張儀詳去秦，厚幣委質事楚，曰：『秦甚憎齊，齊與楚從親，楚誠能絶齊，秦願獻商於之地六百里。』楚懷王貪而信張儀，遂絶齊，使

使如秦受地。張儀詐之曰：『儀與王約六里，不聞六百里。』楚使怒去，歸告懷王。懷王怒，大興師伐秦。秦發兵擊之，大破楚師於丹、淅，斬首八萬，虜楚將屈匄，遂取楚之漢中地、懷王乃悉發國中兵，以深入擊秦，戰於藍田。魏聞之，襲楚至鄧。楚兵懼，自秦歸。而齊竟怒不救楚，楚大困。明年，秦割漢中地與楚以和。楚王曰：『不願得地，願得張儀而甘心焉、』張儀聞，乃曰：

『以一儀而當漢中地，臣請往如楚。』如楚，又因厚幣用事者臣靳尚，而設詭辯於懷王之寵姬鄭袖、懷王竟聽鄭袖，復釋去張儀、是時屈平既疏，不復在位，使於齊，顧反，諫懷王曰：『何不殺張儀？』懷王悔，追張儀不及。其後諸侯共擊楚，大破之，殺其將唐眛。時秦昭王與楚婚，欲與懷王會。懷王欲行，屈平曰：『秦虎狼之國，不可信，不如無行。』懷王稚子子蘭勸王行：『奈何絕秦歡？』懷王卒行。入武關，秦伏兵絕其後，因留懷王以求割地、懷王怒不聽。亡走趙，趙不內、復之秦，竟死於秦而歸葬。長子頃襄王立，以其弟子蘭為令尹。

楚人既咎子蘭以勸懷王入秦而不反也。屈平既嫉之，雖放流睠顧楚國，繫心懷王，不忘欲反，冀幸君之一悟，俗之一改也。其存君興國而欲反覆之，一篇之中，三致意焉。然終無可奈何，

故不可以反，卒以此見懷王之終不悟也。人君無愚智賢不肖，莫不欲求忠以自爲，舉賢以自佐，然亡國破家相隨屬，而聖君治國，累世而不見者，其所謂忠者不忠，而所謂賢者不賢也。懷王以不知忠臣之分，故內惑於鄭袖，外欺於張儀，疏屈平而信上官大夫、令尹子蘭。兵挫地削，亡其六郡，身客死於秦，爲天下笑。此不知人之禍也。《易》曰：『井渫不食，爲我心惻，可以汲。王明，并受其福。』王之不明，豈足福哉？

令尹子蘭聞之，大怒，卒使上官大夫短屈原於頃襄王，頃襄王怒而遷之。屈原至於江濱，被髮行吟澤畔。顏色憔悴，形容枯槁。漁父見而問之曰：『子非三閭大夫歟？何故而至此？』屈原曰：『舉世混濁而我獨清，眾人皆醉而我獨醒，是以見放。』漁父曰：『夫聖人者，不凝滯於物，而能與世推移。舉世混濁，何不隨其流而揚其波？眾人皆醉，何不餔其糟而啜其醨？何故懷瑾握瑜，而自令見放爲？』屈原曰：『吾聞之，新沐者必彈冠，新浴者必振衣，人又誰能以身之察察，受物之汶汶者乎？寧赴常流而葬乎江魚腹中耳，又安能以皓皓之白而蒙世之溫蠖乎？』乃作《懷沙》之賦。於是懷石，遂自投汨羅以死。屈原既死之後，楚有宋玉、唐勒、景差之徒者，皆好

辭而以賦見稱，然皆祖屈原之從容辭令，終莫敢直諫。其後楚日以削，數十年，竟為秦所滅。自屈原沈汨羅後，百有餘年，漢有賈生，為長沙王太傅，過湘水，投書以弔屈原。

太史公曰：余讀《離騷》《天問》《招魂》《哀郢》，悲其志。適長沙，觀屈原所自沈淵，未嘗不垂涕，想見其為人。及見賈生弔之，又怪屈原以彼其材，游諸侯，何國不容，而自令若是。讀《鵩鳥賦》，同死生，輕去就，又爽然自失矣。

三國以下史書、所以不及《史記》者、由布局呆滯也、《史記》則神化無方、如《伯夷列傳》、前後議論，列傳在中間，以『其傳曰』三字點清，其為舊史之傳歟？抑子長所作歟？不可知已。至《屈原傳》，則一段敘事，一段議論，用『虛實相間法』，其文義遙遙相承，尤為列傳中之創格。讀本法三傳，可以悟《史記》變化之法。後來史家，雖歐陽永叔，亦不能逮也。

○『心害其能』，『害』字下得辣，從《國策》『韓傀、嚴遂二人相害』得来。讒人離間君子，祗須一二語。曰『非我莫能為也』，而靈均死矣。小人舌鋒，可畏如此。

○第二段吸收《離騷》之菁華，朗麗哀志，聲調千古獨絕。『其文約』數語，從《易·繫辭傳》『其稱名也小』數語得来、

○『人君無愚智賢不肖』一段，是傳外意。结處連縮賈生，餘音嫋嫋，翔於虛廓之表。

○傳贊丰神搖曳，與《魏公子傳》贊同爲《史記》中绝調。

○韓退之《太學生何蕃傳》中段『歐陽詹生言曰』至結尾，以傳論作傳文，亦係『布局神化法』，惟氣局較小，故本編未録，閱者宜參考之。

【響遏行雲法】

各種文均適用，尤宜於典制、金石之文。務求高逸，求厚重，忌浮滑。

《書·秦誓篇》

公曰：『嗟！我士聽無譁。予誓告汝群言之首，古人有言曰：「民訖自若是多盤。」責人斯

無難,惟受責俾如流、是惟艱哉!我心之憂,日月逾邁,若弗云來。惟古之謀人,則曰未就予忌。

惟今之謀人,姑將以爲親。雖則云然,尚猷詢茲黃髮,則罔所愆。番番良士,旅力既愆,我尚有之。仡仡勇夫,射御不違,我尚不欲。惟截截善諞言,俾君子易辭,我皇多有之,昧昧我思之。如有一介臣,斷斷猗無他技,其心休休焉,其如有容。人之有技,若己有之;人之彦聖,其心好之,不啻如自其口出,是能容之。以保我子孫黎民,亦有有利哉!人之有技,冒疾以惡之;人之彦聖,而違之俾不達,是不能容。以不能保我子孫黎民,亦曰殆哉!邦之杌隉,曰由一人;邦之榮懷,亦尚一人之慶。』

『響遏行雲』者、、如鶴鳴九皋,凰鳴朝陽,清音嘹亮,行雲若爲之停滯、彌覺有姿態也、。此文後人以爲孔子知秦之將王,故以之殿於典謨訓誥之後。此等讖緯之説,固不足信。惟吳季子觀樂,以秦聲爲夏聲,夏者大也。此文聲大而遠,實古書中不易得者。

○穆公求賢若渴,托之理想之中。『昧昧我思之』一句,爲憑空提筆、其餘虛字旁邊

圈處，皆屬摹繪思想，如見至誠之意。

《詩·緜篇》

緜緜瓜瓞。民之初生，自土沮漆。古公亶父，陶復陶穴，未有家室、

古公亶父，來朝走馬，率西水滸，至于岐下。爰及姜女，聿來胥宇。

周原膴膴，菫荼如飴。爰始爰謀，爰契我龜。曰『止』曰『時』，『築室于茲』。

乃慰乃止，乃左乃右，乃疆乃理，乃宣乃畝。自西徂東，周爰執事。

乃召司空，乃召司徒，俾立室家。其繩則直，縮版以載，作廟翼翼。

捄之陾陾，度之薨薨，築之登登，削屢馮馮。百堵皆興，鼛鼓弗勝。

乃立皋門，皋門有伉。乃立應門，應門將將。乃立冢土，戎醜攸行。

肆不殄厥慍，亦不隕厥問。柞棫拔矣，行道兌矣。混夷駾矣，維其喙矣。

虞芮質厥成，文王蹶厥生。予曰有疏附，予曰有先後，予曰有奔奏，予曰有禦侮。

孟子曰：『苟爲善，後世子孫，必有王者矣、』太王之德、愈韜晦而愈發祥、此詩爲周

公所作，心知此意，故爲詩亦愈唱愈高，收筆硬住，更有千鈞之力。

○谢叠山先生云：『周原風雨所會，陰陽所和，泉甘土肥，郭景純所謂「沖陽和陰」，山

高水深、蔚草茂林」。雖鳥喙苦荼，亦變而爲甘，太王所以卜居於此也。』

○《禮記》云：『君子將營宮室，宗廟爲先。』故《斯干》詩曰：『似續妣祖、築室百

堵、』此詩『作廟翼翼』，即尊祖敬宗之意。立室家者，皆當知之。《楚茨》詩曰：『子子

孫，勿替引之。』其可忽乎？

《詩·皇矣篇》

皇矣上帝，臨下有赫。監觀四方，求民之莫。維此二國、其政不獲。維彼四國、爰究爰度、

上帝耆之，憎其式廓；乃眷西顧，此維與宅。

作之屏之、其菑其翳。脩之平之、其灌其栵。啓之辟之、其檉其椐。攘之剔之、其檿其柘。

帝遷明德，串夷載路；天立厥配，受命既固。

帝省其山，柞棫斯拔，松柏斯兌。帝作邦作對，自大伯王季。維此王季，因心則友；則友其兄，則篤其慶，載錫之光。受祿無喪，奄有四方。

維此王季，帝度其心。貊其德音，其德克明。克明克類，克長克君。王此大邦，克順克比。

比于文王，其德靡悔。既受帝祉，施于孫子。

帝謂文王：無然畔援，無然歆羨，誕先登于岸。密人不恭，敢距大邦，侵阮徂共。王赫斯怒，爰整其旅，以按徂旅。以篤于周祜，以對于天下。

依其在京，侵自阮疆，陟我高岡。無矢我陵，我陵我阿，無飲我泉，我泉我池。度其鮮原，居岐之陽，在渭之將，萬邦之方，下民之王。

帝謂文王：予懷明德，不大聲以色，不長夏以革，不識不知，順帝之則。帝謂文王：詢爾仇方，同爾兄弟，以爾鈎援，與爾臨衝，以伐崇墉。

臨衝閑閑，崇墉言言，執訊連連，攸馘安安。是類是禡，是致是附，四方以無侮。臨衝茀茀，

崇墉仡仡。是伐是肆，是絕是忽，四方以無拂。

與上《縣篇》格調同，而『帝謂文王』數節、局度整齊、聲音乃益響亮、『作之屏之』章、與《生民》『誕后稷之穡』兩章，古藻樸茂，同為《文選》詩之祖。『以其在京』章、及『臨衝閑閑』章，更有浩浩落落之致。

《詩·江漢篇》

江漢浮浮，武夫滔滔。匪安匪游、淮夷來求、。既出我車、既設我旟。匪安匪舒、淮夷來鋪、。

江漢湯湯，武夫洸洸。經營四方，告成于王。四方既平，王國庶定。時靡有爭，王心載寧。

江漢之滸，王命召虎：『式辟四方、徹我疆土。匪疚匪棘，王國來極。于疆于理，至于南海。

王命召虎，來旬來宣：『文武受命，召公維翰。無曰予小子，召公是似。』肇敏戎公、用錫爾祉、。

釐爾圭瓚，秬鬯一卣。告于文人，錫山土田。于周受命，自召祖命，虎拜稽首：『天子萬年！』

虎拜稽首：『對揚王休，作召公考。天子萬壽！明明天子，令聞不已。矢其文德，洽此四國。』

《江漢》《常武》二詩并稱，而《常武》不及此詩之響亮，具徵中興盛事。

○謝疊山先生云：「『王國來極』，四方之諸侯來朝京師者，再見王道同歸皇極。極者，標準也。《商頌》曰：「商邑翼翼，四方之極」，亦以京師為四方之標準也。」

○又云：『錫山土田，必使召虎，受賜於岐周，用文、武封康公之禮以待之。於此見賞非宣王之賞，如稟命於乃祖文、武也。功非召虎之功，如受教於乃祖康公也。召虎思文、武之德，思康公之德，必能盡心竭力以報宣王之德矣。三代令王，不責臣子以事功，惟勉臣子以忠孝，本於人心天理而感動之也。《盤庚》亦得此意、

《詩·那篇》

猗與那與，置我鞉鼓、

奏鼓簡簡，衎我烈祖、

湯孫奏假，綏我思成、

鞉鼓淵淵，嘒嘒管聲、

既和且平，依我磬聲。

於赫湯孫，穆穆厥聲。

庸鼓有斁，萬舞有奕。

我有嘉客，亦不夷懌。

自古在昔，先民有作。

溫恭朝夕，執事有恪。

顧予烝嘗，湯孫之將。

昔曾子居武城，讀《商頌》，聞之者淵淵然如聆金石之聲。蓋商以契之德，敬敷五教，功在人倫，傳十餘世而得湯與伊尹，故其聲大而遠。余於《讀詩提綱》中已詳論之，讀此詩可見一斑。

《詩·玄鳥篇》

天命玄鳥，降而生商，宅殷土芒芒。古帝命武湯，正域彼四方。方命厥后，奄有九有。商之先后，受命不殆，在武丁孫子。武丁孫子，武王靡不勝。龍旂十乘，大糦是承。邦畿千里，維民所止，肇域彼四海。四海來假，來假祈祈。景員維河。殷受命咸宜，百禄是何。

此詩於《商頌》中最爲響亮，以其選韵高也。《長發》《殷武》兩詩，已入『選韵精純法』，故不重録。

《左傳·鄭子家與趙宣子書》（文公十七年）

晋侯蒐于黃父，遂復合諸侯于扈，平宋也。公不與會，齊難故也。書曰『諸侯』，無功也。於是晋侯不見鄭伯，以爲貳於楚也。鄭子家使執訊而與之書，以告趙宣子曰：『寡君即位三年，召蔡侯而與之事君。九月，蔡侯入于敝邑以行。敝邑以侯宣多之難，寡君是以不得與蔡侯偕。十一月，克滅侯宣多，而隨蔡侯以朝于執事。十二年六月，歸生佐寡君之嫡夷，以請陳侯于楚而朝諸君。十四年七月，寡君又朝，以蕆陳事。十五年五月，陳侯自敝邑往朝于君。往年正月，燭之武往朝夷也。八月，寡君又往朝。以陳、蔡之密邇於楚，而不敢貳焉，則敝邑之故也。雖敝邑之事君，何以不免？在位之中，一朝于襄，而再見于君。夷與孤之二三臣，相及於絳，雖我小國，則蔑以過之矣。今大國曰：『爾未逞吾志。』敝邑有亡，無以加焉。古人有言曰：『畏首畏尾，身其餘幾？』又曰：『鹿死不擇音。』小國之事大國也，德，則其人也；不德，則其鹿也。鋌而走險，急何能擇？命之罔極，亦知亡矣。將悉敝賦以待於鯈，唯執事命之。文公二年六月壬申，朝于齊。四年二月壬戌，爲齊侵蔡，亦獲成於楚。居大國之間，而從於强令，豈其罪也。大國若弗圖，無所逃命』

晋鞏朔行成於鄭、趙穿、公婿池爲質焉。

『子産有辭，鄭國賴之、』此書開子產之先、惟其理直氣壯、故其聲音極爲強硬。近人

云：『弱國無外交。』豈其然哉！

○或疑《晋侯使呂相絶秦書》亦當入本法，不知非也。《呂相絶秦書》可以謂之和、非

以響取勝，故編入『鐘鼓鏗鏘法』，會心人自能知之。

韓退之《祭河南張員外文》

維年月日，彰義軍行軍司馬守太子右庶子兼御史中丞韓愈、謹遣某乙以庶羞清酌之奠、祭於

亡友故河南縣令張十二員外之靈。

貞元十九，君爲御史，余以無能，同詔并時。君德渾剛、標高揭己，有不吾如，唾猶泥滓。余

戀而狂，年未三紀，乘氣加人，無挾自恃。彼婉變者，實憚吾曹，側肩帖耳，有舌如刀。我落陽山，

以尹餂猱：君飄臨武，山林之牢。歲弊寒凶，雪虐風饕，顛於馬下，我泗君咷。夜息南山，同卧一

席，守隸防夫，觚頂交跡。洞庭漫汗，黏天無壁，風濤相豗，中作霹靂。追程盲進，颿船箭激，南上

湘水，屈氏所沈。二妃行迷，淚踪染林。山哀浦思，鳥獸叫音。余唱君和，百篇在吟。

君止於縣，我又南踰。僕來告言，虎入厩處。無敢驚逐，以我騶去。君云是物，不馴於乘。虎取

枕臂欹眠，加余以股。把餞相飲，後期有無？期宿界上，一又相語。自別幾時，遽變寒暑、

而往，來寅其徵。我預在此，與君俱膺。猛獸果信，惡禱而憑。

余出嶺中，君俟州下。偕掾江陵，非余望者。郴山奇變，其水清瀉。泊砂倚石，有遑無捨。

衡陽放酒，熊咆虎嗥。不存令章，罰籌蝟毛。委舟湘流，往觀南嶽。雲壁潭潭，穹林攸擢。避風

太湖，七日鹿角。鉤登大鮎，怒頰豕狗。爛盤炙酒，群奴餘啄。走官階下，首下尻高。下馬伏塗，

從事是遭。

予徵博士，君以使已、相見京師，過願之始。分教東生、君掾雍首。兩都相望，於別何有、

解手背面，遂十一年。君出我入，如相避然。生闊死休，吞不復宣。刑官屬郎，引章許奪。權臣

不愛，南昌是斡。明條謹獄，氓獠戶歌。用遷澧浦，爲人受瘥。還家東都，起令河南。屈拜後生，

憤所不堪。屢以正免，身伸事塞。竟死不昇，孰勸為善。

丞相南討，余辱司馬。議兵大梁，走出洛下。哭不憑棺，奠不親酹。不撫其子，葬不送野，望君傷懷，有隕如瀉。銘君之績，納石壤中。爰及祖考，紀德事功。外著後世，鬼神與通。君其奚憾，不余鑒衷。嗚呼哀哉！尚饗

此文不入『淒入心脾法』，而入本法，何也？蓋因其生平憤懣之致，其音流於激烈，故覺愈唱愈高。讀者不當求其淒涼，當賞其激越也。至其叙述交誼至此，令人酸鼻，更可謂純篤之極矣。

歐陽永叔《豐樂亭記》

脩既治滁之明年夏，始飲滁水而甘。問諸滁人，得於州南百步而近。其上豐山，聳然而特立；下則幽谷，窈然而深藏；中有清泉，滃然而仰出。俯仰左右，顧而樂之。於是疏泉鑿石，闢地以為亭，而與滁人往游其間、

滁於五代干戈之際，用武之地也。昔太祖皇帝，嘗以周師破李景兵十五萬於清流山下，生擒其將皇甫暉、姚鳳於滁東門之外，遂以平滁。脩嘗考其山川，按其圖記，升高以望清流之關，欲求暉、鳳就擒之所，而故老皆無在者，蓋天下之平久矣。自唐失其政，海內分裂，豪杰并起而爭，所在為敵國者，何可勝數？及宋受天命，聖人出而四海一。嚮之憑恃險阻，剗削消磨，百年之間，漠然徒見山高而水清，欲問其事，而遺老盡矣！今滁介於江、淮之間，舟車商賈、四方賓客之所不至，民生不見外事，安於畎畝衣食，以樂生送死。而孰知上之功德，休養生息，涵煦百年之深也！

脩之來此，樂其地僻而事簡，又愛其俗之安閑。既得斯泉於山谷之間，乃日與滁人仰而望山，俯而聽泉。掇幽芳而蔭喬木，風霜冰雪，刻露清秀，四時之景，無不可愛。又幸其民樂其歲物之豐成，而喜與予游也。因為本其山川，道其風俗之美，使民知所以安此豐年之樂者，幸生無事之時也、、夫宣上恩德，以與民共樂，刺史之事也。遂書以名其亭焉、、

凡作文必須愈唱愈高，不宜愈唱愈低、、其人之富貴貧賤、窮通壽夭，皆可於文之聲音

驗之。此文「滁於五代干戈之際」一段，兼「奇峰特起法」，而其音愈提愈高，如鳳凰鳴於寥廓。歐公生平性情事業，均屬不凡，於此可見。讀者學其文，當學其人也。

國文經緯貫通大義卷五

【摹繪炎涼法】

世態、人情、經歷之極爲可嘆，適用於叙事感慨之文，忌板滯腐氣。

《禮記・檀弓》『吳侵陳』

吳侵陳，斬祀殺厲，師還出竟，陳太宰嚭使於師。夫差謂行人儀曰：『是夫也多言，盍嘗問焉？師必有名，人之稱斯師也者，則謂之何？』太宰嚭曰：『古之侵伐者，不斬祀、不殺厲、不獲二毛。今斯師也，殺厲與？其不謂之殺厲之師與？』曰：『反爾地，歸爾子，則謂之何？』曰：『君王討敝邑之罪，又矜而赦之，師與，有無名乎？』」

○語氣當時立即轉換、小人變幻若此、可笑抑亦可嘆。此等『摹繪法』、宜緊不宜緩、宜窮形盡相、不宜略有放鬆。則如鑄鼎象物、無遁形也。

《國策・蘇秦始將連橫說秦惠王》

蘇秦始將連橫說秦惠王曰、『大王之國、西有巴、蜀、漢中之利、北有胡貉、代馬之用、南有巫山、黔中之限、東有殽、函之固。田肥美、民殷富、戰車萬乘、奮擊百萬、沃野千里、蓄積饒多、地勢形便、此所謂天府、天下之雄國也、以大王之賢、士民之眾、車騎之用、兵法之教、可以并諸侯、吞天下、稱帝而治。願大王少留意、臣請奏其效。』秦王曰、『寡人聞之、毛羽不豐滿者、不可以高飛；文章不成者、不可以誅罰、道德不厚者、不可以使民；政教不順者、不可以煩大臣。今先生儼然不遠千里而庭教之、願以异日。』蘇秦曰、『臣固疑大王之不能用也、昔者神農伐補遂、黃帝伐涿鹿而禽蚩尤、堯伐驩兜、舜伐三苗、禹伐共工、湯伐有夏、文王伐崇、武王伐紂、齊桓任戰而伯天下。由此觀之、惡有不戰者乎？古者使車轂擊馳、言語相結、天下爲一、約從連橫、兵革不

藏。文士并飭，諸侯亂惑，萬端俱起，不可勝理。科條既備，民多僞態，書策稠濁，百姓不足、上下相愁，民無所聊，明言章理，兵甲愈起。辯言偉服，戰攻不息，繁稱文辭，天下不治。舌弊耳聾，不見成功，行義約信，天下不親。於是乃廢文任武，厚養死士，綴甲厲兵，效勝於戰場。夫徒處而致利，安坐而廣地，雖古五帝三王五伯，明主賢君，常欲坐而致之，其勢不能。故以戰續之，寬則兩軍相攻，迫則杖戟相撞，然後可建大功。是故兵勝於外，義強於內，威立於上，民服於下，今欲并天下，凌萬乘，詘敵國，制海內，子元元，臣諸侯，非兵不可。今之嗣主，忽於至道，皆惛於教、亂於治、迷於言、惑於語、沈於辯、溺於辭。以此論之，王固不能行也。」

說秦王書十上而說不行，黑貂之裘弊，黃金百斤盡，資用乏絕，去秦而歸，羸縢履蹻，負書擔橐，形容枯槁，面目犁黑，狀有愧色。歸至家，妻不下紝，嫂不爲炊，父母不與言。蘇秦喟然嘆曰：「妻不以我爲夫，嫂不以我爲叔，父母不以我爲子，是皆秦之罪也。」乃夜發書，陳篋數十，得《太公陰符》之謀，伏而誦之，簡練以爲揣摩。讀書欲睡，引錐自刺其股，血流至足，曰：「安有說人主，不能出其金玉錦綉，取卿相之尊者乎？」期年，揣摩成，曰：「此真可以說當世之君矣。」

國文經緯貫通大義

二五二

於是乃摩燕烏集闕，見說趙王於華屋之下，抵掌而談，趙王大悅，封爲武安君。受相印，革車百乘，錦繡千純，白璧百雙，黃金萬溢，以隨其後，約從散橫以抑強秦，故蘇秦相於趙而關不通。

當此之時，天下之大，萬民之眾，王侯之威，謀臣之權，皆欲決于蘇秦之策。不費斗糧，未煩一兵，未戰一士，未絕一絃，未折一矢，諸侯相親，賢於兄弟。夫賢人在而天下服，一人用而天下從，故曰：『式於政不式於勇；式於廊廟之內，不式於四境之外。』當秦之隆，黃金萬溢爲用，轉轂連騎，炫熿於道，山東之國，從風而服，使趙大重。且夫蘇秦，特窮巷掘門、桑戶棬樞之士耳，伏軾撙銜，橫歷天下，廷說諸侯之主，杜左右之口，天下莫之能伉。

將說楚王，路過洛陽，父母聞之，清宮除道，張樂設飲，郊迎三十里。妻側目而視，傾耳而聽。嫂蛇行匍伏四拜，自跪而謝。蘇秦曰：『嫂何前倨而後卑也？』嫂曰：『以季子之位尊而多金。』蘇秦曰：『嗟乎！貧窮則父母不子，富貴則親戚畏懼。人生世上，勢位富厚，蓋可以忽乎哉？』

　　『摹繪炎涼』有要法，涼處寫得足，則炎處寫得更足，所謂一抑一揚、一頓挫一軒昂是

也、讀時涼處宜有鳴咽感慨之致，炎處宜有興高采烈之致。世情變幻無常，余亦深嘗此味者，曷勝慨然。

○蘇秦游說之得失勝敗，在文字之散漫與簡練耳。說秦惠王文，竟體散漫、無扼要處，焉得不下第而歸？及得太公書，『簡練以爲揣摩』言揣摩其簡練之法耳。此後說六國，皆用簡練之訣。故讀此文，前半篇亦毫無精彩、讀後半篇不覺興會淋漓。文章足以動人心之炎涼，讀文可不愼哉？

《史記・魏其武安侯列傳》

魏其侯竇嬰者，孝文后從兄子也。父世觀津人。喜賓客。孝文時，嬰爲吳相，病免。孝景初即位，爲詹事。

梁孝王者，孝景弟也，其母竇太后愛之。梁孝王朝，因昆弟燕飲。是時，上未立太子，酒酣，從容言曰：『千秋之後傳梁王。』太后歡。竇嬰引卮酒進上，曰：『天下者，高祖天下。天子相

傳，此漢之約也。上何以得擅傳梁王？』太后由此憎竇嬰。竇嬰亦薄其官，因病免。太后除竇嬰門籍，不得入朝請。

孝景三年，吳、楚反。上察宗室諸竇毋如竇嬰賢，乃召嬰。嬰入見，固辭，謝病不足任。太后亦慚。於是上曰：『天下方有急，王孫寧可以讓邪？』乃拜嬰爲大將軍，賜金千斤。竇嬰乃言袁益、欒布諸名將賢士在家者進之。所賜金，陳之廊廡下，軍吏過，輒令財取爲用，金無入家者。竇嬰守滎陽，監齊、趙兵。七國兵已盡破，封嬰爲魏其侯。諸游士賓客爭歸魏其侯。孝景時，每朝議大事，條侯、魏其侯，諸列侯莫敢與亢禮。

孝景四年，立栗太子。使魏其侯爲太子傅。孝景七年，栗太子廢，魏其數爭不能得。魏其謝病，屏居藍田南山之下數月，諸賓客辯士說之，莫能來。梁人高遂乃說魏其曰：『能富貴將軍者，上也；能親將軍者，太后也。今將軍傅太子，太子廢而不能爭，爭不能得，又弗能死；自引謝病，擁趙女，屏閑處而不朝。相提而論，是自明揚主上之過。有如兩宮螫將軍，則妻子毋類矣。』魏其侯然之，乃遂起，朝請如故。

桃侯免相，竇太后數言魏其侯。孝景帝曰：「太后豈以爲臣有愛，不相魏其者，沾沾自喜耳，多易、難以爲相、持重。」遂不用。用建陵侯衛綰爲丞相。

武安侯田蚡者，孝景后同母弟也，生長陵。魏其已爲大將軍後，方盛。蚡爲諸郎，未貴，往來侍酒魏其，跪起如子侄。及孝景晚節，蚡益貴幸，爲太中大夫。蚡辯有口，學槃盂諸書，王太后賢之。孝景崩，即日太子立，稱制，所鎮撫多有田蚡賓客計筴。蚡、弟田勝，皆以太后弟，孝景後三年，封蚡爲武安侯，勝爲周陽侯。

武安侯新欲用事爲相，卑下賓客，進名士，家居者貴之，欲以傾魏其諸將相。建元元年，丞相綰病免，上議置丞相、太尉。籍福說武安侯曰：「魏其貴久矣，天下士素歸之。今將軍初興，未如魏其，即上以將軍爲丞相，必讓魏其。魏其爲丞相，將軍必爲太尉。太尉、丞相尊等耳，又有讓賢名。」武安侯乃微言太后風上，於是乃以魏其侯爲丞相，武安侯爲太尉、籍福賀魏其侯，因吊曰：「君侯資性喜善疾惡，方今善人譽君侯，故至丞相。然君侯且疾惡，惡人眾，亦且毀君侯。君侯能兼容，則幸久；不能，今以毀去矣。」魏其不聽。

魏其、武安俱好儒術，推轂趙綰為御史大夫、王臧為郎中令、迎魯申公、欲設明堂、令列侯就國、除關、以禮為服制、以興太平。舉適竇宗室毋節行者、除其屬籍。時諸外家為列侯，列侯多尚公主，皆不欲就國，以故毀日至竇太后。太后好黃、老之言，而魏其、武安、趙綰、王臧等，務隆推儒術，貶道家言。是以竇太后滋不說魏其等。及建元二年，御史大夫趙綰，請無奏事東宮。竇太后大怒，乃罷逐趙綰、王臧等，而免丞相、太尉，以柏至侯許昌為丞相，武強侯莊青翟為御史大夫。魏其、武安由此以侯家居。

武安侯雖不任職，以王太后故親幸，數言事多效，天下吏士趨勢利者，皆去魏其歸武安。武安日益橫。

建元六年，竇太后崩。丞相昌、御史大夫青翟，坐喪事不辦、免。以武安侯蚡為丞相，以大司農韓安國為御史大夫、天下士、郡國諸侯，愈益附武安。

武安者貌寢，生貴甚。又以為諸侯王多長，上初即位，富於春秋，蚡以肺腑，為京師相，非痛折節以禮詘之，天下不肅。當是時，丞相入奏事，坐語移日，所言皆聽。薦人或起家至二千石，權移主上。上乃曰：『君除吏已盡未？吾亦欲除吏、』嘗請考工地益宅，上怒曰：『君何不遂取

武庫、』是後乃退。嘗召客飲，坐其兄蓋侯南鄉，自坐東鄉，以爲漢相尊，不可以兄故私橈。武安

由此滋驕，治宅甲諸第，田園極膏腴，而市買郡縣器物，相屬於道。前堂羅鐘鼓，立曲旃；後房婦

女以百數。諸侯奉金玉狗馬玩好，不可勝數。

魏其失竇太后，益疏不用，無勢。諸客稍稍自引而怠傲。惟灌將軍獨不失故。魏其日默默

不得志，而獨厚遇灌將軍。

灌將軍夫者，潁陰人也。夫父張孟，嘗爲潁陰侯嬰舍人，得幸，因進之至二千石，故蒙灌氏姓

爲灌孟。吳、楚反時，潁陰侯灌何爲將軍，屬太尉，請灌孟爲校尉。夫以千人與父俱。灌孟年老，

潁陰侯强請之，鬱鬱不得意。故戰常陷堅，遂死吳軍中。軍法父子俱從軍，有死事，得與喪歸。

灌夫不肯隨喪歸，奮曰：『願取吳王若將軍頭以報父之仇。』於是，灌夫被甲持戟，募軍中壯士所

善願從者數十人。及出壁門，莫敢前。獨二人及從奴十數騎，馳入吳軍，至吳將麾下，所殺傷數

十人。不得前，復馳還，走入漢壁，皆亡其奴，獨與一騎歸。夫身中大創十餘，適有萬金良藥，故

得無死。夫創少瘳，又復請將軍曰：『吾益知吳壁中曲折，請復往。』將軍壯義之，恐亡夫，乃言

太尉。太尉乃固止之、。吳已破，灌夫以此名聞天下、。

潁陰侯言之上，上以夫為中郎將。數月，坐法去、。後家居長安，長安中諸公莫弗稱之、。孝景

時，至代相。孝景崩，今上初即位，以為淮陽天下交，勁兵處，故徙夫為淮陽太守。建元元年，入

為太僕。二年，夫與長樂衛尉竇甫飲，輕重不得。夫醉，搏甫。甫，竇太后昆弟也。上恐太后誅

夫，徙為燕相。數歲，坐法去官，家居長安。

灌夫為人剛直使酒，不好面諛。貴戚諸有勢在己之右，不欲加禮，必陵之；諸士在己之左，

愈貧賤，尤益敬，與鈞。稠人廣眾，薦寵下輩。士亦以此多之。夫不喜文學，好任俠，已然諾。諸

所與交通，無非豪杰大猾。家累數千萬，食客日數十百人。陂池田園，宗族賓客為權利，橫於潁

川。潁川兒乃歌之曰：『潁水清，灌氏寧；潁水濁，灌氏族。』灌夫家居雖富，然失勢，卿相侍中

賓客益衰。及魏其侯失勢，亦欲倚灌夫，引繩批根，生平慕之，後棄之者。灌夫亦倚魏其而通列

侯宗室，為名高。兩人相為引重，其游如父子然，相得歡甚，無厭，恨相知晚也。

灌夫有服，過丞相。丞相從容曰：『吾欲與仲孺過魏其侯，會仲孺有服。』灌夫曰：『將軍

乃肯幸臨況魏其侯，夫安敢以服爲解！請語魏其侯，帳具，將軍旦日蚤臨！』武安許諾。灌夫具

語魏其侯，如所謂武安侯。魏其與其夫人，益市牛酒，夜灑掃，早帳具，至旦。平明，令門下候伺。

至日中，丞相不來。魏其謂灌夫曰：『丞相豈忘之哉？』灌夫不懌，曰：『夫以服請，宜往。』乃

駕，自往迎丞相。丞相特前戲許[一]灌夫，殊無意往。及夫至門，丞相尚臥。於是夫入見，曰：

『將軍昨日幸許過魏其，魏其夫妻治具，自旦至今，未敢嘗食、』武安愕謝曰：『吾昨日醉，忽忘與

仲孺言。』乃駕往，又徐行。灌夫愈益怒。及飲酒酣，夫起舞，屬丞相，丞相不起。夫從坐上語侵

之。魏其乃扶灌夫去，謝丞相。丞相卒飲至夜，極歡而去。

丞相嘗使籍福，請魏其城南田。魏其大望曰：『老僕雖棄，將軍雖貴，寧可以勢奪乎？』不

許。灌夫聞，怒罵籍福。籍福惡兩人有郤，乃謾自好謝丞相，曰：『魏其老且死，易忍，且待之。』

已而武安聞魏其、灌夫實怒不予田，亦怒，曰：『魏其子嘗殺人，蚡活之。蚡事魏其，無所不可，

何愛數頃田？且灌夫何與也？吾不敢復求田！』武安由此大怨灌夫、魏其。

元光四年春，丞相言：『灌夫家在潁川，橫甚，民苦之。請案。』上曰：『此丞相事，何請？』

灌夫亦持丞相陰事，爲奸利，受淮南王金，與語言。賓客居間，遂止，俱解。

夏，丞相取燕王女爲夫人。有太后詔，召列侯宗室皆往賀。魏其侯過灌夫，欲與俱。夫謝

曰：『夫數以酒失得過丞相，丞相今者又與夫有郤。』魏其曰：『事已解。』強與俱，飲酒酣，武

安起爲壽，坐皆避席伏。已魏其侯爲壽，獨故人避席耳，餘半膝席。灌夫不悅，起行酒，至武安，

武安膝席曰：『不能滿觴。』夫怒，因嘻笑曰：『將軍，貴人也，屬之！』時武安不肯。行酒次至

臨汝侯，臨汝侯方與程不識耳語，又不避席。夫無所發怒，乃罵臨汝侯曰：『生平毀程不識不直

一錢，今日長者爲壽，乃效女兒呫囁耳語！』武安謂灌夫曰：『程、李俱東西宮衛尉，今眾辱程將

軍，仲孺獨不爲李將軍地乎？』灌夫曰：『今日斬頭陷胸，何知程、李乎！』坐乃起更衣，稍稍去。

魏其侯去，麾灌夫出。武安遂怒曰：『此吾驕灌夫罪。』乃令騎留灌夫。夫欲出不得。籍福起

爲謝，案灌夫項令謝。夫愈怒，不肯謝。武安乃麾騎縛夫，置傳舍，召長史曰：『今日召宗室，有

詔。』劾灌夫罵坐不敬，繫居室，遂按其前事，遣吏分曹逐捕諸灌氏支屬，皆得棄市罪。魏其侯大

愧、爲資使賓客請、莫能解。武安吏皆爲耳目、諸灌氏皆亡匿。夫繫、遂不得告言武安陰事。

魏其銳身爲救灌夫、夫人諫魏其曰：『灌將軍得罪丞相、與太后家忤、寧可救邪！』魏其侯曰：『侯自我得之、自我捐之、無所恨。且終不令灌仲孺獨死、嬰獨生！』乃匿其家、竊出上書。

立召入、具言灌夫醉飽事、不足誅。上然之、賜魏其食、曰：『東朝廷辨[二]之。』

魏其之東朝、盛推灌夫之善、言其醉飽得過、乃丞相以他事誣罪之。武安又盛毀灌夫所爲橫恣、罪逆不道。魏其度不可奈何、因言丞相短。武安曰：『天下幸而安樂無事、蚡得爲肺腑、所好音樂狗馬田宅。蚡所愛倡優巧匠之屬、不如魏其、灌夫日夜招聚天下豪杰壯士與論議、腹誹而心謗、不仰視天而俯畫地、辟倪兩宮間、幸天下有變而欲有大功。臣乃不知魏其等所爲。』於是上問朝臣：『兩人孰是？』御史大夫韓安國曰：『魏其言灌夫父死事、身荷戟、馳入不測之吳軍、身被數十創、名冠三軍。此天下壯士、非有大惡、爭杯酒、不足引他過以誅也。魏其言是也。丞相亦言灌夫通姦猾、侵細民、家累巨萬、橫恣潁川、凌轢宗室、侵犯骨肉、此所謂「枝大於本、脛

[二]『辨』原作『辯』。

大於股，不折必披」。丞相言亦是。主爵都尉汲黯是魏其，內史鄭當時是魏其，

後不敢堅對。餘皆莫敢對。上怒內史曰：『公平生數言魏其、武安長短。今日廷論，局趣效轅

下駒。吾并斬若屬矣。』即罷起入。上食太后，太后亦已使人候伺，具以告太后。太后怒不食，

曰：『今我在也，而人皆藉吾弟，令我百歲後，皆魚肉之矣。且帝寧能為石人邪！此特帝在，即

錄錄，設百歲後，是屬寧有可信者乎！』上謝曰：『俱宗室外家，故廷辯之。不然，此一獄吏所決

耳。』是時郎中令石建為上分別言兩人事。

武安已罷朝，出止車門，召韓御史大夫載，怒曰：『與長孺共一老禿翁，何為首鼠兩端？』韓

御史良久謂丞相曰：『君何不自喜？夫魏其毀君，君當免冠解印綬歸，曰：「臣以肺腑幸得待

罪，固非其任，魏其言皆是。」如此，上必多君有讓，不廢君。魏其必內愧，杜門齰舌自殺。今人

毀君，君亦毀之，譬如賈豎女子爭言，何其無大體也！』武安謝罪曰：『爭時急，不知出此。』

於是上使御史簿責魏其所言灌夫頗不讎，欺謾。劾繫都司空。孝景時，魏其常受遺詔，曰：

『事有不便，以便宜論上。』及繫灌夫，罪至族。事日急，諸公莫敢復明言於上。魏其乃使昆弟子

上書言之、幸得復召見。書奏上、而案尚書大行無遺詔。詔書獨藏魏其家、家丞封。乃劾魏其矯先帝詔、罪當棄市。

五年十月、悉論灌夫及家屬。魏其良久乃聞、聞即恚、病痱、不食、欲死。或聞上無意殺魏其、魏其復食、治病。議定不死矣、乃有蜚語為惡言聞上、故以十二月晦論棄市渭城。

其春、武安侯病、專呼服謝罪。使巫視鬼者視之、見魏其、灌夫共守欲殺之。竟死。子恬嗣。

元朔三年、武安侯坐衣襜褕入宮、不敬、國除。

淮南王安謀反覺、治。王前朝、武安侯為太尉、時、迎王至霸上、謂王曰：『上未有太子、大王最賢、高祖孫。即宮車晏駕、非大王立、當誰哉！』淮南王大喜、厚遺金財物。上自魏其時、不直武安、特為太后故耳。及聞淮南王金事、上曰：『使武安侯在者、族矣！』

太史公曰：魏其、武安、皆以外戚重。灌夫用一時決筴而名顯。魏其之舉以吳、楚。武安之貴在日、月之際。然魏其誠不知時變、灌夫無術而不遜、兩人相翼、乃成禍亂。武安負貴而好權、杯酒責望、陷彼兩賢。嗚呼哀哉！遷怒及人、命亦不延。眾庶不載、竟被惡言。嗚呼哀哉！禍所從來矣。

《史記》文如萬壑千流、曲折澎湃、同歸於海、而支派一絲不亂、真天下之至文也。武安通淮南王事、用『匣劍帷燈法』、至結末始露出、光采乃眩耀奪目、此子長最擅長處。

〇田太后之言、摹繪婦人口氣、最得神。按大行無遺詔、詔獨藏魏其家、又有以蜚語白上者、孰爲之之。皆武安爲之也。隱約其詞、又是『匣劍帷燈法』。

〇魏其、灌夫之所以死者、不過爲勢利耳。若能高自位置、不與武安相近、何至罷殺身之禍哉！剛直之士、亦不免此、爲之三嘆！

韓退之《藍田縣丞廳壁記》

丞之職所以貳令、於一邑無所不當問。其下主簿尉、主簿、尉乃有分職。丞位高而逼、例以嫌、不可否事。文書行、吏抱成案詣丞、卷其前、鉗以左手、右手摘紙尾、雁鶩行以進、平立睨丞曰：『當署。』丞涉筆占位、署惟謹、目吏問：『可不可？』吏曰：『得。』則退、不敢略省、漫不知何事、官雖尊、力勢反出主簿、尉下。諺數慢、必曰『丞』、至以相訾謷。丞之設、豈端使然哉？

博陵崔斯立，種學績文、以蓄其有，泓涵演迤，日大以肆。貞元初、挾其能、戰藝於京師，再進、

再屈千人。元和初，以前大理評事，言得失黜官，再轉而爲丞茲邑。始至、喟曰：『官無卑、顧材

不足塞職。』既噤不得施用，又喟曰：『丞哉！丞哉！余不負丞，而丞負余。』則盡枿去牙角，一

蹳故迹，破崖岸而爲之。

丞廳故有記、壞漏污不可讀。斯立易桷與瓦，墁治壁，悉書前任人名氏。庭有老槐四行，南

墙巨竹千梃，儼立若相持，水㶁㶁循除鳴。斯立痛埽漑，對樹二松，日哦其間。有問者，輒對曰：

『余方有公事，子姑去。』

○絕處了而不了，官止神行，高絕。

窮妍盡態，文章詼詭至此、無以復加。曾文正嘗手書此文以示門人，可謂能得味外之

昧哉！讀者能學其摹繪之法，則於世態人情，無不畢肖矣。

訓練智勇，爲國民必讀之文，千萬註意；適用於叙事紀人，惟不可蹈流弊而壞心術。

《左傳·費無極讒伍奢并欲執其二子》（昭公二十年）

費無極言於楚子曰：『建與伍奢，將以方城之外叛，自以爲猶宋、鄭也、齊、晋又輔之，將以害楚。其事集矣。』王信之，問伍奢。伍奢對曰：『君一過多矣，何言於讒？』王執伍奢。使城父司馬奮揚殺大子，未至，而使遣之。三月，大子建奔宋。王召奮揚。奮揚使城父人執己以至。王曰：『言出於余口，入於爾耳，誰告建也？』對曰：『臣告之。君王命臣曰：「事建如事余。」臣不佞，不能苟貳。奉初以還，不忍後命，故遣之。既而悔之，亦無及已。』王曰：『而敢來，何也？』對曰：『使而失命，召而不來，是再奸也。逃無所入。』王曰：『歸，從政如他日。』

無極曰：『奢之子材，若在吳，必憂楚國，盍以免其父召之。彼仁，必來；不然，將爲患。』王

使召之,曰:『來,吾免而父。』棠君尚謂其弟員曰:『爾適吳,我將歸死。吾知不逮,我能死,爾能報。聞免父之命,不可以莫之奔也;親戚爲戮,不可以莫之報也。奔死免父,孝也;度功而行,仁也;擇任而往,智也;知死不辟,勇也。父不可棄,名不可廢,爾其勉之!相從爲愈。』伍尚歸。奢聞員不來,曰:『楚君、大夫,其旰食乎!』楚人皆殺之。

員如吳,言伐楚之利於州于。公子光曰、『是宗爲戮,而欲反其讎,不可從也、』員曰:『彼將有他志。余姑爲之求士,而鄙以待之。』乃見鱄設諸焉,而耕於鄙。

《左傳・鱄設諸刺吳王僚》(昭公二十七年)

吳子欲因楚喪而伐之,使公子掩餘、公子燭庸,帥師圍潛,使延州來季子聘於上國,遂聘于晉,以觀諸侯。楚莠尹然、王尹麇帥師救潛。左司馬沈尹戌帥都君子,與王馬之屬以濟師,與吳師遇于窮。令尹子常以舟師及沙汭而還。左尹郤宛、工尹壽帥師至于潛,吳師不能退。

吳公子光曰:『此时也,弗可失也。』告鱄設諸曰:『上國有言曰:「不索,何獲?」我王嗣

也、吾欲求之。事若克，季子雖至，不吾廢也、

何？』光曰：『我，爾身也。』

夏四月，光伏甲於堀室而享王。王使甲坐於道，及其門。門、階、戶、席，皆王親也，夾之以

鈹。羞者獻體改服於門外，執羞者坐行而入，執鈹者夾承之，及體以相授也。光偽足疾，入于堀

室。鱄設諸置劍於魚中以進，抽劍刺王，鈹交於胸，遂弒王。闔廬以其子爲卿。

季子至，曰：『苟先君無廢祀，民人無廢主，社稷有奉，國家無傾，乃吾君也。吾誰敢怨？哀

死事生，以待天命。非我生亂，立者從之，先人之道也。』復命哭墓，復位而待。吳公子掩餘奔

徐、公子燭庸奔鍾吾。楚師聞吳亂而還。

《左傳·柏舉之戰》（定公四年，節錄）

沈人不會於召陵，晉人使蔡伐之。夏，蔡滅沈。秋，楚爲沈故圍蔡。伍員爲吳行人以謀楚。

初，伍員與申包胥友。其亡也，謂申包胥曰：『我必復楚國。』申包胥曰：『勉之！子能復之，我

必能興之。』及昭王在隨，申包胥如秦乞師，曰：『吳爲封豕、長蛇，以薦食上國，虐始於楚，寡君失守社稷，越在草莽。使下臣告急，曰：「夷德無厭，若鄰於君，疆埸之患也。逮吳之未定，君其取分焉。若楚之遂亡，君之土也。若以君靈撫之，世以事君。」』秦伯使辭焉，曰：『寡人聞命矣。子姑就館，將圖而告。』對曰：『寡君越在草莽，未獲所伏，下臣何敢即安？』立依於庭牆而哭，日夜不絕聲，勺飲不入口七日。秦哀公爲之賦《無衣》，九頓首而坐，秦師乃出。

伍奢父子，英鷙之人也；吳公子光、鱄設諸，亦英鷙之人也；申包胥，亦英鷙之人也、讒人煽亂，而群雄乃構成此大變。讀者當學其舉重若輕之法，不可冗累，亦不可散漫。煉之愈簡淨，用英鷙之態，勃然紙上矣。

《史記·越王句踐世家》(節錄)

句踐之困會稽也，喟然嘆曰：『吾終於此乎、』大夫[一]種曰：『湯繫夏臺、文王囚羑里，晉

[一]『大夫』二字乃唐先生補入。

重耳奔翟、齊小白奔莒、其卒王霸。由是觀之、何遽不爲福乎?』吳既赦越、越王句踐反國、乃苦

身焦思、置膽於坐、坐臥即仰膽、飲食亦嘗膽也。曰:『女忘會稽之恥邪?』身自耕作、夫人自

織、食不加肉、衣不重采、折節下賢人、厚遇賓客、振貧吊死、與百姓同其勞。欲使范蠡治國政、蠡

對曰:『兵甲之事、種不如蠡;填撫國家、親附百姓、蠡不如種。』於是舉國政屬大夫種、而使范

蠡與大夫柘稽行成、爲質於吳。二歲而吳歸蠡。

句踐自會稽歸七年、拊循其士民、欲用以報吳。大夫逢同諫曰:『國新流亡、今乃復殷給、

繕飾備利、吳必懼、懼則難必至。且鷙鳥之擊也、必匿其形。今夫吳兵加齊、晉、怨深於楚、越、名

高天下、實害周室、德少而功多、必淫自矜。爲越計、莫若結齊親楚附晉以厚吳。吳之志廣、必輕

戰。是我連其權、三國伐之、越承其弊、可克也』句踐曰:『善。』

居二年、吳王將伐齊。子胥諫曰:『未可、臣聞句踐食不重味、與百姓同苦樂。此人不死、

必爲國患。吳有越、腹心之疾、齊與吳疥癬也。願王釋齊先越』吳王弗聽、遂伐齊、敗之艾陵、

虜齊高、國以歸。讓子胥。子胥曰:『王毋喜!』王怒、子胥欲自殺、王聞而止之。越大夫種

曰：『臣觀吳王政驕矣，請試嘗之貸粟，以卜其事。』請貸，吳王欲與，子胥諫勿與，王遂與之，越

乃私喜。子胥言曰：『王不聽諫，後三年，吳其墟乎！』太宰嚭聞之，乃數與子胥爭越議，因讒子

胥曰：『伍員貌忠而實忍人，其父兄不顧，安能顧王？王前欲伐齊，員強諫，已而有功，用是反怨

王。王不備伍員，員必爲亂。』與逢同共謀讒之王。王始不從，乃使子胥於齊，聞其托子於鮑氏，

王乃大怒曰：『伍員果欺寡人！』役反，使人賜子胥屬鏤劍以自殺。子胥大笑曰：『我令而父霸，

我又立若，若初欲分吳國半予我，我不受，已，今若反以讒誅我。嗟乎，嗟乎，一人固不能獨立。』

報使者曰：『必取吾眼，置吳東門，以觀越兵入也！』於是吳任嚭政。

居三年，句踐召范蠡曰：『吳已殺子胥，導諛者衆，可乎？』對曰：『未可。』

至明年春，吳王北會諸侯於黃池，吳國精兵從王，惟獨老弱與太子留守。句踐復問范蠡，蠡

曰：『可矣。』乃發習流二千人，教士四萬人，君子六千人，諸御千人，伐吳。吳師敗，遂殺吳太

子。吳告急於王，王方會諸侯於黃池，懼天下聞之，乃秘之。吳王已盟黃池，乃使人厚禮以請成

越。越自度亦未能滅吳，乃與吳平。其後四年，越復伐吳。吳士民罷弊，輕銳盡死於齊、晉，而

越大破吳，因而留圍之。三年，吳師敗，越遂復棲吳王於姑蘇之山、吳王使公孫雄肉袒膝行而前，請成越王曰：『孤臣夫差，敢布腹心，昇日嘗得罪於會稽，夫差不敢逆命，得與君王成以歸。今君王舉玉趾而誅孤臣，孤臣惟命是聽，意者亦欲如會稽之赦孤臣之罪乎？』句踐不忍，欲許之。范蠡曰：『會稽之事，天以越賜吳，吳不取。今天以吳賜越，越其可逆天乎？且夫君王蚤朝晏罷，非爲吳邪？謀之二十二年，一旦而棄之，可乎？且夫天與弗取，反受其咎。「伐柯者其則不遠」，君忘會稽之厄乎？』句踐曰：『吾欲聽子言，吾不忍其使者。』范蠡乃鼓進兵，曰：『王已屬政於執事，使者去，不者且得罪。』吳使者泣而去。句踐憐之，乃使人謂吳王曰：『吾置王甬東，君百家、』吳王謝曰：『吾老矣，不能事君！』王遂自殺。乃蔽其面，曰：『吾無面以見子胥也！』

范蠡事越王句踐，既苦身勠力，與句踐深謀二十餘年，竟滅吳，報會稽之恥，北渡兵於淮，以臨齊、晉，號令中國，以尊周室，句踐以霸，而范蠡稱上將軍。還反國，范蠡以爲大名之下，難以久居，且句踐爲人，可與同患，難與處安，爲書辭句踐曰：『臣聞主憂臣勞，主辱臣死。昔者君王辱於會稽，所以不死，爲此事也。今既以雪耻，臣請從會稽之誅。』句踐曰：『孤將與子分國而有

之、不然，將加誅於子。』范蠡曰：『君行令、臣行意。』乃裝其輕寶珠玉、自與其私徒屬、乘舟浮海以行、終不反。於是句踐表會稽山以爲范蠡奉邑。

范蠡浮海出齊、變姓名、自謂鴟夷子皮、耕於海畔、苦身勠力、父子治産、居無幾何、致産數千萬。齊人聞其賢、以爲相。范蠡喟然嘆曰：『居家則致千金、居官則至卿相、此布衣之極也。久受尊名不祥。』乃歸相印、盡散其財、以分與知友鄉黨、而懷其重寶、間行以去、止於陶、以爲此天下之中、交易有無之路通、爲生可以致富矣。於是自謂陶朱公。復約要父子耕畜、廢居、候時轉物、逐什一之利。居無何、則致貲累巨萬。天下稱陶朱公。

朱公居陶、生少子。少子及壯、而朱公中男殺人、囚於楚。朱公曰：『殺人而死、職也。然吾聞千金之子、不死於市。』告其少子往視之。乃裝黃金千溢、置褐器中、載以一牛車。且遣其少子、朱公長男固請欲行、朱公不聽、長男曰：『家有長子曰家督、今弟有罪、大人不遣、乃遣少弟、是吾不肖。』欲自殺。其母爲言曰：『今遣少子、未必能生中子也、而先空亡長男、奈何？』朱公不得已、而遣長子、爲一封書、遺故所善莊生、曰：『至則進千金于莊生所、聽其所爲、慎無與

争。』長男既行，亦自私齎數百金至楚。

莊生家負郭，披藜藋。到門，居甚貧。然長男發書進千金，如其父言。莊生曰：『可疾去矣，慎毋留！即弟出，勿問所以然。』長男既去，不過莊生而私留，以其私齎獻遺楚國貴人用事者。莊生雖居窮閭，然以廉直聞於國，自楚王以下皆師尊之。及朱公進金，非有意受也，欲以成事後復歸之，以爲信耳。故金至，謂其婦曰：『此朱公之金。有如病不宿誠，後復歸，勿動。』而朱公長男不知其意，以爲殊無短長也。

莊生間時入見楚王，言『某星宿某，此則害於楚』。楚王素信莊生，曰：『今爲奈何？』莊生曰：『獨以德爲可以除之。』楚王曰：『生休矣，寡人將行之。』王乃使使者封三錢之府。楚貴人驚告朱公長男曰：『王且赦。』曰：『何以也？』曰：『每王且赦，常封三錢之府。昨暮王使使封之。』朱公長男以爲赦，弟固當出也，重千金虛棄，莊生無所爲也，乃復見莊生。莊生驚曰：『若不去邪？』長男曰：『固未也。初爲事弟，弟今議自赦，故辭生去。』莊生知其意欲復得其金，曰：『若自入室取金。』長男即自入室取金，持去，獨自歡幸。

莊生羞為兒子所賣，乃入見楚王曰：「臣前言某星事，王言欲以修德報之、今臣出，道路皆

言陶之富人朱公之子，殺人囚楚、其家多持金錢賂王左右，故王非能恤楚國而赦，乃以朱公子故

也。」楚王大怒曰：「寡人雖不德耳，奈何以朱公之子故而施惠乎！」令論殺朱公子，明日，遂下

赦令。朱公長男竟持其弟喪歸。

至，其母及邑人盡哀之、唯朱公獨笑曰：「吾固知必殺其弟也！彼非不愛其弟，顧有所不能

忍者也。是少與我俱，見苦，為生難，故重棄財。至如少弟者，生而見我富，乘堅驅良逐狡兔，豈

知財所從來，故輕棄之，非所惜吝。前日吾所為欲遣少子，固為其能棄財故也。而長者不能，故

卒以殺其弟，事之理也，無足悲者。吾日夜固以望其喪之來也。」

故范蠡三徙，成名於天下、非苟去而已，所止必成名。卒老死于陶，故世傳曰陶朱公。

吾友山陵丁衡甫云：「人皆知智勇之可貴，不知智不深、勇不沈、足以償事，猶未足貴

也、惟至深至沈，乃為可貴，而能成天下之大事。」諒哉斯言！人生所以不能成大事者、浮

躁淺露耳。觀句踐、范蠡之所爲、其智深勇沈何如！吾國民皆當讀此篇、庶幾韜晦而有以自立乎！

○范蠡之成功、在陰而辣；莊生之爲人、亦陰而辣。末以仲男殺人一事作結、可謂奇絕、此又是『神光離合法』。

《史記·仲尼弟子列傳》(節錄)

齊田[二]常使子貢南見吳王。

説曰：『臣聞之、王者不絕世、霸者無强敵、千鈞之重、加[三]銖兩而移。今以萬乘之齊、而私千乘之魯、與吳爭强、竊爲王危之。且夫救魯、顯名也；伐齊、大利也。以撫泗上諸侯、誅暴齊、以服强晉、利莫大焉。名存亡魯、實困强齊、智者不疑也。』吳王曰：『善。雖然、吾嘗與越戰、棲之會稽。越王苦身養士、有報我心。子待我伐越而聽子。』子貢曰：『越之勁不過魯、吳之

[二]『齊田』二字乃唐先生補入。
[三]『加』原作『如』。

強不過齊，王置齊而伐越，則齊已平魯矣、

夫勇者不避難，仁者不窮約，智者不失時，王者不絕世以立其義、。今存越示諸侯以仁，救魯伐齊，

威加晉國，諸侯必相率而朝吳、霸業成矣。且王必惡越，臣請東見越王，令出兵以從，此實空越，

名從諸侯以伐也。』吳王大說，乃使子貢之越。

越王除道郊迎，身御至舍而問曰：『此蠻夷之國，大夫何以儼然辱而臨之？』子貢曰：『今

者吾說吳王以救魯伐齊，其志欲之而畏越、曰「待我伐越乃可」。如此，破越必矣。且夫無報人

之志而令人疑之，拙也；，有報人之意，使人知之，殆也；，事未發而先聞，危也。三者舉事之大

患。』句踐頓首再拜曰：『孤嘗不料力，乃與吳戰，困於會稽，痛入於骨髓，日夜焦唇乾舌，徒欲

與吳王接踵而死，孤之願也。』遂問子貢。子貢曰：『吳王爲人猛暴，群臣不堪。國家敝以[二]數

戰、，士卒弗忍。百姓怨上，大臣內變。子胥以諫死，太宰嚭用事，順君之過以安其私，是殘國之治

也。今王誠發士卒佐之，以徼其志，重寶以說其心，卑辭以尊其禮、其伐齊必也。彼戰不勝、王之

[二]『以』原作『於』。

福矣、戰勝、必以兵臨晉、臣請北見晉君、令共攻之、弱吳必矣。其銳兵盡於齊、重甲困於晉、而王制其敝、此滅吳必矣。」越王大說、許諾。送子貢金百鎰、劍一、良矛二。子貢不受、遂行。

報吳王曰：『臣敬以大王之言告越王、越王大恐、曰：「孤不幸、少失先人、內不自量、抵罪於吳、軍敗身辱、棲于會稽、國為虛莽、賴大王之賜、使得奉俎豆而修祭祀、死不敢忘、何謀之敢慮！」』後五日、越使大夫種頓首言於吳王曰：「東海役臣孤句踐使者臣種、敢修下吏、問於左右。今竊聞大王將興大義、誅強救弱、困暴齊而撫周室、請悉起境內士卒三千人、孤請自被堅執銳、以先受矢石。因越賤臣種奉先人藏器、甲二十領、鈇屈盧之矛、步光之劍、以賀軍吏。」吳王大說、以告子貢曰：『越王欲身從寡人伐齊、可乎？』子貢曰：『不可。夫空人之國、悉人之眾、又從其君、不義。君受其幣、許其師而辭其君。』吳王許諾、乃謝越王。於是吳王乃遂發九郡兵伐齊。

子貢因去之晉、謂晉君曰：『臣聞之、慮不先定、不可以應卒、兵不先辨、不可以勝敵。今夫齊與吳將戰、彼戰而不勝、越亂之必矣；與齊戰而勝、必以其兵臨晉。』晉君大恐、曰：『為之奈

何？』子貢曰：『修兵休卒以待之。』晉君許諾、

子貢去而之魯。吳王果與齊人戰於艾陵，大破齊師、獲七將軍之兵而不歸、果以兵臨晉，與晉人相遇黃池之上。吳晉爭強。晉人擊之，大敗吳師。越王聞之，涉江襲吳，去城七里而軍。吳王聞之，去晉而歸，與越戰於五湖。三戰不勝，城門不守，越遂圍王宮，殺夫差而戮其相。破吳三年，東向而霸。

故子貢一出，存魯，亂齊，破吳，強晉而霸越。

或疑此傳係戰國策士之習，非子貢所為，不知子貢之志在救魯耳。夫差驕盈殘忍，天滅之也。其所以亡國者，天道人事之必然也。子貢為言語之科，子長容或裝點其說，故有縱橫捭闔之致、若謂非子貢事，未免持論過高矣。

○『無報人之志』數語，深入句踐之心，可謂千古名論。吾國民其知恥矣乎？

○一結總收束，有千鈞之力。

【摹繪激昂法】

任俠好義，亦我國民要務。適用於叙事紀人。惟要必衷於大道，勿爲變徵迫促之音。

《國策·豫讓報讎》

晋畢陽之孫豫讓，始事范、中行氏而不説，去而就知伯，知伯寵之。及三晋分知氏、趙襄子最怨知伯，而將其頭以爲飲器。豫讓遁逃山中，曰：『嗟乎！士爲知己者死，女爲悦己者容。吾其報知氏之讎矣。』乃變姓名，爲刑人，入宮塗厠，欲以刺襄子。襄子如厠，心動，執問塗者，則豫讓也、刃其扞曰：『欲爲知伯報讎！』左右欲殺之。趙襄子曰：『彼義士也，吾謹避之耳。且知伯已死無後，而其臣至爲報讎、此天下之賢人也。』卒釋之。豫讓又漆身爲厲，滅鬚去眉，自刑以變其容，爲乞人而往乞，其妻不識，曰：『狀貌不似吾夫，其音何類吾夫之甚也？』又吞炭爲啞，變其音。其友謂之曰：『子之道甚難而無功。謂子有志則然矣，謂子智則否。以子之才，而善事

襄子，襄子必近幸子；子之得近而行所欲、此甚易而功必成、』豫讓乃笑而應之曰：『是爲先知

報後知，爲故君賊新君，大亂君臣之義者、無此矣。凡吾所謂爲此者、以明君臣之義，非從易也。

且夫委質而事人，而求弒之，是懷二心以事君也。吾所爲難，亦將以愧天下後世人臣懷二心者。』

居頃之，襄子當出，豫讓伏所當過橋下。襄子至橋而馬驚，襄子曰：『此必豫讓也。』使人問

之、果豫讓、於是趙襄子面數豫讓曰：『子不嘗事范、中行氏乎？知伯滅范、中行氏、而子不爲

報讎、反委質事知伯。知伯已死，子獨何爲報讎之深也？』豫讓曰：『臣事范、中行氏，范、中行

氏以衆人遇臣，臣故衆人報之；知伯以國士遇臣，臣故國士報之。』襄子乃喟然嘆泣曰：『嗟乎

豫子！豫子之爲知伯，名既成矣，寡人捨子，亦以足矣。子自爲計，寡人不捨子。』使兵環之。豫

讓曰：『臣聞明主不掩人之義，忠臣不愛死以成名。君前已寬舍臣，天下莫不稱君之賢。今日

之事，臣固伏誅，然願請君之衣而擊之，雖死不恨。非所望也，敢布腹心。』於是襄子義之，乃使

使者持衣與豫讓。豫讓拔劍三躍，呼天擊之，曰：『而可以報知伯矣。』遂伏劍而死。死之日，趙

國之士聞之，皆爲涕泣。

凜凜生氣，千載如生，焉得謂非義俠之士耶、？讀者須玩其精神團結之處、。

《國策·聶政刺韓傀》

韓傀相韓，嚴遂重於君，二人相害也。嚴遂政議直指，舉韓傀之過。韓傀以之叱之於朝。嚴遂拔劍趨之，以救解。於是嚴遂懼誅、亡去游、求人可以報韓傀者。

至齊，齊人或言：『軹深井里聶政，勇敢士也，避仇隱於屠者之間、。』嚴遂陰交於聶政，以意厚之、。聶政問之曰：『子欲安用我乎？』嚴遂曰：『吾得爲役之日淺、事今薄、奚敢有請？』於是嚴遂乃具酒，自觴聶政母前。仲子奉黃金百鎰，前爲聶政母壽。聶政驚、愈怪其厚、固謝嚴仲子、仲子固進，而聶政謝曰：『臣有老母，家貧，客游以爲狗屠，可旦夕得甘脆以養親，親供養備。義不敢當仲子之賜。』嚴仲子辟人，因爲聶政語曰：『臣有仇，而行游諸侯衆矣，然至齊，聞足下義甚高。故直進百金者，特以爲夫人粗糲之費，以交足下之歡，豈敢以有求邪？』聶政曰：『臣所以降志辱身，居市井屠者，徒幸而養老母。老母在前，政身未敢以許人也。』嚴仲子固讓，聶政竟

不肯受。然仲子卒備賓主之禮而去、

久之、聶政母死、既葬、除服。聶政曰、『嗟乎！政乃市井之人、鼓刀以屠、而嚴仲子乃諸侯之卿相也、不遠千里、枉車騎而交臣、臣之所以待之者至淺矣、未有大功可以稱者、而嚴仲子舉百金為親壽、我義不受、然是深知政也。夫賢者以感忿睚眦之意、而親信窮僻之人、而政獨安可嘿然而止乎？且前日要政、政徒以老母。老母今以天年終、政將為知己者用。』

遂西至濮陽、見嚴仲子曰：『前日所以不許仲子者、徒以親在。今親不幸、仲子所欲報仇者為誰？』嚴仲子具告曰：『臣之仇韓傀。傀又韓君之季父也、宗族盛、兵衛設、臣使人刺之、終莫能就。今足下幸而不棄、請益具車騎壯士、以為羽翼。』政曰：『韓與衛、中間不遠、今殺人之相、相又國君之親、此其勢、不可以多人。多人不能無生得失、生得失、則語泄、語泄、則韓舉國而與仲子為讎也、豈不殆哉！』遂謝車騎人徒、辭獨行、仗劍至韓。

韓適有東孟之會、韓王及相皆在焉、持兵戟而衛侍者甚眾。聶政直入、上階、刺殺韓傀。韓傀走而抱哀侯、聶政刺之、兼中哀侯、左右大亂。聶政大呼、所擊殺者數十人。因自皮面抉眼、自

屠出腸，遂以死。韓取聶政尸暴於市，縣購之千金。久之，莫知誰、

政姊縈聞之，曰：『弟至賢，不可愛妾之軀，滅吾弟之名，非弟意也。』乃之韓、視之曰：『勇

哉！氣矜之隆。是其軼賁、育而高成荊矣。今死而無名，父母既歿矣，兄弟無有，此爲我故也。

夫愛身不揚弟之名，吾不忍也。』乃抱尸而哭之曰：『此吾弟，軹深井里聶政也。』亦自殺於尸下。

晋、楚、齊、衛聞之曰：『非獨聶政之能，乃其姊者，亦烈女也。』聶政之所以名施於後者，其

姊不避葅醢之誅，以揚其名也。

　　前段間間布置，中腹酣暢淋漓，末段又如奇峰特起。中間佳處，語語血性、字字血淚、

動魄驚心，可謂《刺客傳》中第一人。論者謂『天下有刺客，能出于正道，則在上之驕奢橫

恣者，亦可稍抑其氣焰，足輔政刑之所不逮』。讀此文爲之神往矣。

　　○《國策》文結處最宜研究，如此文與《豫讓報讎》、結處均有弦外音。他如《蘇秦說

秦王》、《鄒忌諷齊王》，結處亦與此二篇相類。

《漢書·李陵蘇武傳》(節錄)

初,武與李陵,俱爲侍中,武使匈奴,明年陵降、不敢求武。久之、單于使陵至海上、爲武置酒設樂,因謂武曰:『單于聞陵與子卿素厚,故使陵來說足下,虛心欲相待。終不得歸漢,空自苦亡人之地,信義安所見乎、?前長君爲奉車,從至雍棫陽宮,扶輦下除,觸柱折轅,劾大不敬,伏劍自刎,賜錢二百萬以葬。孺卿從祠河東后土,宦騎與黃門駙馬爭舩,推墮駙馬河中溺死,宦騎亡,詔使孺卿逐捕不得,惶恐飲藥而死。來時,太夫人已不幸,陵送葬至陽陵。子卿婦年少,聞已更嫁矣。獨有女弟二人,兩女一男,今復十餘年,存亡不可知。人生如朝露,何久自苦如此!陵始降時,忽忽如狂,自痛負漢,加以老母繫保宮,子卿不欲降,何以過陵?且陛下春秋高,法令亡常,大臣亡罪夷滅者數十家,安危不可知,子卿尚復誰爲乎?願聽陵計,勿復有云。』武曰:『武父子亡功德,皆爲陛下所成就,位列將,爵通侯,兄弟親近,常願肝腦塗地。今得殺身自效,雖蒙斧鉞湯鑊,誠甘樂之。臣事君,猶子事父也,子爲父死,亡所恨。願勿復再言。』陵與武飲數日、復曰:『子卿壹聽陵言、』武曰:『自分已死久矣!王必欲降武,請畢今日之歡,效死於前!』陵見

其至誠，喟然嘆曰：『嗟乎，義士！陵與衛律之罪，上通於天矣。』因泣下霑衿，與武決去。

陵惡自賜武，使其妻賜武牛羊數十頭。後陵復至北海上，語武：『區脫捕得雲中生口、言太守以下吏民皆白服，曰上崩。』武聞之，南鄉號哭歐血，旦夕臨。

數月，昭帝即位。數年，匈奴與漢和親。漢求武等，匈奴詭言武死。後漢使復至匈奴，常惠請其守者與俱，得夜見漢使，具自陳過。教使者謂單于，言天子射上林中，得雁，足有係帛書，言武等在某澤中。使者大喜，如惠語以讓單于。單于視左右而驚，謝漢使曰：『武等實在。』於是李陵置酒賀武曰：『今足下還歸，揚名於匈奴，功顯於漢室，雖古竹帛所載，丹青所畫，何以過子卿！陵雖駑怯，令漢且貰陵罪，全其老母，使得奮大辱之積志，庶幾乎曹柯之盟，此陵宿昔之所不忘也。收族陵家，爲世大戮，陵尚復何顧乎？已矣！令子卿知吾心耳。异域之人，一別長絕！』陵起舞，歌曰：『徑萬里兮度沙幕，爲君將兮奮匈奴。路窮絕兮矢刃摧，士衆滅兮名已隤。老母已死，雖欲報恩將安歸！』陵泣下數行，因與武決。單于召會武官屬，前以降及物故，凡隨武還者九人。

蘇武固血性中人、李陵亦是血性中人、兩兩相對、雖一降一不降、而其沈痛之極則一也、可謂千古絶調。

○李陵之言、句句欲絶武之望、而蘇武則語語不忘漢室。末段李陵語及歌詞、實亦未能忘漢者。漢實負陵、陵未負漢也。

何子青《項王垓下聞楚歌賦》（是何楚人之多也）

頭募生王、心携死士、劍氣如生、鼓聲已死。驚霸業之全灰、倏悲歌之颯起。重圍唱合、倒戈絶望於刀頭。四顧憂來、警枕獨愁於里耳。壯歲學萬人之敵、庸有濟乎？中原收百戰之功、而今去矣。一霎風號虎帳、酒醒時身世都非。千秋波咽烏江、浪淘盡英雄如是。

當項王之阿房縱炬、函谷衝戈、大王風布、壯士星羅、惟猶豫而莫知所主、亦狼貪而遑恤其他。竦諸侯壁上之觀、臂使八千子弟。背義帝關中之約、手提百二山河。鬥智絀而鬥力贏、善戰終嬰天忌。私仇多而私恩少、分疆尤齮人和。封三縣於南皮、突見異軍起趙。畔九江於北面、驚

聞間使迎何。

蓋其上游迫故主之終、善地濫諸臣之輿、印刓則麾下情漓，玦舉而席間謀沮。田榮發難以

連衡，彭越貪封而反距。唇齒寒而螳欲吞蟬，爪牙落而虎將變鼠。范亞父怒撞玉斗，投暗珠澄。

漢高皇祥冶金刀，摩天刃巨。矧復登壇大將，相當驚旗鼓之來。何期仗劍亡人，反間恣金錢之

予。悔未手鏦項伯，竟完功狗於興劉。祇應舌爛韓生，猶笑沐猴於儈楚。

方其受垓下之圍也，雲屯壁壘，星厄句陳。正敵氛之旁午，忽宵籟之酸辛、抗鄉音其互遞、

挫霸氣以難伸。宛然下里之吟，觸聽而此隨彼唱。直是原田之誦，反顏而捨舊謀新。帳中鷹暗

嘆之聲，獨嘆逝騅不利。隍下破倉皇之夢，始知得鹿非真。諸王之印難銷，前箸先輸漢策。降

卒之阮未遠，後車已續秦輪。長離曲且和虞兮，我憐卿卿當憐我。變徵聲都成楚些，人負汝汝亦

負人。

明月欲黯，雄風忽雌。悵南音之不競、慨東首之無期、豈乞食朝雲、歌散思歸之士？豈升陴

越石，歌迴索鬥之師？遏雲而志鬱飛揚，愴甚胡笳之拍。晞露而情傷契闊，颯如虞殯之辭。天將

扶火德而王，胡不預銷劍戟？地則據咸陽爲勝，奈何自撤藩籬。從茲衣錦晝行，富貴故鄉何在？

不識潰圍宵遁，君王末路安之。

誠以楚歌之聞也，驚疑唳鶴、儳雜吹螺。千百人如謳郢市、一再行如奏《陽阿》。嫋嫋其音，

兼楚咻之紛沓。行行且止，和楚舞之婆娑。顧此頭顱，盡今夕一杯之酒。將何面目，見來時千頃

之波。豈期相偉重瞳，壽考异蒼梧之狩。不分兵讙十面，荒涼同《黃竹》之歌。鄉心落亭長船中，

春漲與軍聲并息。戰血灑老君巖下，秋燐則鬼唱猶多。

迄今廟貌荒寒、英姿瀟灑。高臺悵宋玉之登，殘碣恫魯公之寫。泣窮途於杜默、淚流冥漠之

中、襃特筆於史遷、名列諦煌之下。婦人仁而匹夫勇，夙疑此論非公。敵國破而謀臣亡，堪笑何

王不假。善將兵、善將將，蒙有猜焉。不學劍、不學書，公真健者。走馬定兩軍成敗，天實爲之。

斬蛇爭一代江山，今安在也？

奇情壯志、騰躍飛騫。用筆沈鬱頓挫、如聞變徵之音、此才豈可以斗石計！

【摹繪旖旎法】

適用於言情之文，雖有取於纏綿，宜正之以大雅，勿多寫兒女子態。

《詩·女曰雞鳴篇》

女曰雞鳴，士曰昧旦。子興視夜、明星有爛。將翱將翔，弋鳧與雁。

弋言加之，與子宜之。宜言飲酒，與子偕老。琴瑟在御，莫不靜好。

知子之來之、雜佩以贈之。知子之順之、雜佩以問之。知子之好之、雜佩以報之。

一警戒之意，柔婉之情，末章音節尤佳。

《國語·優施教驪姬夜半而泣》

優施教驪姬夜半而泣，謂公曰：『吾聞申生甚好仁而强、甚寬惠而慈於民、皆有所行之。今

謂君惑於我、必亂國、夫無乃以國故而行强於君、君未終命而不殺、君其若之何？盍殺我、無以

一妾亂百姓。』公曰：『夫豈惠其民而不惠於其父乎？』驪姬曰：『妾亦懼矣。吾聞之外人之言

曰：爲仁與爲國不同。爲仁者，愛親之謂仁；爲國者，利國之謂仁。故長民者無親，衆以爲親、

苟衆利而百姓和，豈能懼君？以衆故不敢愛親，衆況厚之，彼將惡始而美終，以晚蓋者也。凡民

利是生，殺君而厚利衆，衆孰沮之？殺親無惡於人，人孰去之？苟交利而得寵，志行而衆悅、欲其

甚矣，孰不惑焉？雖欲愛君，惑不釋也。今夫君爲紂，若紂有良子，而先喪紂，無章其惡而厚其

敗。鈞之死也，無必假手於武王，而其世不廢祀，至于今，吾豈知紂之善否哉？君欲勿恤，其可

乎？若大難至而恤之，其何及矣！』公懼曰：『若何而可？』驪姬曰：『君盍老而授之政。彼得

政而行其欲，得其所索，乃其釋君。且君其圖之，自桓叔以來，孰能愛親？唯無親，故能兼翼』

公曰：『不可與政。我以武與威，是以臨諸侯。未歿而亡政，不可謂武；有子而不勝，不可謂

威。我授之政，諸侯必絕；能絕於我，必能害我、失政而害國，不可忍也。爾勿憂，吾將圖之。』

孫月峰云：『鑿空生論、意巧刺骨，而辭特工阤，可謂奇之又奇、』余謂此文以狠辣之心、作柔婉之語，此其所以能奇也。

〇一層逼進一層，使獻公不得不入其圈中、浸潤之譖、可畏已極、有國者其鑒諸、

《楚辭·九歌·湘夫人篇》

帝子降兮北渚，目眇眇兮愁予。
嫋嫋兮秋風，洞庭波兮木葉下。
登白蘋兮騁望，與佳期兮夕張。
鳥何萃兮蘋中，罾何爲兮木上。
沅有茝兮澧有蘭，思公子兮未敢言。
慌惚兮遠望，觀流水兮潺湲。
麋何爲兮庭中？蛟何爲兮水裔？

朝馳余馬兮江皋，夕濟兮西澨、

聞佳人兮召予，將騰駕兮偕逝。

築室兮水中，葺之兮荷蓋。

蓀壁兮紫壇，播芳椒兮成堂。

桂棟兮蘭橑，辛夷楣兮藥房。

罔薜荔兮爲帷，擗蕙櫋兮既張。

白玉兮爲鎮，疏石蘭兮爲芳。

芷葺兮荷屋，繚之兮杜蘅。

合百草兮實庭，建芳馨兮廡門。

九疑繽兮并迎，靈之來兮如雲。

捐余袂兮江中，遺余褋兮澧浦。

搴汀洲兮杜若，將以遺兮遠者。

時不可兮驟得，聊逍遙兮容與。

《楚辭·九歌·少司命篇》

秋蘭兮麋蕪，羅生兮堂下。

綠葉兮素華，芳菲菲兮襲予。

夫人兮自有美子，蓀何以兮愁苦！

秋蘭兮青青，綠葉兮紫莖。

滿堂兮美人，忽獨與余兮目成。

入不言兮出不辭，乘回風兮載雲旗。

悲莫悲兮生別離，樂莫樂兮新相知。

荷衣兮蕙帶，儵而來兮忽而逝。

夕宿兮帝郊，君誰須兮雲之際？

與女游兮九河，衝風至兮水揚波。

與女沐兮咸池，晞女髮兮陽之阿。

望美人兮未來，臨風怳兮浩歌。

孔蓋兮翠旌，登九天兮撫彗星、

懲長劍兮擁幼艾，荃獨宜兮為民正、

朗麗淒哀，神韵不匱，熟讀之而味益長、

何子青《齊姜醉遣晉公子賦》（以題為韵）

新人燕笑，故國烏啼。心寒金玦，夢熟璇閨。繫閑情於風月、鬱壯志於雲霄。正宜自建鴻圖，早夷吾而返晉。未許常諧鳳卜，隨敬仲以留齊、蛾眉具有雄心，不愧桓公之女、駿骨竟逢巨眼，何論[二]僖氏之妻、

[二]『論』原作『諭』。

方晉公子重耳之出亡也，馳驅雨雪，閱歷星霜。莫滌薰蕕之臭，轉穠桃李之香、訂來離別之

詞、白首曾盟季隗。注到因緣之簿，紅絲又繫齊姜。爲思贈馬情高，匹配敢云非偶。儻念攘羭恨

切，溫柔何可爲鄉。奈繞樹以無依，羈鳥聊從塞雁。幸飄蓬之有托，食魚竟得河魴。

於是巢穩鳩營，琯諧鳳吹，綺閣花濃，羽觴月醉。比蚩尩之相依，遂嬰蜺之久寄。却借杯交

鸚鵡，慰去家去國之思。從教佩戢鴛鴦，極憐我憐卿之意。公子固翩翩絕世，未免有情。少年而

碌碌因人，安能成事？

幸哉！前箸工謀，後車交勉。嗟予尾之翛翛，篤匪躬之蹇蹇。將以蘇鳩毒於宴安，將以梏燕

私於婉變。蠱婦每能傾國，驪姬誠後事之師。哲夫自足成城，狐舅實從公之選。惟是諸君子者，

藉林下以叢談。孰知有婦人焉，翳桑間而俯眄。差幸蠱姑言泄，手刃旋加。轉令驪從謀成，腸輪

頓遣。

誠以姜之慧性珠圓，淵思玉鎮、銀手斷而無疑，金口緘而尤慎。式微憂甚於歌黎，蕃庶冀深

於筮晉。想從者雲龍風虎，安能墨墨爲懷。慨寓公春燕秋鴻，不覺蒼蒼在鬢。未肯香衾孤負，淬

露遄征。且看[二]翠袖殷勤，流霞競進。願一杯之更盡，開筵敢訴離襟。已百兩之潛裝，把盞莫辭餘酹。

時則天涯草綠，人面花紅。怕春光之漏泄，戒秋駕之朦朧。弄機關於掌上，澆磊塊於胸中。

願金屋以貯之，對傾綠蟻。儼玉山其頹也，扶上青驄。幾度纏綿，正夭桃之灼灼。者番惆悵，又

行李之匆匆。嘆從茲勞燕東西，難免情長兒女。願此去山河表裏，無忘險設王公。

一程兩程，千里萬里。蝶夢方酣，驪歌已起。揮戈之怒何爲、沈璧之盟可已、糟臺罷築、婿

鄉非投老之鄉。畫楫橫飛，帶水是銷魂之水。儻使令收逐客，百年好合齊眉。安能業著尊王，五

霸聲威震耳。始識帷房之內，無大丈夫。從知巾幗之中，有奇女子。

奈之何燕燕多愁，鶼鶼虛慕。非白雲遠問金華，豈黃土長埋玉樹。未合房中之樂，錦瑟分

張。徒留襟上之痕，金罍枉賦。嘆嘉耦翻成怨耦，可堪鏡對孤鸞。悔有情莫若無情，空爲窟謀狡

兔。是以介推負母、共戚者不必同休。何如趙季迎妻、憐新者未嘗忘故也、

[二]『看』原作『見』。

李次青云：『人奇事奇文奇、香溫玉軟中、顯出智深勇沈手段。亦兒女、亦英雄、彤史不能有二，然非此生龍活虎錦簇花團之筆，亦不足爲奇女子寫生。』又云：『此敘事題中之才雄力厚盡態極妍者，然層次正自分明，眉目仍極醒豁，并非浪使才華也。』

○晋文歸國後、迎秦嬴何等煊赫，而齊姜則竟無消息、人情勢利若此，宜作者于末段代鳴不平、

○原本第六段漏押官韵『公』字、『勞燕東西』四句係先君所手改、讀之愴然、

何子青《梁夫人桴鼓助戰賦》(以題爲韵)

風生刁斗，雲想衣裳；紅妝蹙敵，彤史留香。翊中興於宋室、勤内助於蘄王。撼山易而撼軍難，方面等岳家之重；得雄王而得雌霸，同心儷陳寶之祥。銜金支翠羽之光，莫謂美人傾國；錦纕繡旗之色，肯容小醜跳梁。

蓋梁夫人者，鳴鷄夜勵，走馬朝徂、比肩玉帳，分掌銅符。胡天胡帝、如火如荼、後乘引仙

乎之節，前驅從伯也之殳。六朝之金粉無顏，高牙坐擁；半壁之江山有警，纖手交扶。帷壇驚大

漢之軍，不櫛安能將將；板屋賦《小戎》之什，同裳豈但夫夫。

方其困兀兀於黃天蕩也，艅艎雲蔽，樓櫓星陳。縹緲閃旌旗之影、蹁躚著羅綺之身，何期師

旅之交，見此粲者，并以止齊之節，謀及婦人。漫云女子從行，鼓聲不起，政從莫邪爲佐，劍氣能

馴。炯照水之丹心，操檥异趙津之女；攘臨風之皓腕，倚旆疑洛浦之神。

坎其擊鼓，與子同仇；不衰不竭，能發能收。《六韜》以鸞鳳爲名，久嫻閨閣、一鼓而貔貅

作氣，共整戈矛。機鈴泄玄女之傳，擒來赤手；號令比飛奴之捷，突起蒼頭。有不共戴天之憤，

有不甘割地之羞。所由怒激三摑，直等褵生之奮杖；夫豈戎興一笑，漫同却子之援桴。

蓋謂欲張吾軍，必滅此虜。齊五伐而效三驅，轉四輪而翔八櫓。指山半仙仙倩影，宛排十二

金釵；聽江中浩浩軍聲，同射三千鐵弩。想通靈於楚澤，擊起馮夷；疑習戰於吳宮，教成孫武。

一震破蚩尤之霧，直下雷車；九霄猜織女之星，遙臨河鼓。

時則羽葆飛揚，鱗堂軒轟、挐空之雌霓生芒，薦食之長蛇失據、手揮雨點，濤轟回胥母之

狂；膽落風聲，飆舉借封姨之助。始識靈鼉警衆，極使船如馬之能；豈知老鶴潛通，竟化烏爲鳧

而去。恨未黃龍直搗，地輿從此全收；縱教白雁橫飛，天塹那容偷覷。

吁嗟乎！國有人，邦之媛。叶珩璜，精組練。手一麾，心百煉。固宜倚若長城。封之大縣。

伉儷旌忠，神仙健羨。漢飛將虎頭燕頷，儘誇將夫婿奇姿；衛碩人螓首蛾眉，誰識是英雄真面？何事六橋花柳，湖山虞偕隱

倘畫像麒麟閣上，何須多買胭脂；即提兵鵝鸛營中，不啻輕拈針綫。

之詩；至今兩岸菰蒲，風雨效當年之戰。

客有嘆逝水於東流，話劫灰於南渡。想夫翩若驚鴻、出如脫兔、大小喬無此施爲，左右甄

聽其調度。有聲有色，指揮落天女之花；其事其人，美豔奪將軍之樹。相當浮白，深杯談夢虎因

緣；合付汗青，煒管記從龍遭遇。孰意傾城之哲，足以成城；願移作賦之才，爲之治賦。

李次青云：『才情富豔，藻思紛披。人苦寒儉，此獨如萬斛泉源、隨地湧出、無一不巧

合題情，更無一不自心源瀋出。思靈而筆足以達之、是謂力餘于題。從層次入門者、擴充

至此，極才人之能事矣。」

○押『夫』字韻，工巧尤絕。

【刻畫物理法】

適用於小品趣味之文，宜超脫而渾成，即小以喻大，意在言外，勿使呆鈍；又近世科學大明，刻畫體狀，尤有合用之處。

《詩·無羊篇》

誰謂爾無羊？三百維群；誰謂爾無牛、？九十其犉、。爾羊來思、，其角濈濈。爾牛來思、，其耳濕濕。

或降于阿、，或飲于池、，或寢或訛、。爾牧來思，何蓑何笠，或負其餱。三十維物，爾牲則具、、爾牧來思，以薪以蒸，以雌以雄、。爾羊來思，矜矜兢兢，不騫不崩。麾之以肱，畢來既升。

牧人乃夢，衆維魚矣，旐維旟矣。大人占之：衆維魚矣，實維豐年；旐維旟矣，室家溱溱。

此詩爲宣王考牧而作。上三章宛然一幅畫圖，而造語均有趣味。末章以頌揚作結，乃

托於牧人之夢、可謂异想天開。

宋玉《大言賦》

楚襄王與唐勒、景差、宋玉游於陽雲之臺。王曰：『能爲寡人大言者上坐。』王因晞曰：『操

是太阿剸一世，流血衝天，車不可以厲。』至唐勒曰：『壯士憤兮絶天維，北斗戾兮太山夷。』至

景差曰：『校士猛毅皋陶嘻；鋸牙雲，晞甚大，吐舌萬里唾一世。』至宋玉曰：

『方地爲輿，圜天爲蓋，長劍耿介倚天外。』王曰：『未也。』玉曰：『并吞四夷，渴飲枯河海；跋

越九州，無所容止。身大四塞，愁不可長；據地跱天，迫不得仰。』

『苞中國而撫四夷』，徒爲大言，何嘗夢想。居覆載間，寥廓無偶，徒爲大言，豈能容于

人世、?刻畫固極精隃、而諷喻之意至矣、

宋玉《小言賦》

楚襄王既登陽雲之臺、令諸大夫景差、唐勒、宋玉等并造《大言賦》。賦畢、而宋玉受賞、王曰：『此賦之迂誕則極巨偉矣、抑未備也。且一陰一陽、道之所貴；小往大來、《剝》《復》之類也。是故卑高相配、而天地定位；三光并照、則大小備。能高而不能下、非兼通也；能粗而不能細、非妙工也。然則上坐者、未足明賞、賢人有能爲《小言賦》者、賜之雲夢之田。』景差曰：『載氛埃兮乘剽塵、體輕蚊翼、形微蚤鱗。聿遑浮踊、凌雲縱身。經由針孔、出入羅巾、飄眇翩綿、乍見乍泯。』唐勒曰：『析飛糠以爲輿、剖粃糟以爲舟、泛然投乎杯水中、淡若巨海之洪流。馮蚋眥以顧盼、附蠛蠓而遨游。寧隱微以無準、原存亡而不憂。』宋玉曰：『無內之中、微物潛生、比之無象、言之無脛、切蟻肝；會九族而同嚌、猶委餘而不殫。』宋玉曰：『館於蠅鬚、宴於豪端；烹虱名。蒙蒙滅景、昧昧遺形。超於太虛之域、出於未兆之庭。纖於氂末之微芒、陋於茸毛之方生。

視之則眇眇，望之則冥冥。離朱爲之嘆悶，神明不能察其情。二子之言磊磊皆不小，何如此之爲精？』王曰：『善。』賜以雲夢之田。

小莫能破者乎？

由小而入於無，恍兮惚兮，其知道乎！其近于空虛乎！毛猶有倫，無聲無臭，豈所謂語

韓退之《畫記》

雜古今人物小畫共一卷。騎而立者五人、騎而被甲載兵立者十人、一人騎執大旗前立、騎而被甲載兵行且下牽者十人、騎且負者二人、騎執器者二人、騎擁田犬者一人、騎而牽者二人、騎而驅者三人、執羈靮立者二人、騎而下倚馬臂隼而立者一人、騎而驅涉者二人、徒而驅牧者二人、坐而指使者一人、甲冑手弓矢鈇鉞植者七人、甲冑執幟植者十人、負者七人、偃寢休者二人、甲冑坐睡者一人、方涉者一人、坐而脫足者一人、寒附火者一人、雜執器物役者八人、奉壺矢者一人、舍而具食者十有一人、挹且注者四人、牛牽者二人、驢驅者四人、一人杖而負者、婦人以孺子載而可

見者六人,載而上下者三人,孺子戲者九人:凡人之事三十有二,爲人大小百二十有三,而莫有同者焉。馬大者九匹,於馬之中,又有上者,下者,行者,牽者,涉者,陸者,翹者,顧者,鳴者,寢者,訛者,立者,人立者,齕者,飲者,溲者,陟者,降者,癢磨樹者,噓者,嗅者,喜而相戲者,怒相踶齧者,秣者,騎者,驟者,走者,載服物者,載狐兔者:凡馬之事二十有七,爲馬大小八十有三;而莫有同者焉。牛大小十一頭,橐駝三頭,驢如橐駝之數而加其一焉。隼一,犬、羊、狐、兔、麋、鹿共三十,旄車三兩。雜兵器、弓矢、旌旗、刀劍、矛楯、弓服、矢房、甲胄之屬、瓶、盂、簦、笠、筐、筥、錡、釜、飲食服用之器,壺矢博奕之具,二百五十有一,皆曲極其妙。

貞元甲戌年,余在京師,甚無事。同居有獨孤生申叔者,始得此畫,而與余彈棋,余幸勝而獲焉。意甚惜之,以爲非一工人之所能運思,蓋聚集衆工人之所長耳,雖百金不願易也。明年出京師,至河陽,與二三客論畫品格,因出而觀之。座有趙侍御者,君子人也。見之戚然若有感然,少而進曰:『噫!余之手摸也。亡之且二十年矣、!余少時,常有志乎茲事,得國本,絕人事而摸得之。游閩中而喪焉。居閑處獨,時往來余懷也,以其始爲之勞,而夙好之篤也。今雖遇之,力不

國文經緯貫通大義

能爲已。且命工人存其大都焉、

數，而時觀之，以自釋焉。

有此奇畫，乃有此奇文。其來無端，其去無迹，不可方物。此等刻畫法、純從《考工記》

中來。

○方望溪云：『周人以後無此種格力。歐公自謂不能爲、所謂曉其深處、而東坡以所

傳爲妄，于此見知言之難。』

柳子厚《序棋》

房生直溫，與予二弟游、皆好學。予病其確也、思所以休息之者。得木局，隆其中而規焉，其

下方以直。置棋二十有四，貴者半，賤者半。貴曰上，賤曰下，咸自第一至十二。下者二乃敵一、

用朱、墨以別焉。房于是取二毫，如其第書之。既而抵戲者二人，則視其賤者而賤之、貴者而貴

之。其使之擊觸也，必先賤者，不得已而使貴者，則皆慄焉惕焉，亦鮮克以中。其獲也，得朱焉則

若有餘，得墨焉則若不足。

余諦睨之，以思其始則皆類也，房子一書之，而輕重若是、適近其手而先焉、非能擇其善而朱，否而墨之也。然而上焉而上，下焉而下，貴焉而貴，賤焉而賤，其易彼而敬此，遂以遠焉、然則若世之所以貴賤人者，有异房之貴賤茲棋者歟？無亦近而先之耳！有果能擇其善否者歟？其敬而易者，亦從而動心矣。 有敢議其善否者歟？其得於貴者，有不氣揚而志蕩者歟？其得於賤者，有不貌慢而心肆者歟？其所謂貴者，有敢輕而使之者歟？所謂賤者，有敢避其使之擊觸者歟？彼朱而墨者，相去千萬不啻，有敢以二敵其一者歟？余墨者徒也，觀其始與末有似棋者，故叙。

因物理而悟人情。 前半刻畫精細，後路感慨之情，乃噴薄而出、此神奇之品也、

○《唐末文醇》評此文不免過於堅深，學者參考之可也。

柳子厚《蝜蝂傳》

蝜蝂者，善負小蟲也。 行遇物，輒持取，卬其首，負之背，愈重，雖困劇不止也。 其背甚澀，物

積因不散，卒躓仆不能起。人或憐之，為去其負。苟能行，又持取如故。又好上高，極其力不已、

至墜地死。今世之嗜取者，遇貨不避，以厚其室，不知為己累也，唯恐其不積。及其怠而躓也，黜

棄之，遷徙之，亦以病矣。苟能起，又不艾。日思高其位，大其祿，而貪取滋甚，以近於危墜，觀前

之死亡不知戒。雖其形魁然大者也，其名人也，而智則小蟲也，亦足哀夫！

孔子曰：『德薄而位尊。』『力小而任重，鮮不及矣。』此文以小喻大，而人終莫之喻

也，讀之不禁三嘆。

○此文與《序棋》同例，後路微嫌發之太盡，若以司馬子長為之，必益含蓄，則更高矣。

【鐘鼓鏗鏘法】

普通適用，淺者讀之，可得誦讀之方；深者讀之，可通聲音之蘊；是為文學家之要訣。

《詩·七月篇》

七月流火，九月授衣。一之日觱發，二之日栗烈。無衣無褐，何以卒歲？三之日于耜，四之日舉趾。同我婦子，饁彼南畝，田畯至喜。

七月流火，九月授衣。春日載陽，有鳴倉庚。女執懿筐，遵彼微行，爰求柔桑。春日遲遲，采蘩祁祁。女心傷悲，殆及公子同歸！

七月流火，八月萑葦。蠶月條桑，取彼斧斯，以伐遠揚，猗彼女桑。七月鳴鵙，八月載績。載玄載黃，我朱孔陽，為公子裳。

四月秀葽，五月鳴蜩。八月其穫，十月隕蘀。一之日于貉，取彼狐狸，為公子裘。二之日其同，載纘武功，言私其豵，獻豜于公。

五月斯螽動股，六月莎雞振羽。七月在野，八月在宇，九月在戶，十月蟋蟀入我床下。穹窒熏鼠，塞向墐戶。嗟我婦子，曰為改歲，入此室處。

六月食鬱及薁，七月亨葵及菽。八月剝棗，十月穫稻。為此春酒，以介眉壽。七月食瓜，八

月、斷壼。九月叔苴，采荼薪樗，食我農夫。

九月築場圃，十月納禾稼，黍稷重穋，禾麻菽麥。嗟我農夫！我稼既同，上入宮功。晝爾

于茅，宵爾索綯，亟其乘屋，其始播百穀。

二之日，鑿冰沖沖。三之日，納于凌陰。四之日其蚤，獻羔祭韭。九月肅霜，十月滌場。朋

酒斯饗，曰殺羔羊。躋彼公堂，稱彼兕觥，萬壽無疆！

謝疊山云：『民生莫重乎衣食，飢寒則過累[一]，飽暖則無思，此人之常情也。《邠風》

則不然。觀往而知來，見微而知著，憂深而思遠，不以日前之飽暖，忘後日之飢寒。《中庸》

曰：「凡事豫則立。」又曰：「道前定則不窮。」《商書》曰：「惟事事乃其有備，有備無患。」

《七月》一詩，事皆豫立，道皆前定，事事有備而無患也。』

○鍾伯敬云：『各章配月分，有複，有倒，有錯，文法出沒藏露，莫可端倪，非聖手

[一]『累』原作『慮』。

不能。』

○余按：《豳風》所以陳王業。中國以農立國、王業首在稔農事。彼駸豎不知稼穡之艱難、而以治天下、豈不殆哉！

○李漢云『周情孔思』，然如《鴟鴞》《東山》等詩，不過悲鬱之情、而此詩則係纏綿婉委之情。音節之鏗鏘，自古以來，未有過于此者矣。

○周公文字，每篇結處，其聲多大而遠、此其所以爲大聖人也、。此詩『躋彼公堂』三句一結、聲音何等洪大！讀者宜注意。

《詩·卷阿篇》

有卷者阿，飄風自南。豈弟君子，來游來歌，以矢其音。

伴奐爾游矣，優游爾休矣。豈弟君子，俾爾彌爾性，似先公酋矣。

爾土宇昄章，亦孔之厚矣。豈弟君子，俾爾彌爾性，百神爾主矣。

爾受命長矣，莁祿爾康矣。豈弟君子，俾爾彌爾性，純嘏爾常矣。

有馮有翼，有孝有德，以引以翼。豈弟君子，四方爲則。

顒顒卬卬，如圭如璋，令聞令望。豈弟君子，四方爲綱。

鳳凰于飛，翽翽其羽，亦集爰止。藹藹王多吉士，維君子使，媚于天子。

鳳凰于飛，翽翽其羽，亦傅于天。藹藹王多吉人，維君子命，媚于庶人。

鳳凰鳴矣，于彼高岡。梧桐生矣，于彼朝陽。菶菶萋萋，雝雝喈喈。

君子之車，既庶且多。君子之馬，既閑且馳。矢詩不多，維以遂歌。

鍾伯敬云：『前四章渾然不露。五章以後，本旨歸乎用人，所謂以人事君，大臣之義也。』

○謝疊山云：『王所馮翼之人，不取非常之才，而止曰「有孝有德」，何也？曰：孝於親者，必忠於君。取其孝，正求其忠也。唐、虞而上，惟取人以德，無才德之分，如皋陶九德

皆才也，舜舉八元八愷之才，皆德也。有德則才在其中矣。

○余按：此《詩序》謂召康公戒成王求賢用吉士而作，而歸本於彌性受命。善哉其有周公之意乎！音節之妙，冠絕千古。命之符，必本身以作則，然後賢才可進。威儀爲定

《詩·有駜篇》

有駜有駜，駜彼乘黃。夙夜在公，在公明明。振振鷺，鷺于下。鼓咽咽，醉言舞。于胥樂兮。

有駜有駜，駜彼乘牡。夙夜在公，在公飲酒。振振鷺，鷺于飛。鼓咽咽，醉言歸。于胥樂兮。

有駜有駜，駜彼乘駽。夙夜在公，在公載燕。自今以始，歲其有，君子有穀，詒孫子。于胥樂兮。

此《詩序》謂『頌僖公君臣之有道』，有民康物阜、時和年豐之氣象。然但知樂而不知憂，得無有缺然於中者乎？而節奏特妙。

《左傳·鄭伯伐許》（隱公十一年）

秋七月，公會齊侯、鄭伯伐許。庚辰，傅于許、潁考叔取鄭伯之旗蝥弧以先登、子都自下射之，顛。瑕叔盈又以蝥弧登，周麾而呼曰：『君登矣！』鄭師畢登。壬午，遂入許。許莊公奔衛。

齊侯以許讓公。公曰：『君謂許不共，故從君討之。許既伏其罪矣、雖君有命、寡人弗敢與聞。』乃與鄭人。

鄭伯使許大夫百里奉許叔以居許東偏、曰：『天禍許國，鬼神實不逞于許君、而假手于我寡人。寡人唯是一二父兄、不能共億，其敢以許自為功乎？寡人有弟，不能和協、而使餬其口於四方、其況能久有許乎？吾子其奉許叔，以撫柔此民也，吾將使獲也佐吾子。若寡人得沒于地，天其以禮、悔禍于許？無寧茲許公復奉其社稷。唯我鄭國之有請謁焉，如舊昏媾，其能降以相從也。無滋他族，實逼處此，以與我鄭國爭此土也。吾子孫其覆亡之不暇、而況能禋祀許乎？寡人之使吾子處此，不唯許國之為，亦聊以固吾圉也。』

乃使公孫獲處許西偏，曰：『凡而器用財賄、無置於許。我死，乃亟去之、吾先君新邑

於此、王室而既卑矣，周之子孫，日失其序。夫許，大岳之胤也，天而既厭周德矣，吾其能與許爭乎？」

君子謂：鄭莊公於是乎有禮。禮，經國家、定社稷、序民人、利後嗣者也。許無刑而伐之，服而舍之，度德而處之、量力而行之、相時而動，無累後人，可謂知禮矣。

抑揚委婉，鏗然有金石之音，《左傳》中精采文字。

○鄭莊爲人，奸猾詐僞，此文則語語謙讓者，實則皆自危之詞也。曰『無滋他族』，懼齊、魯之侵略其間也；曰『子孫覆亡』，知突忽輩之不肖，鄭之將衰也；使公孫獲處許西偏，防範許叔也；曰『天禍許國』、曰『天厭周德』，皆假托之詞也，至此而奸猾之情盡露矣！而文字特工妙，皆左氏爲之粉飾耳。『君子謂鄭莊公知禮』一段，爲劉歆輩增入，先儒已論之矣。

○四『乎』字，句法暗相應、在有意無意之間，丰神獨絶。

《左傳・晉侯使呂相絕秦》（成公十三年）

夏四月戊午，晉侯使呂相絕秦，曰：『昔逮我獻公及穆公相好，勠力同心，申之以盟誓，重之以昏姻。天禍晉國，文公如齊，惠公如秦。無祿，獻公即世。穆公不忘舊德，俾我惠公，用能奉祀于晉。又不能成大勛，而爲韓之師。亦悔于厥心，用集我文公，是穆之成也。

『文公躬擐甲冑，跋履山川，逾越險阻，征東之諸侯，虞、夏、商、周之胤，而朝諸秦，則亦既報舊德矣。鄭人怒君之疆場，我文公帥諸侯及秦圍鄭。秦大夫不詢于我寡君，擅及鄭盟。諸侯疾之，將致命於秦。文公恐懼，綏靜諸侯，秦師克還無害，則是我有大造於西也。

『無祿，文公即世；穆爲不吊，蔑死我君，寡我襄公，迭我殽地，奸絕我好，伐我保城。殄滅我費滑，散離我兄弟，撓亂我同盟，傾覆我國家。我襄公未忘君之舊勛，而懼社稷之隕，是以有殽之師。猶願赦罪于穆公，穆公弗聽，而即楚謀我。天誘其衷，成王隕命，穆公是以不克逞志于我。

『穆、襄即世，康、靈即位。康公我之自出，又欲闕翦我公室，傾覆我社稷，帥我蝥賊，以來蕩搖我邊疆，我是以有令狐之役。康猶不悛，入我河曲，伐我涑川，俘我王官，翦我羈馬，我是以有

河曲之戰。東道之不通，則是康公絕我好也。

『及君之嗣也，我君景公引領西望曰：「庶撫我乎！」君亦不惠稱盟，利吾有狄難，入我河縣，焚我箕、郜，芟夷我農功，虔劉我邊垂。我是以有輔氏之聚。君亦悔禍之延，而欲徼福于先君獻、穆，使伯車來命我。景公曰：「吾與女同好棄惡，復修舊德，以追念前勳。」言誓未就，景公即世，我寡君是以有令狐之會。君又不祥，背棄盟誓。白狄及君同州，君之仇讎，而我之昏姻也。君來賜命曰：「吾與女伐狄。」寡君不敢顧昏姻，畏君之威，而受命于吏。君有二心於狄，曰：「晋將伐女。」狄應且憎，是用告我。楚人惡君之二三其德也，亦來告我曰：「秦背令狐之盟，而來求盟于我，昭告昊天上帝、秦三公、楚三王曰：『余雖與晋出入，余唯利是視。』不穀惡其無成德，是用宣之，以懲不壹。」諸侯備聞此言，斯是用痛心疾首，暱就寡人。寡人帥以聽命，唯好是求。君若惠顧諸侯，矜哀寡人，而賜之盟，則寡人之願也，其承寧諸侯以退，豈敢徼亂！君若不施大惠，寡人不佞，其不能以諸侯退矣。敢盡布之執事，俾執事實圖利之。』」

孫月峰云：『通篇雖是造作語言，就文而論，最爲工煉。敘事婉曲有條理、字法細、句法古，章法整、篇法密，誦之數十過不厭，在辭令中又是一種格調。古今無兩，可謂神品。』

○茅鹿門云：『述己之功，過爲崇讓；數秦之罪，曲加詆誣。』余謂此所謂『知有我而不知有人』也，故通篇以『我』字作骨，中間虛字以『是以』『是用』作爲貫串。

○自古辭令之委婉，無過此文。或謂其近於策士習氣，殊不然，《國策》文字不若是也、

晋文公既定襄王于郊，王勞之以地，辭，請隧焉。王不許，曰：『昔我先王之有天下也、規方千里以爲甸服，以供上帝山川百神之祀，以備百姓兆民之用，以待不庭不虞之患。其餘以均分公侯伯子男，使各有寧宇，以順及天地，無逢其災害。先王豈有賴焉？内官不過九御，外官不過九品，足以供給神祇而已，豈敢厭縱其耳目心腹以亂百度？亦唯是死生之服物采章，以臨長百姓，

而輕重布之，王何异之有？今天降禍災於周室，余一人僅亦守府，又不佞以勤叔父，而班先王之大物以賞私德，其叔父實應且憎，以非余一人，余一人豈敢有愛也？先民有言曰：「改玉改行。」

叔父若能光裕大德，更姓改物，以創制天下，自顯庸也。而縮取備物，以鎮撫百姓，余一人其流辟，旅於裔土，何辭之與有！若由是姬姓也，尚將列爲公侯，以復先王之職，大物其未可改也。叔父懋昭明德，物將自至，余何敢以私勞變前之大章，以忝天下，其若先王與百姓何？何政令之爲也。

若不然，叔父有地而隧焉，余安能知之？』文公遂不敢請，受地而還。

○唐荊川云：『拜胙與請隧二者，俱大禮所關、一則命之而不敢，一則無命而自請、于代德二語，彼約而能該，此煩而不厭，信然。

極嚴厲之意，而以極婉轉之筆出之，音節琅然，令人不厭百回讀、昔人謂《內傳》未有此見齊桓晉文之優劣。』

國文經緯貫通大義卷六

【俯仰進退法】

適用於叙跋說理之文，宜雍容華貴，不宜浮泛迂緩；知此者可以覘其人之性情態度。

曾子固《書魏鄭公傳》

予觀太宗嘗屈己以從群臣之議、而魏鄭公之徒，喜遭其時，感知己之遇、事之大小，無不諫諍，雖其忠誠自至、亦得君以然也。則思唐之所以治，太宗之所以稱賢主，而前世之君不及者，其淵源皆出於此也。能知其有此者，以其書存也。及觀鄭公以諫諍事付史官、太宗怒之、薄其恩禮，失始終之義，則未嘗不反覆嗟惜，恨其不思，而益知鄭公之賢焉。

夫君之使臣，與臣之事君者何？、大公至正之道而已矣。大公至正之道、非滅人言以掩己過，

取小亮以私其君，此其不可者也、、又有甚不可者。夫以諫諍爲當掩，是以諫諍爲非美也，則後世

誰復當諫諍乎？況前代之君，有納諫之美，而後世不見，則非惟失一時之公，將使後世之君，謂前

代。無諫諍之事，是啓其怠且忌矣。太宗末年、群下既知此意而不言，漸不知天下之得失。至于遼

東之敗，而始恨鄭公不在世，未嘗知其悔之萌芽出於此也。

夫伊尹、周公何如人也？伊尹、周公之諫切其君者，其言至深，而其事至迫。存之於《書》，

未嘗掩焉。至今稱太甲、成王爲賢君，而伊尹、周公爲良相者，以其書可見也。令當時削而棄之，

成區區之小讓，則後世何所據依而諫，又何以知其賢且良與？桀、紂、幽、厲、始皇之亡，則其臣之

諫詞無見焉。非其史之遺，乃天下不敢言而然也。則諫諍之無傳，乃此數君之所以益暴其惡於

後世而已矣。

或曰：『《春秋》之法，爲尊親賢者諱，與此戾矣。』夫《春秋》之所以諱者，惡也、納諫諍豈

惡乎、？『然則焚稿者非歟？』曰：焚稿者誰歟？非伊尹、周公爲之也，近世取區區之小亮者爲之。

耳。其事又未是也。何則？以焚其稿爲掩君之過，而使後世傳之，則是使後世不見稿之是非，而必其過常在于君，美常在于己也，豈愛其君之謂歟？孔光之去其稿之所言，其在正邪，未可知也。而焚之而惑後世，庸詎知非謀己之奸計乎？或曰：『造辟而言，詭辭而出，异乎此。』曰：此非聖人之所嘗言也。令萬一有是理，亦謂君臣之間，議論之際，不欲漏其言於一時之人耳，豈杜其告萬世也？噫！以誠信待己而事其君，而不欺乎萬世者，鄭公也。益知其賢云。豈非然哉？豈非然哉？

俯仰進退者，猶人生揖讓周旋之禮，宜行徐而不宜迫促，宜周到而不宜疏略，專以態度勝者也。子固最爲擅長，後來惟朱子能得其傳。此文後半曲折夷猶，盡從容委婉之妙。

○本法最宜於說理論事，倘不善學之，一味迂緩，則失其宗旨矣。

曾子固《戰國策目録序》

劉向所定《戰國策》三十三篇、《崇文總目》稱第十一篇者闕、臣訪之士大夫家，始盡得其

書、正其誤謬而疑其不可考者，然後《戰國策》三十三篇復完。叙曰：

向叙此書，言周之先，明教化，修法度，所以大治。及其後謀詐用而仁義之路塞、所以大亂。

其說既美矣。卒以謂此書，戰國之謀士，度時君之所能行，不得不然。則可謂惑於流俗而不篤於

自信者也。

夫孔、孟之時，去周之初，已數百歲，其舊法已亡、舊俗已熄久矣。二子乃獨明先王，以謂不

可改者，豈將强天下之主以後世之所不可爲哉？亦將因其所遇之時、所遭之變，而爲當世之法，

使不失乎先王之意而已。二帝三王之治，其變固殊，其法固異，而其爲國家天下之意，本末先後，

未嘗不同也。二子之道，如是而已。蓋法者所以適變也，不必盡同；道者所以立本也，不可不一。

此理之不易者也。故二子者守此，豈好爲異論哉？能勿苟而已矣。可謂不惑乎流俗而篤於自信

者也。

戰國之游士則不然。不知道之可信，而樂於說之易合，其設心注意，偷爲一切之計而已。故

論詐之便而諱其敗、言戰之善而蔽其患，其相率而爲之者，莫不有利焉而不勝其害也，有得焉而

不勝其失也。卒至蘇秦、商鞅、孫臏、吳起、李斯之徒以亡其身、而諸侯及秦用之者、亦滅其國、

其爲世之大禍明矣、而俗猶莫之寤也。惟先王之道、因時適變、爲法不同、而考之無疵、用之無

弊、故古之聖賢、未有以此而易彼也。

　或曰：『邪說之害正也、宜放而絕之。則此書之不泯、其可乎？』對曰：君子之禁邪說也、

固將明其說於天下、使當世之人、皆知其說之不可從、然後以禁則齊；使後世之人、皆知其說之

不可爲、然後以戒則明。豈必滅其籍哉？放而絕之、莫善於是。是以孟子之書、有爲神農之言

者、有爲墨子之言者、皆著而非之。至於此書之作、則上繼春秋、下至楚、漢之起、二百四十五年

之間、載其行事、固不可得而廢也。

　此書有高誘注者、二十一篇、或曰三十二篇、《崇文總目》存者八篇、今存者十篇。

　明先聖之要道、黜處士之橫議、有功世道人心、實非淺鮮。陸清獻作《戰國策去毒》、

即本此意、而其文之曲折紆徐、尤爲古來僅見之作。

曾子固《宜黃縣縣學記》

古之人自家至於天子之國皆有學；自幼至於長，未嘗去於學之中、學有《詩》《書》六藝、弦歌洗爵、俯仰之容，升降之節，以習其心體耳目手足之舉措，又有祭祀、鄉射、養老之禮，以習其恭讓；進材、論獄、出兵授捷之法，以習其從事。師友以解其惑，勸懲以勉其進，戒其不率，其所為具如此。而其大要，則務使人人學其性，不獨患其邪僻放肆也。雖有剛柔緩急之異，皆可以進之中而無過不及。使其識之明，氣之充於其心，則用之於進退語默之際，而無不得其宜；臨之以禍福死生之故，無足動其意者。為天下之士，為所以養其身之備如此，則又使知天地事物之變、古今治亂之理，至於損益廢置、先後始終之要，無所不知。其在堂戶之上，而四海九州之業、萬世之策皆得。及出而履天下之任，列百官之中，則隨所施為，無不可者。何則？其素所學問然也。

蓋凡人之起居、飲食、動作之小事，至於修身為國家天下之大體，皆自學出，而無斯須去於教。其動於視聽四肢者，必使其洽於內；其謹於初者，必使其要於終。馴之以自然，而待之以積也。其習於善而熟，則服之若自然，而待之以積。故其俗之成，則刑罰措；其材之成，則三公百官得其士；其為法之永，則中久。噫！何其至也。

材可以守，其入人之深，則雖更衰世而不亂。爲教之極至於此，鼓舞天下而人不知其從之，豈用力也哉？

及三代衰、聖人之制作盡壞。千餘年之間，學有存者，亦非古法。人之體性之舉動，唯其所自肆，而臨政治人之方，固不素講。士有聰明樸茂之質，而無教養之漸，則其材之不成、夫然。蓋以不學未成之材，而爲天下之吏，又承衰弊之後，而治不教之民。嗚呼！仁政之所以不行，賊盜刑罰之所以積，其不以此也歟！

宋興，幾百年矣。慶曆三年，天子圖當世之務，而以學爲先、於是天下之學乃得立。而方此之時，撫州之宜黃，猶不能有學，士之學者，皆相率而寓於州，以群聚講習。其明年，天下之學復廢，士亦皆散去，而《春秋》釋奠之事，以著於令，則常以廟祀孔氏，廟又不復理。皇祐元年，會令李君詳至，始議立學。而縣之士某某，與其徒皆自以謂得發憤於此，莫不相勵而趨爲之。故其材不賦而羨，匠不發而多。其成也，積屋之區若干，而門序正位、講藝之堂、樓士之舍皆足。積器之數若干，而祀飲寢食之用皆具。其像，孔氏而下，從祭之士皆備。其書，經史百氏、翰林子墨之文

章、無外求者。其相基會作之本末、總爲日若干而已、何其周且速也！
當四方學廢之初、有司之議、固以謂學者、人情之所不樂。及觀此學之作、在其廢學數年
之後、唯其令之一唱、而四境之內、響應而圖之、如恐不及。則夫言人之情不樂於學者、其果然
也歟？

宜黃之學者、固多良士。而李君之爲令、威行愛立、訟清事舉、其政又良也。夫及良令之時、
而順其慕學發憤之俗、作爲宮室教肆之所、與圖書器用之須、莫不皆有以養其良材之士。雖古之
去今遠矣、然聖人之典籍皆在、其言可考、其法可求。使其相與學而明之、禮樂節文之詳、固有所
不得爲者。若夫正心修身、爲國家、天下之大務、則在其進之而已。使一人之行修、移之於一家、
一家之行修、移之於鄉鄰族黨、則一縣之風俗成、人材出矣。教化之行、道德之歸、非遠人也、可
不勉歟！縣之士來請、曰：『願有記。』其記之。十二月某日也。

《孟子》曰：『流水之爲物也，不盈科不行。君子之志於道也，不成章不達。』流水彎

環、其妙全在曲折而能達、而其間波瀾激灩自有天然姿態、惟此文足以喻之、後之有志於

道者、皆當依此為法。

○凡對此等文、當收斂身心以從容閑雅之致讀之、切忌張皇浮躁。相傳歸震川赴公車

時、在中途讀《書魏鄭公傳》、至百餘遍不厭。余謂本法三篇、皆當如是讀法、庶幾作文時

俯仰進退、動合天則。然亦自有性之所以近焉、不可強也、研究道德者方能知之。

【皎潔無塵法】

適用於辭賦、游記之屬、宜有空山鼓琴、月明天外之致。身有俗骨者、不能為此。

《詩·蒹葭篇》

蒹葭蒼蒼、白露為霜。所謂伊人、在水一方。遡洄從之、道阻且長；遡游從之、宛在水中央。

蒹葭萋萋、白露未晞。所謂伊人、在水之湄。遡洄從之、道阻且躋；遡游從之、宛在水中坻。

蒹葭采采，白露未已。所謂伊人，在水之涘。遡洄從之，道阻且右，遡游從之，宛在水中沚。

鍾伯敬云：『异人异境，使人欲仙。』余按：此《詩序》以爲『刺秦襄公而作，未能用周禮，將無以固其國』。竊謂秋水之蒹葭無异歲寒之松柏，能醫國者斯人，能傳道者亦斯人也。『道阻且長』，豈終不出歟？亦待時而已。

《詩·白駒篇》

皎皎白駒，食我場苗；縶之維之，以永今朝。所謂伊人，於焉逍遙。

皎皎白駒，食我場藿；縶之維之，以永今夕。所謂伊人，於焉嘉客。

皎皎白駒，賁然來思。爾公爾侯，逸豫無期。慎爾優游，勉爾遁思。

皎皎白駒，在彼空谷。生芻一束，其人如玉。毋金玉爾音，而有遐心。

謝叠山云：『皎皎者，潔白可愛，敬其人亦美其駒也。』『所謂伊人』何人也？宜坐於

廟堂之上者也、。今乃逍遙乎此地而爲嘉客乎、。敬之深亦惜之至也、、、、或巖居穴處、影響惟恐聞於人。自尊自貴，言語不與人通。雖故交舊識不免退棄。此金玉爾音而有退心者也。』余按：此《詩序》以爲大夫刺宣王而作，以其不能留賢，乃特以殷勤之筆出之。末章飄飄欲仙，有『桃花流水杳然去，別有天地非人間』之概、。

陶淵明《歸去來辭》

歸去來兮，田園將蕪，胡不歸？。既自以心爲形役、奚惆悵而獨悲、。悟已往之不諫、知來者之可追。。實迷途其未遠，覺今是而昨非。。舟搖搖以輕颺，風飄飄而吹衣。。問征夫以前路，恨晨光之熹微、。

乃瞻衡宇，載欣載奔。僮僕歡迎、稚子候門、。三徑就荒、松菊猶存。攜幼入室，有酒盈樽。引壺觴以自酌，盼庭柯以怡顏。倚南窗以寄傲，審容膝之易安。園日涉以成趣，門雖設而常關。策扶老以流憩，時矯首而遐觀。雲無心以出岫，鳥倦飛而知還。景翳翳以將入，撫孤松而盤桓。

歸去來兮，請息交以絕游。世與我而相遺，復駕言兮焉求？悅親戚之情話，樂琴書以消憂。農人告余以春及，將有事於西疇。或命巾車，或棹孤舟。既窈窕以尋壑，亦崎嶇而經丘。木欣欣以向榮，泉涓涓而始流。羨萬物之得時，感吾生之行休。

已矣乎！寓形宇內復幾時？曷不委心任去留？胡爲乎遑遑欲何之？富貴非吾願，帝鄉不可期。懷良辰以孤往，或植杖而耘耔。登東皋以舒嘯，臨清流而賦詩。聊乘化以歸盡，樂夫天命復奚疑！

皓月當空，纖雲不染，是即皎潔無塵之象。然文之皎潔無塵者，必其心之皎潔無塵者也。陶公不爲五斗米折腰，其性靈何等光明，其氣節何等高峻！天君泰然，冰壺朗徹，故其文高潔如此，讀之可以一洗俗情俗骨。凡依回於出處進退之間者，可以鑒矣。其有益于心術人品，非淺鮮也。

蘇子瞻《石鐘山記》

《水經》云：『彭蠡之口，有石鐘山焉。』酈元以爲下臨深潭，微風鼓浪，水石相搏，聲如洪鐘。

是説也，人常疑之、今以鐘磬置水中、雖大風浪不能鳴也、而況石乎！至唐李渤始訪其遺踪、得

雙石於潭上，扣而聆之，南聲函胡，北音清越，枹止響騰，餘韵徐歇。自以爲得之矣。然是説也，

余尤疑之、石之鏗然有聲者，所在皆是也，而此獨以鐘名何哉？

元豐七年六月丁丑，余自齊安，舟行適臨汝，而長子邁將赴饒之德興尉，送之至湖口，因得觀

所謂石鐘者。寺僧使小童持斧，於亂石間擇其一二扣之，硿硿焉。余固笑而不信也。至其夜月

明，獨與邁乘小舟至絶壁下。大石側立千尺，如猛獸奇鬼，森然欲搏人；而山上棲鶻，聞人聲亦

驚起，磔磔雲霄間；又有若老人欬且笑於山谷中者，或曰此鸛鶴也。余方心動欲還，而大聲發於

水上，噌吰如鐘鼓不絶。舟人大恐。徐而察之，則山下皆石穴罅，不知其淺深，微波入焉，涵澹澎

湃而爲此也。舟回至兩山間，將入港口，有大石當中流，可坐百人，空中而多竅，與風水相吞吐，

有窾坎鏜鞳之聲，與向之噌吰者相應，如樂作焉。因笑謂邁曰：『汝識之乎？噌吰者，周景王之

無射也；窾坎鏜鞳者，魏獻子之歌鐘也。古之人不余欺也！』

事不目見耳聞，而臆斷其有無，可乎？酈元之所見聞，殆與余同，而言之不詳；士大夫終不

肯以小舟夜泊絕壁之下，故莫能知；而漁工水師，雖知而不能言，此世所以不傳也。而陋者乃以斧斤考擊而求之，自以爲得其實。余是以記之，蓋嘆酈元之簡、而笑李渤之陋也。

此文近刻畫物理、而特以淡遠高潔之筆出之、翛然神遠、有如仙境。非親烟火者所能知也。

吳穀人《春水綠波賦》

迢迢南浦，渺渺伊人。波長怨水、綠遠愁春。乃進騷客、召吟賓、申契於采蘭之渚、寄懷於挑菜之津。則見膏融地脉，泉落天紳，雪水消而烟水活，大波瀾而小波淪。舊時漲碧之痕，橋平雁齒，此日縈青之態，浪颭魚鱗，花落成文，萬紫之雲藍不斷；鏡開如畫，一峰之眉黛低皴。於是歡侶鷗鳧、延芳蘅芷、戲拋堉於清明，約流觴於上巳。鴛鴦湖上，軟翠三篙、鸚鵡洲邊、晴漪十里。采欄曲曲以虹流，白羽翻翻而雪起。净無可唾，蘆芽荻筍之間；空欲生寒，雲影天光之裏。洗梅花之艷骨，方能修到仙人。除桃葉之深情，安得有如此水？

國文經緯貫通大義

三三四

試觀其樹樹如浮，帆帆相屬，紋作鞸迴，羅將帶束，蜻蜓偷眼而空窺，翡翠潛身而出浴。吹來

圓沫、齊化紺珠，折出方流，都疑碧玉。船真天上，捫星斗而皆青；人在鏡中，染須眉而盡綠。然

且照影徘徊，臨崖躑躅，薄采則一筩難盈，相思則千尋欲續。蘼蕪浩渺，寫空江如夢之詩；楊柳

迷離。唱何處尋君之曲。

豈不以我居水涘，子去山阿。子懷杜若，我念薜蘿，期褰修兮不至、隱潭烟兮奈何，？徒見茫

茫遠水，瑟瑟空波。衣香人影，櫓唱漁歌。涵世界之鶯花，蔚藍無際；蕩樓臺之烟雨，金碧偏多。

念余情其信芳，相對一汀之草。願在髮而爲澤，常留五斛之螺。

是知感莫感於懷人、難莫難於行路；况春水兮方生、又春光兮欲暮。浣兔毫於江上，難染丹

青；剖魚腹於船頭，不逢尺素。愁欲翦而偏長，時以閱而成故。流水三生，東風一度，就令花全

作絮，猶留波而之萍。正恐葉易成陰，又換天涯之樹。張平子所思不見，未免生愁。江文通黯然

銷魂，因之作賦。

李次青云：『題出自《別賦》，自應就送別生情、然非醞釀於《騷》《選》者深，誰能有此深情遠韵？』又云：『遒煉爲賦家超凡脫俗之一關、然過煉或恐傷氣，須知其洗煉而出以渾成處。開手「波長怨水，綠遠愁春」八字，便令人百思不能到。』余謂如此雅筆，方當得『脫盡俗塵』四字。

【心境兩閑法】

普通適用，記游山水尤佳。當有鳳翔千仞，翛然世外之意；惟性靜、心清、品潔者乃能爲之。

柳子厚《始得西山宴游記》

自余爲僇人，居是州，恒惴慄。其隟也，則施施而行、漫漫而游、日與其徒，上高山，入深林，窮迴溪，幽泉怪石，無遠不到。到則披草而坐，傾壺而醉。醉則更相枕以臥。意有所極，夢亦同

趣。覺而起，起而歸。以爲凡是州之山水，有异態者，皆我有也、而未始知西山之怪特。

今年九月二十八日，因坐法華西亭，望西山，始指异之。遂命僕過湘江，緣染溪，斫榛莽、焚茅茷，窮山之高而止。攀援而登，箕踞而遨，則凡數州之土壤，皆在衽席之下。其高下之勢，岈然洼然，若垤若穴，尺寸千里，攢蹙累積，莫得遁隱。縈青繚白，外與天際，四望如一。然後知是山之特出，不與培塿爲類。悠悠乎與灝氣俱，而莫得其涯。洋洋乎與造物者游，而不知其所窮。引觴滿酌，頹然就醉，不知日之入。蒼然暮色，自遠而至，至無所見，而猶不欲歸。心凝形釋，與萬化冥合。然後知吾嚮之未始游，游於是乎始。故爲之文以志。是歲元和四年也。

柳子厚《鈷鉧潭記》

鈷鉧潭在西山西。其始蓋冉水自南奔注、抵山石、曲折東流、其顛委勢峻、蕩擊益暴、齧其涯，故旁廣而中深，畢至石乃止。流沫成輪，然後徐行，其清而平者且十畝餘，有樹環焉，有泉懸焉。其上有居者，以予之亟游也，一旦款門來告曰：『不勝官租私券之委積，既芟山而更居、願

以潭上田貿財以緩禍。』予樂而如其言。則崇其臺、延其檻、行其泉於高者、墜之潭、有聲潺然。

尤與中秋觀月爲宜、於以見天之高、氣之迥。孰使予樂居夷而忘故土者、非茲潭也歟？

柳子厚《鈷鉧潭西小丘記》

得西山後八日，尋山口西北道二百步，又得鈷鉧潭。潭西二十五步，當湍而浚者爲魚梁。梁

之上有丘焉，生竹樹，其石之突怒偃蹇，負土而出，爭爲奇狀者，殆不可數。其嶔然相累而下者，

若牛馬之飲於溪；其衝然角列而上者，若熊羆之登於山

丘之小不能一畝，可以籠而有之。問其主，曰：『唐氏之棄地，貨而不售。』問其價，曰：『止

四百。』余憐而售之。李深源、元克己時同游，皆大喜，出自意外。即更取器用，鏟刈穢草，伐去

惡木，烈火而焚之。嘉木立，美竹露，奇石顯。由其中以望，則山之高，雲之浮，溪之流，鳥獸魚之

遨游，舉熙熙然迴巧獻技，以效茲丘之下。枕席而卧，則清泠之狀與目謀，瀯瀯之聲與耳謀，悠然

而虛者與神謀，淵然而靜者與心謀。不匝旬而得异地者二，雖古好事之士，或未能至焉。

、

噫！以茲丘之勝，致之灃、鎬、鄠、杜，則貴游之士，爭買者日增千金，而愈不可得。今棄是州

也，農夫漁父，過而陋之，賈四百，連歲不能售。而我與深源，克己獨喜得之，是其果有遭乎！書

於石，所以賀茲丘之遭也。

柳子厚《小石城山記》

自西山道口，徑北，逾黃茅嶺而下，有二道：其一西出，尋之無所得；其一少北而東，不過

四十丈，土斷而川分，有積石橫當其垠。其上為睥睨、梁欐之形，其旁出堡塢，有若門焉。窺之正

黑，投以小石，洞然有水聲，其響之激越，良久乃已。環之可上，望甚遠，無土壤而生嘉樹美箭，益

奇而堅，其疏數偃仰，類智者所施設也。

噫！吾疑造物者之有無久矣。及是愈以為誠有。又怪其不為之於中州，而列是夷狄，更千

百年不得一售其伎，是固勞而無用，神者儻不宜如是，則其果無乎？或曰：『以慰夫賢而辱於此

者。』或曰：『其氣之靈，不為偉人而獨為是物，故楚之南少人而多石。』是二者，余未信之。

天地清淑之氣鍾於人間、惟英奇之士得之、則發而爲文、如此數篇是也、然余有進焉。

如西山、鈷鉧潭等，藉非得子厚之文傳之，亦終淹沒不彰耳。則地之有傳有不傳，亦有幸有

不幸歟！然余更有進焉。子厚抑鬱之氣，一變而爲恬適，乃發之于此數記。韜而藏之，豈

不更善？發而露之，其猶有蓬之心也夫！

○《唐宋文醇》評云：『酈道元《水經注》，史家地理志之流也。子厚《永州八記》，

雖非一時所成，而若斷若續，令讀者如陸務觀詩所云「山重水複疑無路、柳暗花明又一村」

也。絕似《水經注》文字，讀者宜合而觀之。』

歐陽永叔《醉翁亭記》

環滁皆山也。其西南諸峰，林壑尤美，望之蔚然而深秀者，琅琊也。山行六七里，漸聞水聲

潺潺而瀉出於兩峰之間者，釀泉也。峰回路轉，有亭翼然臨於泉上者，醉翁亭也。作亭者誰？山

之僧曰智僊也。名之者誰？太守自謂也。太守與客來飲於此，飲少輒醉，而年又最高，故自號曰

醉翁也。醉翁之意不在酒，在乎山水之間也。山水之樂，得之心而寓之酒也。

若夫日出而林霏開，雲歸而巖穴暝，晦明變化者，山間之朝暮也。野芳發而幽香，佳木秀而繁陰，風霜高潔，水落而石出者，山間之四時也。朝而往，暮而歸，四時之景不同，而樂亦無窮也。

至於負者歌於塗，行者休於樹，前者呼，後者應，傴僂提攜，往來而不絕者，滁人游也。臨溪而漁，溪深而魚肥，釀泉爲酒，泉香而酒洌，山肴野蔌，雜然而前陳者，太守宴也。宴酣之樂，非絲非竹，射者中，弈者勝，觥籌交錯，起坐而喧嘩者，眾賓歡也。蒼顏白髮，頹然乎其間者，太守醉也。

已而夕陽在山，人影散亂，太守歸而賓客從也。樹林陰翳，鳴聲上下，游人去而禽鳥樂也。然而禽鳥知山林之樂，而不知人之樂；人知從太守游而樂，而不知太守之樂其樂也。醉能同其樂，醒能述以文者，太守也。太守謂誰？廬陵歐陽脩也。

清微淡遠，翛然弦外之音。『醉翁之意不在酒』，孰知其滿腹經綸屈而爲此乎！蓋永叔

在滁，乃蒙被垢污而遭謫貶，君子處此，或不能無動於心、而永叔此文，獨能游乎物外、先

儒謂其深造自得之功，發於心聲而不可强者，豈非然歟？

○通篇用『也』字調，爲特創格。然必須曲折多，乃佳，否則轉成庸俗矣。

蘇子瞻《赤壁賦》

壬戌之秋，七月既望，蘇子與客泛舟游於赤壁之下、清風徐來，水波不興。舉酒屬客，誦明

月之詩，歌窈窕之章。少焉，月出於東山之上，徘徊於斗牛之間。白露橫江，水光接天。縱一葦

之所如，凌萬頃之茫然。浩浩乎如馮虛御風而不知其所止，飄飄乎如遺世獨立羽化而登仙。

於是飲酒樂甚，扣舷而歌之。歌曰：『桂棹兮蘭槳，擊空明兮泝流光。渺渺兮予懷，望美人

兮天一方。』客有吹洞簫者，倚歌而和之、其聲嗚嗚然，如怨如慕，如泣如訴；餘音嫋嫋，不絕如

縷。舞幽壑之潛蛟，泣孤舟之嫠婦。

蘇子愀然，正襟危坐，而問客曰：『何爲其然也？』客曰：『『月明星稀，烏鵲南飛』。此非

曹孟德之詩乎？西望夏口，東望武昌，山川相繆，鬱乎蒼蒼，此非孟德之困於周郎者乎？方其破荆州，下江陵，順流而東也，舳艫千里，旌旗蔽空，釃酒臨江，橫槊賦詩，固一世之雄也，而今安在哉？況吾與子，漁樵於江渚之上，侶魚蝦而友麋鹿，駕一葉之扁舟，舉匏尊以相屬。寄蜉蝣於天地，渺滄海之一粟。哀吾生之須臾，羨長江之無窮。挾飛仙以遨游，抱明月而長終。知不可乎驟得，託遺響於悲風。』

蘇子曰：『客亦知夫水與月乎？逝者如斯，而未嘗往也；盈虛者如彼，而卒莫消長也。蓋將自其變者而觀之，則天地曾不能以一瞬；自其不變者而觀之，則物與我皆無盡也，而又何羨乎！且夫天地之間，物各有主，苟非吾之所有，雖一毫而莫取。惟江上之清風，與山間之明月，耳得之而爲聲，目遇之而成色，取之無禁，用之不竭。是造物者之無盡藏也，而吾與子之所共適。』

客喜而笑，洗盞更酌。肴核既盡，杯盤狼籍。相與枕藉乎舟中，不知東方之既白、

遙情勝慨，橫空而來，所謂『萬斛泉隨地湧出』是也、然非天懷高曠，曷克臻此？

唐蔚芝《游日光山記》

壬寅秋八月，余隨使日本，約諸同人游日光山。自客舍出、緣山澗行，瀑布瀧瀧聲不絕。過大橋、隔澗有石佛數十森立。行數里，有村市田疇，植菜蔬，雞犬間聞。又行數里、已至山中。仰視高峰、雲氣翁蔥，上與霄接。兩旁樹木陰森，一片秋聲與瀑聲相和也。自是路稍滑溚。又行數里至馬返，小池渟澹，居民植菊數本、風景猗幽、去俗塵萬斛矣。自馬返行，山徑盤紆，車夫傴僂、蟻旋上。瀑布灑漫，時從石隙迸濺，延屬九層。行數里許，為劍峰。又盤迤六層，行數里許，為華嚴，爰觀大瀑布，寬約二丈許，長七十丈許，烟雲繚繞其間、奔騰澎湃，洶旭如雷鳴。日人有《華嚴瀑布歌》刻碑上。迤邐行至中禪寺，登臨湖樓，湖長十八里，居山之巔，蓋係山穴流瀑成河，深亦數十丈。居民垂釣、意閒如也、樓上小飲，旋泛小舟，容與其間、余喟然嘆曰：《易》言『山上有澤，君子以虛受人』，茲湖在山頂，豈非山澤通氣之徵歟？上下交而其志通，樂山水者，其知此理乎？興盡而歸，此景猶縈繞于心目間也。

昔人詩云，『山色湖光共一樓』，不啻爲日光山樓寫景。此文尚未盡游山之妙、惟閑適之致、已足心曠神怡耳。

入空泛。

【畫龍點睛法】

適用於言事小品之文，當如點水蜻蜓，栩栩欲活，或有群龍見首、不可方物之象，忌流

《孟子・逢蒙章》

逢蒙學射於羿，盡羿之道，思天下惟羿爲愈己、於是殺羿。孟子曰、『是亦羿有罪焉、』公

明儀曰：『宜若無罪焉、』曰：『薄乎雲爾，惡得無罪？鄭人使子濯孺子侵衛，衛使庾公之斯追

之。子濯孺子曰：「今日我疾作，不可以執弓，吾死矣夫！」問其僕曰：「追我者誰也？」其僕

曰：「庾公之斯也。」曰：「吾生矣！」其僕曰：「庾公之斯，衛之善射者也。夫子曰『吾生』，何

謂也？」曰：「庾公之斯學射於尹公之他，尹公之他學射於我、

端矣。」庾公之斯至，曰：「夫子何爲不執弓？」曰：「今日我疾作，不可以執弓。」曰：「小人學

射於尹公之他，尹公之他學射於夫子。我不忍以夫子之道，反害夫子。雖然，今日之事，君事也，

我不敢廢。」抽矢扣輪，去其金，發乘矢而後反。」

　　此文命意，祇是羿取友不端，以致殺身而獲罪、羿，逢蒙是主、子濯孺子、庾公之斯是

賓，而兩節并列，轉令人迷離惝恍。一經點睛，則命意飛舞而出，豈非神品？

　　○『爲巨室』章兩節，『姑捨女所學而從我』，亦是此法，惟尚不若此章文法之奇。

《孟子・無或乎王之不智章》

　　孟子曰：『無或乎王之不智也。雖有天下易生之物也、一日暴之、十日寒之，未有能生者

也。吾見亦罕矣，吾退而寒之者至矣，吾如有萌焉何哉？今夫弈之爲數，小數也；不專心致志，

則不得也。弈秋，通國之善弈者也。使弈秋誨二人弈，其一人專心致志，惟弈秋之爲聽；一人雖

聽之、一心以爲有鴻鵠將至、思援弓繳而射之、雖與之俱學、弗若之矣。爲是其智弗若與？曰：

非然也。』

此題命意、祇是言齊王之不智、乃偏用『兩節譬喻法』點睛在一首一尾。一係本意、一係推廣言之、令人不測。較之前『逢蒙』章又一格局。可見《孟子》文法變化無窮。

《國策·宋玉對楚王問》

楚襄王問於宋玉曰：『先生其有遺行與？何士民衆庶不譽之甚也？』

宋玉對曰：『唯，然，有之。願大王寬其罪、使得畢其辭。客有歌於郢中者、其始曰《下里》《巴人》、國中屬而和者數千人；其爲《陽阿》《薤露》、國中屬而和者數百人；其爲《陽春》《白雪》、國中屬而和者不過數十人；引商刻羽、雜以流徵、國中屬而和者不過數人而已。是其曲彌高、其和彌寡。

『故鳥有鳳而魚有鯤。鳳凰上擊九千里、絕雲霓、負蒼天、足亂浮雲、翺翔乎杳冥之上、夫藩

籬之鷃，豈能與之料天地之高哉！鯤魚朝發崑崙之墟，暴鬐於碣石，暮宿於孟諸。夫尺澤之鯢，

豈能與之量江海之大哉！

所爲哉？』

『故非獨鳥有鳳而魚有鯤也，士亦有之。夫聖人瑰意琦行，超然獨處，世俗之民又安知臣之

用兩節譬喻，至結末點睛。負聲有力，振采欲飛，亦能品也。

○本法只宜用譬喻，若用正言莊論，則散漫矣。或疑盤空亦係『點睛法』、非也。盤空

須隨處擒題，本法只宜在一二處點睛，不宜多說，方爲高絕。要知『盤空法』宜用於實題，

『點睛法』宜用於虛題。

韓退之《應科目時與人書》

天地之濱，大江之濆，曰有怪物焉，蓋非常鱗凡介之品彙匹儔也。

其得水，變化風雨，上下於天不難也。其不及水，蓋尋常尺寸之間耳，無高山大陵、曠途絕

險，爲之關隔也。然其窮涸，不能自致乎水，爲獱獺之笑者，蓋十八九矣。如有力者，哀其窮而運轉之，蓋一舉手、一投足之勞也。然是物也，負其異於眾也，且曰：「爛死於沙泥，吾寧樂之。若俯首帖耳，搖尾而乞憐者，非我之志也。」是以有力者遇之，熟視之若無睹也。其死其生，固不可知也。

今又有有力者當其前矣，聊試仰首一鳴號焉，庸詎知有力者不哀其窮，而忘一舉手、一投足之勞，而轉之清波乎？其哀之，命也；其不哀之，亦命也；知其在命，而且鳴號之者，亦命也。愈今者，實有類於是，是以忘其疏愚之罪，而有是說焉。閣下其亦憐察之。

○或謂：『退之《雜說》，亦「畫龍點睛法」。』其實不然，《雜說》數篇，用意皆在寓言之外，蓋畫龍而未嘗點睛者也。

純用譬喻，至末點睛，如天馬行空，不可羈勒。文字之奇，無逾於此矣。

【風雲變態法】

適用於紀人叙事之文，紀兵事尤宜。當掩藏取勢，及其變化不測，乃有神駭鬼眩之致，

與『匣劍帷燈法』參看。

《公羊傳·齊陳乞弒其君舍》（哀公六年）

齊陳乞弒其君舍。

弒而立者，不以當國之辭言之，此其以當國之辭言之何？爲諼也。此其爲諼奈何？景公謂

陳乞曰：『吾欲立舍，何如？』陳乞曰：『所樂乎爲君者，欲立之則立之，不欲立則不立。君如欲

立之，則臣請立之。』陽生謂陳乞曰：『吾聞子蓋將不欲立我也。』陳乞曰：『夫千乘之主，將廢

正而立不正，必殺正者。吾不立子者，所以生子者也。走矣！』與之玉節而走之。景公死而舍

立。陳乞使人迎陽生，于諸其家。除景公之喪，諸大夫皆在朝，陳乞曰：『常之母有魚菽之祭，

願諸大夫之化我也。』諸大夫皆曰：『諾。』于是皆之陳乞之家坐、陳乞曰：『吾有所爲甲、請以示焉。』諸大夫皆曰：『諾。』于是使力士舉巨囊而至于中霤。諸大夫見之，皆色然而駭。開之，則闔然公子陽生也。陳乞曰：『此君也已！』諸大夫不得已，皆逡巡北面，再拜稽首而君之爾。自是往弒舍。

〇上文均閑閑布置，至『闔然公子陽生』一句，忽然變態、令人一驚，可謂千古奇聞、只因爲謗，用筆遂種種詭異，玩君、玩諸大夫，如在股掌之上，而陳乞機械變詐之心，乃昭然若揭矣。

《史記・項羽本紀》（節錄）

章邯已破項梁軍，則以爲楚地兵不足憂，乃渡河擊趙、大破之。當此時，趙歇爲王，陳餘爲將，張耳爲相，皆走入鉅鹿城。章邯令王離、涉間圍鉅鹿，章邯軍其南，築甬道而輸之粟。陳餘爲將，將卒數萬人而軍鉅鹿之北，此所謂河北之軍也。

楚兵已破於定陶、懷王恐、從盱台之彭城、并項羽、呂臣軍自將之、以呂臣爲司徒、以其父呂

青爲令尹。以沛公爲碭郡長、封爲武安侯、將碭郡兵。

初、宋義所遇齊使者高陵君顯在楚軍、見楚王曰：『宋義論武信君之軍必敗、居數日、軍果

敗。兵未戰而先見敗徵、此可謂知兵矣。』王召宋義、與計事而大說[一]之、因置以爲上將軍、項

羽爲魯公、爲次將、范增爲末將、救趙。諸別將皆屬宋義、號爲卿子冠軍。行至安陽、留四十六日

不進。項羽曰：『吾聞秦軍圍趙王鉅鹿、疾引兵渡河、楚擊其外、趙應其内、破秦軍必矣。』宋義

曰：『不然。夫搏牛之虻、不可以破蟣蝨。今秦攻趙、戰勝則兵罷、我承其敝；不勝、則我引兵

鼓行而西、必舉秦矣。故不如先鬥秦、趙。夫被堅執銳、義不如公；坐而運策、公不如義。』因下

令軍中曰：『猛如虎、很如羊、貪如狼、强不可使者、皆斬之！』乃遣其子宋襄相齊、身送之至無

鹽、飲酒高會。天寒大雨、士卒凍飢。項羽曰：『將勠力而攻秦、久留不行。今歲饑民貧、士卒

食芋菽、軍無見糧、乃飲酒高會、不引兵渡河。因趙食、與趙并力攻秦、乃曰「承其敝」。夫以秦

[一]『說』原作『悅』。

之強，攻新造之趙，其勢必舉趙。趙舉而秦強，何敝之承！且國兵新破，王坐不安席，埽境內而專屬於將軍，國家安危，在此一舉。今不恤士卒而徇其私，非社稷之臣。』項羽晨朝上將軍宋義，即其帳中斬宋義頭，出令軍中曰：『宋義與齊謀反楚，楚王陰令羽誅之。』當是時，諸將皆慴服，莫敢枝梧。皆曰：『首立楚者，將軍家也。今將軍誅亂。』乃相與共立羽為假上將軍。使人追宋義子，及之齊，殺之。使桓楚報命於懷王。懷王因使項羽為上將軍，當陽君[二]、蒲將軍皆屬項羽。

項羽已殺卿子冠軍，威震楚國，名聞諸侯。乃遣當陽君[三]、蒲將軍將卒二萬渡河，救鉅鹿。戰少利，陳餘復請兵。項羽乃悉引兵渡河，皆沈船，破釜甑，燒廬舍，持三日糧，以示士卒必死，無一還心。于是至則圍王離，與秦軍遇，九戰，絕其甬道，大破之，殺蘇角，虜王離。陟間不降楚，自燒殺。當是時，楚兵冠諸侯。諸侯軍救鉅鹿下者十餘壁，莫敢縱兵。及楚擊秦，諸將皆從壁上觀。楚戰士無不一以當十，楚兵呼聲動天，諸侯軍無不人人惴恐。於是已破秦軍，項羽召見諸侯將，

[一] 『君』原作『軍』。
[二] 『君』原作『軍』。

諸侯將[二]入轅門，無不膝行而前，莫敢仰視。項羽由是始爲諸侯上將軍，諸侯皆屬焉。

端若有數萬甲兵之聲，千古文人讀之無不斂手矣、

驚流駭浪、決莽奔騰，連用『當是時』提筆，如風雲并馳，雷電交作、令人不敢逼視、筆

《史記·淮陰侯列傳》（節錄）

信與張耳以兵數萬，欲東下井陘擊趙。趙王、成安君陳餘聞漢且襲之也，聚兵井陘口，號稱二十萬。廣武君李左車說成安君曰：『聞漢將韓信涉西河，虜魏王，禽夏說，新喋血閼與，今乃輔以張耳，議欲下趙，此乘勝而去國遠鬥，其鋒不可當。臣聞千里饋糧，士有飢色，樵蘇後爨，師不宿飽。今井陘之道，車不得方軌，騎不得成列，行數百里，其勢糧食必在後。願足下假臣奇兵三萬人，從間道絕其輜重；足下深溝高壘，堅營勿與戰。彼前不得鬥，退不得還，吾奇兵絕其後，使野無所掠，不至十日，而兩將之頭可致於戲下。願君留意臣之計，否必爲二子所禽矣。』成安

君儒者也，常稱義兵，不用詐謀奇計，曰：『吾聞兵法：「十則圍之、倍則戰之。」今韓信兵號數萬，其實不過數千。能千里而襲我，亦已罷極。今如此避而不擊，後有大者、何以加之！則諸侯謂我怯，而輕來伐我。』不聽廣武君策，廣武君策不用。

韓信使人間視，知其不用，還報，則大喜，乃敢引兵遂下。未至井陘口三十里，止舍。夜半傳發，選輕騎二千人，人持一赤幟，從間道葦山而望趙軍，誡曰：『趙見我走，必空壁逐我，若疾入趙壁，拔趙幟，立漢赤幟。』令其裨將傳飧，曰：『今日破趙會食！』諸將皆莫信，詳應曰：『諾。』謂軍吏曰：『趙已先據便地爲壁，且彼未見吾大將旗鼓，未肯擊前行，恐吾至阻險而還。』信乃使萬人先行，出，背水陳。趙軍望見而大笑。平旦，信建大將之旗鼓，鼓行出井陘口[二]，趙開壁擊之，大戰良久。於是信、張耳詳棄鼓旗，走水上軍。水上軍開入之，復疾戰。趙果空壁爭漢鼓旗，逐韓信、張耳。韓信、張耳已入水上軍，軍皆殊死戰，不可敗。信所出奇兵二千騎，共候趙空壁逐利，則馳入趙壁，皆拔趙旗，立漢赤幟二千。趙軍已不勝，不能得信等，欲還歸壁，壁皆漢赤幟，而

[二] 『井陘口』原作『陘口』。

。以爲漢皆已得趙王將矣，兵遂亂，遁走，趙將雖斬之，不能禁也、。於是漢兵夾擊，大破虜趙軍，斬成安君泜水上，禽趙王歇。

拔趙幟，立漢幟，此奇兵也。奇兵必須以奇文出之，其妙在紛紜萬變之中。叙事舉種若輕，毫不費力，迫讀畢後耳目一新，始知其倏忽變幻，不可方物，焉得不謂之神乎？

《後漢書・光武帝紀》（節錄）

莽聞阜、賜死，漢帝立，大懼，遣大司徒王尋、大司空王邑，將兵百萬，其甲士四十二萬人，五月，到潁川[二]，復與嚴尤、陳茂合。

初，王莽徵天下能爲兵法者六十三家，數百人，并以爲軍吏；選練武衛，招募猛士，旌旗輜重、千里不絶。時有長人巨無霸，長一丈，大十圍，以爲壘尉；又驅諸猛獸虎豹犀象之屬，以助威武。自秦、漢出師之盛，未嘗有也。光武將數千兵，徼之於陽關。諸將見尋、邑兵盛，反走，馳入

［二］『川』原作『州』。

昆陽、皆惶怖、憂念妻孥、欲散歸諸城、

可立；如欲分散、勢無俱全。且宛城未拔、不能相救、昆陽即破、一日之間、諸部亦滅矣。今不

同心膽共舉功名、反欲守妻子財物邪？』諸將怒曰：『劉將軍何敢如是、』光武笑而起。會候騎

還，言大兵且至城北，軍陳數百里，不見其後。諸將遽相謂曰：『更請劉將軍計之。』光武復爲圖

畫成敗。諸將憂迫，皆曰：『諾。』時城中唯有八九千人，光武乃使成國上公王鳳、廷尉大將軍王

常留守，夜自與驃騎大將軍宗佻、五威將軍李軼等十三騎，出城南門，於外收兵。時莽軍到城下

者且十萬，光武幾不得出。既至郾、定陵，悉發諸營兵，而諸將貪惜財貨，欲分留守之。光武曰：

『今若破敵，珍寶萬倍，大功可成；如爲所敗，首領無餘，何財物之有！』衆乃從。

嚴尤説王邑曰：『昆陽城小而堅，今假號者在宛，亟進大兵，彼必奔走。宛敗，昆陽自服。』

邑曰：『吾昔以虎牙將軍圍翟義，坐不生得，以見責讓。今將百萬之衆，遇城而不能下，何謂

邪？』遂圍之數十重，列營百數，雲車十餘丈，瞰臨城中，旌旗蔽野，埃塵連天，鉦鼓之聲聞數百

里。或爲地道，衝輣橦城。積弩亂發，矢下如雨，城中負戶而汲。王鳳等乞降，不許。尋、邑自以

為功在漏刻，意氣甚逸。夜有流星墜營中，晝有雲如壞山，當營而隕，不及地尺而散，吏士皆厭伏。

六月己卯，光武遂與營部俱進，自將步騎千餘，前去大軍四五里而陳。尋、邑亦遣兵數千，合戰。光武奔之，斬首數十級。諸部喜曰：『劉將軍平生見小敵怯，今見大敵勇，甚可怪也！且復居前，請助將軍！』光武復進，尋、邑兵却，諸部共乘之，斬首數百千級。連勝，遂前。時值伯升拔宛已三日，而光武尚未知。乃僞使持書報城中，云『宛下兵到』，而陽墮其書。尋、邑得之，不憙。

諸將既經累捷，膽氣益壯，無不一當百。光武乃與敢死者三千人，從城西水上，衝其中堅，尋、邑陳亂，乘銳崩之，遂殺王尋。城中亦鼓譟而出，中外合勢，震呼動天地，莽兵大潰，走者相騰踐，奔殪百餘里間。會大雷風，屋瓦皆飛，雨下如注，滍川盛溢，虎豹皆股戰，士卒爭赴，溺死者以萬數，水為不流。王邑、嚴尤、陳茂輕騎乘死人度水逃去。盡獲其軍實輜重、車甲珍寶，不可勝算，舉之連月不盡，或燔燒其餘。

九月庚戌，三輔豪杰、共誅王莽、傳首詣宛。

以英銳善謀之主,當麻木不仁之師,其勝之者天也,實人也。其妙處在描寫莽兵之盛,爲古來所未有。迨光武破之,出其不意,行文乃全體震動,亦有屋瓦皆飛之勢。雖不逮子長之精神,亦爲范書中第一篇文字。

【典綴華藻法】

普通適用,宜以義理爲質幹,煉辭煉氣均宜古雅,忌塗附,子雲所謂『雕蟲篆刻,壯夫不爲』,至於浮烟漲墨,更無取焉。

《詩·大東篇》

有饛簋飱,有捄棘匕、

周道如砥,其直如矢。君子所履,小人所視。睠言顧之,潸焉出涕。

小東大東,杼柚其空。糾糾葛屨,可以履霜?佻佻公子,行彼周行。既往既來,使我心疚。

有冽氿泉,無浸穫薪。契契寤嘆,哀我憚人。薪是穫薪,尚可載也。哀我憚人,亦可息也。

東人之子，職勞不來、。西人之子，粲粲衣服。舟人之子，熊羆是裘；私人之子，百僚是試。

或以其酒，不以其漿、。鞙鞙佩璲，不以其長、。維天有漢，監亦有光。跂彼織女，終日七襄。

雖則七襄，不成報章。睆彼牽牛，不以服箱、。東有啟明，西有長庚。有捄天畢，載施之行。

維南有箕，不可以簸揚、。維北有斗，不可以挹酒漿。維南有箕，載翕其舌。維北有斗，西柄

之揭。

此《詩序》以為刺亂而作、。蓋幽王之時，東國困于役而傷于財，譚大夫作詩以告病、。

其時間閻杼柚，搜括一空矣，故命意在『小東大東』二句。自『跂彼織女』以下，皆用點綴，

歷數織女、牽牛、啟明、長庚、天畢、南箕、北斗，理想甚奇，變幻鼓舞，總是窮極呼天之意。

而末章八句，造語尤為橫絕。退之云『《詩》正而葩』，以極正之義，而以華藻之思出之，可

稱才人之筆。

○謝疊山云：『織女無織成文錦之實、，牽牛無服箱之實、，啟明非真能啟日之明、，長庚

非真能續日之長，畢不可以掩捕鳥獸、

余按：此兩章謂爲在上者空言條教亦可，謂爲在下者空言理財亦可。皆有其名而無其實也、

方羅掘，不過望梅止渴耳。詞愈工而心愈痛矣！

《詩·生民篇》

厥初生民，時維姜嫄。生民如何？克禋克祀，以弗無子。履帝武敏歆，攸介攸止，載震載夙，載生載育，時維后稷。

誕彌厥月，先生如達。不坼不副，無災無害，以赫厥靈。上帝不寧，不康禋祀，居然生子。

誕置之隘巷，牛羊腓字之；誕置之平林，會伐平林；誕置之寒冰，鳥覆翼之。鳥乃去矣，后

稷呱矣。實覃實訏，厥聲載路。

誕實匍匐，克岐克嶷，以就口食。蓺之荏[一]菽，荏菽旆旆。禾役穟穟，麻麥幪幪，瓜瓞唪唪。

[一]『荏』原作『任』。

誕后稷之穡，有相之道。茀厥豐草，種之黃茂。實方實苞、實種實褎、實發實秀、實堅實好、

實穎實栗，即有邰家室。

誕降嘉種，維秬維秠、維穈維芑。恒之秬秠，是穫是畝。恒之穈芑，是任是負，以歸肇祀。

誕我祀如何？或舂或揄、或簸或蹂，釋之叟叟，烝之浮浮。載謀載惟，取蕭祭脂，取羝以軷、

載燔載烈，以興嗣歲。

卬盛于豆，于豆于登，其香始升。上帝居歆，胡臭亶時。后稷肇祀，庶無罪[二]悔，以迄于今。

凡摛辭藻，不貴塗附，塗附即俗矣、惟煉之至而入於淡淨，乃為上品。此詩須玩其煉法、實《蕭選》詩之祖也。

○此《詩序》以為尊祖而作，文、武之功起于后稷，故推以配天。謝疊山評末章云：『天地間惟理與氣而已。』『鬼神無形無聲，惟有理有氣在冥漠之間耳。凡祭皆以心感神，以

[二]『罪』原作『追』。

氣合神者也、。「于豆于登、其香始升」、蓋以香氣求神、神馨香此氣耳。』余案：近陳蘭甫論此詩、專重末二句、以爲『尊祖配天、即所以垂範後世、無罪悔者、明德之本原也」、可謂精微之論。

《詩・公劉篇》

篤公劉、匪居匪康。乃場乃疆、乃積乃倉。乃裹餱糧、于橐于囊。思輯用光。弓矢斯張、干戈戚揚、爰方啟行。

篤公劉、于胥斯原。既庶既繁、既順乃宣、而無永嘆、陟則在巘、復降在原。何以舟之？維玉及瑤、鞞琫容刀。

篤公劉、逝彼百泉、瞻彼溥原；乃陟南岡、乃覯于京、京師之野、于時處處、于時廬旅、于時言言、于時語語。

篤公劉、于京斯依。蹌蹌濟濟、俾筵俾几、既登乃依。乃造其曹。執豕于牢、酌之用匏。食

之。飲之，君之宗之。

篤公劉，既溥既長、既景乃岡，相其陰陽。觀其流泉，其軍三單。度其隰原，徹田為糧。度其

夕陽，豳居允荒。

篤公劉，于豳斯館。涉渭為亂，取厲取鍛，止基乃理，爰眾爰有。夾其皇澗，遡其過澗。止旅

乃密，芮鞫之即。

此《詩序》以為召康公戒成王而作。成王將蒞政，戒以民事，美公劉之厚于民而獻是

詩。謝疊山云：『周人以忠厚為家法。此詩六章皆曰「篤公劉」。篤者，厚之至也，言公劉

之厚，子孫不可忘也。』此論極精。

○此詩煉法，與《皇矣》詩不同。《皇矣》詩愈煉神味愈發皇，此詩愈煉而神味愈高淡。

再以《七月》《生民》二詩參觀之，令人不厭百回讀。

《文選》枚叔《七發》

楚太子有疾，而吳客往問之，曰：『伏聞太子玉體不安，亦少間乎？』太子曰：『憊！謹謝客。』客因稱曰：『今時天下安寧，四宇和平，太子方富於年。意者久耽安樂，日夜無極；邪氣襲逆，中若結轖。紛屯澹淡，嘘唏煩酲。愒愒怵怵，臥不得瞑。虛中重聽，惡聞人聲；精神越渫，百病咸生。聰明眩曜，悅怒不平。久執不廢，大命乃傾。太子豈有是乎？』太子曰：『謹謝客。賴君之力，時時有之，然未至於是也。』客曰：『今夫貴人之子，必宮居而閨處。內有保母，外有傅父，欲交無所。飲食則溫淳甘膬，脭醲肥厚，衣裳則雜遝曼暖，燀爍熱暑。雖有金石之堅，猶將銷鑠而挺解也，況其在筋骨之間乎哉？故曰：縱耳目之欲，恣支體之安者，傷血脉之和。且夫出輿入輦，命曰蹷痿之機；洞房清宮，命曰寒熱之媒；皓齒娥眉，命曰伐性之斧；甘脆肥膿，命曰腐腸之藥。今太子膚色靡曼，四支痿隨，筋骨挺解，血脉淫濯，手足墮窳。越女侍前，齊姬奉後；往來游宴，縱恣于曲房隱閑之中。此甘餐毒藥，戲猛獸之爪牙也。所從來者至深遠，淹滯永久而不廢，雖令扁鵲治內，巫咸治外，尚何及哉！今如太子之病者，獨宜世之君子博見强識，承間語事，

變度易意，常無離側，以爲羽翼、淹沈之樂、浩唐之心、遁佚之志、其奚由至哉！』太子曰：『諾。

病已，請事此言。』

客曰：『今太子之病、可無藥石針刺灸療而已、可以要言妙道說而去也、不欲聞之乎、』太

子曰：『僕願聞之。』

客曰：『龍門之桐，高百尺而無枝、中鬱結之輪菌，根扶疏以分離。上有千仞之峰，下臨百

丈之谿；湍流遡波，又澹淡之。其根半死半生。冬則烈風漂霰、飛雪之所激也，夏則雷霆、霹靂

之所感也。朝則鸝黃、鳱鴠鳴焉，暮則羈雌、迷鳥宿焉。獨鵠晨號乎其上，鵾雞哀鳴翔乎其下。

於是背秋涉冬，使琴摯斫斬以爲琴，野繭之絲以爲弦，孤子之鈎以爲隱，九寡之珥以爲約。使師

堂操《暢》，伯子牙爲之歌。歌曰：「麥秀蔪兮雉朝飛，向虛壑兮背槁槐，依絕區兮臨迴溪。」飛

鳥聞之，翕翼而不能去；野獸聞之，垂耳而不能行；蚑蟜螻蟻聞之，拄喙而不能前。此亦天下之

至悲也，太子能強起聽之乎？』太子曰：『僕病未能也、』

客曰：『犓牛之腴，菜以筍蒲；肥狗之和，冒以山膚。楚苗之食，安胡之飯，摶之不解，一啜

而、於是使伊尹煎熬，易牙調和。熊蹯之臑，勺藥之醬，薄耆之炙，鮮鯉之鱠，秋黃之蘇，白露

散。

之茹；蘭英之酒，酌以滌口。山梁之餐，豢豹之胎。小飯大歠，如湯沃雪。此亦天下之至美也，

太子能強起嘗之乎？』太子曰：『僕病未能也。』

客曰：『鍾、岱之牡，齒至之車；前似飛鳥，後類駏虛。稻麥服處，躁中煩外；羈堅轡，附易

路，於是伯樂相其前後，王良、造父為之御，秦缺、樓季為之右。此兩人者，馬佚能止之，車覆能起

之。於是使射千鎰之重，爭千里之逐。此亦天下之至駿也，太子能強起乘之乎？』太子曰：『僕

病未能也。』

客曰：『既登景夷之臺，南望荆山，北望汝海，左江右湖，其樂無有。於是使博辯之士，原本

山川，極命草木，比物屬事，離辭連類。浮游覽觀，乃下置酒於虞懷之宮。連廊四注，臺城層構

紛紜玄綠，輦道邪交，黃池紆曲。溷章白鷺，孔鳥鶤鵠，鵷鶵鵁鶄，翠鬛紫纓。螭龍、德牧，邕邕群

鳴。陽魚騰躍，奮翼振鱗。女桑、河柳，素葉紫莖。苗松、豫章，條上造天。

梧桐、并閭，極望成林。衆芳芬鬱，亂於五風。從容猗靡，消息陽陰。列坐縱酒，蕩樂娛心。景春

佐酒，杜連理音。滋味雜陳，肴糅錯該。練色娛目，流聲悅耳。於是乃發《激楚》之結風，揚鄭衛之皓樂。使先施、徵舒、陽文、段干、吳娃、閭姁、傅予之徒，雜裾垂髾，目挑心與；揄流波、雜杜若，蒙清塵，被蘭澤，嬿服而御。此亦天下之靡麗皓侈廣博之樂也，太子能強起游乎？』太子曰：

『僕病未能也。』

客曰：『將爲太子馴騏驥之馬，駕飛軨之輿，乘牡駿之乘。右夏服之勁箭，左烏號之雕弓。游涉乎雲林，周馳乎蘭澤，弭節乎江潯。掩青蘋，游清風，陶陽氣，蕩春心。逐狡獸，集輕禽。於是極犬馬之才，困野獸之足，窮相御之智巧。恐虎豹，慴鷙鳥。逐馬鳴鑣，魚跨麋角。履游麠兔，蹈踐麏鹿，汗流沫墜，寃伏陵窘。無創而死者，固足充後乘矣。此校獵之至壯也。太子能強起游乎？』太子曰：『僕病未能也。』然陽氣見於眉宇之間，侵淫而上，幾滿大宅。

客見太子有悅色也，遂推而進之曰：『冥火薄天，兵車雷運，旍旗偃蹇，羽毛肅紛。馳騁角逐，慕味爭先。微墨廣博，觀望之有圻。純粹全犧，獻之公門。』太子曰：『善。願復聞之。』

客曰：『未既。於是榛林深澤，烟雲闇莫，兕虎并作。毅武孔猛，祖褐身薄。白刃磑磑，矛

戟交錯。收獲掌功，賞賜金帛。掩蘋肆若，爲牧人席。旨酒嘉肴，羞炰膾炙，以御賓客。涌觴并起，動心驚耳。誠必不悔，決絶以諾；貞信之色，形于金石。高歌陳唱，萬歲無斁。此真太子之所喜也，能强起而游乎？』太子曰：『僕甚願從，直恐爲諸大夫累耳。』然而有起色矣、

客曰：『將以八月之望，與諸侯遠方交游兄弟，并往觀濤乎廣陵之曲江。至則未見濤之形也、徒觀水力之所到，則怳然足以駭矣。觀其所駕軼者，所擢拔者，所揚汨者，所温汾者，所滌汔者，雖有心略辭給，固未能縷形其所由然也。怳兮忽兮，聊兮慄兮，混汩汩兮，忽兮慌兮，俶兮儻兮，浩漾漾兮，慌曠曠兮。秉意乎南山，通望乎東海，虹洞兮蒼天，極慮乎崖涘。流攬無窮、歸神日母。汨乘流而下降兮，或不知其所止、或紛紜其流折兮，忽繆往而不來。臨朱汜而遠逝兮，中虛煩而益怠。莫離散而發曙兮，内存心而自持。於是澡概胸中，灑練五藏，澹澉手足，頮濯髮齒。揄棄恬怠，輸寫淟濁。分决狐疑，發皇耳目。當是之時，雖有淹病滯疾，猶將伸傴起躄，發瞽披聾，而觀望之也。況直眇小煩懣，醒醲病酒之徒哉！故曰：發蒙解惑，不足以言也、

『善！然則濤何氣哉？』

客曰：『不記也。然聞於師曰，似神而非者三：疾雷聞百里；江水逆流，海水上潮；山出

内雲、日夜不止。衍溢漂疾、波涌而濤起。其始起也、洪淋淋焉、若白鷺之下翔。其少進也、浩浩

澄澄、如素車白馬帷蓋之張。其波涌而雲亂、擾擾焉如三軍之騰裝。其旁作而奔起也、飄飄焉如

輕車之勒兵。六駕蛟龍、附從太白。純馳皓蜺、前後駱驛。顒顒卬卬、椐椐強強、莘莘將將。壁

壘重堅、沓雜似軍行。訇隱匉礚、軋盤涌裔、原不可當。觀其兩傍、則滂渤怫鬱、闇漠感突、上擊

下硴。有似勇壯之卒、突怒而無畏。蹈壁衝津、窮曲隨隈、逾岸出追。遇者死、當者壞。初發乎

或圍之津涯、荄軫谷分；迴翔青篾、銜枚檀桓。弭節伍子之山、通厲骨母之場。凌赤岸、篲扶桑、

横奔似雷行。誠奮厥武、如振如怒。沌沌渾渾、狀如奔馬。混混庵庵、聲如雷鼓。發怒庢沓、清

升逾跇、侯波奮振、合戰於藉藉之口。鳥不及飛、魚不及回、獸不及走。紛紛翼翼、波涌雲亂。蕩

取南山、背擊北岸。覆虧丘陵、平夷西畔。險險戲戲、崩壞陂池、決勝乃罷。瀄汩潺湲、披揚流

灑、横暴之極、魚鱉失勢、顛倒偃側。沈沈湲湲、蒲伏連延。神物怪疑、不可勝言。直使人踣焉、

洄闇淒愴焉。此天下怪異詭觀也，太子能强起觀之乎？』太子曰：『僕病未能也。』

客曰：『將爲太子奏方術之士有資略者、莊周、魏牟、楊朱、墨翟、便蜎、詹何之倫、使之論天下之精微，理萬物之是非。孔、老覽觀，孟子持籌而算之，萬不失一。此亦天下要言妙道也，太子豈欲聞之乎？』於是太子據几而起曰：『渙乎若[二]一聽聖人辯士之言！』涊然汗出，霍然病已。

○散漫處宜註意、參閱以上所選《詩經》、即可悟煉字訣。

者不可迷于所嚮、

寶光异彩、璀璨陸離、皆所謂『點綴法』也、實則不過屏耳目之好、返性命之情而已、學

《文選》陸士衡《演聯珠》（節錄）

臣聞任重於力，才盡則困；用廣其器，應博則凶。是以物勝權而衡殆，形過鏡則照窮。故明主程才以效業，貞臣底力而辭豐。
。。。。。。。。。。。。。。。。。。。。。。。。

臣聞世之所遺，未爲非寶；主之所珍，不必適治。是以俊乂之藪，希蒙翹車之招；金碧之
、、、、、、、、、、、、、、、、、、、、、、

[二]『若』原本缺，今補之。

嚴,必辱鳳舉之使。

臣聞靈輝朝覲,稱物納照、、時風夕灑,程形賦音。 是以至道之行,萬類取足於世;;大化既

洽,百姓無匱於心。

臣聞頓網探淵,不能招龍;、振綱羅雲、不必招鳳。 是以巢箕之叟,不眄丘園之幣;洗渭之

民,不發傅巖之夢。

臣聞鑒之積也無厚,而照有重淵之深;;目之察也有畔,而眄周天壤之際。 何則、、應事以精

不以形,造物以神不以器。 是以萬邦凱樂,非悅鐘鼓之娛;;天下歸仁,非感玉帛之惠。

臣聞郁烈之芳,出於委灰;;繁會之音,生於絕絃。 是以貞女要名於沒世,烈士赴節於當年。

臣聞因雲灑潤,則芬澤易流;;乘風載響,則音徽自遠。 是以德教俟物而濟,榮名緣時而顯、

臣聞春風朝煦,蕭艾蒙其溫;;秋霜宵墜,芝蕙被其涼。 是故威以齊物為蕭,德以普濟為弘

臣聞傾耳求音,眠優聽苦;;澄心徇物,形逸神勞。 是以天殊其數、雖同方不能分其戚;;理塞

其通、則并質不能共其休。

臣聞示應於近、遠有可察、托驗於顯、微或可包。是以寸管下傃，天地不能以氣欺；尺表逆立，日月不能以形逃。

臣聞適物之技，俯仰异用；應事之器，通塞异任。是以鳥栖雲而繳飛，魚藏淵而網沈；賁鼓密而含響，朗笛疏而吐音。

臣聞虐暑熏天，不減堅冰之寒；涸陰凝地，無累陵火之熱。是以吞縱之强，不能反蹈海之志；漂鹵之威，不能降西山之節。

藻采紛綸中，時有見道之言，所謂文質相宜是也。後世作者、枝葉大於本幹，實爲詞章家之流弊。

《文心雕龍·原道篇》

文之爲德也大矣，與天地并生者何哉？夫玄黃色雜、方圓體分。日月叠璧，以垂麗天之象；山川焕綺，以鋪理地之形：此蓋道之文也。仰觀吐曜，俯察含章，高卑定位，故兩儀既生矣；惟

人參之，性靈所鍾，是謂三才。爲五行之秀，實天地之心。心生而言立，言立而文明，自然之道也。傍及萬品，動植皆文，龍鳳以藻繪呈瑞，虎豹以炳蔚凝姿；雲霞雕色，有逾畫工之妙；草木賁華、無待錦匠之奇；夫豈外飾，蓋自然耳。至於林籟結響，調如竽瑟；泉石激韵，和若球鍠；故形立則章成矣，聲發則文生矣。夫以無識之物，鬱然有彩，有心之器，其無文歟！

人文之元，肇自太極，幽贊神明，《易》象惟先。庖犧畫其始，仲尼翼其終。而乾坤兩位，獨制《文言》。言之文也，天地之心哉！若乃《河圖》孕乎八卦，《洛書》韞乎九疇，玉板金鏤之實，丹文綠牒之華，誰其尸之，亦神理而已。自鳥迹代繩，文字始炳，炎皞遺事，紀在《三墳》，而年世渺邈，聲采靡追。唐、虞文章，則煥乎始盛。元首載歌，既發吟咏之志；益稷陳謨，亦垂敷奏之風、夏后氏興，業峻鴻績，九序惟歌，勛德彌縟。逮及商、周，文勝其質。《雅》《頌》所被，英華日新、文王患憂，《繇辭》炳曜，符采複隱，精義堅深。重以公旦多材，振其徽烈，剬詩緝頌，斧藻群言、至夫子繼聖，獨秀前哲，鎔鈞六經，必金聲而玉振；雕琢情性，組織辭令，木鐸起而千里應，席珍流而萬世響，寫天地之輝光，曉生民之耳目矣。

爰自風姓，暨於孔氏，玄聖創典，素王述訓，莫不原道心以敷章，研神理而設教，取象乎《河》《洛》，問數乎蓍龜，觀天文以極變，察人文以成化；然後能經緯區宇，彌綸彝憲，發輝事業，彪炳辭義。故知道沿聖以垂文，聖因文而明道，旁通而無滯，日用而不匱。《易》曰：『鼓天下之動者存乎辭。』辭之所以能鼓天下者，乃道之文也。（贊略）

本《易・賁卦・象傳》以爲化成之始，探原道心，歸結神理。自漢以來，論文者罕能及此，彦和以此發端，所見在六朝文士之上。音節琅然，猶其餘事。

《文心雕龍・神思篇》

古人云：『形在江海之上，心存魏闕之下。』神思之謂也。文之思也，其神遠矣。故寂然凝慮，思接千載，悄焉動容，視通萬里。吟咏之間，吐納珠玉之聲；眉睫之前，捲舒風雲之色。其思理之致乎！故思理爲妙，神與物游。神居胸臆，而志氣統其關鍵；物沿耳目，而辭令管其樞機。樞機方通，則物無隱貌；關鍵將塞，則神有遁心。

是以陶鈞文思，貴在虛靜，疏瀹五藏，澡雪精神。積學以儲寶，酌理以富才，研閱以窮照，馴致以懌辭。然後使玄解之宰，尋聲律而定墨；燭照之匠，闚意象而運斤。此蓋馭文之首術，謀篇之大端。

夫神思方運，萬塗競萌，規矩虛位，刻鏤無形。登山則情滿於山，觀海則意溢於海，我才之多少，將與風雲而并驅矣。方其搦翰，氣倍辭前；暨乎篇成，半折心始。何則？意翻空而易奇，言徵實而難巧也。是以意授於思，言授於意，密則無際，疏則千里。或理在方寸，而求之域表；或義在咫尺，而思隔山河。是以秉心養術，無務苦慮；含章司契，不必勞情也。

人之稟才，遲速異分；文之制體，大小殊功。相如含筆而腐毫，揚雄輟翰而驚夢，桓譚疾感於苦思，王充氣竭於思慮，張衡研《京》以十年，左思練《都》以一紀。雖有巨文，亦思之緩也。淮南崇朝而賦《騷》，枚皋應詔而成賦，子建援牘如口誦，仲宣舉筆似宿構，阮瑀據案而制書，禰衡當食而草奏。雖有短篇，亦思之速也。

若夫駿發之士，心總要術，敏在慮前，應機立斷；覃思之人，情饒歧路，鑒在疑後，研慮方定。

機敏故造次而成功、慮疑故愈久而致績、難易雖殊，并資博練。若學淺而空遲，才疏而徒速，以

斯成器，未之前聞。是以臨篇綴慮，必有二患：理鬱者苦貧，辭溺者傷亂。然則博見爲饋貧之

糧，貫一爲拯亂之藥，博而能一，亦有助乎心力矣。

若情數詭雜，體變遷貿，拙辭或孕於巧義，庸事或萌於新意。視布於麻，雖云未費，杼軸獻

功，煥然乃珍。至於思表纖旨，文外曲致，言所不追，筆固知止。至精而後闡其妙，至變而後通其

數，伊摯不能言鼎，輪扁不能語斤，其微矣乎！（贊略）

精思窈冥，游神寥廓，而後可以爲文。蓋不凝聚，則不能發散也、

柳子厚《論師道書》『不以怠氣、昏氣乘之』相契合。『登山則情滿於山』二句、與《疏瀹五藏』二句、又可與《孟

子》『登泰山』章相參看，皆見道之言也。然則文章可率爾操觚乎？

國文經緯貫通大義卷七

【層波疊浪法】

適用於序記之文，宜以淡遠爲貴，如弇州所謂『風定波息，與水相忘』，別有獨到之致，忌空論多而意義少。

《莊子·天下篇》

天下之治方術者多矣，皆以其有、爲不可加矣。古之所謂道術者、果惡乎在？曰：『無乎不在。』曰：『神何由降？明何由出？』『聖有所生，王有所成，皆原於一。』不離於宗，謂之天人；不離於精，謂之神人；不離於真，謂之至人。以天爲宗，以德爲本，以道爲門，兆於變化，謂之聖

人、；以仁爲恩、以義爲理、以禮爲行、以樂爲和、薰然慈仁、謂之君子；以法爲分、以名爲表、以參爲驗、以稽爲決、其數一二三四是也，百官以此相齒；以事爲常，以衣食爲主，蕃息畜藏老弱孤寡爲意，皆有以養，民之理也。古之人其備乎！配神明，醇天地，育萬物，和天下，澤及百姓；明於本數，係於末度；六通四辟，小大精粗，其運無乎不在。其明而在數度者，舊法世傳之史，尚多有之；其在於《詩》《書》《禮》《樂》者，鄒魯之士，搢紳先生多能明之。《詩》以道志，《書》以道事，《禮》以道行，《樂》以道和，《易》以道陰陽，《春秋》以道名分。其數散於天下，而設於中國者，百家之學，時或稱而道之、天下大亂，賢聖不明，道德不一，天下多得一察焉以自好。譬如耳目鼻口皆有所明，不能相通。猶百家眾技也，皆有所長，時有所用。雖然，不該不遍，一曲之士也。判天地之美，析萬物之理，察古人之全，寡能備於天地之美，稱神明之容。是故内聖外王之道，闇而不明，鬱而不發，天下之人，各爲其所欲焉以自爲方。悲夫！百家往而不反，必不合矣。後世之學者，不幸不見天地之純，古人之大體，道術將爲天下裂。

不侈於後世，不靡於萬物，不暉於數度，以繩墨自矯，而備世之急、古之道術有在於是者，墨

翟、禽滑釐聞其風而説之。爲之大過，已之大順；作爲非樂，命之曰節用，生不歌，死無服。墨子泛愛兼利而非鬥，其道不怒。又好學而博不異，不與先王同。毀古之禮樂。黃帝有《咸池》，堯有《大章》，舜有《大韶》，禹有《大夏》，湯有《大濩》，文王有辟雍之樂，武王、周公作《武》。古之喪禮，貴賤有儀，上下有等，天子棺槨七重，諸侯五重，大夫三重，士再重。今墨子獨生不歌，死不服，桐棺三寸而無槨，以爲法式。以此教人，恐不愛人；以此自行，固不愛己。未敗墨子道，雖然，歌而非歌，哭而非哭，樂而非樂，是果類乎？其生也勤，其死也薄，其道大觳；使人憂，使人悲，其行難爲也，恐其不可以爲聖人之道，反天下之心，天下不堪。墨子雖獨能任，奈天下何！離於天下，其去王也遠矣！墨子稱道曰：『昔者禹之湮洪水，決江河，而通四夷九州也，名山三百，支川三千，小者無數。禹親自操橐耜，而九雜天下之川。腓無胈，脛無毛，沐甚雨，櫛疾風，置萬國。禹大聖也，而形勞天下也如此。』使後世之墨者，多以裘褐爲衣，以跂蹻爲服，日夜不休，以自苦爲極，曰：『不能如此，非禹之道也，不足謂[二]墨。』相里勤之弟子五侯之徒，南方之墨者、

[一]『謂』原作『爲』。

苦獲、已齒、鄧陵子之屬，俱誦《墨經》，而倍譎不同，相謂『別墨』；以堅白同异之辯相訾，以觭

偶不仵之辭相應，以巨子為聖人，皆願為之尸，冀得為其後世，至今不決。墨翟、禽滑釐之意則

是，其行則非也。將使後世之墨者，必自苦以腓無胈，脛無毛相進而已矣。亂之上也，治之下也。

雖然，墨子真天下之好也，將求之不得也，雖枯槁不捨也，才士也夫！

不累於俗，不飾於物，不苟於人，不忮於眾，願天下之安寧以活民命，人我之養，畢足而止，以

此白心。古之道術有在於是者，宋銒、尹文，聞其風而悅之。作為華山之冠以自表，接萬物以別

宥為始。語心之容，命之曰心之行。以聏合歡，以調海內，請欲置之以為主。見侮不辱，救民之

鬥，禁攻寢兵，救世之戰。以此周行天下，上說下教，雖天下不取，強聒而不捨者也。故曰上下見

厭而強見也。雖然，其為人太多，其自為太少，曰：『請欲固置五升之飯足矣。』先生恐不得飽，

弟子雖飢，不忘天下，日夜不休，曰：『我必得活哉！』圖傲乎救世之士哉！曰：『君子不為苛

察，不以身假物。』以為無益於天下者，明之不如已也。以禁攻寢兵為外，以情欲寡淺為內，其小

大精粗，其行適至是而止。

公而不當，易而無私，決然無主，趣物而不兩，不顧於慮，不謀於知，於物無擇，與之俱往。

古之道術有在於是者，彭蒙、田駢、慎到聞其風而悅之。齊萬物以爲首，曰：『天能覆之而不能載之，地能載之而不能覆之，大道能包之而不能辯之。』知萬物皆有所可，有所不可，故曰：『選則不遍，教則不至，道則無遺者矣。』是故慎到棄知去已，而緣不得已。泠汰於物，以爲道理，曰：『知不知，將薄知而後鄰傷之者也。』謑髁無任，而笑天下之尚賢也；縱脫無行，而非天下之大聖。椎拍輐斷，與物宛轉；捨是與非，苟可以免。不師知慮，不知前後，魏然而已矣。推而後行，曳而後往，若飄風之還，若羽之旋，若磨石之隧，全而無非，動靜無過，未嘗有罪。是何故？夫無知之物，無建己之患，無用知之累，動靜不離於理，是以終身無譽。故曰：『至於若無知之物而已，無用賢聖，夫塊不失道。』豪杰相與笑之曰：『慎到之道，非生人之行，而至死人之理，適得怪焉。』田駢亦然，學於彭蒙，得不教焉。彭蒙之師曰：『古之道人，至於莫之是，莫之非而已矣。其風窢然，惡可而言？』常反人不見觀，而不免於輐斷。其所謂道非道，而所言之韙不免於非、彭蒙、田駢、慎到不知道。雖然，概乎皆嘗有聞者也。

以本爲精，以物爲粗，以有積爲不足，澹然獨與神明居。古之道術有在於是者，關尹、老聃聞其風而悦之。建之以常無有，主之以太一；以濡弱謙下爲表，以空虛不毀萬物爲實。關尹曰：『在己無居，形物自著；其動若水，其静若鏡，其應若響；芴乎若亡，寂乎若清，同焉者和，得焉者失；未嘗先人，而常隨人。』老聃曰：『知其雄，守其雌，爲天下谿；知其白，守其辱，爲天下谷。』人皆取先，己獨取後，曰：『受天下之垢』；人皆取實，己獨取虛，無藏也，故有餘，巋然而有餘；其行身也，徐而不費，無爲也而笑巧；人皆求福，己獨曲全，曰『苟免於咎』；以深爲根，以約爲紀，曰『堅則毀矣，鋭則挫矣』。常寬容於物，不削於人，可謂至極。關尹、老聃乎，古之博大真人哉！

芴漠無形，變化無常。死與生與，天地并與，神明往與！芒乎何之，忽乎何適，萬物畢羅，莫足以歸。古之道術有在於是者，莊周聞其風而悦之。以謬悠之説、荒唐之言、無端崖之辭，時恣縱而不儻，不以觭見之也。以天下爲沈濁，不可與莊語，以卮言爲曼衍，以重言爲真，以寓言爲廣。獨與天地精神往來，而不傲倪於萬物，不譴是非，以與世俗處。其書雖瓌瑋，而連犿無傷也，

その辭雖參差，而諔詭可觀、彼其充實，不可以已、上與造物者游，而下與外死生、無終始者爲友。

其於本也，弘大而辟，深閎而肆；其於宗也，可謂稠適而上遂矣。雖然，其應於化而解於物也，其

理不竭，其來不蛻，芒乎昧乎，未之盡者。

惠施多方，其書五車，其道舛駁，其言也不中。歷物之意，曰：『至大無外，謂之大一；至小

無內，謂之小一。無厚不可積也，其大千里。天與地卑，山與澤平、日方中方睨，物方生方死。

大同而與小同異，此之謂小同異；萬物畢同畢異，此之謂大同異。南方無窮而有窮。今日適越

而昔來。連環可解也。我知天下之中央，燕之北、越之南是也。泛愛萬物，天地一體也。』惠施

以此爲大觀於天下，而曉辯者，天下之辯者相與樂之。卵有毛，鷄三足，郢有天下。犬可以爲羊，

馬有卵，丁子有尾。火不熱，山出口，輪不蹍地，目不見，指不至，至不絕。龜長於蛇，矩不方，規

不可以爲圓，鑿不圍枘。飛鳥之景未嘗動也，鏃矢之疾而有不行不止之時。狗非犬，黃馬驪牛

三，白狗黑，孤駒未嘗有母。一尺之棰，日取其半，萬世不竭。辯者以此與惠施相應，終身無窮。

桓團、公孫龍辯者之徒，飾人之心，易人之意，能勝人之口，不能服人之心，辯者之囿也』。惠施日

以其知與人之辯，特與天下之辯者爲怪，此其柢也。然惠施之口談自以爲最賢，曰：『天地其壯乎！』施存雄而無術。南方有倚人焉，曰黃繚，問天地所以不墜不陷、風雨雷霆之故。惠施不辭而應，不慮而對，遍爲萬物説。説而不休，多而無已，猶以爲寡，益之以怪。以反人爲實，而欲以勝人爲名，是以與衆不適也。弱於德，強於物，其塗隩矣。由天地之道，觀惠施之能，其猶一蚉一蛀之勞者也。其於物也何庸！夫充一尚可，曰愈貴道幾矣，惠施不能以此自寧，散[二]於萬物而不厭，卒以善辯爲名。惜乎！惠施之才，駘蕩而不得，逐萬物而不反，是窮響以聲，形與影競走也，悲夫！

此爲《莊子》末篇。一部大著作之末，作此洋洋大文，溯古道之淵源，推末流之散失。前作總冒，中分五段，隱隱以老子及己所欲者壓倒諸家，接古學真派。末用惠子反襯自己。其體大，其色蒼，超世之文也。

[二]『散』原作『放』。

○蘇老泉謂：『此文序古今之學問、猶《孟子》末篇意、自列其書於數家中、而序鄒魯於總序前、便見學問本來甚正。』余按：《太史公自序》亦本於此、惟奇情恣肆、更非子長所能及。

《史記・太史公自序》（節錄）

太史公既掌天官，不治民。有子曰遷。遷生龍門，耕牧河山之陽。年十歲，則誦古文。二十而南游江、淮，上會稽，探禹穴，闚九疑，浮於沅、湘；北涉汶、泗，講業齊、魯之都，觀孔子之遺風，鄉射鄒、嶧；厄困鄱、薛、彭城，過梁、楚以歸。於是遷仕為郎中，奉使西征巴、蜀以南，南略邛、筰、昆明，還報命。是歲天子始建漢家之封，而太史公留滯周南，不得與從事，故發憤且卒。而子遷適使反，見父於河洛之間。太史公執遷手而泣曰：『余先周室之太史也，自上世嘗顯功名於虞、夏，典天官事。後世中衰，絕於予乎？汝復為太史，則續吾祖矣。今天子接千歲之統，封泰山，而余不得從行，是命也夫！命也夫！余死，汝必為太史；為太史，無忘吾所欲論著矣。且夫

孝始於事親，中於事君，終於立身。揚名於後世，以顯父母，此孝之大者。夫天下稱誦周公，言其能論歌文、武之德，宣周、召之風，達太王、王季之思慮，爰及公劉，以尊后稷也。幽、厲之後，王道缺、禮樂衰，孔子修舊起廢，論《詩》《書》，作《春秋》，則學者至今則之。自獲麟以來，四百餘歲，而諸侯相兼，史記放絕。今漢興，海內一統，明主賢君、忠臣死義之士，余為太史而弗論載，廢天下之史文，余甚懼焉，汝其念哉！」遷俯首流涕曰：『小子不敏，請悉論先人所次舊聞，弗敢闕。』

卒三歲，而遷為太史令，紬史記石室金匱之書。五年而當太初元年，十一月甲子朔旦冬至，天曆始改，建於明堂，諸神受紀。太史公曰：『先人有言：「自周公卒，五百歲而有孔子。孔子卒後，至於今五百歲，有能紹明世，正《易傳》，繼《春秋》，本《詩》《書》《禮》《樂》之際？」意在斯乎！意在斯乎！小子何敢讓焉。』

上大夫壺遂曰：『昔孔子何為而作《春秋》哉？』太史公曰：『余聞董生曰：「周道衰廢、孔子為魯司寇，諸侯害之，大夫壅之。孔子知言之不用，道之不行也，是非二百四十二年之中，以為天下儀表，貶天子，退諸侯，討大夫，以達王事而已矣。」子曰：「我欲載之空言，不如見之於行事

之深切著明也。」夫《春秋》，上明三王之道，下辨人事之紀，別嫌疑，明是非，定猶豫，善善惡惡，

賢賢賤不肖，存亡國，繼絶世，補敝起廢，王道之大者也。《易》著天地陰陽四時五行，故長於變；

《禮》經紀人倫，故長於行；《書》記先王之事，故長於政；《詩》記山川谿谷禽獸草木牝牡雌雄，

故長於風；《樂》樂所以立，故長於和；《春秋》辯是非，故長於治人。是故《禮》以節人，《樂》

以發和，《書》以道事，《詩》以達意，《易》以道化，《春秋》以道義。撥亂世反之正，莫近於《春

秋》。《春秋》文成數萬，其指數千。萬物之散聚，皆在《春秋》。《春秋》之中，弑君三十六，亡國

五十二，諸侯奔走不得保其社稷者，不可勝數。察其所以，皆失其本已。故《易》曰：「失之豪

釐，差以千里。」故曰：「臣弑君，子弑父，非一旦一夕之故也，其漸久矣。」故有國者不可以不知

《春秋》，前有讒而弗見，後有賊而不知；爲人臣者不可以不知《春秋》，守經事而不知其宜，遭變

事而不知其權。爲人君父而不通於《春秋》之義者，必蒙首惡之名；爲人臣子而不通於《春秋》

之義者，必陷篡弑之誅，死罪之名。其實皆以爲善，爲之不知其義，被之空名而不敢辭。夫不通

禮義之旨，至於君不君，臣不臣，父不父，子不子。夫君不君則犯，臣不臣則誅，父不父則無道，子

不子則不孝、」此四行者，天下之大過也、。以天下之大過予之，則受而弗敢辭、。故《春秋》者，禮義之大宗也。夫禮禁未然之前，法施已然之後。法之所爲用者易見，而禮之所爲禁者難知。」

壺遂曰：『孔子之時，上無明君，下不得任用，故作《春秋》，垂空文以斷禮義，當一王之法。今夫子上遇明天子，下得守職，萬事既具，咸各序其宜，夫子所論，欲以何明？』太史公曰：『唯，否否，不然。余聞之先人曰：「伏羲至純厚，作《易》八卦。堯、舜之盛，《尚書》載之，禮樂作焉。湯、武之隆，詩人歌之。《春秋》采善貶惡，推三代之德，褒周室，非獨刺譏而已也」。漢興以來，至明天子，獲符瑞，建[二]封禪，改正朔，易服色，受命於穆清，澤流罔極。海外殊俗，重譯款塞，請來獻見者，不可勝道。臣下百官，力誦聖德，猶不能宣盡其意。且士賢能而不用，有國者之恥；主上明聖而德不布聞，有司之過也。且余嘗掌其官，廢明聖盛德不載，滅功臣世家，賢大夫之業不述，墮先人所言，罪莫大焉。余所謂述故事，整齊其世傳，非所謂作也，而君比之於《春秋》，謬矣。』於是論次其文。七年，而太史公遭李陵之禍，幽於縲絏。乃喟然而嘆曰：『是余之

<hr>

[二]『建』一字乃唐先生補入。

罪也夫！是余之罪也夫！身毀不用矣、。」退而深惟曰：『夫《詩》《書》隱約者，欲遂其志之思也、。昔西伯拘羑里演《周易》；孔子厄陳、蔡作《春秋》；屈原放逐著《離騷》；左丘失明，厥有《國語》；孫子臏腳而論兵法；不韋遷蜀，世傳《呂覽》；韓非囚秦，《說難》《孤憤》；《詩》三百篇，大抵賢聖發憤之所爲作也。此人皆意有所鬱結，不得通其道也，故述往事，思來者。」於是卒述陶唐以來，至于麟止，自黃帝始。

此爲『太陰識度』之文，《史記》中所僅見者。

與《莊子·天下篇》意義同，而機局各异、。《天下篇》以學派作『層疊法』、，此篇以答述作『層疊法』。中間以六藝作陪，以禮義作主，以《春秋》作綫索，如波浪起伏，曲折瀠迴。

唐蔚芝《〈論語·子張篇〉大義》

文治讀《論語》至『聖賢相與授受』之際，蓋未嘗不太息也。嗟乎！古之親師、尊師、敬師、崇師法也，亦已至矣、。孔子之道，大而能博，門弟子不能遍觀而盡識也，故學焉而皆得其性之所

近。孔子既殁、諸弟子相與進德修業、傳道不倦、門人裒錄其語、得五人焉、曰子張、曰

子游、曰曾子、曰子貢、此即後世學案之屬也。至於述之者、或離其宗、或且詆毀、其道謬矣。

寬而博、弘而篤、容衆以爲天下谷、斯子張氏之學派也。後世聞其風而學之、其得之者懷含

宏之雅度、致明遠之極功；而其弊也、或流於務外。

『博學而篤志，切問而近思』，譬草木之區別，咸有卒而有始，斯子夏氏之學派也。後世聞其

風而學之，其得之者篤信謹守，喻傳經之家法；而其弊也，或失之拘墟。

子游氏文學家也，而是篇所記三章，皆切實務本之語，後世沈溺華藻之士，其亦廢然返乎？

體天地之性、戰戰兢兢，孝以立身，忠恕以及人，斯曾子之學派也。是篇所記四章，『以友輔

仁』，自致惟親，論孝難能，又推而及於哀矜下民。蓋仁人之於孝，猶手足之有腹心。『孝弟之

至，光於四海，通於神明』，曾子而見用也，吾民之流離蕩析，奔走無門者鮮矣。

辨而通，億而屢中，等百世之王，而獨折厥衷，斯子貢氏之學派也。是篇所記六章，二章與人

爲善改過，四章則皆贊孔子之辭，蓋諸賢皆奉孔子爲依歸者也。而子貢之智，尤足以知聖者也。

門墻之高峻,日月之昭明,無所疑而無可訾也。是故七十子之服孔子,若江漢之朝宗也。

孔子往矣,而諸賢追思孔子之深情,又昭然其若揭也。而子貢善爲論贊之辭,則尤千古所獨

絕也。嗚呼!『立斯立,道斯行,綏斯來,動斯和』,生榮死哀,吾夫子之功績,既不獲稍見於世,

則用行之志,不能無望於門弟子也。然而諸賢者,亦相與沈淪下位,負才以終,何哉?或曰:『伊

尹負鼎而勉湯以王,百里奚飯牛車下而繆公用霸,諸賢當時盍亦稍貶其節乎?』孟子曰:『未聞

以道殉乎人者也。』孔子惟不屑自貶其道,是以卒老於洙泗。諸賢不忍違背師法,亦不肯以斯道

殉人,故寧雲散風流,没世牖下而[二]不自悔。嗚呼悲矣!不百年後,如儀、秦,如悝、武,如鞅、

斯,皆用揣摩苟合,取將相之尊,而以其學亂天下。而如諸賢者,方且於闃寂無聞之中,出其學

派,傳嬗四方,淑世淑人,功德不可以勝紀。然則聖賢之徒,亦何負於世哉!有用人之權者,可以

鑒矣。

然而後之讀是篇者,感師生之沆瀣,慨大道之終湮,則往往欷歔不置云。

[一]『而』原作『面』。

前半專仿《天下篇》體，後半舉頭天外，擲筆空中，摺疊千重，紆迴震盪。其為諸賢慨乎、抑不僅為諸賢慨乎？其為春秋戰國時悲乎？抑不僅為春秋戰國時悲乎？後世儻有子雲乎？

○本法與『議論錯綜法』不同，蓋本法專以逐層摺疊為主，尚有才氣縱橫，一片蒼茫，風水激盪之概。至『議論錯綜法』，則才氣斂抑，綫索在手，變化從心，較本法為更進矣。

【典重齊皇法】

兼『琢句古雅法』，適用於典制、金石之文，以燦爛莊嚴為主；宜原本《詩》《書》，澤古功深，乃能為之。

《詩·車攻篇》

我車既攻，我馬既同。四牡龐龐，駕言徂東。

田車既好，四牡孔阜。　東有甫草，駕言行狩、

之子于苗，選徒囂囂。　建旐設旄，搏獸于敖。

駕彼四牡，四牡奕奕。　赤芾金舄，會同有繹。

決拾既佽，弓矢既調。　射夫既同，助我舉柴。

四黃既駕，兩驂不猗。　不失其馳，捨矢如破。

蕭蕭馬鳴，悠悠旆旌。　徒御不驚，大庖不盈。

之子于征，有聞無聲。　允矣君子，展也大成。

此《詩序》謂：『宣王能内修政事、外攘夷狄、復會諸侯於東都、修車馬、備器械，因田獵而選車從焉、』是此詩爲中興時所作，故其聲音雖不逮周初之盛，而其典重之致，自有整齊嚴肅氣象。知此者，可與論治道矣。

○『之子于苗』『之子於征』二章遙相應；『蕭蕭馬鳴』四句、寫太平景象，自然高遠、

○本法當與『響遏行雲法』參讀，彼法柳子厚所謂『激而發之欲其清、

而沈之欲其重』是也。曾文正謂讀文：『其氣當翔翥於虛無之表，而字字若履危石而下，

則虛實兼盡矣。』

○《論語》『君子不重則不威』，厚重與虛無之別，人之窮通、貴賤、壽夭，實分於此，非

獨品詣爲然也。即於文章中驗之，十不失一，學者切宜注意。

《詩·韓奕篇》

奕奕梁山，維禹甸之，有倬其道。韓侯受命，王親命之：『纘戎祖考，無廢朕命。夙夜匪解，

虔共爾位。朕命不易，榦不庭方，以佐戎辟。』

四牡奕奕，孔修且張。韓侯入覲，以其介圭，入覲于王。王錫韓侯、淑旂綏章、簟茀錯衡，玄

袞赤舄，鉤膺鏤錫，鞹鞃淺幭，鞗革金厄。

韓侯出祖，出宿于屠。顯父餞之，清酒百壺。其殽維何？炰鱉鮮魚。其蔌維何？維筍及蒲。

其贈維何？乘馬路車。籩豆有且、侯氏燕胥。

韓侯取妻，汾王之孫、蹶父之子。蹶父孔武，靡國不到，爲韓姞相攸，莫如韓樂。孔樂韓土，川澤訏訏。魴鱮甫甫，麀鹿噳噳，有熊有羆，有貓有虎。慶既令居，韓姞燕譽。

溥彼韓城，燕師所完。以先祖受命，因時百蠻。王錫韓侯，其追其貊。奄受北國，因以其伯。實墉實壑。實畝實藉，獻其貔皮，赤豹黃羆。

韓侯迎止，于蹶之里。百兩彭彭、八鸞鏘鏘、不顯其光。諸娣從之，祈祈如雲。韓侯顧之，爛其盈門。

此《詩序》謂尹吉甫美宣王能錫命諸侯。謝疊山云：『王命仲山甫曰「纘戎祖考」，命申伯之行，王親餞之，韓侯之行，王使顯父餞之。』『申伯之行，韓侯亦曰「纘戎祖考」』。『申伯之行，王親餞之，韓侯之行，亦贈路車乘馬。』『城謝則命召伯，城韓則命仲山甫』，『城東方則命仲山甫』，『城韓則以燕師完之』、『宣王之尊賢臣，重邊方至矣』。余按：《崧高》《烝民》《韓奕》之詩，同爲

吉甫所作。惟《崧高》《烝民》二詩，皆煉之歸于清淡、而此詩寫宣王錫予韓侯旟旐、車馬、衣服，洪纖精粗，靡所不備；而又借�蹶父相攸、韓姞燕譽，形容韓之富饒。文章善於映帶，氣象更覺崢嶸，而神味倍極醇厚，是爲『典重裔皇法』之祖。

《詩·閟宮篇》

閟宮有侐，實實枚枚。赫赫姜嫄，其德不回，上帝是依，無災無害。彌月不遲，是生后稷。降之百福，黍稷重穋，稙稺菽麥，奄有下國，俾民稼穡。有稷有黍，有稻有秬。奄有下土，纘禹之緒。

后稷之孫，實維大王，居岐之陽，實始翦商。至于文、武，纘大王之緒，致天之屆，于牧之野：

『無貳無虞！上帝臨女！』敦商之旅，克咸厥功。王曰：『叔父，建爾元子，俾侯于魯，大啓爾宇，爲周室輔。』

乃命魯公，俾侯于東，錫之山川，土田附庸。周公之孫，莊公之子，龍旂承祀，六轡耳耳，春秋匪解，享祀不忒。皇皇后帝，皇祖后稷，享以騂犧，是饗是宜，降福既多。周公皇祖，亦其福女。

秋而載嘗，夏而楅衡，白牡騂剛。犧尊將將，毛炰胾羹，籩豆大房。萬舞洋洋，孝孫有慶。俾爾熾而昌，俾爾壽而臧，保彼東方，魯邦是常。不虧不崩，不震不騰，三壽作朋，如岡如陵。公車千乘，朱英綠縢，二矛重弓。公徒三萬，貝冑朱綬，烝徒增增。戎狄是膺，荊舒是懲，則莫我敢承。俾爾昌而熾，俾爾壽而富，黃髮台背，壽胥與試。俾爾昌而大，俾爾耆而艾，萬有千歲，眉壽無有害。

泰山巖巖，魯邦所詹。奄有龜蒙，遂荒大東，至于海邦，淮夷來同。莫不率從，魯侯之功。

保有鳧繹，遂荒徐宅。至于海邦，淮夷蠻貊。及彼南夷，莫不率從，莫敢不諾，魯侯是若。

天錫公純嘏，眉壽保魯，居常與許，復周公之宇。魯侯燕喜，令妻壽母。宜大夫庶士，邦國是有。

既多受祉，黃髮兒齒。

徂來之松，新甫之柏，是斷是度，是尋是尺。松桷有舄。路寢孔碩。新廟奕奕，奚斯所作，孔曼且碩，萬民是若。

此《詩序》謂頌僖公能復周公之宇也、余按：第一章本《生民詩》、第二章本《大明

詩》。自『王曰叔父』起、精神一振、而『泰山巖巖』『天錫公純嘏』兩章、氣象尤爲高遠。僖
公時、魯已衰矣、而文章尚典重如此、知周公之遺澤孔長也。

司馬相如《封禪文》

伊上古之初肇、自昊穹兮生民、歷撰列辟、以迄于秦。率邇者踵武、逖聽者風聲。紛綸葳蕤、
湮滅而不稱者、不可勝數也。續《韶》《夏》、崇號諡、略可道者七十有二君。罔若淑而不昌、疇逆
失而能存？軒轅之前、遐哉邈乎、其詳不可得聞已。五三六經載籍之傳、維見可觀也。

《書》曰：『元首明哉、股肱良哉！』因斯以談、君莫盛於唐堯、臣莫賢於后稷。后稷創業於
唐堯、公劉發迹於西戎、文王改制、爰周郅隆、大行越成、而後陵夷衰微、千載無聲、豈不善始善終
哉！然無異端、慎所由於前、謹遺教於後耳。故軌迹夷易、易遵也；湛恩濛涌、易豐也；憲度著
明、易則也；垂統理順、易繼也。是以業隆於襁褓而崇冠於二后。揆厥所元、終都攸卒、未有殊
尤絕迹可考於今者也。然猶躡梁父、登泰山、建顯號、施尊名。

大漢之德，烽涌原泉，汋瀹漫衍，旁魄四塞，雲布霧散，上暢九垓，下泝八埏。懷生之類，霑濡浸潤，協氣橫流，武節猋逝，邇陜游原，迥闊泳沫，首惡湮没，闇昧昭晳，昆蟲凱澤，回首面内。然後囷蟲虞之珍群，徼麢鹿之怪獸，虆一莖六穗於庖，犧雙觡共抵之獸，獲周餘珍，收龜於岐、招翠黃、乘龍於沼。鬼神接靈圉，賓於間館。奇物譎詭，俶儻窮變。欽哉！符瑞臻兹，猶以爲德薄，不敢道封禪。蓋周躍魚隕航，休之以燎，微夫斯之爲符也，以登介丘，不亦恧乎！進讓之道，其何〔二〕爽與？

於是大司馬進曰：『陛下仁育群生，義征不憓，諸夏樂貢，百蠻執贄，德侔往初，功無與二，休烈浹洽，符瑞衆變，期應紹至、不特創見。意者泰山、梁父，設壇場望幸，蓋號以况榮，上帝垂恩儲祉，將以薦成，陛下謙讓而弗發也。挈三神之歡，缺王道之儀，群臣恧焉。或謂且天爲質闇，示珍符，固不可辭；若然辭之，是泰山靡記，而梁父靡幾也。亦各并時而榮，咸濟厥世而屈，説者尚何稱於後，而云七十二君乎？夫修德以錫符，奉符以行事，不爲進越也。故聖王弗替，而修禮地

〔二〕『其何』原作『何其』。

祇、謁款天神、勒功中嶽，以彰至尊，舒盛德，發號榮、受厚福，以浸黎民也。皇皇哉斯事！天下之壯觀，王者之丕業，不可貶也。願陛下全之，而後因雜揳紳先生之略術，使獲燿日月之末光絶炎，以展采錯事。猶兼正列其義，祓飾厥文，作《春秋》一藝。將襲舊六爲七，攄之亡窮，俾萬世得激清流，揚微波，蜚英聲，騰茂實、。前聖之所以[一]永保鴻名，而常爲稱首者用此。宜命掌故，悉奏其儀而覽焉。」

於是天子沛然改容，曰：『愉乎，朕其試哉！』乃遷思回慮、總公卿之議、詢封禪之事，詩大澤之博，廣符瑞之富。乃作頌曰：

自我天覆，雲之油油。甘露時雨，厥壤可游。滋液滲漉，何生不育；嘉穀六穗，我穡曷蓄？非唯雨之，又潤澤之。非唯濡之，泛布濩之。萬物熙熙，懷而慕思。名山顯位，望君之來。君乎君乎，侯不邁哉！

般般之獸，樂我君囿[一]。白質黑章，其儀可嘉。盰盰睦睦，君子之態。蓋聞其聲，今視其來。

厥塗靡從，天瑞之徵。茲亦於舜、虞氏以興、

濯濯之麟，游彼靈時。孟冬十月，君徂郊祀。馳我君輿、帝以享祉、三代之前、蓋未嘗有。

宛宛黃龍，興德而升。采色炫燿，燦炳輝煌。正陽顯見，覺寤黎烝。於傳載之，云受命所乘。

厥之有章，不必諄諄。依類托寓，諭以封巒。

披藝觀之，天人之際已交，上下相發允答。聖王之德，兢兢翼翼。故曰於興必慮衰，安必思危。

是以湯、武至尊嚴，不失肅祗，舜在假典，顧省厥遺，此之謂也。

○頌辭歸結到『興必慮衰，安必思危』，頗思抑武帝之雄心，不失譎諫之義。惟文中菲

薄文、武，罔知輕重，後人謂其佞辭逢君，怙寵身後，辭章家弊病，學者當引爲大戒也、

瑰瑋鴻紛、舉嶽并出、此才蕭瀹河漢、豈非信然！

[一]『囿』原作『圃』。

○本法原名『煉氣凝重法』、擬略選《江賦》《海賦》等、作爲凝煉之助、繼思曾文正欲以《選》賦之氣、煉入散文、本屬不易。初學不察、或多用四六句、尤恐流於板滯、故改名爲『典重喬皇法』、多選散文、以發揚其氣。惟程度較高者、仍須參讀《文選》諸賦、庶文體文氣、日益厚重。《易傳》所謂『含宏光大、品物咸亨』、有此氣象、方極文家之妙。

韓退之《平淮西碑》

天以唐克肖其德、聖子神孫、繼繼承承、於千萬年、敬戒不怠、全付所覆、四海九州、罔有內外、悉主悉臣。高祖、太宗、既除既治；高宗、中、睿、休養生息；至于玄宗、受報收功、極熾而豐、物衆地大、孽牙其間。肅宗、代宗、德祖順考、以勤以容、大憝適去、稂莠不薅；相臣將臣、文恬武嬉、習熟見聞、以爲當然。

睿聖文武皇帝、既受群臣朝、乃考圖數貢、曰：『嗚呼！天既全付予有家、今傳次在予、予不能事事、其何以見于郊廟？』群臣震懾、奔走率職。明年平夏、又明年平蜀、又明年平江東、又明

年平澤潞，遂定易、定，致魏、博、貝、衛、澶、相，無不從志。皇帝曰：『不可究武，予其少息。』

九年，蔡將死。蔡人立其子元濟以請，不許。遂燒舞陽，犯葉、襄城，以動東都，放兵四劫。

皇帝歷問于朝，一二臣外，皆曰：『蔡帥之不廷授，于今五十年，傳三姓四將；其樹本堅，兵利卒頑，不與他等。』因撫而有，順且無事。』大官臆決唱聲，萬口和附，并爲一談，牢不可破。

皇帝曰：『惟天惟祖宗，所以付任予者，庶其在此，予何敢不力。況一二臣同，不爲無助。』

曰：『光顏、汝爲陳、許帥，維是河東、魏博、郃陽三軍之在行者，汝皆將之。』曰：『重胤，汝故有河陽、懷，今益以汝，維是朔方、義成、陝、益、鳳翔、延、慶七軍之在行者，汝皆將之。』曰：『弘，汝以卒萬二千屬而子公武往討之。』曰：『文通，汝守壽，維是宣武、淮南、宣歙、浙西四軍之行于壽者，汝皆將之。』曰：『道古，汝其觀察鄂岳。』曰：『愬，汝帥唐、鄧、隨，各以其兵進戰。』曰：『度，汝惟御史，其往視師。』曰：『度，惟汝予同，汝遂相予，以賞罰用命不用命。』曰：『弘，汝其以節度統諸軍。』曰：『守謙，汝出入左右，汝惟近臣，其往撫師。』曰：『度，汝其往，衣服飲食予士，無寒無飢。以既厥事，遂生蔡人。賜汝節斧，通天御帶，衛卒三百。凡兹廷臣，汝擇自從，惟

其賢能，無憚大吏。庚申，予其臨門送汝。』曰：『御史，予閔士大夫戰甚苦，自今以往，非郊廟祠，

祀，其無用樂。』

顏、胤、武合攻其北，大戰十六，得柵、城、縣二十三，降人卒四萬、

萬三千；再入申，破其外城。文通戰其東，十餘遇，降萬二千。道古攻其東南，八戰，降

其策，戰比有功。十二年八月，丞相度至師，都統弘責戰益急、顏、胤、武合戰益用命，元濟盡并其

眾，洄曲以備。十月壬申，愬用所得賊將，自文城，因天大雪，疾馳百二十里，用夜半到蔡，破其

門，取元濟以獻，盡得其屬人卒。辛巳，丞相度入蔡，以皇帝命赦其人。淮西平，大饗賚功，師還

之日，因以其食賜蔡人。凡蔡卒三萬五千，其不樂為兵願歸為農者十九，悉縱之。斬元濟京師。

冊功：弘加侍中，愬為左僕射，帥山南東道、顏、胤皆加司空、公武以散騎常侍帥鄜、坊、

丹、延；道古進大夫；文通加散騎常侍。丞相度朝京師，道封晉國公，進階金紫光祿大夫、以舊

官相，而以其副總為工部尚書，領蔡任。既還奏，群臣請紀聖功，被之金石。皇帝以命臣愈。臣

愈再拜稽首而獻文曰：

唐承天命，遂臣萬邦；孰居近土，襲盜以狂。往在玄宗，崇極而圮。河北悍驕，河南附起、

四聖不宥，屢興師征。有不能剋，益戍以兵。夫耕不食，婦織不裳。輸之以車，爲卒賜糧。外多

失朝，曠不嶽狩。百隸怠官，事忘其舊。

帝時繼位，顧瞻咨嗟。惟汝文武，孰恤予家、既斬吳、蜀，旋取山東。魏將首義，六州降從、

淮、蔡不順，自以爲强。提兵叫讙，欲事故常、始命討之，遂連奸鄰、陰遣刺客，來賊相臣。方戰

未利，内驚京師。群公上言，莫若惠來。帝爲不聞，與神爲謀。乃相同德，以訖天誅。

乃敕顏、胤、恕、武、古、通、咸統於弘，各奏汝功。三方分攻，五萬其師。大軍北乘、厥數倍

之。常兵時曲，軍士蠢蠢。既翦陵雲，蔡卒大窘。勝之邵陵，郾城來降。自夏入秋，復屯相望、

兵頓不勵，告功不時、帝哀征夫，命相往釐。士飽而歌，馬騰於槽。試之新城，賊遇敗逃。盡抽

其有，聚以防我。西師躍入，道無留者。

頷頷蔡城，其疆千里。既入而有，莫不順俟。帝有恩言，相度來宣：『誅止其魁、釋其下人、』

蔡之卒夫，投甲呼舞；蔡之婦女，迎門笑語。蔡人告飢，船粟往哺；蔡人告寒，賜以繒布。始時

蔡人，禁不往來；今相從戲，里門夜開。始時蔡人，進戰退戮。今盱而起，左飧右粥。為之擇人，以收餘僽；選吏賜牛，教而不稅。

蔡人有言，始迷不知。今乃大覺，羞前之為。蔡人有言，天子明聖；不順族誅，順保性命。汝不吾信，視此蔡方；執為不順，往斧其吭。凡叛有數，聲勢相倚；吾強不支，汝弱奚恃；其告而長，而父而兄；奔走偕來，同我太平。淮、蔡為亂，天子伐之。既伐而飢，天子活之。始議伐蔡，卿士莫隨。既伐四年，小大并疑。不赦不疑，由天子明。凡此蔡功，惟斷乃成。既定淮、蔡，四夷畢來。遂開明堂，坐以治之。

此文淵淵作金石聲，如聞鈞天之奏，如聆韶舞之樂。退之自負為大手筆，後有作者，弗可及已。

○李義山《讀韓碑詩》云：『點竄《堯典》《舜典》字，塗改《清廟》《生民》詩。』此評最確、蓋茲篇敘文，全出自於《堯典》，而銘辭則全出於《江漢》《常武》諸詩也。

○袁爽秋先生云：『中段裴相三叙，弘兩叙，終虛一筆叙詔御史語，此化板爲活之法；

如握奇八陣，變化無常，美哉嘆觀止矣！』

韓退之《南海神廟碑》

海於天地間爲物最巨。自三代聖王，莫不祀事，考於傳記，而南海神次最貴，在北東西三神、

河伯之上，號爲祝融。天寶中，天子以爲古爵莫貴於公侯，故海嶽之祝，犧幣之數，放而依之，所

以致崇極於大神。今王亦爵也，而禮海嶽，尚循公侯之事，虛王儀而不用，非致崇極之意也。由

是册尊南海神爲廣利王，祝號祭式，與次俱升；因其故廟，易而新之，在今廣州治之東南，海道八

十里，扶胥之口，黃木之灣。常以立夏氣至，命廣州刺史行事祠下，事訖驛聞。

而刺史常節度五嶺諸軍，仍觀察其郡邑，於南方事無所不統，地大以遠，故常選用重人。既

貴而[二]富，且不習海事，又當祀時，海常多大風，將往，皆憂戚。既進，觀顧怖悸，故常以疾爲解，

[二]『而』原作『且』。

而委事於其副，其來已久。故明宮齋廬，上雨旁風，無所蓋障；牲酒瘠酸，取具臨時；水陸之品，

狼藉籩豆；薦祼興俯，不中儀式；吏滋不供，神不顧享；盲風怪雨，發作無節，人蒙其害。

元和十二年，始詔用前尚書右丞、國子祭酒魯國孔公爲廣州刺史兼御史大夫，以殿南服。公

正直方嚴，中心樂易，祗慎所職；治人以明，事神以誠；內外單盡，不爲表襮。至州之明年，將

夏，祝册自京師至，吏以時告。公乃齋被視册，誓群有司曰：『册有皇帝名，乃上所自署，其文曰

「嗣天子某，謹遣官某敬祭」，其恭且嚴如是，敢有不承！明日，吾將宿廟下以供晨事。』明日，吏

以風雨白，不聽。於是州府文武吏士凡百數，交諫更諫，皆揖而退。公遂升舟，風雨少弛，棹夫奏

功，雲陰解駁，日光穿漏，波伏不興。省牲之夕，載暘載陰。將事之夜，天地開除，月星明概。五

鼓既作，牽牛正中，公乃盛服執笏，以入即事。文武賓屬，俯首聽位，各執其職；牲肥酒香，樽爵

静潔，降登有數，神具醉飽。海之百靈秘怪，慌惚畢出，蜿蜿蛇蛇，來享飲食。闔廟旋艫，祥飆送

驪，旗纛旓麾，飛揚晻藹，鐃鼓嘲轟，高管嗷噪，武夫奮棹，工師唱和。穹龜長魚，踴躍後先，乾端

坤倪，軒豁呈露。祀之之歲，風災熄滅，人厭魚蟹，五穀胥熟。明年祀歸，又廣廟宮而大之。治其

庭壇，改作東西兩序、齋庖之房，百用具修。明年其時，公又固往，不懈益虔，歲仍大和，蠶艾歌咏。

始公之至，盡除他名之稅，罷衣食於官之可去者。四方之使，不以資交；以身爲帥，燕享有時，賞與以節；；公藏私畜，上下與足。於是免屬州負逋之緡錢廿有四萬、米三萬二千斛。賦金之

州，耗金一歲八百，困不能償，皆以丐之、加西南守長之俸，誅其尤無良不聽令者，由是皆自重慎

法。人士之落南不能歸者，與流徙之胄百廿八族，用其才良而廩其無告者、其女子可嫁，與之錢

財，令無失時。刑德并流，方地數千里，不識盜賊；山行海宿，不擇處所；事神治人，其可謂備至

耳矣。咸願刻廟石以著厥美，而擊以詩。乃作詩曰：

南海陰墟，祝融之宅。即祀於旁，帝命南伯。吏惰不躬，正自今公。明用享錫，右我家邦、

惟明天子，惟慎厥使。我公在官，神人致喜。海嶺之陬，既足既濡。胡不均弘，俾執事樞。公行

勿遲，公無遽歸。匪我私公，神人具依。

此文與《封禪文》及《平淮西碑》同兼『琢句古雅法、』語樸以質、氣厚而凝、加以古藻

爛斑，波瀾壯闊、，非宋元以後人所能逮。不善學者、，加以塗附，即成明七子之流弊矣、。

蘇子瞻《表忠觀碑》

熙寧十年十月戊子，資政殿大學士、右諫議大夫、知杭州軍州事臣抃言：故吳越國王錢氏墳廟、，及其父、祖、妃、夫人、子孫之墳，在錢塘者二十有六，在臨安者十有一，皆蕪廢不治。父老過之，有流涕者。

謹按：故武肅王鏐、，始以鄉兵破走黃巢、，名聞江淮。復以八都兵破劉漢宏、，并越州以奉董昌、，而自居於杭。及昌以越叛，則誅昌而并越，盡有浙東西之地。傳其子文穆王元瓘。至其孫顯王仁佐，遂破李景兵，取福州、。而仁佐之弟忠懿王俶，又出大兵攻景、，以迎周世宗之師。其後卒以國入覲，三世四王，與五代相終始。天下大亂，豪杰蜂起。方是時，以數州之地盜名字者，不可勝數。既覆其族，延及於無辜之民，罔有子遺。而吳越地方千里，帶甲十萬，鑄山煮海，象犀珠玉之富，甲於天下，然終不失臣節，貢獻相望於道。是以其民至於老死，不識兵革；四時嬉游，歌

鼓之聲相聞，至於今不廢。其有德於斯民甚厚。

皇宋受命，四方僭亂，以次削平。西蜀、江南，負其嶮遠。兵至城下，力屈勢窮，然後束手、

而河東劉氏，百戰守死，以抗王師，積骸爲城，釃血爲池，竭天下之力，僅乃克之。獨吳越不待告

命，封府庫、籍郡縣，請吏於朝，視去其國，如去傳舍，其有功於朝廷甚大。

昔竇融以河西歸漢，光武詔右扶風修理其父祖墳塋，祠以太牢。今錢氏功德，殆過於融，而

未及百年，墳廟不治，行道傷嗟，甚非所以勸獎忠臣、慰答民心之義也。臣願以龍山廢佛祠曰『妙

音院』者爲觀，使錢氏之孫爲道士曰『自然』者居之。凡墳廟之在錢塘者，以付自然。其在臨安

者，以付其縣之淨土寺僧曰道微。歲各度其徒一人，使世掌之，籍其地之所入，以時修其祠宇，封

殖其草木。有不治者，縣令丞察之，甚者易其人。庶幾永終不墜，以稱朝廷待錢氏之意。臣抃昧

死以聞。』制曰：『可』。其妙音院改賜名曰『表忠觀』。銘曰：

［二］『梃』原作『奮』。

天目之山，苕水出焉。龍飛鳳舞，萃於臨安。篤生异人，絕類離群。奮梃[二]大呼，從者如

雲。仰天誓江，月星晦蒙。強弩射潮，江海爲東。殺宏誅昌，奄有吳越、金卷玉冊、虎符龍節、

大城其居，包絡山川。左江右湖，控引島蠻。歲時歸休，以燕父老。曄如神人，玉帶毬馬。四十

一年，寅畏小心。厥篚相望，大貝南金。五朝昏亂，罔堪托國。三王相承，以待有德。既獲所歸，

弗謀弗咨、先王之志，我維行之。天祚忠孝，世有爵邑。允文允武，子孫千億。帝謂守臣，治其

祠墳。毋俾樵牧，愧其後昆。龍山之陽，巋焉新宮。匪私於錢，惟以勸忠。非忠無君，非孝無親。

凡百有位，視此刻文。

袁爽秋先生云：『閎實茂美、此西京人文氣、荆公以爲仿佛太史公《秦楚之際月表叙》。』余按：荆公之論，固賞其氣之蒼莽耳，銘辭亦臻煉闊矣、

蘇子瞻《潮州韓文公廟碑》

匹夫而爲百世師，一言而爲天下法。是皆有以參天地之化，關盛衰之運，其生也有自來，其逝也有所爲。故申、呂自嶽降，傳説爲列星，古今所傳，不可誣也。孟子曰：『吾善養吾浩然之

氣。』是氣也，寓於尋常之中，而塞乎天地之間。卒然遇之，則王公失其貴，晉、楚失其富，良、平失其智，賁、育失其勇，儀、秦失其辯。是孰使之然哉？其必有不依形而立，不恃力而行，不待生而存，不隨死而亡者矣。故在天爲星辰，在地爲河嶽，幽則爲鬼神，而明則復爲人。此理之常，無足怪者。

自東漢以來，道喪文弊，异端并起。歷唐貞觀、開元之盛，輔以房、杜、姚、宋而不能救。獨韓文公起布衣，談笑而麾之，天下靡然從公，復歸於正，蓋三百年於此矣。文起八代之衰，而道濟天下之溺，忠犯人主之怒，而勇奪三軍之帥。豈非參天地，關盛衰，浩然而獨存者乎？

蓋嘗論天人之辨，以謂人無所不至，惟天不容僞。智可以欺王公，不可以欺豚魚；力可以得天下，不可以得匹夫匹婦之心。故公之精誠，能開衡山之雲，而不能回憲宗之惑；能馴鰐魚之暴，而不能弭皇甫鎛、李逢吉之謗；能信於南海之民，廟食百世，而不能使其身一日安於朝廷之上。蓋公之所能者天也，所不能者人也。

始潮人未知學，公命進士趙德爲之師。自是潮之士皆篤於文行，延及齊民，至於今號稱易

治。信乎孔子之言：『君子學道則愛人、小人學道則易使也。』潮人之事公也、飲食必祭、水旱疾疫、凡有求必禱焉。而廟在刺史公堂之後、民以出入爲艱。前太守欲請諸朝作新廟、不果。元祐五年、朝散郎王君滌來守是邦。凡所以養士治民者、一以公爲師。民既悅服、則出令曰：『願新公廟者、聽。』民歡趨之、卜地於州城之南七里、期年而廟成。或曰：『公去國萬里、而謫於潮、不能一歲而歸。没而有知、其不眷戀於潮、審矣！』軾曰：『不然！公之神在天下者、如水之在地中、無所往而不在也。而潮人獨信之深、思之至、焄蒿淒愴、若或見之。譬如鑿井得泉、而曰水專在是、豈理也哉？』元豐七年、詔封公昌黎伯、故榜曰：『昌黎伯韓文公之廟。』潮人請書其事於石、因作詩以遺之、使歌以祀公。其詞曰：

公昔騎龍白雲鄉、手抉雲漢分天章、天孫爲織雲錦裳。飄然乘風來帝旁、下與濁世掃秕糠。作西游咸池略扶桑、草木衣被昭回光。追逐李、杜參翔翔、汗流籍、湜走且僵、滅没倒影不可望。诗訕佛譏君王、要觀南海窺衡湘、歷舜九嶷吊英、皇。祝融先驅海若藏、約束蛟鰐如驅羊。鈞天無人帝悲傷、謳吟下招遣巫陽。爟牲雞卜羞我觴、於粲荔丹與蕉黃。公不少留我涕滂、翩然被髮

下。。。
大荒。。

朱子曰：『東坡作《韓文廟碑》、不能得一起語，起行百十遭、忽得「匹夫」兩句、下面

只如此掃去。』余謂子瞻爲此、蓋文過於力矣。然吾鄉王弇州謂：『此碑自始至末、無一字

懈怠。嘉言格論，層間疊出、；太牢悅口，夜明奪目。蘇文古今所推、此尤其最得意者、其關

係世道人心亦大矣。』蓋非虛譽也。銘辭尤奇奧、可與退之《樊紹述銘》同讀、而理想之新

穎過之。

○子瞻作《司馬溫公神道碑》、體格與此相近、文氣亦極雄健、惟此文遒練過之、故捨

彼而取此。

【追魂攝魄法】

凡索諸幽渺之鄉者，皆精神魂魄，非儘宜於説鬼之文也；當倏忽變幻，不可思議，忌穿

鑿庸陋。

《左傳・晋侯改葬共大子》(僖公十年)

晋侯改葬共大子。秋，狐突適下國，遇大子，大子使登，僕，而告之曰：『夷吾無禮，余得請於帝矣。將以晋畀秦，秦將祀余。』對曰：『臣聞之，神不歆非類，民不祀非族。君祀無乃殄乎？且民何罪？失刑乏祀，君其圖之、』君曰：『諾。吾將復請。七日新城西偏，將有巫者而見我焉。』許之，遂不見。及期而往，告之曰：『帝許我罰有罪矣，敝於韓。』

吳摯甫云：『寫狐突遇共大子登僕如常，問答如常，竟與生人無異、絕無牛鬼蛇神之狀，可謂平常之極。直至「遂不見」三字，方寫出神踪鬼迹，令人不寒而慄，可謂奇幻之極。』

余按：此段極恍惚，却極凄楚。狐突爲大子之知己，而夷吾無禮，晋國將亡，則狐突心中之事也，故有是夢。新城爲大子所縊之地，特再點出，所謂追魂攝魄，凄愴在心脾者也，後人殆未有能效之者。

《左傳·秦晉伐鄀》(僖公二十五年)

秋，秦、晉伐鄀。楚鬭克、屈禦寇以申、息之師戍商密。秦人過析隈，入而系輿人，以圍商密，昏而傅焉。宵，坎血加書，僞與子儀、子邊盟者。商密人懼曰：『秦取析矣，戍人反矣。』乃降秦師。秦師囚申公子儀、息公子邊以歸。楚令尹子玉追秦師弗及，遂圍陳，納頓子於頓。

吳摯甫云：『戰功必以奇勝。此文寫秦人處處用奇，陰謀變化，如鬼如神。尤妙在用精煉簡括之筆，使其踪迹不甚了，然後兵之奇見，文之奇亦見。若遇此種奇功，而筆不足以傳之，是以真金作頑鐵用矣，豈不惜哉！』又云：『於精煉簡括中，獨詳僞盟一事；又於商密人口中蕩漾二語，皆筆墨變化處。歸結楚國陳納頓子，將破軍亡將之楚，略一生色，亦變化處。』

○余按：兵，陰道也。秦人用陰謀，此文覺有一種陰森之氣。

○秦人蓋用潛師，故子儀之兵不能覺。而『坎血加書』事，其謀蓋係先定。若以他人

為之，必十數語始明、而此則以一筆括之、『商密人懼曰』兩句，是為『追魂攝魄法』。

《左傳·晉侯夢大厲》（成公十年）

晉侯夢大厲，被髮及地，搏膺而踴曰：『殺余孫不義，余得請於帝矣。』壞大門及寢門而入。

公懼，入于室。又壞戶。公覺，召桑田巫。巫言如夢。公曰：『何如？』曰：『不食新矣。』

公疾病，求醫于秦。秦伯使醫緩為之、未至，公夢疾為二豎子曰：『彼良醫也，懼傷我，焉

逃之？』其一曰：『居肓之上，膏之下，若我何？』醫至，曰：『疾不可為也、在肓之上，膏之下，

攻之不可，達之不及，藥不至焉，不可為也。』公曰：『良醫也。』厚為之禮而歸之。六月丙午，晉

侯欲麥，使甸人獻麥、饋人為之、召桑田巫，示而殺之、將食，張，如廁，陷而卒。小臣有晨夢負

公以登天、及日中，負晉侯出諸厕、遂以為殉。

因夢成病，因病又夢，而巫、醫皆來，卒因夢而遂死，因死而小臣又夢、惡孽交作、迷離

恍惚之文，其警世者深矣。

《左傳·鄭人相驚以伯有》(昭公七年)

鄭人相驚以伯有，曰『伯有至矣』，則皆走，不知所往。鑄刑書之歲二月，或夢伯有介而行，

曰：『壬子，余將殺帶也。明年壬寅，余又將殺段也。』及壬子，駟帶卒。國人益懼。齊、燕平之

月壬寅，公孫段卒，國人愈懼。其明月，子產立公孫洩及良止以撫之，乃止。子大叔問其故，子產

曰：『鬼有所歸，乃不爲厲，吾爲之歸也。』大叔曰：『公孫洩何爲？』子產曰：『說也。爲身無

義而圖說，從政有所反之以取媚也。不媚不信，不信民不從也。』

及子產適晉，趙景子問焉，曰：『伯有猶能爲鬼乎？』子產曰：『能。人生始化曰魄，既生

魄，陽曰魂。用物精多，則魂魄強。是以有精爽，至於神明。匹夫匹婦強死，其魂魄猶能馮依於

人，以爲淫厲、況良霄，我先君穆公之胄，子良之孫，子耳之子，敝邑之卿，從政三世矣、鄭雖無

腆，抑諺曰「蕞爾國」，而三世執其政柄，其用物也弘矣，其取精也多矣。其族又大，所馮厚矣。

而强死，能爲鬼，不亦宜乎？』

鬼神之事，人心爲之，故《中庸》曰：『誠不可掩、』若迷信則大愚矣、此文記事，飄忽

而無踪，記言若知鬼神之情狀，實則爲强死者鳴冤，即爲刑政者垂戒耳！而用筆則如『上窮

碧落下黃泉』，令人恍惚不可測。一起陡然而來，尤有天馬行空之概，非程度高者，不能學

步也。

《史記·樂書》(節録)

衛靈公之時，將之晋，至於濮水之上舍。夜半時，聞鼓琴聲，問左右，皆對曰『不聞』。乃召

師涓曰：『吾聞鼓琴音，問左右皆不聞。其狀似鬼神，爲我聽而寫之。』師涓曰：『諾。』因端坐

援琴，聽而寫之。明日，曰：『臣得之矣，然未習也，請宿習之。』靈公曰：『可。』因復宿。明日，

報，曰：『習矣。』即去之晋，見晋平公。平公置酒於施惠之臺。酒酣，靈公曰：『今者來，聞新

聲，請奏之。』平公曰：『可。』即令師涓坐師曠旁，援琴鼓之。未終，師曠撫而止之曰：『此亡國

之聲也，不可聽。』平公曰：『何道出？』師曠曰：『師延所作也。與紂爲靡靡之樂，武王伐紂，

師延東走，自投濮水之中，故聞此聲，必於濮水之上。先聞此聲者國削。』平公曰：『寡人所好者音也，願遂聞之。』師涓鼓而終之。

平公曰：『音無此最悲乎？』師曠曰：『有。』平公曰：『可得聞乎？』師曠曰：『君德義薄，不可以聽之。』平公曰：『寡人所好者音也，願聞之。』師曠不得已，援琴而鼓之。一奏之，有玄鶴二八集乎廊門；再奏之，延頸而鳴，舒翼而舞。

平公大喜，起而爲師曠壽。反坐，問曰：『音無此最悲乎、』師曠曰：『有。昔者黃帝以大合鬼神，今君德義薄，不足以聽之，聽之將敗。』平公曰：『寡人老矣，所好者音也，願遂聞之。』師曠不得已，援琴而鼓之。一奏之，有白雲從西北起；再奏之，大風至而雨隨之，飛廊瓦，左右皆奔走、平公恐懼，伏於廊屋之間。晉國大旱，赤地三年、

聽者或吉或凶、夫樂不可妄興也、

《史記》頗有後人附益之文、此段節自《樂書》、疑出褚先生手、按：晉平公時、無衛

靈入晉事，考諸《左傳》《史記年表》暨《晉衛世家》而可知。其事尤詭誕，然其文則能追取

神氣，乃若有物憑之者，故可取耳。

○《易傳》曰：『同聲相應，同氣相求。』一家有善聲善氣，則子弟皆感之而爲善；一

家有惡聲惡氣，則子弟皆感之而爲惡，在於無形之中，而莫可名者也。故《中庸》曰：『體

物而不可遺。』又曰：『夫微之顯，誠之不可掩。』是以君子敬畏天命，載魂抱魄，亡敢恣

肆。否則子弟流蕩忘返，或致失魂而落魄矣，可不畏哉？

韓退之《原鬼》

『有嘯於梁，從而燭之，無見也。斯鬼乎？』曰：非也。鬼無聲。『有立於堂，從而視之，無見

也。斯鬼乎？』曰：非也。鬼無形。『有觸吾躬，從而執之，無得也。斯鬼乎？』曰：非也。鬼無

聲與形，安有氣？』曰：『鬼無聲也，無形也，無氣也，果無鬼乎？』

曰：有形而無聲者，物有之矣，土石是也；有聲而無形者，物有之矣，風霆是也；有聲與形

者、物有之矣，人獸是也；無聲與形者、物有之矣、鬼神是也。

曰：『然則有怪而與民物接者，何也？』曰：是有二，有鬼有物。漠然無形與聲者，鬼之常

也。民有忤於天，有違於民，有爽於物，逆於倫，而感於氣，於是乎鬼有形於形，有憑於聲以應之，

而下殃禍焉，皆民之爲之也。其既也，又反乎其常。曰：『何謂物？』曰：成於形與聲者、土石、

風霆、人獸是也；反乎無聲與形者，鬼神是也；不能有形與聲，不能無形與聲者，物怪是也。

故其作而接於民也無恒，故有動於民而爲禍，亦有動於民而爲福，亦有動於民而莫之爲禍

福，適丁民之有是時也、作《原鬼》。

天地間之鬼神，皆人心之魂魄爲之也。因人心之魂魄，感召天地間之鬼神，故曰：『皆

民之爲之』也、《左氏傳》所載，有托形於豕者、有托聲於牛者，其偶也、若謂鬼必托形聲

於豕牛，其可乎？人無釁焉，鬼不自作。文能道鬼神之情狀，而歸本於正理。煉氣亦極廉

悍、是以卓然可傳。

羅池廟者，故刺史柳侯廟也。柳侯爲州，不鄙夷其民，動以禮法。三年，民各自矜奮：『茲土雖遠京師，吾等亦天氓，今天幸惠仁侯，若不化服，我則非人。』於是老少相教語，莫違侯令。凡有所爲於其鄉間，及於其家，皆曰：『吾侯聞之，得無不可於意否？』莫不忖度而後從事。凡令之期，民勸趨之，無有後先，必以其時。於是民業有經，公無負租，流逋四歸，樂生興事；宅有新屋，步有新船，池園潔修，豬牛鴨鷄，肥大蕃息。子嚴父詔，婦順夫指，嫁娶葬送，各有條法，出相弟長，入相慈孝。先時民貧，以男女相質，久不得贖，盡沒爲隸。我侯之至，按國之故，以備除本，悉奪歸之、。大修孔子廟。城郭巷道，皆治使端正，樹以名木、。

柳民既皆悅喜。嘗與其部將魏忠、謝寧、歐陽翼飲酒驛亭，謂曰：『吾棄於時，而寄於此，與若等好也。明年吾將死，死而爲神，後三年，爲廟祀我。』及期而死。三年孟秋辛卯，侯降於州之後堂，歐陽翼等見而拜之。其夕，夢翼而告曰：『館我於羅池。』其月景辰，廟成，大祭。過客李儀醉酒，慢侮堂上，得疾，扶出廟門即死。

明年春，魏忠、歐陽翼使謝寧來京師，請書其事於石。余謂柳侯，生能澤其民，死能驚動福禍之，以食其土，可謂靈也已。柳侯，河東人，諱宗元，字子厚。賢而有文章，嘗位於朝，光顯矣。已而擯不用。作《迎享送神詩》遺柳民，俾歌以祀焉，而并刻之。其辭曰：

荔子丹兮蕉黃，雜肴蔬兮進侯堂。侯之船兮兩旗，度中流兮風泊之，待侯不來兮不知我悲。侯乘駒兮入廟，慰我民兮不嚬以笑。鵝之山兮柳之水，桂樹團團兮白石齒齒。侯朝出游兮暮來歸，春與猿吟兮秋鶴與飛。北方之人兮為侯是非。千秋萬歲兮侯無我違。福我兮壽我，驅厲鬼兮山之左。下無苦濕兮高無乾，秔稌充羨兮蛇蛟結蟠，我民報事兮無怠其始，自今兮欽於世世。

精光掩遏，不可逼視。子厚生而為英，歿而為神，理有固然，無足怪者、若以為迷信，則謬矣。

○曾文正最愛此銘辭，其《日記》云：『常於輿中誦之，音節鏗然。內云「驅厲鬼」，蓋即龍城柳碑語。』

【洸洋詼詭法】

宜縱橫馳驟，有黃河一瀉千里之勢；曾文正所謂：『跌宕頓挫，捫之有鋩。』奔放中必須凝煉，忌浮囂，忌粗率。

○自此法以下，已升堂而入於室，爲極至之文矣。

《荀子·賦篇》

爰有大物，非絲非帛，文理成章；非日非月，爲天下明；生者以壽，死者以葬，城郭以固，三軍以強；粹而王，駁而伯，無一焉而亡。臣愚不識，敢請之王？王曰：此夫文而不采者與？簡然易知而致有理者與？君子所敬而小人所不者與？性不得則若禽獸，性得之則甚雅似者與？匹夫隆之則爲聖人，諸侯隆之則一四海者與？致明而約，甚順而體，請歸之禮。（右《禮賦》）

皇天隆物，以示下民，或厚或薄，常不齊均；桀紂以亂，湯武以賢；涽涽淑淑，皇皇穆穆；周

流四海，曾不崇日。君子以修，跖以穿室；大參乎天，精微而無形。行義以正，事業以成。可以

禁暴足窮，百姓待之而後寧泰。臣愚不識，願問其名？曰：『此夫安寬平而危險隘者邪？修潔

之爲親而雜污之爲狄者邪？甚深藏而外勝敵者邪？法禹舜而能弇迹者邪？行爲動靜，待之而後

適者邪？血氣之精也，志意之榮也，百姓待之而後寧也，天下待之而後平也，明達純粹而無疵也，

夫是之謂君子之知。』（右《知賦》）

有物於此，居則周靜致下，動則綦高以巨；圓者中規，方者中矩；大參天地，德厚堯、禹；精

微乎毫毛，而大盈乎大寓；忽兮其極之遠也，攭兮其相逐而返也，卬卬兮天下之咸蹇也、德厚而

不捐，五采備而成文，往來惛憊，通于大神，出入甚極，莫知其門，天下失之則滅，得之則存。弟子

不敏，此之願陳，君子設辭，請測意之？曰：此夫大而不塞者與？充盈大宇而不窕，入郄穴而不

逼者與？行遠疾速而不可托訊者與？往來惛憊而不可爲固塞者與？暴至殺傷而不億忌者與？

功被天下而不私置者與？托地而游宇，友風而子雨，冬日作寒，夏日作暑，廣大精神，請歸之雲。

（右《雲賦》）

有物於此，儵儵兮其狀、屢化如神、功被天下、爲萬世文。禮樂以成，貴賤以分、養老長幼、待之而後存[一]、名號不美、與暴爲鄰。功立而身廢、事成而家敗、棄其耆老、收其後世；人屬所利、飛鳥所害。臣愚不識，請占之五泰？五泰占之曰：『此夫身女好而頭馬首者與？屢化而不壽者與？善壯而拙老者與？有父母而無牝牡者與？冬伏而夏游，食桑而吐絲，前亂而後治，夏生而惡暑，喜濕而惡雨，蛹以爲母，蛾以爲父，三俯三起，事乃大已，夫是之謂蠶理。』（右《蠶賦》）

有物於此，生於山阜，處於室堂；無知無巧，善治衣裳；不盜不竊，穿窬而行；日夜合離，以成文章；以能合從，又善連衡；下覆百姓，上飾帝王；功業甚博，不見賢良；時用則存，不用則亡。臣愚不識，敢請之王？王曰：此夫始生巨其成功小者邪？長其尾而銳其剽者邪？頭銛達而尾趙繚者邪？一往一來，結尾以爲事，無羽無翼，反覆甚極；尾生而事起，尾邅而事已；簪以爲父、管以爲母；既以縫表，又以連裏；夫是之謂箴理。（右《箴賦》）

天下不治，請陳佹詩：天地易位，四時易鄉；列星殞墜，旦暮晦盲；幽晦登昭、日月下藏；

[一]『存』原作『成』。

公正無私，反見從橫；志愛公利，重樓疏堂；無私罪人，憖革貳兵；道德純備，讒口將將。仁人絀約、敖暴擅強；天下幽險，恐失世英；螭龍為蝘蜓，鴟梟為鳳皇。比干見刳，孔子拘匡，昭昭乎其知之明也，郁郁乎其遇時之不祥也，拂乎其欲禮義之大行也，闇乎天下之晦盲也，皓天不復，憂無疆也；千歲必反，古之常也；弟子勉學，天不忘也；聖人共手，時幾將矣；與愚以疑，願聞反辭。

其《小歌》曰：念彼遠方，何其塞矣；仁人絀約，暴人衍矣；忠臣危殆，讒人服矣。琁、玉、瑤、珠，不知佩也；雜布與錦，不知异也；閭娵、子奢，莫之媒也；嫫母、力父，是之喜也。以盲為明，以聾為聰，以危為安，以吉為凶。嗚呼上天！曷維其同？

前數段連卷縱橫，惟意所適。後路嗚咽淋漓，苦心畢露。嗟真儒之不遇，痛滄海之橫流，能無悲乎？

《荀子·成相篇》

請成相，世之殃，愚闇愚闇墮賢良；人主無賢，如瞽無相何倀倀、請布基、慎聖人、愚而自專事不治；主忌苟勝，群臣莫諫必逢災。論臣過，反其施，尊主安國尚賢義；拒諫飾非，愚而上同國必禍。曷謂罷？國多私，比周還主黨與施；遠賢近讒，忠臣蔽塞主勢移。曷謂賢？明君臣、上能尊主愛下民。主誠聽之，天下為一海內賓。主之孽，讒人達，賢能遁逃國乃蹶；愚以重愚，闇以重闇成為桀。世之災，妒賢能，飛廉知政任惡來；卑其志意，大其園圃高其臺。武王怒，師牧野，紂卒易鄉啓乃下；武王善之，封之於宋立其祖。世之衰，讒人歸，比干見刳箕子累；武王誅之，呂尚招麾殷民懷。世之禍，惡賢士，子胥見殺百里徙；穆公任之，强配五伯六卿施。世之愚，惡大儒，逆斥不通孔子拘；展禽三絀，春申道綴基畢輸。請牧基，賢者思，堯在萬世如見之；讒人罔極，險陂傾側此之疑。基必施，辨賢罷，文、武之道同伏戲；由之者治，不由者亂何疑為！凡成相，辨法方，至治之極復後王；復[一]慎、墨、季、惠，百家之說誠不詳。治復一，修之吉，君子執

之心如結；衆人貳之，讒夫棄之形是詰、、水至平、、端不傾，心術如此象聖人；、而有埶，直而用抽、、

必參天。世無王，窮賢良，暴人芻豢，仁人糟糠、、禮樂滅息，聖人隱伏，墨術行、、治之經、禮與刑、

君子以修百姓寧、。明德愼罰，國家既治四海平。治之志，後埶富，君子誠之好以待；、處之敦固，

有深藏之能遠思。思乃精，志之榮，好而壹之神以成；、精神相反，一而不貳爲聖人。治之道，美

不老，君子由之佼以好；、下以教誨子弟，上以事祖考。成相竭，辭不蹙，君子道之順以達；、宗其

賢良，辨其殃孽。

　請成相，道聖王、堯、舜尚賢身辭讓、、許由、善卷，重義輕利行顯明。堯讓賢，以爲民、泛利兼

愛德施均、；辨治上下，貴賤有等明君臣。堯授能，舜遇時，尚賢推德天下治；、雖有賢、聖、適不遇

世孰知之。堯不德，舜不辭，妻以二女任以事、；大人哉舜，南面而立萬物備！舜授禹，以天下，尚

得推賢不失序、；外不避仇，內不阿親賢者予。禹勞心力，堯有德，干戈不用三苗服、；舉舜甽畝，

任之天下身休息、。得后稷，五穀殖，夔爲樂正鳥獸服、；契爲司徒，民知孝弟尊有德。禹有功，抑

下鴻，辟除民害逐共工、；北決九河，通十二渚疏三江。禹傅土，平天下，躬親爲民行勞苦、；得益、

皋陶、橫革、直成爲輔。契玄王，生昭明、居于砥石遷於商；十有四世，乃有天乙是成湯。天乙

湯，論舉當，身讓卞隨舉牟光，道古賢聖基必張。

願陳辭，世亂惡善不此治；隱諱疾賢，良王念孫曰：「『良』當爲長。」楊注：「長用奸詐。」是其證。用奸詐鮮無災。患難哉！阪爲

先，聖知不用愚者謀；前車已覆，後未知更何覺時。不覺悟，不知苦，迷惑失指易上下；中不上

達，蒙揜耳目塞門户。門户塞，大迷惑，悖亂昏莫不終極；是非反易，比周欺上惡正直。正直惡，

心無度，邪枉辟回失道途。己無郵人，我獨自美，豈獨無故不知戒，後必有恨。後遂過，不肯悔；

讒夫多進，反覆言語生詐態。人之態，不如備，爭寵嫉賢利惡忌；妒功毀賢，下斂黨與上蔽匿。

上壅蔽，失輔埶，任用讒夫不能制；郭公長父之難，屬王流於裔。周幽、厲，所以敗，不聽規諫忠

是害；嗟我何人，獨不遇時當亂世！欲衷對，言不從，恐爲子胥身離凶；進諫不聽，到而獨鹿棄

之江。觀往事，以自戒，治亂是非亦可識，托於成相以喻意。

請成相，言治方，君論有五約以明；君謹守之，下皆平正國乃昌。臣下職，莫游食，務本節用

財無極；事業聽上，莫得相使一民力。守其職，足衣食，厚薄有等明爵服；利往卬上，莫得擅與

執私得、君法明、論有常、表儀既設民知方；進退有律，莫得貴賤執私王。君法儀，禁不爲，莫不説教名不移；修之者榮，離之者辱執它師。刑稱陳，守其銀，下不得用輕私門；罪禍有律，莫得輕重威不分。請牧祺，明有基，主好論議必善謀；五聽修領，莫不理續主執持。聽之經，明其請、參伍明謹施賞刑；顯者必得，隱者復顯民反誠。言有節，稽其實，信誕以分賞罰必；下不欺上，皆以情言明若日。上通利，隱遠至，觀法不法見不視；耳目既顯，吏敬法令莫敢恣。君教出，行有律、吏謹將之無鈹滑；下不私請，各以宜，舍巧拙。臣謹修，君制變，公察善思論不亂；以治天下，後世法之成律貫。

與《離騷經》用意略同、、而造語之詼奇過之。

○按：成相者，非謂成功在相也。《禮記》『治亂以相』、相乃樂器，所謂『春牘』。又古者瞽必有相、審此篇音節，即後世彈詞之祖。篇首即稱『如瞽無相何倀倀』其義已明、首句『請成相』，言請奏此曲也。然則此文體，亦非荀卿所特創矣。

《莊子·逍遙游篇》(節錄)

北冥有魚,其名爲鯤。鯤之大,不知其幾千里也。化而爲鳥,其名爲鵬。鵬之背,不知其幾千里也。怒而飛,其翼若垂天之雲。是鳥也,海運則將徙於南冥。南冥者,天池也。《齊諧》者,志怪者也。《諧[一]》之言曰:『鵬[二]之徙於南冥也,水擊三千里,搏扶搖而上者九萬里,去以六月息者也。』野馬也,塵埃也,生物之以息相吹也。天之蒼蒼,其正色邪?其遠而無所至極邪、其視下也,亦若是則已矣。且夫水之積也不厚,則其負大舟也無力。覆杯水於坳堂之上,則芥爲之舟;置杯焉則膠,水淺而舟大也。風之積也不厚,則其負大翼也無力。故九萬里則風斯在下矣,而後乃今培風;背負青天,而莫之夭閼者,而後乃今將圖南。蜩與學鳩笑之曰:『我決起而飛,槍榆枋,時則不至,而控於地而已矣,奚以之九萬里而南爲?』適莽蒼者,三飡而反,腹猶果然;適百里者宿舂糧;適千里者三月聚糧。之二蟲又何知!小知不及大知,小年不及大年。奚

[一] 『諧』原作『鵬』。

[二] 『鵬』原作『諧』。

以知其然也？朝菌不知晦朔，蟪蛄不知春秋，此小年也。楚之南有冥靈者，以五百歲爲春，五百

歲爲秋；上古有大椿者，以八千歲爲春，八千歲爲秋。而彭祖乃今以久特聞，衆人匹之，不亦悲

乎！湯之問棘也是已。窮髮之北，有冥海者，天池也。有魚焉，其廣數千里，未有知其修者，其名

爲鯤。有鳥焉，其名爲鵬，背若泰山，翼若垂天之雲；摶扶搖羊角而上者九萬里，絕雲氣，負青

天，然後圖南，且適南冥也。斥鴳笑之曰：『彼且奚適也？我騰躍而上，不過數仞而下，翱翔蓬

蒿之間，此亦飛之至也。而彼且奚適也？』此小大之辯也。

故夫知效一官、行比一鄉、德合一君、而徵一國者，其自視也亦若此矣。而宋榮子猶然笑之。

且舉世譽之而不加勸，舉世非之而不加沮，定乎內外之分，辯乎榮辱之境，斯已矣。彼其於世，未

數數然也。雖然，猶有未樹也。夫列子御風而行，泠然善也，旬有五日而後反；彼於致福者，未

數數然也。此雖免乎行，猶有所待者也。若夫乘天地之正，而御六氣之辯，以游無窮者，彼且惡

乎待哉！故曰：至人無己、神人無功、聖人無名。（中略）

肩吾問於連叔曰：『吾聞言於接輿，大而無當，往而不反。吾驚怖其言，猶河漢而無極也；

大有逕庭、不近人情焉。』連叔曰：『其言謂何哉？』曰：『「藐姑射之山，有神人居焉。肌膚若冰雪，淖約若處子，不食五穀，吸風飲露，乘雲氣，御飛龍，而游乎四海之外，其神凝，使物不疵癘而年穀熟。」吾是以狂而不信也。』連叔曰：『然。瞽者無以與乎文章之觀，聾者無以與乎鐘鼓之聲。豈唯形骸有聾盲哉！夫知亦有之。是其言也，猶時女也。之人也，之德也，將磅礴萬物以爲一，世蘄乎亂，孰弊弊焉以天下爲事！之人也，物莫之傷，大浸稽天而不溺，大旱金石流、土山焦而不熱。是其塵垢粃糠，將猶陶鑄堯、舜者也，孰肯以物爲事！』宋人資章甫而適諸越，越人斷髮文身無所用之。堯治天下之民，平海內之政，往見四子，藐姑射之山，汾水之陽，窅然喪其天下焉。」

子之學相似而實不同、

首段是神化，次段是冲漠。其本在於養氣、故曰：『乘天地之正、御六氣之辨』，與孟

《莊子·齊物論篇》(節錄)

南郭子綦隱几而坐,仰天而噓,嗒焉似喪其耦、顏成子游立侍乎前,曰:『何居乎?形固可使如槁木,而心固可使如死灰乎?今之隱几者,非昔之隱几者也!』子綦曰:『偃,不亦善乎而問之也!今者吾喪我,汝知之乎?女聞人籟,而未聞地籟,女聞地籟,而未聞天籟夫!』子游曰:『敢問其方。』子綦曰:『夫大塊噫氣,其名為風。是唯無作,作則萬竅怒呺。而獨不聞之翏翏乎?山林之畏佳,大木百圍之竅穴,似鼻,似口,似耳,似枅,似圈,似臼,似洼者,似污者;激者,謞者,叱者,吸者,叫者,譹者,宎者,咬者。前者唱于,而隨者唱喁。泠風則小和,飄風則大和,厲風濟則眾竅為虛。而獨不見之調調、之刁刁乎?』子游曰:『地籟則眾竅是已,人籟則比竹是已、敢問天籟。』子綦曰:『夫吹萬不同,而使其自己也,咸其自取,怒者其誰邪!』

大知閑閑,小知間間;大言炎炎,小言詹詹。其寐也魂交,其覺也形開,與接為構,日以心鬥、縵者、窖者、密者。小恐惴惴,大恐縵縵。其發若機栝,其司是非之謂也;其留如詛盟,其守勝之謂也;其殺如秋冬,以言其日消也;其溺之所為之,不可使復之也;其厭也如緘,以言其老

洫也；近死之心，莫使復陽也。喜怒哀樂，慮嘆變慹，姚佚啓態；樂出虛，蒸成菌。日夜相代乎前，而莫知其所萌。已乎已乎！旦暮得此，其所由以生乎！夫隨其成心而師之，誰獨且無師乎？奚必知代，而心自取者有之？愚者與有焉。未成乎心而有是非，是今日適越而昔至也。是以無有爲有。無有爲有，雖有神禹，且不能知，吾獨且奈何哉！

夫言非吹也。言者有言，其所言者特未定也。果有言邪、其未嘗有言邪？其以爲異於鷇音，亦有辨乎，其無辨乎？道惡乎隱而有真偽？言惡乎隱而有是非？道惡乎往而不存？言惡乎存而不可？道隱於小成，言隱於榮華。故有儒、墨之是非，以是其所非，而非其所是。欲是其所非而非其所是，則莫若以明。

物無非彼，物無非是。自彼則不見，自知則知之。故曰：彼出於是，是亦因彼。彼是，方生之說也。雖然，方生方死，方死方生；方可方不可，方不可方可；因是因非，因非因是。是以聖人不由而照之于天，亦因是也。是亦彼也，彼亦是也。彼亦一是非，此亦一是非。果且有彼是乎哉？果且無彼是乎哉？彼是莫得其偶，謂之道樞。樞始得其環中，以應無窮。是亦一無窮，非亦

一無窮也。故曰『莫若以明』。

以指喻指之非指，不若以非指喻指之非指也；以馬喻馬之非馬，不若以非馬喻馬之非馬也。

天地一指也；萬物一馬也。可乎可，不可乎不可。道行之而成、物謂之而然。惡乎然？然於然。惡乎不然？不然於不然。物固有所然，物固有所可。無物不然，無物不可。故爲是舉莛與楹，厲與西施，恢恑憰怪，道通爲一。

其分也，成也；其成也，毀也。凡物無成與毀，復通爲一。唯達者知通爲一、爲是不用而寓諸庸。庸也者，用也；用也者，通也；通也者，得也。適得而幾矣[一]。因是已。已而不知其然、謂之道。勞神明爲一、而不知其同也，謂之『朝三』。何謂『朝三』？曰：『狙公賦芧曰：「朝三而暮四。」眾狙皆怒。曰：「然則朝四而暮三。」』眾狙皆悦。名實未虧，而喜怒爲用，亦因是也。

是以聖人和之以是非、而休乎天鈞，是之謂兩行。

罔兩問景曰：『曩子行，今子止，曩子坐，今子起，何其無特操與、？』景曰：『吾有待而然者

[一]『矣』原作『已』。

邪？吾所待又有待而然者邪？吾待蛇蚹、蜩翼邪？惡識所以然？惡識所以不然？」

昔者莊周夢爲胡蝶，栩栩然胡蝶也，自喻適志與，不知周也。俄然覺，則蘧蘧然周也。不知周之夢爲胡蝶與，胡蝶之夢爲周與？周與胡蝶，則必有分矣。此之謂物化。

人生三百六十空竅，皆所謂『寥寥刁刁』者也，人不能自聞之耳，知此而一死生、齊是非，合可不可歸於物化，所謂『離形去知，同乎大通』者也。至此心歸於無、氣亦歸於無。

《莊子·秋水篇》（節錄）

秋水時至，百川灌河，涇流之大，兩涘渚崖之間，不辨牛馬。於是焉河伯欣然自喜，以天下之美爲盡在己。順流而東行，至於北海，東面而視，不見水端。於是焉河伯始旋其面目，望洋向若而嘆，曰：『野語有之曰「聞道百，以爲莫己若」者，我之謂也。且夫我嘗聞少仲尼之聞而輕伯夷之義者，始吾弗信，今我睹子之難窮也，吾非至於子之門則殆矣，吾長見笑於大方之家。』北海若曰：『井鼃不可以語於海者，拘於虛也；夏蟲不可以語於冰者，篤於時也；曲士不可以語於道

者，束於教也。今爾出於崖涘，觀於大海，乃知爾醜，爾將可與語大理矣。天下之水，莫大於海、

萬川歸之，不知何時止而不盈；尾閭泄之，不知何時已而不虛；春秋不變，水旱不知。此其過江

河之流，不可爲量數。而吾未嘗以此自多者，自以比形於天地而受氣於陰陽，吾在於天地之間，

猶小石小木之在大山也，方存乎見少，又奚以自多！計四海之在天地之間也，不似礨空之在大澤

乎？計中國之在海內，不似稊米之在大倉乎？號物之數謂之萬，人處一焉；人卒九州，穀食之所

生，舟車之所通，人處一焉。此其比萬物也，不似豪末之在於馬體乎？五帝之所連，三王之所爭，

仁人之所憂，任士之所勞，盡此矣。伯夷辭之以爲名，仲尼語之以爲博，此其自多也，不似爾向之

自多於水乎？』

河伯曰：『然則吾大天地而小豪末，可乎？』北海若曰：『否。夫物，量無窮，時無止，分無

常，終始無故。是故大知觀於遠近，故小而不寡，大而不多，知量無窮；證曏今故，故遙而不悶，

掇而不跂，知時無止；察乎盈虛，故得而不喜，失而不憂，知分之無常也；明乎坦途，故生而不

說，死而不禍，知終始之不可故也、計人之所知，不若其所不知；其生之時，不若未生之時。以

其。。。至小，求窮其至大之域，是故迷亂而不能自得也。由此觀之、又何以知豪末之足以定至細之倪?又何以知天地之足以窮至大之域?」

此篇本係一層進一層，如剝蕉心，不盡不止。茲僅節錄兩段，以見其趣、蓋其意不過小仲尼、伯夷，而借河伯以發之、亦不足爲訓也。

○袁爽秋先生云：『惟道術深廣、而心君尚恭者、爲能虛己斂德、而屢焉處之。否則如蟹之處罾，時露其一螯二螯，而受縶於人矣，淺躁故也。』此語見道極深。

唐蔚芝《釋氣》

大同之世，喜氣婆娑。卿雲糺縵，吐氣含和。百姓鼓腹，擊壤謳謌。爰有通人達士，方領矩步之倫，群萃淑氣之佳亭，相與討論乎斯氣之升降，與夫斯氣之本真。

政治家言曰：『政貴行健，同氣相求。雲從龍，風從虎、本天本地、親上親下、一氣之相應也。聖人乘六龍，保太和，播元氣，感人心，而天下和平。鳴球拊石，於變時雍，鳥獸蹌蹌，鳳凰來

儀，一氣之相感也。是以聲名洋溢中國、凡有血氣，莫不尊親。反是而大塊噫氣，鬱極爲風，蜚屋拔木，靡測[二]其踪。曰「蒙恒風」，曰「狂恒雨」，曰「僭恒暘」，《洪範》咎徵，其皆滲氣乎。六氣失節，陰陽糾棼；寒暑不時，饑饉薦臻；山崩川竭，深谷爲陵，其皆氣之所爲乎。」

道學家言曰：『良知者根於一心，一心，氣之精英也；良能者達於五官，五官，氣之感覺也。本心昧而良知泯、良能没，靈氣爲之窒塞焉。好惡拂人之性，「梏之反覆，則其夜氣不足以存」。復之之道，在先存其「平旦之氣」《詩》所謂「明發不寐，有懷二人」是也，所謂「昊天曰明，無敢戲豫」是也。由是而養其「浩然之氣」，「其爲氣也，至大至剛，配義與道，以直養而無害，則塞於天地之間」。孔子曰：「人之生也直。」直者，生理也，生氣也。「自反而不縮」，以任一己之事而不足；自反而縮，以通造化而有餘。天地有清純之氣，吾心之氣，與天地清純之氣相浹洽也；天地有正大之氣，吾心之氣，與天地正大之氣相往來也。涵之而爲性，仁、義、禮、智、信五德，理也，亦氣也。擴之而爲情，惻隱、羞惡、辭讓、是非四端，皆氣也。竊嘗徵之於經，古之聖賢，清明在

[二]『測』原作『出』。

躬，志氣如神也。又嘗考之於史，古之豪杰，力可拔山，氣可蓋世也、縱橫九垓，上下千禩，無往而非學也，無往而非氣也。」

氣節家言曰：『吾嘗登首陽山、片石矗雲表、鬱鬱蔥蔥，其氣佳哉！黃、農沒矣、薇蕨芳矣、伯夷聖之清者也、飽則氣濁，餓則氣清，豈不然歟？百世而下，聞者莫不興起，興起者，興氣也，而況於親炙之者乎！親炙者，炙氣也。橫覽吾中國二十四史，忠臣、孝子、義士、烈婦，其慷慨激烈、悲壯嗚咽之氣，恒百折而不撓。齊太史簡、晉董狐筆，是氣也；秦子房椎，漢子卿節，是氣也；文文山之作《衣帶銘》，楊椒山之却蚺蛇膽，是氣也。在《易》之義，上水下澤，其卦為《節》，水澤者氣也。鬱積而為氣之苦，苦節不可貞也；調和而為氣之甘，甘節往有尚也。推而及於漢之黨錮、五代之清流，沿及後世，藺相如之怒髮衝冠，氣之粗者也；婁師德之唾面自乾，氣之餒者也。往者齊大饑，黔敖為食於路，有餓者貿貿然來，終不食嗟來之食。氣勁哉！皆未聞乎大道者也、豈夷、齊之亞與？蓋蹴爾而與，乞人不屑，所欲有甚於生，所惡有甚於死者，葆此氣也。人不可以無恥、無廉恥則無氣也。奈之何「宮室之美、妻妾之奉、所識窮乏者得我」一入仕途，無非尸居

之餘氣，譬諸入大冶之爐、舉鎔化其氣骨、殆哉、』

養生家言曰：『天以氣養人，地以味養人。味以培體，氣以完神，故人非氣不存。儒者之
道，「節嗜欲，定心氣」，此言何謂也？《月令》一書，非衛生權輿乎？宋之大儒，首推朱子，作《調
息箴》曰：「鼻端有白，我其觀之。」白者氣也。觀之者，觀氣也。字義，自心爲息；自者，鼻之
省文也；自心相應謂之息。「綿綿若存，用之不竭」，《道德》真詮，於今未絕。抑又聞之，真人之
息以踵，常人之息以喉。以喉，氣出於肺也，形而上者也；以踵，氣萃於足也，形而下者也。善
而用之，勿忘勿助。氣之輕清者上，氣之重濁者下；神將守形，形乃常存，此呼吸之法也。《黃帝
內經》曰：「至人者，服天氣而通神明。」《淮南子》曰：「服氣者，神明而壽。」藐姑神人，不食五
穀，吸風飲露，乘氣御飛龍，而翱翔乎杳冥之外。震爲東方，太陽萌光，吞吐絪縕，去故納新，此服
氣之法也。』

　旁有宗教家聞而笑曰：『彼說與我大類。「精氣爲物，游魂爲變」，此言何謂也？、鬼神之德，
體物不遺。「其氣發揚於上爲昭明」，「神之格思」，氣之感思也。「誠之不可揜」，氣之不可滅也，

「載魂魄抱一，能無離乎」、凡人富貴利達惑其中，奔走營求逐其外，氣浮矣消矣！氣滯矣絕矣、雖欲不離魂、不落魄也，得乎？』

於是有天文家之言氣，以爲日月星辰，皆氣之所斡運也；有地學家之言氣，以爲華嶽河海、皆氣之所包舉也；有文學家之言氣，以爲典章禮樂，秀氣所發皇也；有科學家之言氣，以爲聲光化電，空氣所傳嬗也。於是慎獨子評而斷之曰：『甚矣論氣者之夥也！夫盈天地間皆氣也，難以更僕數，請就其切近者言之。』

『吾人修身之要旨，辨氣之善惡而已。「鷄鳴而起，孳孳爲善者，舜之徒也。」舜之徒善氣何如也、「孳孳爲利者，跖之徒也、」跖之徒惡氣何如也？「積善之家，必有餘慶；積不善之家，必有餘殃。」豈造物者都省記之與？積善之氣有餘而百慶應之也，人見其慶而不知其爲善氣也；積不善之氣有餘而百殃應之也，人見其殃也、而不知其爲惡氣也。是故一身有善氣，一家一國有善氣，天下感之，皆有善氣；一身有惡氣，一家一國有惡氣，天下感之，皆有惡氣。「君子之澤，五世而斬」，君子之仁，一國興仁；一人貪利、一國作亂。其機如此，其氣如此也、「君子之

善氣薰蒸而爲澤及於五世也、、「小人之澤，五世而斬」、小人惡氣漸漬而爲澤及於五世也、、氣有盈虛，世亦隨之爲消長也。是故周文王之肅肅雝雝，緝熙敬止，其善氣之久長綿延至於八百載；戰國時，「爭地以戰，殺人盈野；爭城以戰，殺人盈城」，乖戾之氣，充塞宇宙，如火之燎於原。嗚呼！五行之火氣不可鄉邇，其猶可撲滅。不數十年，而秦政出，焚書坑儒，君子驗其氣之惡極而知之、、曹操、司馬懿奸回險詐之氣，歷久不沬，浸淫及於六朝，而士大夫咸被其毒。痛乎悲夫、至五世而猶不能蕩滌而掃除之也！吾人何以知衆甫之狀哉？識衆甫之氣也。意者音也，察其人之心音而善惡可知也、、氣者气也，審其人之口气而善惡可知也。「與善人居，如入芝蘭之室，久而不聞其芳」，芳氣可親也。「與惡人居，如入鮑魚之肆，久而不聞其臭」，臭氣胡可近也！、食《詩》《書》之氣，子弟鮮有不雋穎者、、沾銅臭之氣，子弟未有不蠢愚者。感名山大川之氣，其人多杰而靈、壽而樂者，氣清嘉也、、溺膏粱醉飽之氣，其人多齷齪以貪、狂惑以疾者，氣酖毒也。扁鵲見齊桓公，望而却走，醫家之辨氣也、、范增望沛公之氣，皆爲龍虎，兵家之占氣也。君子「終日乾乾」，所以培養其朝氣也、、「嚮晦入晏息」，所以振作其暮氣也、。歷代名儒，心無昏惰之氣，躬

無邪僻之氣；孝弟忠信以勵其氣、居仁由義以充其氣、喜怒哀樂之未發，氣也；發而皆中節，氣也。「致中和，天地位焉，萬物育焉」吾之氣順，則天地之氣亦順也。參經緯、贊化育者，氣也；轉否爲泰，轉困爲亨者，氣也；化愚爲明，化柔爲強者，氣也。是故古聖人所以主靜，立人極者，內省乎己之善惡之氣，外析乎人之善惡之氣而已。且夫五方雜遝，風氣攸殊也；群生軋茁，氣質萬變也。化工不言，四時行，百物生，默示其陰、陽、晦、明、風、雨之六氣。上古樂官，伶倫通其微，截爲六律十二管，吹葭驗氣，節宣陰陽；後人又析之爲四，是爲二十四氣之始。因人之氣配天之氣，而陰陽、剛柔、善惡判焉。剛者爲清、爲直、爲斷、爲嚴毅、爲幹固，氣之善者也；爲猛、爲隘、爲驕、爲傲、爲強梁、爲邪佞，氣之惡者也。柔者爲慈、爲和、爲順、爲巽，氣之善者也；爲偽、爲懦、爲弱、爲庸闇、爲畏葸，氣之惡者也。夫反諸己者，亦濟其陰陽、剛柔之偏而已矣。出辭氣而無倍也，持志氣而無暴也。居一室，千里之外應之，氣乎！其君子之樞機乎、慎乎謹乎！氣之發乎！大哉氣乎！斯言其至矣乎！衆皆曰：「旨哉！慎獨子乃詮釋之，俾天下萬世之含生禀氣者知所宗仰」云』。

放恣橫縱、惟意所適；牢籠萬有、馳騁百家。學者熟讀之，可得煉氣之法。

【高瞻遠矚法】

宜先養浩然之氣，與天地清明之氣相接，開拓萬古心胸，推倒一時豪杰；惟道德品行至高者，乃能爲之，忌廓落。

《孟子·好辯章》

公都子曰：『外人皆稱夫子好辯、敢問何也？』孟子曰：『予豈好辯哉！予不得已也。天下之生久矣，一治一亂。當堯之時，水逆行，泛濫於中國。蛇龍居之，民無所定。下者爲巢，上者爲營窟。《書》曰：「洚水警余。」洚水者，洪水也。使禹治之，禹掘地而注之海、驅蛇龍而放之菹。水由地中行、江、淮、河、漢是也。險阻既遠，鳥獸之害人者消、然後人得平土而居之。

『堯、舜既没，聖人之道衰。暴君代作，壞宮室以爲污池，民無所安息；棄田以爲園囿、使民

不得衣食。邪說暴行又作，園囿、污池、沛澤多而禽獸至。及紂之身，天下又大亂。周公相武王，誅紂伐奄，三年討其君，驅飛廉於海隅而戮之。滅國者五十，驅虎、豹、犀、象而遠之。天下大悅。《書》曰：「丕顯哉，文王謨！丕承哉，武王烈！佑啟我後人，咸以正無缺。」

『世衰道微，邪說暴行有作，臣弒其君者有之，子弒其父者有之。孔子懼，作《春秋》。《春秋》，天子之事也，是故孔子曰：「知我者其惟《春秋》乎！罪我者其惟《春秋》乎！」

『聖王不作，諸侯放恣，處士橫議，楊朱、墨翟之言盈天下。天下之言不歸楊，則歸墨。楊氏為我，是無君也；墨氏兼愛，是無父也。無父無君，是禽獸也。公明儀曰：「庖有肥肉，廄有肥馬，民有飢色，野有餓莩，此率獸而食人也。」楊、墨之道不息，孔子之道不著，是邪說誣民，充塞仁義也。仁義充塞，則率獸食人，人將相食。吾為此懼，閑先聖之道，距楊、墨，放淫辭[二]，邪說者不得作。作於其心，害於其事；作於其事，害於其政。聖人復起，不易吾言矣。昔者禹抑洪水而天下平，周公兼夷狄驅猛獸而百姓寧，孔子成《春秋》而亂臣賊子懼。《詩》云：「戎狄是膺，

[一]『辭』原作『詞』。

荆舒是懲，則莫我敢承。」無父無君，是周公所膺也。我亦欲正人心，息邪說，距詖行，放淫辭，以

承三聖者；豈好辯哉？予不得已也。能言距楊、墨者，聖人之徒也。」

凡作文分段起處，最宜講究。此文每段起處，皆用『高瞻遠矚法』。而『天下之生』

節、『昔者禹抑洪水』節、『我亦欲正人心』節，俱有『振衣千仞岡，濯足萬里流』之概。孟

子論浩然之氣，『塞於天地之間』，殆亦自道其文歟！

《孟子・伊尹割烹章》

萬章問曰：『人有言「伊尹以割烹要湯」，有諸？』孟子曰：『否，不然。伊尹耕於有莘之

野，而樂堯、舜之道焉。非其義也，非其道也，祿之以天下，弗顧也，繫馬千駟，弗視也。非其義

也，非其道也，一介不以與人，一介不以取諸人。湯使人以幣聘之，囂囂然曰：「我何以湯之聘

幣爲哉？我豈若處畎畝之中，由是以樂堯、舜之道哉？」湯三使往聘之，既而幡然改曰：「與我

處畎畝之中，由是以樂堯、舜之道，吾豈若使是君爲堯、舜之君哉？吾豈若使是民爲堯、舜之民

哉？吾豈若於吾身親見之哉？天之生此民也，使先知覺後知，使先覺覺後覺也。予，天民之先覺者也。予將以斯道覺斯民也，非予覺之而誰也？」思天下之民，匹夫匹婦有不被堯、舜之澤者，若己推而內之溝中。其自任以天下之重如此，故就湯而說之，以伐夏救民。吾未聞枉己而正人者也，況辱己以正天下者乎！聖人之行不同也，或遠或近，或去或不去，歸潔其身而已矣。吾聞其以堯、舜之道要湯，未聞以割烹也、《伊訓》曰：「天誅造攻自牧宮，朕載自亳、」

此文以『堯、舜之道』作主，而以『吾』字、『予』字作綫索，皆有挺然自任之意、則其身之貴重於天地間為何如、故曰『歸潔其身而已矣』。凡人生當世，必當為天下第一等人。然有任聖之志氣、必須有任聖之道德學問。徒放言高論，無益也。願吾國之學者勉之。

○《孟子》中『高瞻遠矚法』最多，如『公孫衍張儀』章、『宋句踐』章、『尚志』章、『由堯、舜至于湯』章均是。蓋孟子有論世知人之志，故其文抱負與人不同，吾輩當學其所養。

韓退之《伯夷頌》

士之特立獨行，適於義而已、不顧人之是非、皆豪杰之士、信道篤而自知明者也。一家非之，力行而不惑者寡矣；至於一國一州非之，力行而不惑者，蓋天下一人而已矣；若至於舉世非之，力行而不惑者，則千百年乃一人而已耳。若伯夷者，窮天地亙萬世而不顧者也。昭乎日月不足為明，崒乎泰山不足為高，巍乎天地不足為容也。

當殷之亡，周之興，微子賢也，抱祭器而去之；武王、周公聖也、從天下之賢士與天下之諸侯而往攻之，未嘗聞有非之者也。彼伯夷、叔齊者，乃獨以為不可。殷既滅矣，天下宗周，彼二子乃獨恥食其粟，餓死而不顧。繇是而言，夫豈有求而為哉？信道篤而自知明也。今世之所謂士者，一凡人譽之則自以為有餘，一凡人沮之則自以為不足。彼獨非聖人而自是如此。夫聖人乃萬世之標準也，余故曰：若伯夷者，特立獨行，窮天地亙萬世而不顧者也。雖然，微二子，亂臣賊子接迹於後世矣。

俗世滔滔，清流皓皓，讀此文可以增長志氣，激勵名節，曾文正所謂『寐寐周、孔，落落寡群』，其庶幾近之。

○《莊子》云：『彼亦一是非，此亦一是非。』是非之不明於天下久矣、王荆公謂夷、齊扣馬而諫，采薇而食，餓死首陽諸事，皆無有者，可謂妄論。如此則《論語》亦不足據矣。要知武、周之事，乃天下之通義；夷、齊之事，蓋千古之常經。彼其非聖人而自是者、固有所不得已也，其心迹與日月爭光矣。韓子此文結處，實足包掃一切。

【翁純皦繹法】

適用於論著之文，知此法，則煉氣煉局變化無方，要在純任自然，行乎其所不得不行，止乎其所不得不止；若有意爲之，則弊矣。

賈生《過秦論》

秦孝公據崤函之固，擁雍州之地，君臣固守以窺周室，有席捲天下，包舉宇內，囊括四海之意，并吞八荒之心。當是時，商君佐之，內立法度，務耕織，修守戰之備；外連衡而鬥諸侯。於是秦人拱手而取西河之外。

孝公既沒，惠王、武王蒙故業，因遺冊，南兼漢中，西舉巴、蜀，東割膏腴之地、收要害之郡。諸侯恐懼，會盟而謀弱秦，不愛珍器重寶肥美之地，以致天下之士，合從締交，相與爲一。當是時，齊有孟嘗，趙有平原，楚有春申，魏有信陵。此四君者，皆明知而忠信，寬厚而愛人，尊賢重士，約從離橫，并韓、魏、燕、楚、齊、趙、宋、衛、中山之眾。於是六國之士，有寧越、徐尚、蘇秦、杜赫之屬爲之謀，齊明、周最、陳軫、昭滑、樓緩、翟景、蘇厲、樂毅之徒通其意，吳起、孫臏、帶佗、兒良、王廖、田忌、廉頗、趙奢之朋制其兵。嘗以十倍之地，百萬之眾，叩關而攻秦。秦人開關延敵，九國之師逡巡遁逃而不敢進。秦無亡矢遺鏃之費，而天下諸侯已困矣。於是從散約解，爭割地而奉秦。秦有餘力而制其敝，追亡逐北，伏尸百萬，流血漂鹵。因利乘便，宰割天下，分裂河山。

強國請服，弱國入朝。延及孝文王、莊襄王、享國日淺，國家無事、

及至秦王，續六世之餘烈，振長策而御宇內，吞二周而亡諸侯，履至尊而制六合，執棰拊以

鞭笞天下，威振四海。南取百越之地，以爲桂林、象郡；百越之君，俯首係頸，委命下吏。乃使蒙

恬北築長城而守藩籬，却匈奴七百餘里。胡人不敢南下而牧馬，士不敢彎弓而報怨。於是廢先

王之道、焚百家之言，以愚黔首；隳名城，殺豪俊，收天下之兵，聚之咸陽，銷鋒鑄鐻，以爲金人十

二，以弱黔首之民。然後斬華爲城，因河爲池，據億丈之城，臨不測之谿以爲固。良將勁弩，守要

害之處，信臣精卒，陳利兵而誰何！天下已定，秦王之心，自以爲關中之固，金城千里，子孫帝王

萬世之業也。

秦王既沒，餘威震於殊俗。然而陳涉甕牖繩樞之子，氓隸之人，而遷徙之徒也；才能不及中

人，非有仲尼、墨翟之賢，陶朱、猗頓之富；躡足行伍之間，而倔起什伯之中，率罷散之卒，將數百之

衆，轉而攻秦，斬木爲兵，揭竿爲旗，天下雲集響應，贏糧而景從。山東豪俊，遂并起而亡秦族矣。

且夫天下非小弱也，雍州之地，殽函之固，自若也。陳涉之位，非尊於齊、楚、燕、趙、韓、魏、

宋、衛、中山之君，鉏耰棘矜，非銛於鈎戟長鎩也；適戍之眾，非抗於九國之師；深謀遠慮，行軍

用兵之道，非及鄉時之士也。然而成敗異變，功業相反也。試使山東之國與陳涉度長絜大，比權

量力，則不可同年而語矣。然秦以區區之地，致萬乘之權，招八州而朝同列，百有餘年矣；然後

以六合為家，殽函為宮；一夫作難而七廟隳，身死人手，為天下笑者，何也？仁義不施而攻守之

勢異也。

《論語》子語魯太師樂『翕、純、皦、繹』之法，此即始終條理，文章構局，要不外是。余

以之律古文，大家之中多有相合者。此文自『秦孝公』起，至『拱手而取西河之外』，振攝

全篇之局，所謂『翕如』也。『當是時』以下，連接『於是』數段，所謂『從之純如皦如』也。

末段『且夫』以下，八音齊奏，絡繹不絕，所謂『繹如以成』也。文章本天成，妙手偶得之、

若有心造作，則淺妄可笑矣。

○文氣雄駿，大波瀾中伏無數小波瀾、千回百折、朝宗於海。漢、唐以後，未有能及之者。

〇袁爽秋先生云：『「仁義不施」言失政、「攻守不同」言失勢。圖終見匕首祇一寸鐵，老吏斷案祇一兩語定讞耳。使上文層層筆墨，化爲烟雲，可稱極至之作。』

韓退之《原道》

博愛之謂仁，行而宜之之謂義，由是而之焉之謂道，足乎己無待於外之謂德。仁與義爲定名，道與德爲虛位。故道有君子小人，而德有凶有吉。老子之小仁義，非毀之也，其見者小也。坐井而觀天，曰天小者，非天小也。彼以煦煦爲仁，孑孑爲義，其小之也則宜。其所謂道，道其所道，非吾所謂道也。其所謂德，德其所德，非吾所謂德也。凡吾所謂道德云者，合仁與義言之也，天下之公言也。老子之所謂道德云者，去仁與義言之也，一人之私言也。周道衰，孔子沒，火於秦，黃老於漢，佛於晉、魏、梁、隋之間。其言道德仁義者，不入於楊，則入於墨；不入於老，則入於佛。入於彼，必出於此。入者主之，出者奴之；入者附之，出者污之。噫！後之人其欲聞仁義道德之說，孰從而聽之？

老者曰：『孔子，吾師之弟子也。』佛者曰：『孔子，吾師之弟子也、』爲孔子者、習聞其說、

樂其誕而自小也，亦曰『吾師亦嘗師之』云爾。不惟舉之於其口、而又筆之於其書。噫！後之人

雖欲聞仁義道德之說，其孰從而求之？甚矣！人之好怪也、不求其端，不訊其末，惟怪之欲聞。

古之爲民者四，今之爲民者六。古之教者處其一，今之教者處其三。農之家一，而食粟之家六。

工之家一，而用器之家六。賈之家一，而資焉之家六。奈之何民不窮且盜也？

古之時，人之害多矣。有聖人者立，然後教之以相生相養之道。爲之君，爲之師。驅其蟲蛇

禽獸，而處之中土。寒然後爲之衣，飢然後爲之食；木處而顛，土處而病也，然後爲之宮室；爲

之工以贍其器用，爲之賈以通其有無，爲之醫藥以濟其夭死，爲之葬埋祭祀以長其恩愛，爲之禮

以次其先後，爲之樂以宣其湮鬱，爲之政以率其怠倦，爲之刑以鋤其強梗。相欺也，爲之符璽斗

斛、權衡以信之；相奪也，爲之城郭，甲兵以守之。害至而爲之備，患生而爲之防。今其言曰：

『聖人不死，大盜不止。剖斗折衡，而民不爭。』嗚呼！其亦不思而已矣。如古之無聖人，人之類

滅久矣。何也？無羽毛鱗介以居寒熱也，無爪牙以爭食也。是故君者，出令者也；臣者，行君之

令而致之民者也；民者，出粟米麻絲、作器皿、通貨財，以事其上者也。君不出令，則失其所以爲君；臣不行君之令而致之民，則失其所以爲臣；民不出粟米麻絲、作器皿、通貨財以事其上，則誅。今其法曰，必棄而君臣，去而父子，禁而相生相養之道，以求其所謂清靜寂滅者。嗚呼！其亦幸而出於三代之後，不見黜於禹、湯、文、武、周公、孔子也。其亦不幸而不出於三代之前，不見正於禹、湯、文、武、周公、孔子也。

帝之與王，其號雖殊，其所以爲聖一也。夏葛而冬裘，渴飲而飢食，其事雖殊，其所以爲智一也。今其言曰：『曷不爲太古之無事？』是亦責冬之裘者曰：『曷不爲葛之之易也、』責飢之食者曰：『曷不爲飲之之易也？』

《傳》曰：『古之欲明明德於天下者，先治其國；欲治其國者，先齊其家；欲齊其家者，先修其身；欲修其身者，先正其心；欲正其心者，先誠其意。』然則古之所謂正心而誠意者，將以有爲也。今也欲治其心而外天下國家，滅其天常，子焉而不父其父，臣焉而不君其君，民焉而不事其事。孔子之作《春秋》也，諸侯用夷禮則夷之，進於中國則中國之。經曰：『夷狄之有君，不如

諸夏之亡也。』《詩》曰：『戎狄是膺，荆舒是懲』今也舉夷狄之法，而加之先王之教之上，幾何其不胥而為夷也！

夫所謂先王之教者，何也？博愛之謂仁，行而宜之之謂義，由是而之焉之謂道。足乎己無待於外之謂德。其文：《詩》《書》《易》《春秋》；其法：禮、樂、刑、政；其民：士、農、工、賈；其位：君臣、父子、師友、賓主、昆弟、夫婦；其服：麻、絲；其居：宮、室；其食：粟米、果蔬、魚肉。其為道易明，而其為教易行也。是故以之為己，則順而祥；以之為人，則愛而公；以之為心，則和而平；以之為天下國家，無所處而不當。是故生則得其情，死則盡其常。郊焉而天神假，廟焉而人鬼饗。曰：『斯道也，何道也？』曰：『斯吾所謂道也，非向所謂老與佛之道也。堯以是傳之舜，舜以是傳之禹，禹以是傳之湯，湯以是傳之文、武、周公，文、武、周公傳之孔子，孔子傳之孟軻，軻之死，不得其傳焉。荀與揚也，擇焉而不精，語焉而不詳。由周公而上，上而為君，故其事行。由周公而下，下而為臣，故其說長。』然則如之何而可也？曰：『不塞不流，不止不行。人其人，火其書，廬其居。明先王之道以道之，鰥寡孤獨廢疾者有養也。其亦庶乎其可也！」

自『博愛之謂仁』起、至『有凶則吉』止、涵蓋全篇、爲『翕如法』。自『周道衰』以下、爲『從之純如皦如法』。末端『夫所謂先王之教者』以下、與《過秦論》末段體格相似、爲『繹如以成法』。變化縱橫、不可方物。

〇凡文章程度之較淺者、或拈一二字作綫索、或屢用複筆作綫索。惟神化者隨手用虛字作綫索、如《過秦論》之用『于是』『然後』、此篇之用『今其言曰』『今也』等是也。末段驅使風雲、自『爲道易明』以下、自然成韵、尤有天機鼓蕩之樂。

〇袁爽秋先生云：『觀《莊子・天下篇》、黃老之術、與莊絕异。魏默深論甚精。此篇所引「聖人不死、大盜不止」、係《莊子・外篇》、亦以之歸獄老子、未免深文周內。』又云：『「周道衰」以下、從老卸到佛、轉折無痕。「民不窮且盜也」以上、兼闢佛老。「無爪牙以爭食也」以上、專攻老。「清靜寂滅者」以上、專攻佛。「飲之之易也」以上、又專攻老、「胥而爲夷也」以上、又專攻佛。』

柳子厚《封建論》

天地果無初乎?吾不得而知之也。生人果有初乎?吾不得而知之也。然則孰爲近?曰:有初爲近。孰明之?由封建而明之也。彼封建者,更古聖王堯、舜、禹、湯、文、武而莫能去之。蓋非不欲去之也,勢不可也。勢之來,其生人之初乎?不初,無以有封建。封建非聖人意也。彼其初與萬物皆生、草木榛榛,鹿豕狉狉,人不能搏噬而且無毛羽,莫克自奉自衛,荀卿有言:『必將假物以爲用者也』、夫假物者必争,争而不已,必就其能斷曲直者而聽命焉。其智而明者,所伏必眾;告之以直而不改,必痛之而後畏,由是君長刑政生焉。故近者聚而爲群。群之分,其争必大,大而後有兵有德。又大者眾群之長,又就而聽命焉,以安其屬,於是有諸侯之列。則其争又有大者焉。德又大者,諸侯之列,又就而聽命焉,以安其封,於是有方伯、連帥之類,又就而聽命焉,以安其人,然後天下會於一、是故有里胥而後有縣大夫,有縣大夫而後有諸侯,有諸侯而後有方伯、連帥,有方伯、連帥而後有天子。自天子至于里胥,其德在人者,死必求其嗣而奉之,故封建非聖人意也,勢也。

夫堯、舜、禹、湯之事遠矣，及有周而甚詳。周有天下，裂土田而瓜分之、設五等、邦群后，布

履星羅，四周於天下，輪運而輻集。合爲朝覲會同，離爲守臣扞城。然而降于夷王，害禮傷尊，下

堂而迎覲者。歷於宣王，挾中興復古之德，雄南征北伐之威，卒不能定魯侯之嗣。陵夷迄于幽、

厲，王室東徙，而自列爲諸侯。厥後，問鼎之輕重者有之、射王中肩者有之、伐凡伯、誅萇弘者有

之。天下乖盭，無君君之心。余以爲周之喪久矣，徒建空名於公侯之上耳！得非諸侯之盛強，末

大不掉之咎歟？遂判爲十二，合爲七國、威分于陪臣之邦，國殄于後封之秦，則周之敗端，其在乎

此矣。

秦有天下，裂都會而爲之郡邑，廢侯衛而爲之守宰，據天下之雄圖，都六合之上游、攝制四

海、運於掌握之內，此其所以爲得也。不數載而天下大壞，其有由矣。亟役萬人，暴其威刑，竭其

貨賄。負鋤梃謫戍之徒，圜視而合從，大呼而成群。時則有叛人而無叛吏，人怨于下，而吏畏于

上，天下相合，殺守劫令而并起。咎在人怨，非郡邑之制失也。

漢有天下，矯秦之枉，徇周之制，剖海內而立宗子，封功臣、數年之間，奔命扶傷而不暇，困

平城、病流矢，陵遲不救者三代。後乃謀臣獻畫，而離削自守矣。然而封建之始，郡國居半，時則有叛國而無叛郡。 秦制之得，亦以明矣。

繼漢而帝者，雖百代可知也。 唐興，制州邑，立守宰。 此其所以為宜也、然猶桀猾時起、虐害方域者，失不在於州而在於兵，時則有叛將而無叛州。 州縣之設，固不可革也。

或者曰：『封建者必私其土，子其人，適其俗，修其理，施化易也。守宰者，苟其心，思遷其秩而已，何能理乎？』余又非之。 周之事迹，斷可見矣。 列侯驕盈，黷貨事戎。 大凡亂國多，理國寡。 侯伯不得變其政，天子不得變其君。 私土子人者百不有一。 失在於制，不在於政，周事然也。 秦之事迹，亦斷可見矣。 有理人之制，而不委郡邑是矣。 有理人之臣，而不使守宰是矣。 郡邑不得正其制，守宰不得行其理，酷刑苦役，而萬人側目。 失在於政，不在於制，秦事然也。 漢興、天子之政，行於郡，不行於國；制其守宰，不制其侯王。 侯王雖亂，不可變也；國人雖病，不可除也。 及夫大逆不道，然後掩捕而遷之，勒兵而夷之耳。 大逆未彰，奸利浚財，怙勢作威，大刻于民者，無如之何。 及夫郡邑，可謂理且安矣。 何以言之？且漢知孟舒于田叔，得魏尚于馮唐、

聞黃霸之明審，睹汲黯之簡靖，拜之可也，復其位可也，臥而委之以輯一方可也。有罪得以黜、有能得以賞。朝拜而不道，夕斥之矣；朝斥之矣，夕受而不法，朝斥之矣。設使漢室盡城邑而侯王之，縱令其亂人、戚之而已。孟舒、魏尚之術，莫得而施；黃霸、汲黯之化，莫得而行。明譴而導之，拜受而退已違矣。下令而削之，締交合從之謀，周于同列，則相顧裂眥、勃然而起、幸而不起，則削其半。削其半，民猶瘁矣，曷若舉而移之以全其人乎？漢事然也。今國家盡制郡邑，連置守宰，其不可變也固矣。善制兵，謹擇守，則理平矣。

或者又曰：『夏、商、周、漢，封建而延，秦郡邑而促。』尤非所謂知理者也。魏之承漢也，封爵猶建。晉之承魏也，因循不革。而二姓陵替、不聞延祚、今矯而變之，垂二百祀，大業彌固，何繫於諸侯哉？

或者又以為：『殷、周、聖王也，而不革其制、固不當復議也。』是大不然。夫殷、周之不革者，是不得已也。蓋以諸侯歸殷者三千焉，資以黜夏，湯不得而廢；歸周者八百焉，資以勝殷，武王不得而易。徇之以為安，仍之以為俗，湯、武之所不得已也。夫不得已，非公之大者也，私其力

於己也，私其衛於子孫也。秦之所以革之者，其爲制，公之大者也；其情私也，私其一己之威也，私其盡臣畜於我也。然而公天下之端，自秦始。夫天下之道，理安斯得人者也、使賢者居上、不肖者居下，而後可以治安。今夫封建者，繼世而理。繼世而理者，上果賢乎？下果不肖乎？則生人之理亂，未可知也。將欲利其社稷，以一其人之視聽，則又有世大夫，世食祿邑，以盡其封略。聖賢生于其時，亦無以立于天下，封建者爲之也。豈聖人之制使至於是乎？吾故曰：『非聖人之意也，勢也。』」

『天地果無初乎』一段起、蒼蒼茫茫，爲『翕如法、要知此等大文字，起處極難。子厚必先定全篇格局命意，乃爲此破空而來之法、自『堯、舜、禹、湯之事』以下，爲『從之純如法』；中間千條萬緒，脉絡分明，『皦如法』尤顯著矣。末段『或者又以爲』下，爲『繹如以成法』，與退之《原道》并峙爭雄，爲後代獨一無二文字。

○袁爽秋先生云：『柳州貶謫後，嘗作詩云：「多壘非余[一]耻，無謀終[二]自憐。」可見子厚講求經世之務，非若後世尋行數墨文人，但知求工于一字一句，直醢鷄甕裏天幾大也。』又評末段『公天下之端自秦始』句云：『一句逆入，通篇主腦，勢若駿馬奔平川，中塗勒破千里足。以志帥氣，使奔者以渟，散者以凝。』余謂：此句與《過秦論》『仁義不施』二句，煉氣運機極相似、開學者無上法門、

國文經緯貫通大義卷八

【敘事精煉法】

適用於紀人紀事之文，事繁語約，綫索一貫，如百川歸海，斷非易到。

《左傳・晉侯殺其世子申生》（僖公四年）

初，晉獻公欲以驪姬爲夫人，卜之不吉，筮之吉。公曰：「從筮。」卜人曰：「筮短龜長，不如從長。且其繇曰：『專之渝，攘公之羭。』一薰一蕕，十年尚猶有臭。」必不可！」勿聽，立之。

生奚齊，其娣生卓子。及將立奚齊，既與中大夫成謀，姬謂大子曰：「君夢齊姜，必速祭之！」大子祭于曲沃，歸胙于公。公田，姬置諸宮六日。公至，毒而獻之。公祭之地，地墳。與犬，犬斃，

與小臣、小臣亦斃。姬泣曰：『賊由大子。』大子奔新城、、公殺其傅杜原款、。或謂大子、、『子辭，君必辯焉。』大子曰：『君非姬氏，居不安，食不飽。我辭，姬必有罪。君老矣，吾又不樂、、曰：『子其行乎？』大子曰：『君實不察其罪，被此名也以出，人誰納我？』十二月戊申，縊于新城、。姬遂譖二公子曰：『皆知之。』重耳奔蒲，夷吾奔屈。

此文妙處全在『賊由大子、『皆知之』二語，空際傳神、如聞其聲、與《穀梁傳》『驪姬下堂而啼』，筆法迥异，而同爲神品。

○『既與中大夫成謀』，舊注以爲里克、實與上下文語意不接。余謂中大夫即優施；成謀者、、成殺大子之謀也。

○方存之云：『「公殺其傅杜原款」下，原可直接「十二月大子縊於新城、」，然而平直、、且大子仁孝之心事不明。有或謂大子兩折筆，將大子仁孝傳神。傳大子仁孝之神，正

所[二]以形容獻公之昏也。」

《穀梁傳·晋殺其大夫里克》(僖公十年)

晋殺其大夫里克。

稱國以『殺』，罪累上也。里克弑二君與一大夫，其以『累上』之辭言之，何也、其殺之不以其罪也、其殺之不以其罪，奈何？里克所爲弑者，爲重耳也。夷吾曰：『是又將殺我乎？』故殺之，不以其罪也。其爲重耳弑奈何？晋獻公伐虢，得麗姬，獻公私之。有二子，長曰奚齊，稚曰卓子。麗姬欲爲亂，故謂君曰：『吾夜者夢夫人趨而來，曰「吾苦畏。」胡不使大夫將衛士而衛冢乎？』公曰：『孰可使？』曰：『臣莫尊於世子，則世子可。』故君謂世子曰、『麗姬夢夫人趨而來，曰「吾苦畏。」女其將衛士而往衛冢乎？』世子曰：『敬諾。』築宮。宮成，麗姬又曰：『吾夜者夢夫人趨而來，曰「吾苦飢。」世子之宮已成，則何爲不使祠也？』故獻公謂世子曰：「其

[二]『所』原本缺，今補之。

祠、』世子祠、已祠、致福於君。君田而不在、麗姬以酖爲酒、藥脯以毒。獻公田來、麗姬、、、、、、、、、

子已祠、故致福於君。』君將食、麗姬跪曰：『食自外來者、不可不試也。』覆酒於地而地賁、以、、、、

脯與犬、犬死。麗姬下堂而啼、呼曰：『天乎！天乎！國、子之國也、子何遲於爲君？』君喟然嘆、、、、、

曰：『吾與女未有過切、是何與我之深也！』使人謂世子曰：『爾其圖之、』世子之傅里克、謂世、、、、

子曰：『入自明、入自明則可以生、不入自明則不可以生。』世子曰：『吾君已老矣、已昏矣。吾、、、、、

若此而入自明、則麗姬必死。麗姬死、則吾君不安。所以使吾君不安者、吾不若自死。吾寧自殺、、、、

以安吾君、以重耳爲寄矣。』刎脰而死。故里克所爲弑者、爲重耳也。夷吾曰：『是又將殺我也』。、、、

　　氏、似勝一籌矣！

　　○結處與起處天然呼應、子長常用此等筆法、

麗姬意在致禍、而先從衛家入手、伏機遠而挑釁微、令人不測。『天乎』數語、皆中獻公之忌。寫麗姬作僞如真、寫獻公昏迷如夢、而寫申生之辭、則又慘慘淒淒不忍聞。比較左

《左傳‧晉文公回國》（僖公二十三、二十四年）

晉公子重耳之及於難也，晉人伐諸蒲城。蒲城人欲戰。重耳不可，曰：『保君父之命，而享其生禄，於是乎得人。有人而校，罪莫大焉。吾其奔也。』遂奔狄。從者狐偃、趙衰、顛頡、魏武子、司空季子。狄人伐廧咎如，獲其二女：叔隗、季隗，納諸公子。公子取季隗，生伯儵、叔劉；以叔隗妻趙衰，生盾。將適齊，謂季隗曰：『待我二十五年，不來而後嫁。』對曰：『我二十五年矣，又如是而嫁，則就木焉。請待子。』處狄十二年而行。

過衛，衛文公不禮焉。出於五鹿，乞食於野人。野人與之塊，公子怒，欲鞭之。子犯曰：『天賜也。』稽首受而載之。

及齊，齊桓公妻之，有馬二十乘，公子安之。從者以為不可，將行，謀於桑下。蠶妾在其上，以告姜氏。姜氏殺之，而謂公子曰：『子有四方之志，其聞之者，吾殺之矣。』公子曰：『無之。』姜曰：『行也。懷與安，實敗名。』公子不可。姜與子犯謀，醉而遣之。醒，以戈逐子犯。

及曹，曹共公聞其駢脅，欲觀其裸。浴，薄而觀之。僖負羈之妻曰：『吾觀晉公子之從者，

皆足以相國。若以相，夫子必反其國、反其國，必得志於諸侯。得志於諸侯而誅無禮、曹其首

也。子盍蚤自貳焉。』乃饋盤飧，置璧焉。公子受飧反璧。

及宋，宋襄公贈之以馬二十乘。

及鄭，鄭文公亦不禮焉。叔詹諫曰：『臣聞天之所啓，人弗及也。晉公子有三焉，天其或者

將建諸，君其禮焉。男女同姓，其生不蕃。晉公子，姬出也，而至于今，一也。離外之患、而天不

靖晉國，殆將啓之，二也。有三士足以上人而從之，三也。晉、鄭同儕，其過子弟，固將禮焉，況天

之所啓乎！』弗聽。

及楚，楚子饗之，曰：『公子若反晉國、則何以報不穀？』對曰：『子女玉帛則君有之、羽毛

齒革，則君地生焉。其波及晉國者，君之餘也，其何以報君？』曰：『雖然，何以報我？』對曰：

『若以君之靈、得反晉國，晉、楚治兵，遇於中原，其辟君三舍。若不獲命，其左執鞭弭、右屬櫜鞬，

以與君周旋。』子玉請殺之。楚子曰：『晉公子廣而儉，文而有禮。其從者，蕭而寬，忠而能力。

晉侯無親，外內惡之、吾聞姬姓，唐叔之後，其後衰者也，其將由晉公子乎。天將興之，誰能廢

之。『違天必有大咎。』乃送諸秦、

秦伯納女五人，懷嬴與焉。秦匜沃盥，既而揮之。怒曰：『秦、晉匹也，何以卑我！』公子

懼、降服而囚。他日，公享之，子犯曰：『吾不如衰之文也。請使衰從。』公子賦《河水》，公賦

《六月》。趙衰曰：『重耳拜賜。』公子降，拜，稽首，公降一級而辭焉、衰曰：『君稱所以佐天子

者命重耳，重耳敢不拜。』

二十四年春，王正月，秦伯納之，不書、不告入也。及河，子犯以璧授公子曰：『臣負羈紲、

從君巡於天下，臣之罪甚多矣。臣猶知之，而況君乎！請由此亡。』公子曰：『所不與舅氏同心

者，有如白水。』投其璧于河。濟河，圍令狐，入桑泉，取臼衰。二月甲午，晉師軍于廬柳。秦伯

使公子縶如晉師，師退，軍于郇，辛丑，狐偃及秦，晉之大夫盟于郇。壬寅，公子入于晉師。丙

午，入于曲沃。丁未，朝于武宮。戊申，使殺懷公于高梁。不書，亦不告也、

方寸之云：『『得人』二字，一篇之主。從者五人，文公所以能復國興霸業者在此、

故首揭之爲全篇綱領。」以下或敘事實、或于他人口中先後揭出，敘次歷落、峰巒疊見、可謂絕妙文字。余按：此文，不獨敘得人之盛，并以數女子事聯絡點綴，匠心尤屬巧妙。

○秦伯與晉公子如何接洽，概從簡略，而專敘賦詩以寫心心相印之意。下段『及河，子犯以璧授公子』略作停頓之筆，濟河以後，乃勢如破竹矣。此等敘事之妙，恐子長亦不能及。

○讀此文不徒賞其風霜閱歷、文境絕佳、應玩其困心橫慮、徵色發聲之處。具徵建大事業者，必出於憂患之中，可增志氣十倍。

《左傳・趙盾弑其君》(宣公二年)

晉靈公不君：厚斂以雕牆；從臺上彈人，而觀其辟丸也。宰夫胹熊蹯不熟，殺之，置諸畚，使婦人載以過朝。趙盾、士季見其手，問其故而患之。將諫，士季曰：『諫而不入，則莫之繼也。會請先，不入，則子繼之。』三進及溜，而後視之、曰：『吾知所過矣，將改之。』稽首而對曰：

『人誰無過?過而能改,善莫大焉、《詩》曰:「靡不有初,鮮克有終、」夫如是,則能補過者鮮矣。君能有終,則社稷之固也,豈唯群臣賴之。又曰:「袞職有闕,惟仲山甫補之。」能補過也。君能補過,袞不廢矣。」猶不改。宣子驟諫,公患之,使鉏麑賊之。晨往,寢門闢矣,盛服將朝,尚早,坐而假寐。麑退,嘆而言曰:『不忘恭敬,民之主也。賊民之主,不忠;棄君之命,不信。有一於此,不如死也。』觸槐而死。

秋九月,晉侯飲趙盾酒,伏甲,將攻之。其右提彌明知之,趨登曰:『臣侍君宴,過三爵,非禮也、』遂扶以下,公嗾夫獒焉。明搏而殺之,盾曰:『棄人用犬,雖猛何爲。』鬥且出,提彌明死之。

初,宣子田於首山,舍于翳桑。見靈輒餓,問其病。曰:『不食三日矣。』食之,捨其半。問之,曰:『宦三年矣,未知母之存否。今近焉,請以遺之。』使盡之,而爲之簞食與肉,置諸橐以與之。既而與爲公介,倒戟以禦公徒而免之。問何故,對曰:『翳桑之餓人也。』問其名居,不告而退,遂自亡也。

乙丑,趙穿攻靈公於桃園。宣子未出山而復。大史書曰:『趙盾弑其君。』以示於朝。宣子

曰、『不然。』對曰：『子爲正卿、亡不越竟、反不討賊、非子而誰？』宣子曰、『嗚呼！』「我之懷矣、自詒伊戚、」其我之謂矣！』孔子曰：『董狐、古之良史也、書法不隱。趙宣子、古之良大夫也、爲法受惡。惜也、越竟乃免。』

宣子使趙穿逆公子黑臀于周而立之。壬申、朝于武宮。

方存之云、『「不君」二字、一篇之主。中間叙公好淫戲、叙公妄殺、叙公飾非文過、叙公拒諫與謀殺諫臣、皆詳「不君」之事。』又云：『「良大夫」三字、一篇結束、中間「將諫」「驟諫」「不忘恭敬」、皆良大夫所爲。但此篇必是趙盾子孫強盛、肆爲誣罔之辭。贊董狐、真孔子言也、贊趙盾、非孔子言也。理無兩是、既書弒君之賊、而豈稱之爲良大夫哉？』

○余按：宣子『田於首山』一段、百忙中着一閑筆、是爲左氏最擅長處。然『鉏麑賊之』一段、誰見之而誰聞之？靈輒不告姓名而自亡、其名又誰知之？論者以爲『左氏浮夸』、竊意鉏麑必爲趙氏所殺、此等文字、皆後人所增入耳。惟就文論文、則確有法度。

《公羊傳·晉趙盾弒其君》(宣公六年)

六年春，晉趙盾、衛孫免侵陳。趙盾弒君，此其復見何？、親弒君者趙穿也。親弒君者趙穿、

則曷為加之趙盾？不討賊也。何以謂之不討賊？晉史書賊曰：『晉趙盾弒其君夷獆，』趙盾曰：

『天乎！無辜！吾不弒君，誰謂吾弒君者乎？』史曰：『爾為仁為義，人弒爾君，而復國不討賊，此

非弒君而何？』趙盾之復國奈何？靈公為無道，使諸大夫皆內朝，然後處乎臺上，引彈而彈之，己

趨而辟丸，是樂而已矣。趙盾已朝而出，與諸大夫立於朝，有人荷畚，自閨而出者。趙盾曰：『彼

何也？夫畚曷為出乎閨？』呼之不至，曰：『子大夫也，欲視之，則就而視之。』趙盾就而視之，則

赫然死人也。趙盾曰：『是何也？』曰：『膳宰也，熊蹯不熟，公怒，以斗摮而殺之，支解，將使我

棄之。』趙盾曰：『嘻！』趨而入。靈公望見趙盾，愬而再拜。趙盾逡巡北面、再拜稽首，趨而出。

靈公心忤焉，欲殺之。於是使勇士某者往殺之、勇士入其大門，則無人門焉者；入其閨，則無人

閨焉者；上其堂，則無人焉。俯而闚其戶，方食魚飧。勇士曰：『嘻！子誠仁人也。吾入子之

大門，則無人焉；入子之閨，則無人焉；上子之堂，則無人焉，是子之易也。子為晉國重卿而食

魚飧，是子之儉也。君將使我殺子，吾不忍殺子也。雖然，吾亦不可復見吾君矣。』遂刎頸而死。

靈公聞之怒，滋欲殺之甚，衆莫可使往者。於是伏甲于宮中，召趙盾而食之。趙盾之車右祁彌明者，國之力士也，仡然從乎趙盾而入，放乎堂下而立。趙盾已食，靈公謂盾曰：『吾聞子之劍，蓋利劍也，子以示我，吾將觀焉。』趙盾起，將進劍，祁彌明自下呼之曰：『盾食飽則出，何故拔劍於君所？』趙盾知之，躇階而走。靈公有周狗謂之獒，呼獒而屬之，獒亦躇階而從之。祁彌明逆而踆之，絕其領。趙盾顧曰：『君之獒，不若臣之獒也。』然而宮中甲鼓而起，有起于甲中者，抱趙盾而乘之。趙盾顧曰：『吾何以得此于子？』曰：『子某時所食，活我於暴桑下者也。』趙盾曰：『子名為誰？』曰：『吾君孰為介？子之乘矣，何問吾名？』趙盾驅而出，衆無留之者。趙穿緣民衆不說，起弒靈公，然後迎趙盾而入、與之立于朝、而立成公黑臀。

張榜云：『此傳字字飛躍、段段精神，叙事如畫、摹景如睹。讀之津津有味、趨流頤頰。』

○儲同人云：『敘事手筆，繼左氏而開龍門，不必言矣。更當賞其每下一二虛字、神情逼現如生，此爲獨絕。伏甲一段，頃刻百變、絕處逢生，細細描寫，亦整亦暇。使史遷爲之、恐尚遜一籌。』余謂：此文精采，實勝於左氏矣。

《左傳‧楚靈王乾谿之難》（昭公十二、十三年）

楚子狩於州來，次於潁尾，使蕩侯、潘子、司馬督、囂尹午、陵尹喜、帥師圍徐以懼吳。楚子次于乾谿，以爲之援。雨雪，王皮冠，秦復陶，翠被，豹舄，執鞭以出。僕析父從。右尹子革夕，王見之，去冠、被、捨鞭，與之語曰：『昔我先王熊繹，與呂伋、王孫牟、爕父、禽父并事康王。四國皆有分，我獨無有。今吾使人於周，求鼎以爲分，王其與我乎？』對曰：『與君王哉！昔我先王熊繹，辟在荊山，篳路藍縷，以處草莽。跋涉山林，以事天子。唯是桃弧棘矢，以共禦王事。齊、王舅也；晉及魯、衛，王母弟也。楚是以無分，而彼皆有。今周與四國，服事君王，將唯命是從，豈其愛鼎？』王曰：『昔我皇祖伯父昆吾，舊許是宅。今鄭人貪賴其田，而不我與。我若求之，其

與我乎？』對曰：『與君王哉！周不愛鼎，鄭敢愛田？』王曰：『昔諸侯遠我而畏晉，今我大城陳、

蔡、不羹、賦皆千乘、子與有勞焉。諸侯其畏我乎？』對曰：『畏君王哉！是四國者、專足畏也、

又加之以楚，敢不畏君王哉！』

工尹路請曰：『君王命剝圭以爲鏚柲，敢請命。』王入視之。析父謂子革：『吾子，楚國之

望也。今與王言如響，國其若之何？』子革曰：『磨厲以須，王出，吾刃將斬矣。』王出，復語。左

史倚相趨過。王曰、『是良史也，子善視之。是能讀《三墳》《五典》《八索》《九丘》。』對曰：

『臣嘗問焉。昔穆王欲肆其心，周行天下，將皆必有車轍馬迹焉。祭公謀父作《祈招》之詩，以止

王心，王是以獲沒於祗宮。臣問其詩而不知也，若問遠焉，其焉能知之！』王曰：『子能乎？』對

曰：『能。其詩曰：「祈招之愔愔，式昭德音。思我王度，式如玉，式如金。形民之力，而無醉飽

之心。」』王揖而入，饋不食，寢不寐，數日不能自克，以及於難。

仲尼曰：『古也有志：「克己復禮，仁也。」信善哉！楚靈王若能如是、豈其辱於乾谿、

楚子之爲令尹也，殺大司馬蒍掩而取其室。及即位，奪蒍居田、遷許而質許圍。蔡洧有寵於王，王之滅蔡也，其父死焉，王使與於守而行。申之會，越大夫戮焉。王奪鬪韋龜中犫，又奪成然邑而使爲郊尹。蔓成然故事蔡公，故蒍氏之族，及蒍居、許圍、蔡洧、蔓成然，皆王所不禮也。因群喪職之族，啓越大夫常壽過作亂，圍固城，克息舟，城而居之。

觀起之死也，其子從在蔡，事朝吳，曰：『今不封蔡，蔡不封矣。我請試之。』以蔡公之命，召子干、子皙，及郊而告之情，强與之盟，入襲蔡。蔡公將食，見之而逃。觀從使子干食，坎，用牲加書而速行。己徇於蔡曰：『蔡公召二子，將納之，與之盟而遣之矣，將師而從之。』蔡人聚，將執之。辭曰：『失賊成軍，而殺余何益？』乃釋之。朝吳曰：『二三子若能死亡，則如違之，以待所濟。若求安定，則如與之，以濟所欲。且違上，何適而可？』衆曰：『與之。』乃奉蔡公，召二子而盟于鄧，依陳、蔡人以國。楚公子比、公子黑肱、公子棄疾、蔓成然、蔡朝吳，帥陳、蔡、不羹、許、葉之師，因四族之徒以入楚。

及郊，陳、蔡欲爲名，故請爲武軍。蔡公知之，曰：『欲速。且役病矣，請藩而已。』乃藩爲

軍。蔡公使須務牟與史猈先入、因正僕人、殺大子禄及公子罷敵。公子比爲王、公子黑肱爲令尹、次于魚陂。公子棄疾爲司馬、先除王宮。使觀從從師于乾谿、而遂告之、且曰：『先歸復所、後者劓。』師及訾梁而潰。

王聞群公子之死也、自投於車下、曰：『人之愛其子也、亦如余乎？』侍者曰：『甚焉。小人老而無子、知擠於溝壑矣。』王曰：『余殺人子多矣、能無及此乎？』右尹子革曰：『請待于郊、以聽國人。』王曰：『衆怒不可犯也。』曰：『若入於大都、而乞師於諸侯。』王曰：『皆叛矣。』曰：『若亡於諸侯、以聽大國之圖君也。』王曰：『大福不再、祇取辱焉。』然丹乃歸于楚。王泝夏、將欲入鄢。芊尹無宇之子申亥曰：『吾父再奸王命、王弗[二]誅、惠孰大焉？君不可忍、惠不可棄、吾其從王。』乃求王、遇諸棘圍、以歸。夏五月癸亥、王縊于芊尹申亥氏。申亥以其二女殉而葬之。

觀從謂子干曰、『不殺棄疾、雖得國、猶受禍也、』子干曰：『余不忍也、』子玉曰：『人將

[二]『弗』原作『勿』。

忍子，吾不忍俟也。』乃行。國每夜驚曰：『王入矣。』乙卯夜，棄疾使周走而呼曰：『王至矣！』

國人大驚。使蔓成然走告子干、子皙曰：『王至矣。國人殺君司馬，將來矣。君若早自圖也，可

以無辱。眾怒如水火焉，不可為謀。』又有呼而走至者曰：『眾至矣！』二子皆自殺。丙辰，棄疾

即位，名曰熊居。葬子干于訾，實訾敖。

殺囚，衣之王服，而流諸漢，乃取而葬之，以靖國人。使子旗為令尹。楚師還自徐，吳人敗諸

豫章、獲其五帥。平王封陳、蔡，復遷邑，致群賂，施捨寬民，宥罪舉職。召觀從，王曰：『唯爾所

欲。』對曰：『臣之先佐開卜。』乃使為卜尹。使枝如子躬聘于鄭，且致蔡、櫟之田。事畢弗致。

鄭人請曰：『聞諸道路，將命寡君以蔡、櫟，敢請命。』對曰：『臣未聞命。』既復，王問蔡、櫟。降

服而對曰：『臣過失命，未之致也。』王執其手曰：『子毋勤。姑歸，不穀有事，其告子也。』他

年，芋尹申亥以王柩告，乃改葬之。

初，靈王卜曰：『余尚得天下。』不吉，投龜詬天而呼曰：『是區區者而不余畀，余必自取

之。』民患王之無厭也，故從亂如歸。

初，共王無冢適，有寵子五人，無適立焉。乃大有事於群望而祈曰：『請神擇於五人者，使主社稷。』乃遍以璧見於群望，曰：『當璧而拜者，神所立也，誰敢違之？』既乃與巴姬密埋璧於大室之庭，使五人齊而長入拜。康王跨之，靈王肘加焉，子干、子晳皆遠之。平王弱，抱而入，再拜皆厭紐。鬭韋龜屬成然焉，且曰：『棄禮違命，楚其危哉！』

方存之評前篇云：『此篇用筆，先反後正，極力騰挪，得文章頓挫曲折之妙。』『昔穆王』以下一段，起勢甚遠，極難切合靈王之事，乃用「因風轉舵法」，不知不覺，直刺王心。不說正面一字，亦不正諫一句，衹就古事叙述，令王自然心動，可謂神化不測。』又評次篇『靈王卜曰』一段云：『此段補叙楚靈之貪暴，以應首段。且以見上不順天，下不順人，所以亡國殺身也。是文中停頓法，又是推原法。』

○余按：前篇『工尹路請曰』一段，次篇『國每夜駭曰』一段，及末『靈王卜曰』『共王無冢適』二段，叙事參差錯落，精煉至極，已有『神光離合』之法，學者切宜熟玩。

○次篇起處、提挈綱領、歷落布置、與晉惠公之入、秦穆姬屬賈君一段極相似、自爲左氏最擅長處。凡叙事之繁重者、皆當用此等研練法、自然舉重若輕矣。

【硬語聱牙法】

普通適用、出於性之所近、非可強致；若僞飾之、則不成文理矣。

屈子《天問》(節録)

曰：遂古之初，誰傳道之、
、
上下未形，何由考之？
冥昭瞢闇，誰能極之？
馮翼惟像，何以識之？
明明闇闇，惟時何爲？

陰陽三合，何本何化？

圜則九重，孰營度之？

惟茲何功？孰初作之？

斡維焉繫？天極焉加。

八柱何當？東南何虧。

九天之際，安放安屬、

隅隈多有，誰知其數？

天何所沓？十二焉分？

日月安屬？列星安陳、

出自湯谷，次于蒙汜。

自明及晦，所行几里？

夜光何德，死則又育？

厥利維何，而顧菟在腹？。。。

女岐無合，夫焉取九子、？

伯强何處？惠氣安在、？

何闔而晦，何開而明、？

角宿未旦，曜靈安藏？

不任汩鴻，師何以尚之、？

僉曰何憂，何不課而行之、？

鴟龜曳銜，鮌何聽焉？

順欲成功，帝何刑焉？

永遏在羽山，夫何三年不施？

伯禹腹鮌，夫何以變化、？

纂就前緒，遂成考功。

何續初繼業，而厥謀不同？

、、、、、、

洪泉極深，何以窴之？

地方九則，何以墳之？

應龍何畫？河海何歷？

鯀何所營？禹何所成、

。。。

康回馮怒，墜何故以東南傾。

九州安錯？川谷何洿、

東流不溢、孰知其故？

東西南北，其修孰多？

南北順墮，其衍幾何？

崑崙懸圃，其尻安在？

增城九重、其高幾里？

四方之門，其誰從焉？

西北辟啓，何氣通焉？

日安不到？燭龍何照？

羲和之未揚，若華何光？

何所冬暖？何所夏寒、

焉有石林？何獸能言？

焉有虬龍，負熊以游？

雄虺九首，鯈忽焉在？

何所不死，長人何守？

靡蓱九衢，枲華安居？

一蛇吞象，厥大何如？

黑水玄趾，三危安在？

延年不死，壽何所止？、、、、

陵魚何所？鬿堆焉處？、、、、

『岣嶁山尖神禹碑，字青石赤形模奇』，此文庶幾近之。

○『靈均放逐，旁皇山澤。見楚有先王之廟，及公卿祠堂，圖畫天地山川神靈，琦瑋僪佹、及古賢聖怪物行事。因畫其壁，呵而問之，以洩憤懣。』蓋惟胸有奇氣，而後有此奇文也。

○退之云：『周誥殷盤，佶屈聱牙。』嘗謂殷盤文頗有鬼氣，周誥文詰屈，以《多士》《多方》為最，在《大誥》《康誥》之上。而《召誥》文尤以義理勝。《甫刑》文響亮激越，曾文正最喜誦之。惜多不可解處，并以文繁未錄。學者均宜參考而熟讀之。

樊紹述《蜀綿州越王樓序》

綿之城，帝獡獡[二]，掀明威，彌石硝，馳涪瀨。左陵凌紅稜，簪天地，送行癸壬，且搦蛇踢於

[二]『獡獄』原作『獄獡』。

西北，蟠紅頡青。越王貞故爲樓，重軒叠飛，門明窗蒙傘，蹇蹇予始登，謂日月昏曉，可窺其背。

雷電合，風雲遇，霜辛露酸，星辰介行，鬼神變化；草木顯繡，髩衛蓑芰，皆可察極。既縈視其江

帶，又極視其土岡，斷暴遠近，山嶮嶮若閬之東皇。天原開，見荊山，我其黃河瞗然，爲曲直不可顧、

雨落，不可掩。因口其心曰無害，若其日呆，星星過歸，尚悲不能自解。重爲詩以釋，益不可

謂郡中諸君能無有意綴以華豔。其念蓄云：

危樓倚天門，如闍星辰宮。

榱薄龍虎怪，洞洞繞雷風。

徂秋試登臨，大翳屯喬空。

不見西北路，老懷益凋窮。

石瀨薄瀊瀊，上山杳穹穹。

昔人愴爲逝，所適酡顏紅。

今我兹之來，猶校成歲功。

輟田植科畝、游圃歌芳叢、

地財無聚厚，人室安取豐。

既乏富庶能，千萬慚文翁。

擅用代字訣，故爾詰屈。雖係傷懷惜別，然其中自有浩然不可磨滅之氣、退之所謂『天得』者是也。

○余初讀此文，用孫淵如《續古文苑》本。後得紹述後裔漱圃君贈余胡氏菊潭註本，頗有不同。爰重加校正，其句讀悉依胡註云。

樊紹述《絳守居園池記》

絳即東雍，爲守理所[一]，稟參實沈分，氣畜兩河潤。有陶唐冀遺風餘思、晉、韓、魏之相剝剖。世說總其土田士人，令無磽雜擾、宜得地形勝瀉水施法，豈新田又蕘猥不可居？州地或自

[一]『爲守理所』原作『爲理守所』。

有興廢，人因得附爲奢儉。將爲守説至平理與，益侈心耗物害時與。自將失敦窮華，終披夷不可

知。陣緬孤顛、訶倔元武踞、守居割有北。自甲辛苞太池泓、橫硤旁、潭中癸次、木腔暴三丈、餘

涎玉沫珠。子午梁貫亭曰洄漣，虹蜺雄雌，穹鞠麒蜃，礙很島坻，淹淹委委、莎靡縵、蘿薔[二]翠

蔓、紅剌剌相拂綴。南連軒井，陣中湧曰香，承守寢晬思。西南有門曰虎豹，左畫虎搏立，萬力千氣

底發；巋匦地，努肩腦口牙快抗，電火雷風黑山震將合。右胡人鬚，黃帑累珠，丹碧錦襖，身刀囊

韡檷綹；白豹玄斑、飫距、掌脾，意相得。東南有亭曰新，前含曰槐，有槐屓護，霹鬱蔭後頤，渠決

決緣池西直南折庨赴、可宴可衙。又東騫渠曰望月。又東騫窮角池，研雲曰柏，有柏蒼青官士，

擁列與槐朋友，巉陰洽色。北俯渠，憧憧來，刮級面西，巽殦間，黃原珙天、汾水鉤帶，白言謁。行

旦艮閑，遠岡青縈，近樓臺井間點畫察。可四時合奇士，觀雲風霜露雨雪，所爲發生收斂賦歌詩。

正東曰蒼塘，遵瀨西滸望，瑤翻碧瀲，光文切鏤，梨深撓撓收窮。　正北曰風堤，乘携左右、堤執北

回股努，堁掞蹴塘，銜渠歠池。　南楯楹、景怪燭，蛟龍鈎牽、寶蟈、靈廡，文文章章，陰欲墊歟。烟

[二]『薔』原作『蕃』。

潰靄聚，桃李蘭蕙，神君仙人衣裳雅冶，可會脫赤熱。西北曰鰲、蚇原、開呀儲、虛明茫茫、嵬眼瀆

耳，可大客旅鐘鼓樂。提鵁、挈鷺、倡池豪渠、憎乖憐圍。正西曰白濱、薈深憐梨、素女雪舞百佾。

水翠披、曤曤千幅。迎西引東土長崖，挾橫埒。日卯酉，樵途隔徑幽委、蟲鳥聲無人、風日燈火

之，晝夜漏刻詭絢妮化。大小亭餒池渠間，走池堤上亭後前。陴乘埔，如連山群峰擁；地高下，

如原隰堤谿塹。水引古，自源三十里，鑿高、槽絕、竇埔，爲池溝沼渠瀑濚濚終出。汩汩街衢畦町

阡陌間，入汾。巨樹木，資土悍，水沮。宗族盛茂，旁蔭遠映，錦繡交果枝香、畹麗麗絕他郡。

考其臺亭沼池之增，蓋豪王才侯，襲以奇意相勝，至今過客，尚往往有指可創起處。余退常

呼、後其能無果有不補建者。池由於煬、及者雅、文安、發土築臺爲拒、幾附於污宮、水本於正平

軌、病井鹵生物瘠，引古沃澣人便，幾附於河渠。嗚呼！爲附於河渠則可，爲附於污宮其可。書

以薦後君子、

長慶三年五月十七日記、

用《尚書‧顧命》《康王之誥》文作體格，運以漢賦之氣，而變化其造句法，退之所謂：

『萬物畢具，海涵地負，放恣橫縱，無所統紀。』於此可以想像得之。

○余初讀此篇，亦用《續古文苑》本。後得漱圃君贈余《絳守居園池記註》凡六家，此

本句讀係用趙仁舉本，據南村陶宗儀所題小引云：『此記艱深奇澀，讀之往往昧其句讀，況

義乎哉！韓文公謂其文不蹈襲前人一言一句，觀此記則誠然矣。宋王晟、劉忱，嘗爲解釋，有未

今[二]不復有。偶得濼陽趙仁舉箋註本，句分字析，詞理煥然，因爲傳之，以便披覽。

解者，須觀其全註』云云。余按：樊子文傳於天壤間者，僅有二篇。今并得善本句讀，可謂

幸矣。漱圃君善述之功，豈不尤可佩哉！

韓退之《貞曜先生墓誌銘》

唐元和九年，歲在甲午，八月己亥，貞曜先生孟氏卒。無子，其配鄭氏以告，愈走位哭，且召

張籍會哭。明日，使以錢如東都供葬事、諸嘗與往來者、咸來哭吊。韓氏遂以書告與元尹故相餘慶。閏月，樊宗師使來吊，告葬期，徵銘。愈哭曰：『嗚呼！吾尚忍銘吾友也夫！』興元人以幣如孟氏賻，且來商家事。樊子使來速銘，曰：『不則無以掩諸幽。』乃序而銘之。

先生諱郊，字東野。父庭玢，娶裴氏女，而選爲崑山尉，生先生及二季酆、郢而卒。先生生六七年，端序則見，長而愈騫，涵而揉之，内外完好，色夷氣清，可畏而親。及其爲詩，劌目鉥心，刃迎鏤解，鉤章棘句，掐擢胃腎，神施鬼設，間見層出。唯其大玩於詞，而與世抹掊，人皆劫劫，我獨有餘。

有以後時開先生者，曰：『吾既擠而與之矣，其猶足存邪？』年幾五十，始以尊夫人之命，來集京師，從進士試。既得即去。間四年，又命來，選爲溧陽尉，迎侍溧上。去尉二年，而故相鄭公尹河南，奏爲水陸運從事，試協律郎。親拜其母於門内。母卒五年，而鄭公以節領興元軍，奏爲軍參謀，試大理評事。

挈其妻行之興元，次於閿鄉，暴疾卒，年六十四。買棺以斂，以二人輿歸，酆、郢皆在江南。

十月庚申，樊子合凡贈賻而葬之洛陽東，其先人墓左，以餘財附其家而供祀。將葬，張籍曰：『先生揭德振華，於古有光，賢者故事有易名，況士哉！如曰貞曜先生，則姓名字行有載，不待講說而明。』皆曰：『然。』遂用之。

初，先生所與俱學同姓簡，於世次爲叔父，由給事中觀察浙東，曰：『生吾不能舉、死吾知恤其家。』

銘曰：於戲貞曜！維執不猗，維出不訾，維卒不施，以昌其詩。

精神全在中樞，讀之亦不覺劇目鉥心。

○王伯厚《困學紀聞》載晁以道日課識十五字。韓退之云：『凡爲文辭，宜略識字。』子雲文所以卓絕一時者，以其多識奇字也。可見爲文章者，必先從小學入，腹儉者烏足以語此！

【選韵精純法】

適用於詩賦銘頌之類，爲學音聲者最要之訣，前人未有發明之者。

《詩·天保篇》

天保定爾，亦孔之固、、俾爾單厚，何福不除、、俾爾多益，以莫不庶、、

天保定爾，俾爾戩穀。罄無不宜，受天百祿。降爾遐福，維日不足。

天保定爾，以莫不興。如山如阜，如岡如陵，如川之方至，以莫不增。

吉蠲爲饎，是用孝享。禴祠烝嘗，于公先王。君曰卜爾，萬壽無疆、、

神之吊矣，詒爾多福。民之質矣，日用飲食。群黎百姓，遍爲爾德。

如月之恒，如日之升，如南山之壽，不騫不崩。如松柏之茂，無不爾或承。

文治嘗學五言律詩，先君教之云：『仄字宜多用入聲韵，平字宜多用東、陽、庚、蒸、真、

支等韵。仄字用入聲韵，如「星垂[二]平野闊」、「氣蒸雲夢澤」「晚來天欲雪」「地猶鄹[三]氏邑」等皆是也，讀之自然響亮，即上溯之《詩經》用韵亦然。」文治因以其法，推之於古人用韵之文，莫不皆然，乃大悟選韵之法。如此詩第二、第五章用入聲韵，第三、第六章用蒸韵，第四章用陽韵，最爲吻合。茲者距先君棄養九閱月矣，述之不禁涕泗之交流也。

○此《詩序》以爲下報上也，君能下下以成其政，臣能歸美以報其上焉。謝叠山云：「上三章願天錫君以福禄、下三章願祖宗錫君以福壽[三]。五章民之德本君之德，故民之福皆君之福。」余按：『群黎百姓，遍爲爾德』，即所謂『明明德于天下』也。《内則》『后王命冢宰，降德於衆兆民』，此德即孝德也。文王能以孝道創率天下，使養其老，群黎百姓，皆能感化而爲孝德，是以『保佑命之，自天申之』。周初忠厚之風傳世至八百載，治天下當知所本矣。

［一］「垂」原作「隨」。

［二］「鄹」原作「鄒」。

［三］「壽」原作「禄」。

《詩·大明篇》

明明在下，赫赫在上，天難忱斯、不易維王。天位殷適，使不挾四方。

摯仲氏任，自彼殷商，來嫁于周，曰嬪于京；乃及王季，維德之行。

太任有身，生此文王。維此文王，小心翼翼，昭事上帝，聿懷多福。厥德不回、以受方國。

天監在下，有命既集，文王初載、天作之合。在洽之陽、在渭之涘。

文王嘉止，大邦有子。大邦有子，倪天之妹。文定厥祥，親迎于渭；造舟為梁，不顯其光。

有命自天，命此文王，于周于京。纘女維莘、長子維行，篤生武王。保右命爾，燮伐大商。

殷商之旅，其會如林。矢於牧野：『維予侯興。上帝臨女、無貳爾心。』

牧野洋洋，檀車煌煌，駟騵彭彭。維師尚父，時維鷹揚。涼彼武王，肆伐大商，會朝清明。

第一、二章陽韵；第三、四章入聲韵；第五、六章陽韵；第七章侵韵、通蒸韵；第八章陽韵，通庚韵；氣勢乃益浩瀚發皇。

○此《詩序》以爲文王有明德、故天復命武王也、謝叠山云：『明明在下者，王之德也。赫赫在上者，天之命也。王德與天命常對立而并行，故曰：「永言配命，克配上帝。」《召誥》曰：「皇天上帝，改厥元子，茲大國殷之命，我有周受命。」此言天命之難諶[一]也。此《詩》與《召誥》同意、』余按：周公作詩，時時以敬畏天命爲主，謝說極精確、

《詩·長發篇》

濬哲維商，長發其祥。洪水芒芒，禹敷下土方。外大國是疆，幅隕既長。有娀方將，帝立子生商。

玄王桓撥，受小國是達，受大國是達。率履不越，遂視既發。相土烈烈，海外有截。

帝命不違，至於湯齊。湯降不遲，聖敬日躋。昭假遲遲，上帝是祗。帝命式于九圍。

受小球大球，爲下國綴旒，何天之休。不競不絿，不剛不柔，敷政優優，百禄是遒。

受小共大共，爲下國駿庬，何天之龍。敷奏其勇，不震不動，不戁不竦，百禄是總。

[一]『諶』原作『忱』。

武王載斾，有虔秉鉞，如火烈烈，則莫我敢曷。苞有三蘖，莫遂莫達，九有有截。韋顧既伐，昆吾夏桀。

昔在中葉，有震且業。允也天子，降予卿士。實維阿衡，實左右商王。

首章陽韵，次章入聲韵，三章支韵、五章東韵、六章入聲韵、七章起用入聲韵、末用陽韵作結；聲音之發皇、無過於此矣。

○此《詩序》以爲大禘而作，而末乃叙及阿衡、其推崇功臣如此。《洛誥》所謂『以功宗作元祀』，亦此意也。

《詩‧殷武篇》

撻彼殷武，奮伐[二]荊楚。采入其阻、裒荊之旅、有截其所、湯孫之緒。

維女荊楚，居國南鄉，昔有成湯，自彼氐羌，莫敢不來享，莫敢不來王，曰商是常。

[二] 『伐』原作『發』。

天命多辟，設都於禹之績。歲事來辟，勿予禍適，稼穡匪懈、

天命降監，下民有嚴。不僭不濫，不敢怠遑。命於下國，封建厥福。

商邑翼翼，四方之極。赫赫厥聲，濯濯厥靈。壽考且寧，以保我後生。

陟彼景山，松柏丸丸。是斷是遷，方斲是虔。松桷有梴，旅楹有閑。寢成孔安、

《詩》相亞。

〇此《詩序》以爲祀高宗而作、謝疊山評第三章云：『高宗舊勞於外，知稼穡艱難、知小人勤勞，周公于《無逸》言之矣。伐楚成功，所以命四方諸侯來朝者、惟曰以歲事之豐凶來告于王；諸侯無禍無適者，惟曰稼穡匪懈而已。』吾國以農立國，此可謂探本之論。

〇又按：末章以『寢成孔安』作結，蓋即《斯干》詩之意。

《楚辭[一]·九歌·東皇太乙》

吉日兮辰良，穆將愉兮上皇。　撫長劍兮玉珥，璆鏘鳴兮琳琅。

瑤席兮玉瑱，盍將把兮瓊芳。？蕙肴蒸兮蘭藉，奠桂酒兮椒漿。

揚枹兮拊鼓。疏緩節兮安歌，陳竽瑟兮浩倡。

靈偃蹇兮姣服、芳菲菲兮滿堂。　五音紛兮繁會，君欣欣兮樂康。

《楚辭[二]·九歌·雲中君》

浴蘭湯兮沐芳，華采衣兮若英。　靈連蜷兮既留、爛昭昭兮未央。

蹇將憺兮壽宮，與日月兮齊光。　龍駕兮帝服，聊翱游兮周章。

靈皇皇兮既降，猋遠舉兮雲中。　覽冀洲兮有餘、橫四海兮焉窮？

思夫君兮太息、極勞心兮忡忡。

[一] 「辭」原作「詞」。

[二] 「辭」原作「詞」。

《楚辭[一]·九歌·湘君》

君不行兮夷猶、蹇誰留兮中洲？美要眇兮宜修、

沛吾乘兮桂舟。令沅湘兮無波，使江水兮安流。

望夫君兮未來，吹參差兮誰思？

駕飛龍兮北征，邅吾道兮洞庭。薜荔柏兮蕙綢、蓀[二]橈兮蘭旌。望涔陽兮極浦、橫大江兮

揚靈。

揚靈兮未極。女嬋媛兮爲余太息。橫流涕兮潺湲、隱思君兮陫惻[三]。

桂櫂兮蘭枻，斲冰兮積雪。采薜荔兮水中，搴芙蓉兮木末。心不同兮媒勞、恩不甚兮輕絕。

石瀨兮淺淺，飛龍兮翩翩。

交不忠兮怨長、期不信兮告余以不閒。

[一] 「辭」原作「詞」。
[二] 「蓀」原作「荃」。
[三] 「陫惻」原作「悱側」。

黿鼉鷺兮江皋，夕弭節兮北渚。鳥次兮屋上，水周兮堂下、

捐余玦兮江中，遺余佩兮澧浦。采芳洲兮杜若，將以遺兮下女。時不可兮再得，聊逍遙兮容與。

首篇氣象喬皇，次篇更有鳳凰翔於千仞之概，由其用陽韵也。第三篇雲水蒼茫、烟波

無際，由其用庚韵兼用入聲韵也。

古來言情之文，首推《離騷》，可配《葩經》。然讀《離騷》，應先讀《九歌》，方能領會

其音節之妙。

韓退之《南陽樊紹述墓誌銘》

樊紹述既卒且葬，愈將銘之，從其家求書。得書號《魁紀公》者三十卷，曰《樊子》者又三十

卷，《春秋集傳》十五卷[二]，表、牋、狀、策、書、序、傳記、紀誌、說論、今文、贊銘，凡二百九十一

篇，道路所遇及器物門里雜銘二百二十，賦十，詩七百一十九。曰：多矣哉！古未嘗有也。然而

[二] 『卷』原作『傳』。

、、、、、、、、必出於己，不襲蹈前人一言一句，又何其難也！必出入仁義，其富若生蓄，萬物必具，海含地負，

放恣橫從，無所統紀，然而不煩於繩削而自合也。嗚呼！紹述於斯術，其可謂至於斯極者矣、

、生而其家富貴，長而不有其藏一錢、妻子告不足，顧且笑曰：『我道蓋是也。』皆應曰：

『然。』無不意滿。嘗以金部郎中告哀南方，還言某帥不治，罷之，以此出綿州刺史、一年，徵

拜左司郎中，又出刺絳州。綿、絳之人，至今皆曰：『於我有德。』以為諫議大夫，命且下，遂病以

卒，年若干。

、紹述諱宗師。父諱澤，嘗帥襄陽、江陵，官至右僕射，贈某官。祖某官，諱泳。自祖及紹述三

世，皆以軍謀堪將帥，策上第以進、

紹述無所不學，於辭於聲，天得也。在眾若無能者、嘗與觀樂，問曰：『何如？』曰：『後當

然。』已而果然。銘曰：惟古於詞必己出，降而不能乃剽賊，後皆指前公相襲。從漢迄今用一律，

寥寥久哉莫覺屬，神徂聖伏道絕塞。既極乃通發紹述，文從字順各識職，有欲求之此其躅。

銘辭專用入聲韵，橫絕宇宙、亦有海含地負之概。

韓退之《給事中清河張君墓誌銘》

張君名徹，字某，以進士累官至范陽府監察御史。長慶元年，今牛宰相爲御史中丞，奏君名迹，中御史選，詔即以爲御史。其府惜不敢留，遣之，而密奏：『幽州將父子繼續，不廷選且久，今新收，臣又始至，孤怯，須强佐乃濟。』發半道，有詔以君還。仍遷殿中侍御史，加賜朱衣銀魚。至數日，軍亂，怨其府從事，盡殺之，而囚其帥，且相約：『張御史長者，毋侮辱轢蹵我事，毋庸殺。』置之帥所。

居月餘，聞有中貴人自京師至、君謂其帥：『公無負此土人，上使至，可因請見自辯，幸得脫免歸。』即推門求出。守者以告其魁，魁與其徒皆駭曰：『必張御史。張御史忠義，必爲其帥告此餘人。不如遷之別館。』即與衆出君。君出門駡衆曰：『汝何敢反！前日吳元濟斬東市，昨日李斯道斬軍中。同惡者父母妻子皆屠死，肉餧狗鼠鴟鴉。汝何敢反！汝何敢反！』行且駡，衆

畏惡其言，不忍聞，且虞生變，即擊君以死。君抵死口不絕罵，眾皆曰：『義士！義士！』或收瘞之以俟。

事聞，天子壯之，贈給事中、其友侯雲長佐鄆使，請於其帥馬僕射，爲之選於軍中，得故與君相知張恭、李元實者，使以幣請之范陽，范陽人義而歸之。以聞，詔所在給船轝，傳歸其家、賜錢物以葬。長慶四年四月某日，其妻子以君之喪葬於某州某所、

君弟復，亦進士，佐汴、宋。得疾，變易喪心，驚惑不常。君得間即自視，衣褥薄厚，節時其飲食，而匕箸進養之，禁其家無敢高語出聲。醫餌之藥，其物多空青、雄黃，諸奇怪物，劑錢至十數萬；營治勤劇，皆自君手，不假之人。家貧，妻子常有飢色。

祖某，某官。父某，某官。妻韓氏、禮部郎中某之孫、汴州開封尉某之女、於余爲叔父孫女、君常從余學、選於諸生而嫁與之。孝順祗修，群女效其所爲。男若干人曰某，女子曰某。

銘曰：

嗚呼徹也！世慕顧以行，子揭揭也；喑喑爲生，子獨割也；爲彼不清，作玉雪也；仁義以爲

兵，用不缺折也。知死不失名，得猛屬也﹔自申於闇，明莫之奪也。我銘以貞之、不肖者之呾也、

徹死事，即節取此文。

按：《通鑑》唐穆宗長慶元年、盧龍軍亂，囚節度使張弘靖、推朱克融爲留後、中載張

俟[三]」，官止神行，即開下『歸葬』一段、『家貧』在醫弟珍奇藥品後點出、是『蔽掩法』。

○此文之神，在『推門』『出門』四字。蓋君之求出門罵死久矣。下言『或收瘥之以

也、『割』：吉列切，音子，害也，言獨甘受害也。闇：讀如諒陰之陰。呾：《廣韻》：「相呵」

○銘詞絕奇，嘗爲之注云：『慕顧：瞻慕顧慮也。揭揭：獨行貌。噎暗者，禁不敢言

義，言口矢所集也。『徹』『揭』『割』『雪』『折』『屬』『奪』『呾』，皆用入聲韵。『行』『生』

『清』『兵』『名』『闇』『貞』，皆用庚韵隔句，各自爲韵。仿《詩》『魚麗於罶』用韵法、而奇

倔之致，哀感之情，千載下猶有生氣。

[一] 『孺』原作『儒』。
[二] 『俟』原作『竢』。

歐陽永叔《秋聲賦》

歐陽子方夜讀書，聞有聲自西南來者，悚然而聽之，曰：『异哉！』初淅瀝以蕭颯、忽奔騰而砰湃，如波濤夜驚，風雨驟至。其觸於物也，鏦鏦錚錚，金鐵皆鳴；又如赴敵之兵，銜枚疾走，不聞號令，但聞人馬之行聲。』予謂童子：『此何聲也？汝出視之。』童子曰：『星月皎潔，明河在天，四無人聲，聲在樹間。』

予曰：『噫嘻悲哉！此秋聲也、胡爲乎來哉？蓋夫秋之爲狀也、其色慘淡、烟霏雲斂；其容清明，天高日晶；其氣慄冽，砭人肌骨；其意蕭條，山川寂寥。故其爲聲也，凄凄切切，呼號奮發。豐草綠縟而爭茂，佳木蔥蘢而可悅，草拂之而色變，木遭之而葉脫。其所以摧敗零落者，乃一氣之余烈。

『夫秋，刑官也，於時爲陰；又兵象也，於行爲金，是謂天地之義氣，常以肅殺而爲心。天之於物，春生秋實。故其在樂也，商聲主西方之音，夷則爲七月之律。商，傷也，物既老而悲傷。夷，戮也、物過盛而當殺。

『嗟乎！草木無情，有時飄零。人爲動物，惟物之靈。百憂感其心，萬事勞其形；有動乎中、必搖其精。而況思其力之所不及，憂其智之所不能。宜其渥然丹者爲槁木，黟然黑者爲星星。奈何以非金石之質，欲與草木而爭榮？念誰爲戕賊、亦何恨乎秋聲！』

童子莫對，垂頭而睡。但聞四壁蟲聲唧唧，如助予之嘆息。

宜熟讀注意。

自《天保》《大明》諸詩，以陽庚韵與入聲韵間用、退之用之作《張徹墓銘》，永叔用之作《秋聲賦》，而皆間一句以成韵，音節之妙，乃『繹如以成』古人三昧法全在于此，學者切宜熟讀注意。

○彭剛直游泰山集成句作聯云：『我本楚狂人，五獄尋仙不辭遠。地猶鄒氏邑，萬方多難此登臨。』其聲音之所以響亮者，在『人』字、『臨』字係真韵，而『獄』字、『邑』字係入聲字故也。又曾文正作揚州梅花館史忠正公祠堂聯云：『心痛鼎湖龍，半壁江山雙血淚。魂歸華表鶴，二分明月萬梅花。』其聲音之所以響亮者，在五字句用東韵入聲韵，而『壁』

字、『血』字、『月』字又都係入聲字故也、於此可悟作對聯之法、

普通適用，學至此，如造父為御，六轡在手，一塵不驚；非才氣縱橫者，不能望其項背矣。

【議論錯綜法】

《史記・十二諸侯年表序》

太史公讀《春秋曆譜諜》，至周厲王，未嘗不廢書而嘆也、曰：嗚呼！師摯見之矣！紂為象箸而箕子唏。周道缺，詩人本之袵席，《關雎》作。仁義陵遲，《鹿鳴》刺焉。及至厲王，以惡聞其過，公卿懼誅而禍作，厲王遂奔于彘，亂自京師始，而共和行政焉。

是後或力政，彊乘弱，興師不請天子。然挾王室之義以討伐為會盟主，政由五伯，諸侯恣行，淫侈不軌，賊臣篡子滋起矣。齊、晉、秦、楚，其在成周微甚，封或百里，或五十里。晉阻三河，齊負東海，楚介江、淮，秦因雍州之固，四國迭興，更為伯主，文武所褒大封皆威而服焉。是以孔子

明、王道，干七十餘君，莫能用，故西觀周室，論史記舊聞，興於魯而次《春秋》，上記隱、下至哀之獲麟，約其辭文，去其煩重，以制義法，王道備，人事浹。

七十子之徒口受其傳指，爲有所刺譏[一]褒諱挹損之文辭，不可以書見也。魯君子左丘明，懼弟子人人异端，各安其意，失其真，故因孔子史記具論其語，成《左氏春秋》。鐸椒爲楚威王傅，爲王不能盡觀《春秋》，采取成敗，卒四十章，爲《鐸氏微》。趙孝成王時，其相虞卿，上采《春秋》，下觀近勢[二]，亦著八篇，爲《虞氏春秋》。吕不韋者，秦莊襄王相，亦上觀尚古，删拾《春秋》，集六國時事，以爲八覽、六論、十二紀，爲《吕氏春秋》。及如荀卿、孟子、公孫固、韓非之徒，各往往捃摭《春秋》之文以著書，不可勝紀。漢相張君曆譜五德，上大夫董仲舒推《春秋》義，頗著文焉。

太史公曰：儒者斷其義，馳説者騁其辭，不務綜其終始；曆人取其年月，數家隆於神運，譜

[一]『刺譏』原作『譏刺』。
[二]『勢』原作『世』。

謀獨記世謚，其辭略，欲一觀諸要難。於是譜十二諸侯，自共和訖孔子，表見《春秋》《國語》，學者所譏盛衰大指著於篇，爲成學治古文者要刪焉。

方望溪謂：『《史記》諸序，開示學者法門，最爲詳盡、作文之法都備於此、先生此説，蓋謂其叙次錯落變化，無一重複耳。其翕純皦繹之致，而才氣絲毫不露，是文能煉氣而歸於收斂矣，故爲文學家之祖。『要難』者，結轄處也、『譏』『察也，『要刪』二字，爲學者實事求是之良法。退之『記事者必提其要，篡言者必鈎其玄』本此。

○吳辟疆云：『諸年表序，每節[二]皆別有寓意，言在此而意在彼，；高情微旨，深遠不測。』『此篇嘆稱《春秋》以自喻其《史記》，後半歷引各家説《春秋》者，皆不當意，所以自負也、』

[一]『節』原作『篇』。

《史記·六國表序》

太史公讀《秦記》，至犬戎敗幽王，周東徙洛邑，秦襄公始封爲諸侯，作西畤，用事上帝，僭端見矣、《禮》曰：『天子祭天地，諸侯祭其域內名山大川。』今秦雜戎翟之俗，先暴戾，後仁義，位在藩臣，而臚於郊祀，君子懼焉。及文公逾隴，攘夷狄，尊陳寶，營岐雍之間，而穆公修政，東竟至河，則與齊桓、晉文中國侯伯侔矣、

是後陪臣執政，大夫世祿，六卿擅晉權，征伐會盟，威重於諸侯、及田常殺簡公而相齊國，諸侯晏[一]然弗討，海內爭於戰功矣。三國終之卒分晉，田和亦滅齊而有之，六國之盛自此始。務在強兵并敵，謀詐用而從衡短長之説起。矯稱蜂出，誓盟不信，雖置質剖符，猶不能約束也。

秦始小國僻遠，諸夏賓之，比於戎翟，至獻公之後，常雄諸侯。論秦之德義，不如魯、衛之暴戾者；量秦之兵，不如三晉之強也。然卒并天下，非必險固便、形勢利也，蓋若天所助焉。或曰：『東方物所始生，西方物之成熟』。夫作事者必於東南，收功實者常於西北。故禹興於西羌，湯起

[一] 『晏』原作『宴』。

於亳,周之王也,以豐鎬伐殷,秦之帝用雍州興,漢之興自蜀漢。

秦既得意,燒天下《詩》《書》,諸侯史記尤甚,為其有所刺譏也。《詩》《書》所以復見者,多

藏人家,而史記獨藏周室,以故滅。惜哉!惜哉!獨有《秦記》,又不載日月,其文略不具。然戰

國之權變,亦有可頗采者,何必上古。秦取天下多暴,然世異變,成功大。《傳》曰『法後王』,何

也?以其近己而俗變相類,議卑而易行也。學者牽於所聞,見秦在帝位日淺,不察其始終,因舉

而笑之不敢道,此與以耳食無異。悲夫!

余於是因《秦記》,踵《春秋》之後,起周元王,表六國時事,訖二世,凡二百七十年,著諸所

聞興壞之端。後有君子,以覽觀焉。

用《秦記》作底本,貫串六國時事,故中間之用『秦』字作提筆凡三處,皆震蕩有神。

『東方物所始生』一段,無端插入,尤為錯綜有致。

○吳辟疆云:『凡作文,每篇必有一定主義。主義既定,通篇議論,均必與其本義相

發，乃不背謬支蔓、所謂一意到底也、如前篇以遭亂著述為主，故起處便說箕子、師摯等、此篇以無道而得天下為主，故發端即以秦之僭事上帝為言，無一字閒文。』

○又云：『「秦雖小國」下，其意均不在秦。「若天所助」句，歸功於天，極妙、凡議論他人，指為天助，便是非薄語。漢高得天下，功德甚薄，史公意頗輕之。其論秦處，意皆注在漢也。下「何必上古」句，亦譏漢治之蔑棄三代，專用秦法；「議卑易行」，亦薄漢之襲用秦制。至「悲夫」一結，轉譏學者誦說三代，不敢道秦為迂謬。詞旨激詭，而意則深痛矣。』余按：此評極精細，殆得自摯甫先生也。

《史記·漢興以來諸侯年表序》

太史公曰：殷以前尚矣。周封五等：公，侯，伯，子，男。然封伯禽、康叔於魯、衛，地各四百里，親親之義，褒有德也；太公於齊，兼五侯地，尊勤勞也。武王、成、康所封數百，而同姓五十五，地上不過百里，下三十里，以輔衛王室。管、蔡、康叔、曹、鄭，或過或損。幽、厲之後，王室缺，

侯伯强國興焉、、天子微，弗能正。、非德不純、、形勢弱也。

漢興序二等、、高祖末年，非劉氏而王者，若無功上所不置而侯者、天下共誅之、。高祖子弟，

同姓爲王者九國，唯獨長沙異姓、、而功臣侯者百有餘人。自雁門、太原以東，至遼陽，爲燕、代國；

常山以南，太行左轉，度河、濟、阿、甄以東薄海，爲齊、趙國；自陳以西，南至九疑，東帶江、淮、

穀、泗、薄會稽，爲梁、楚、吳、淮南、長沙國，皆外接於胡、越。而內地北距山以東，盡諸侯地，大者

或五六郡，連城數十，置百官宮觀，僭於天子。漢獨有三河、東郡、潁川、南陽，自江陵以西至蜀，

北自雲中至隴西，與內史凡十五郡，而公主列侯頗食邑其中。何者？天下初定，骨肉同姓少，故

廣强庶孽，以鎮撫四海，用承衛天子也。

漢定百年之間，親屬益疏，諸侯或驕奢，忕邪臣計謀爲淫亂，大者叛逆，小者不軌于法，以危

其命，殞身亡國。天子觀於上古，然後加惠，使諸侯得推恩分子弟國邑，故齊分爲七，趙分爲六，

梁分爲五，淮南分三，及天子支庶子爲王，王子支庶爲侯，百有餘焉。吳楚時，前後諸侯或以適削

地，是以燕、代無北邊郡，吳、淮南、長沙無南邊郡，齊、趙、梁、楚支郡，名山陂海、咸納於漢。諸

侯稍微，大國不過十餘城，小侯不過數十里，上足以奉貢職，下足以供養祭祀，以蕃輔京師。而漢郡八九十，形錯諸侯間，犬牙相臨，秉其阨塞地利，強本幹，弱枝葉之勢也，尊卑明而萬事各得其所矣。

臣遷謹記高祖以來至太初諸侯，譜其下益損之時，令後世得覽。形勢雖強，要之以仁義為本。

包舉天下形勢，參差錯落，陽開陰闔，一絲不亂。以之經緯萬端，何本不立？何文不行？

○吳辟疆云：『「天子觀於上古」三句，此當時所借之口實如此，實則乃削奪諸侯之計。』『至「以適削地」，則無所用其藉口、而明明以罪謫削矣、』

○又云：『「上足奉貢職」三句，極有騰挪。蓋漢廷之意，以為藩國如此已足，「強本幹」句，顯揭其本謀如是。「尊卑明」加贊一句，尤入妙[一]，皆探測廷議為詞，藩國胥見削

[一]『尤入妙』原作『尤妙』。

奪、漢郡占其形勝，則朝廷之意[二]，以爲天下從此太平矣、

○又云：『結處以微諷作收，不然，全篇爲諛詞矣。蓋漢初大封同姓、以制反側。後見其弊，乃恣意削奪之，前後皆非治體。史公見其然，雖不加訾議，而情實自見言表。』余按：此評亦精細。漢分海内而立宗子，封功臣，不得已也。始封時如何，削奪後如何，兩兩相形，抑何可慨、

曾滌笙《孫芝房侍講芻論序》

咸豐九年三月，善化孫芝房侍講鼎臣，以書抵余建昌軍中、寄所爲《芻論》、屬爲裁定。凡二十五篇，曰論治者六，論鹽者三，論漕者三，論幣者二，論兵者三，通論唐以來大政者七，論明賦餉者一。其首章追溯今日之亂源，深咎近世漢學家言，用私意分別門户，其語絕痛。明年四月，復得芝房書，則疾革告别之辭，而芝房以三月死矣！既爲位而哭，且以書告仁和邵君懿辰。於是爲

叙諸簡首，而歸諸其孤、。蓋古之學者，無所謂經世之術也，學禮焉而已。《周禮》一經，自體國經野，以至酒漿塵市、巫卜繕稿、夭鳥蟲蟲，各有專官，察及纖悉。吾讀杜元凱《春秋釋例》，嘆邱明之發凡，仲尼之權衡萬變，大率秉周之舊典。故曰：『周禮盡在魯矣。』自司馬氏作史，猥以《禮書》與《封禪》《平準》并列。班、范而下，相沿不察。唐杜佑纂《通典》，言禮者居其泰半，始得先王經世之遺意。有宋張子、朱子益崇闡之。聖清膺命，巨儒輩出。顧亭林氏著書，以扶植禮教爲己任。江慎修氏纂《禮書綱目》，洪纖畢舉。而秦樹澧氏遂修《五禮通考》，自天文、地理、軍政、官制，都萃其中；旁綜九流，細破無內。國藩私獨宗之，惜其食貨稍缺，嘗欲集鹽漕、賦稅、國用之經，別爲一編，附於秦書之次。非徒廣已於不可畔岸之域，先聖制禮之體之無所不賅，固如是也。以世之多故，握槧之不可以苟，未及事事，而齒髮固已衰矣。

往者漢陽劉傳瑩荼雲，實究心漢學者之說，而疾其單辭碎義，輕訾宋賢。間嘗語余：『學以反求諸心而已，泛博胡爲？至有事於身與家與國，則當一一詳核焉，而求其是，考諸室而市可行，驗諸獨而衆可從。』又曰：『禮非考據不明，學非心得不成。』國藩則大韙之，以爲知言者徒也。

未幾茶雲即世。臨絕，爲先令處分後事、壹秉古禮。國藩既銘其墓、又爲家傳、粗道漢學得失、主

客之宜、藏諸劉氏之祐。

君子之言也，平則致和，激則召爭。辭氣之輕重，積久則移易世風，黨仇訟爭，而不知所止。

曩者良知之說，誠非無蔽；必謂其釀晚明之禍，則少過矣。近者漢學之說，誠非無蔽、而不知致

粤賊之亂，則少過矣。《翼論》所考諸大政，蓋與顧氏、江氏、秦氏之指爲近。彼數子者、固漢學

家所奉以爲歸者也。而芝房首篇，譏之已甚、其果有剖及毫釐千里者耶？抑將憤夫一二巨人長

德，曲學阿世，激極而一鳴耶？芝房之志大而銳進也，與茶雲同。其卒也，寄書抵余，以告永訣，

亦與茶雲同。其自《翼論》外，別有詩十卷，文十一卷，《河防紀略》四卷。著書之多，與茶雲異，

而其博觀而慎取則同。其嫉夫以漢學標揭也亦同，而立言少異。余故稍附諍論，以明不忍死友

之義[二]，亦以見二子者之不竟其志，非僅余之私痛也。

[二]『義』原作『誼』。

王益吾先生云：『曲折離合、惟所投之、其氣能負山嶽而趨、非他人所能學步也。』余

按：此文自『《周禮》一經』下，全仿《史記·十二諸侯年表序》法，自『漢陽劉傳瑩茉雲』

以下，則用『比較錯綜法[二]』，遂如黃河一瀉千里，固是文正生平極得意文字。而其摹仿

古人之迹，自可推尋矣。

曾滌笙《歐陽生文集序》

乾隆之末，桐城姚姬傳先生鼐，善爲古文辭，慕效其鄉先輩方望溪侍郎之所爲、而受法於

劉君大櫆，及其世父編修君範。三子既通儒碩望，姚先生治其術益精、歷城周永年書昌爲之語

曰：『天下之文章，其在桐城乎！』由是學者多歸嚮桐城，號桐城派，猶前世所稱江西詩派者也。

姚先生晚而主鍾山書院講席，門下著籍者，上元有管同异之、梅曾亮伯言，桐城有方東樹植

之、姚瑩石甫。四人者，稱爲高第弟子，各以所得傳授徒友，往往不絕。　在桐城者有戴鈞衡存莊，

[二]　『綜法』原作『法綜』。

事植之久，尤精力過絕人，自以爲守其邑先正之法，嬗之後進，義無所讓也，其不列弟子籍。

同時服膺，有新城魯仕驥絜非、宜興吳德旋仲倫。絜非之甥爲陳用光碩士，碩士既師其舅、

又親受業姚先生之門，鄉人化之，多好文章。碩士之群從，有陳學受蓺叔、陳溥廣敷。而南豐又

有吳嘉賓子序，皆承絜非之風，私淑於姚先生，由是江西建昌有桐城之學。

仲倫與永福呂璜月滄交友，月滄之鄉人有臨桂朱琦伯韓、龍啟瑞翰臣、馬平王拯定甫，皆步

趨吳氏、呂氏，而益求廣其術於梅伯言。由是桐城派，流衍於廣西矣。

昔者國藩嘗怪姚先生典試湖南，而吾鄉出其門者，未聞相從以學文事。既而得巴陵吳敏樹

南屏，稱述其術，篤好而不厭。而武陵楊彝珍性農、善化孫鼎臣芝房、湘陰郭嵩燾伯琛、漵浦舒燾

伯魯，亦以姚氏文家正軌，違此則又何求。最後得湘潭歐陽生。生吾友歐陽兆熊小岑之子，而受

法於巴陵吳君、湘陰郭君，亦師事新城二陳。其漸染者多，其志趣嗜好，舉天下之美，無以易乎桐

城姚氏者也。

當乾隆中葉，海內魁儒畸士，崇尚鴻博，繁稱旁證，考核一字，累數千言不能休。別立幟志，

名曰『漢學』，深擯有宋諸子義理之說，以爲不足復存，其爲文尤蕪雜寡要。姚先生獨排眾議，以爲義理、考據、詞章三者不可偏廢；必義理爲質，而後文有所附，考據有所歸。一編之內，惟此尤兢兢。當時孤立無助，傳之五六十年，近世學子，稍稍誦其文，承用其說。道之廢興，亦各有時，其命也歟哉？

自洪、楊倡亂，東南荼毒。鍾山石城，昔時姚先生撰杖都講之所，今爲犬羊窟宅，深固而不可拔。桐城淪爲异域，既克而復失。戴鈞衡全家殉難，身亦歐血死矣。余來建昌，問新城、南豐，兵燹之餘，百物蕩盡，田荒不治，蓬蒿沒人。一二文士，轉徙無所。而廣西用兵九載，群盜猶洶洶，驟不可爬梳。獨吾鄉少安，二三君子，尚得優游文學，曲折以求合桐城之轍。而舒燾前卒，歐陽生亦以瘵死。老者牽於人事，或遭亂不得竟其學，少者或中道夭殂；四方多故，求如姚先生之聰明早達，太平壽考，從容以躋於古之作者，卒不可得。然則業之成否，又得謂之非命也耶？

歐陽生名勛，字子和，沒於咸豐五年三月，年二十有幾。其文若詩，清縝喜往復，亦時有亂離

之慨。莊周云：『逃空虛者，聞人足音，跫然而喜。』而況昆弟親戚之聲欬其側者乎！余之不聞

桐城諸老之聲欬也久矣，觀生之爲，則豈直足音而已！故爲之序，以塞小岑之悲、亦以見文章與

世變相因，俾後之人得以考覽焉、

叙述桐城宗派、如石之列、直者敬者；如風之激、叫者謖者；如潮之流、湍激者瀠洄

者。而經緯分明，絲絲入扣，末段遂如百川歸海矣。善學《史記》，擴而張之、而聲音尤極

清明廣大。元明以來、殆未有能及此者。

○文正集中各碑記，俱可傳之百世、學者皆當熟讀。惟其文繁、且不僅『議論錯綜

法』、故未錄。

【煉氣歸神法】

普通適用，學至此，如百煉精金，光彩內斂，蓋大而化之矣；以寒儉學之者，大誤。

《史記·秦楚之際月表序》

太史公讀秦、楚之際，曰：初作難，發於陳涉；暴戾滅秦，自項氏；撥亂誅暴、平定海內、卒踐帝祚，成於漢家。五年之間，號令三嬗，自生民以來，未始有受命若斯之亟也。

昔虞、夏之興，積善累功，數十年德洽百姓，攝行政事，考之於天，然後在位。湯、武之王，乃由契、后稷，修仁行義十餘世，不期而會孟津八百諸侯，猶以為未可，其後乃放弒。秦起襄公、章於文、穆、獻、孝之後，稍以蠶食六國，百有餘載，至始皇乃能并冠帶之倫。以德若彼，用力如此，蓋一統若斯之難也。

秦既稱帝，患兵革不休，以有諸侯也，於是無尺土之封，墮壞名城，銷鋒鏑，鉏豪傑，維萬世之安。然王迹之興，起於閭巷，合從討伐，軼於三代，鄉秦之禁，適足以資賢者為驅除難耳。故發憤，其所為天下雄，安在無土不王。此乃傳之所謂大聖乎？豈非天哉，豈非天哉！非大聖，孰能當此受命而帝者乎？

吳辟疆云：『憤激卓詭，跌宕恣肆，滂沛噴薄，雄奇萬變，史公極[一]得意文字、』余按

此文，極言三代與秦得天下之難、漢得天下之易，結處則語語菲薄漢家，不可為訓。惟煉氣

之神妙，實為千古作者所不能及。

○《史記》諸傳贊中，多『煉氣歸神法』，如《孔子世家贊》《留侯世家贊》《魏公子列傳

贊》等皆是也。當與世家、列傳本文并讀，故未錄。然本編中之《屈原傳贊》《魏其武安侯

傳贊》，亦可見一斑矣。

《史記·高祖功臣侯者年表序》

太史公曰：古者人臣功有五品，以德立宗廟、定社稷曰勳，以言曰勞，用力曰功，明其等曰

伐，積日曰閱。封爵之誓曰：『使河如帶，泰山若厲。國以永寧，爰及苗裔。』始未嘗不欲固其根

本，而枝葉稍陵夷衰微也。余讀高祖侯功臣，察其首封所以失之者，曰：异哉所聞！《書》曰：

[一]『史公極』原作『史公』。

『協和萬邦。』遷於夏、商、或數千歲、蓋周封八百、幽、厲之後、見於《春秋》。《尚書》有唐虞之侯伯、歷三代千有餘載、自全以蕃衛天子、豈非篤於仁義、奉上法哉？

漢興、功臣受封者百有餘人。天下初定、故大城名都散亡、戶口可得而數者十二三、是以大侯不過萬家、小者五六百戶。後數世、民咸歸鄉里、戶益息。蕭、曹、絳、灌之屬、或至四萬、小侯自倍、富厚如之。子孫驕溢、忘其先、淫嬖。至太初百年之間、見侯五、餘皆坐法隕命亡國、耗矣。罔亦少密焉、然皆身無兢兢於當世之禁云。

居今之世、志古之道、所以自鏡也、未必盡同。帝王者、各殊禮而異務、要以成功爲統紀、豈可緄乎、觀所以得尊寵、及所以廢辱、亦當世得失之林也、何必舊聞？於是謹其終始、表見其文、頗有所不盡本末；著其明、疑者闕之。後有君子欲推而列之、得以覽焉。

抑揚頓挫、語皆有神、兼『一唱三嘆法』。前以『异哉所聞』一提、後以『未必盡同』『何必舊聞』作結、遙相呼應、則慨嘆漢高誅戮功臣之慘、盡歸尺幅之中矣。此爲煉氣『靜』字

國文經緯貫通大義卷八

五三三

訣兼『淨』字訣，靜之至而神自出、淨之至而神愈有味也。

韓退之《送董邵南序》

燕、趙古稱多感慨悲歌之士。董生舉進士，連不得志於有司，懷抱利器，鬱鬱適茲土、吾知其必有合也。董生勉乎哉！

夫以子之不遇時，苟慕義強仁者，皆愛惜焉。矧燕、趙之士，出乎其性者哉！然吾嘗聞風俗與化移易，吾惡知其今不异於古所云邪？聊以吾子之行卜之也。董生勉乎哉！

吾因之有所感矣。爲我吊望諸君之墓，而觀於其市，復有昔時屠狗者乎？爲我謝曰：『明天子在上，可以出而仕矣。』

文僅數行，而曲折有四。奇情壯志，都寓其中、絕不外露。其諷董生之不當遠游耶？抑憤世嫉俗，而故爲反言以喻之耶？皆令人自行體會。惟能味於無味者，始能知之。

韓退之《祭柳子厚文》

維年月日，韓愈謹以清酌庶羞之奠、祭於亡友柳子厚之靈。

嗟嗟子厚，而至然邪？自古莫不然，我又何嗟！人之生世，如夢一覺，其間利害，竟亦何校！

當其夢時，有樂有悲，及其既覺，豈足追維？

凡物之生，不願爲材，犧尊青黃，乃木之菑。子之中棄，天脫羈䩞，玉佩瓊琚，大放厥辭。富貴無能，磨滅誰紀？

子之自著，表表愈偉。不善爲斫，血指汗顏，巧匠旁觀，縮手袖間。子之文章，而不用世，乃令吾徒，掌帝之制。

子之視人，自以無前，一斥不復，群飛刺天。

嗟嗟子厚，今也則亡。臨絶之音，一何琅琅！遍告諸友，以寄厥子。不鄙謂余，亦託以死、非我知子，子實命我，猶有鬼神，寧敢遺墮？念子永歸，無復來期。設祭棺前，矢心以辭。嗚呼哀哉！尚饗。

凡今之交，觀勢厚薄，余豈可保，能承子托？

退之與子厚同舉御史，交情極摯。此文煉至細筋入骨，不能多著一字，而沈痛之意、哀憤之情，令人自然隕涕。

韓退之《祭田橫墓文》

貞元十一年九月，愈如東京，道出田橫墓下，感橫義高能得士，因取酒以祭，爲文而吊之。其辭曰：

事有曠百世而相感者，余不自知其何心。非今世之所稀，孰爲使余歔欷而不可禁？余既博觀乎天下，曷有庶幾乎夫子之所爲？死者不復生，嗟余去此其從誰？當秦氏之敗亂，得一士而可王、何五百人之擾擾，而不能脫夫子於劍鋩？抑所寶之非賢，亦天命之有常？昔闕里之多士，孔聖亦云其遑遑、苟余行之不迷，雖顚沛其何傷！自古死者非一，夫子至今有耿光。跽陳辭而薦酒，魂仿佛而來享。

破空而來、不可方物、文境高淡已極，全在虛際傳神。《禮記・樂記》云：『壹倡三嘆、

有遺音者矣。』大羹不和，有遺味者矣、』遺者，言遺忘也、。讀此文不覺忘音而忘味矣。惜

抱謂：『此是公少作、故猶取屈子成句、』然惡可以少作而輕之？

○田橫之節，本足以廉頑而立懦。退之胸中有一段不可磨滅之氣，故因此文以發之、。

嘻吁！世皆機也。機，殺多而生少也。物就生以避殺，而人常就殺以避生者，物能見有形之

網，而人不能見無形之網也。

唐蔚芝《〈論語・鄉黨篇〉大義》

子曰『鳳鳥不至』，有子曰『鳳凰之於飛鳥』，接輿曰『鳳兮鳳兮』。孔子，鳳也，何爲乎言雉

哉？我知之矣。《衛風》之詩曰：『雄雉於飛，泄泄其羽。』《王風》之詩曰：『有兔爰爰，雉離於

羅。』雉易入網羅者也，而『山梁之雌雉』，能不陷於殺機何也？審於機而善自藏也。孔子贊之

曰：『時哉時哉！』此非孔子自贊，記者更無庸贊一辭也，而不得謂非贊辭也。

《鄉黨篇》記孔子之居鄉居朝、爲擯出使、衣服飲食，以逮辭受取予、居常處變、造次顛沛，無

一不合於中道，而不入春秋時之網羅者，聖人之善韜晦也，故不言鳳而言雉；不獨言雉，而言雌雄；且不獨言雌雄，而先引起之，曰『色斯舉矣，翔而後集』，喻聖人之審於機也。《老子》曰：『知其雄，守其雌，爲天下谿。』忍而默之，露斯滅矣！

噫吁！德輝莫下，吾安適矣！羽毛既豐，行自惜矣。鳳兮鳳兮，不可諫而猶可追矣！雉兮雉兮，吾見其舉而不見其集矣！

凡論人宜即學其人之文，如論荀宜學荀子之文，論莊、屈宜學莊子、屈子之文。《鄉黨篇》是化工文字，此篇亦是化工文字；遙情勝概，均入於靜斂，莫之爲而爲、方足當一『神』字。《易傳》曰：『神也者，妙萬物而爲言者也。』

【神光離合法】

普通適用，學至此，離奇夭矯，如群龍見首，變化無方，蓋不可知之謂神矣；以凌雜學

之者，大誤。

《左傳·晉楚鄢陵之戰》(成公十六年)

晉侯將伐鄭，范文子曰：『若逞吾願，諸侯皆叛，晉可以逞。若唯鄭叛，晉國之憂，可立俟也。』欒武子曰、『不可以當吾世而失諸侯，必伐鄭！』乃興師。欒書將中軍，士燮佐之；郤錡將上軍，荀偃佐之；韓厥將下軍，郤至佐新軍，荀罃居守。郤犨如衛，遂如齊，皆乞師焉。欒黶來乞師，孟獻子曰：『有勝矣！』戊寅，晉師起。

鄭人聞有晉師，使告于楚，姚句耳與往。楚子救鄭，司馬將中軍，令尹將左，右尹子辛將右。過申，子反入見申叔時曰、『師其何如？』對曰：『德、刑、詳、義、禮、信、戰之器也。德以施惠，刑以正邪，詳以事神，義以建利，禮以順時，信以守物。民生厚而德正，用利而事節，時順而物成。上下和睦，周旋不逆，求無不具，各知其極。故《詩》曰：「立我烝民，莫匪爾極」。是以神降之福，時無灾害。民生敦厖，和同以聽，莫不盡力以從上命，致死以補其闕。此戰之所由克也。今

楚內棄其民而外絕其好、瀆齊盟而食話言，奸時以動，而疲民以逞。民不知信，進退罪也。人恤

所底，其誰致死！子其勉之，吾不復見子矣！』姚句耳先歸，子駟問焉，對曰：『其行速，遇險而

不整。速則失志，不整喪列。志失列喪，將何以戰？楚懼不可用也。』

五月，晉師濟河。聞楚師將至，范文子欲反，曰：『我偽逃楚，可以紓憂。夫合諸侯，非吾所

能也，以遺能者。我若群臣輯睦以事君，多矣。』武子曰：『不可。』六月，晉、楚遇於鄢陵。范文

子不欲戰。郤至曰：『韓之戰，惠公不振旅；箕之役，先軫不反命；邲之師，荀伯不復從；皆晉

之恥也。子亦見先君之事矣。今我辟楚，又益恥也。』文子曰：『吾先君之亟戰也有故。秦、狄、

齊、楚皆强，不盡力，子孫將弱。今三强服矣，敵楚而已。唯聖人能外內無患，自非聖人，外寧必

有內憂，盍釋楚以為外懼乎？』

甲午晦，楚晨壓晉軍而陳。軍吏患之。范匄趨進曰：『塞井夷竈，陳於軍中，而疏行首。晉、

楚唯天所授，何患焉？』文子執戈逐之，曰：『國之存亡，天也。童子何知焉？』欒書曰：『楚師

輕窕，固壘而待之、三日必退。退而擊之，必獲勝焉。』郤至曰：『楚有六間，不可失也：其二卿

相惡，王卒以舊，鄭陳而不整，蠻軍而不陳，陳不違晦，在陳而囂，合而加囂，各顧其後，莫有鬥心。舊不必良，以犯天忌。我必克之。』楚子登巢車以望晉軍，子重使太宰伯州犂侍於王後。王曰：『騁而左右，何也？』曰：『召軍吏也。』皆聚於中軍矣。』曰：『合謀也。』曰：『張幕矣。』曰：『虔卜於先君也。』徹幕矣。』曰：『將發命也。』甚囂，且塵上矣。』曰：『將塞井夷竈而爲行也。』『皆乘矣，左右執兵而下矣。』曰：『聽誓也。』『戰乎？』曰：『未可知也。』『乘而左右皆下矣。』曰：『戰禱也。』伯州犂以公卒告王。苗賁皇在晉侯之側，亦以王卒告。皆曰：『國士在且厚，不可當也。』苗賁皇言於晉侯曰：『楚之良在其中軍王族而已，請分良以擊其左右，而三軍萃於王卒，必大敗之。』公筮之，史曰：『吉。其卦遇《復》，曰：「南國蹙，射其元，王中厥目。」國蹙王傷，不敗何待？』公從之。

有淖於前，乃皆左右相違於淖。步毅御晉厲公，欒鍼爲右。彭名御楚共王，潘黨爲右。石首御鄭成公，唐苟爲右。欒、范以其族夾公行，陷於淖。欒書將載晉侯，鍼曰：『書退！國有大任，焉得專之？且侵官，冒也；失官，慢也；離局，奸也。有三罪焉，不可犯也。』乃掀公以出於淖。

癸巳，潘尫之黨，與養由基蹲甲而射之，徹七札焉。以示王，曰：『君有二臣如此，何憂於戰？』

王怒曰：『大辱國！詰朝爾射死藝。』呂錡夢射月，中之，退入於泥。占之曰：『姬姓日也，異姓

月也，必楚王也。射而中之，退入於泥，亦必死矣。』及戰，射共王，中目。王召養由基，與之兩矢，

使射呂錡，中項，伏弢。以一矢復命。郤至三遇楚子之卒，見楚子必下，免冑而趨風。楚子使工

尹襄問之以弓，曰：『方事之殷也，有韎韋之跗注，君子也。識見不穀而趨，無乃傷乎？』郤至見

客，免冑承命，曰：『君之外臣至，從寡君之戎事，以君之靈，間蒙甲冑，不敢拜命。敢告不寧，君

命之辱。爲事之故，敢肅使者。』三肅使者而退、晋韓厥從鄭伯，其御杜溷羅曰：『速從之！其

御屢顧，不在馬，可及也。』韓厥曰：『不可以再辱國君。』乃止。郤至從鄭伯，其右茀翰胡曰：

『諜輅之，余從之乘而俘以下。』郤至曰：『傷國君有刑。』亦止。石首曰：『衛懿公唯不去其旗，

是以敗於熒。』乃内旌於弢中。唐苟謂石首曰：『子在君側、敗者壹大。我不如子，子以君免，我

請止。』乃死。楚師薄於險，叔山冉謂養由基曰：『雖君有命，爲國故，子必射！』乃射，再發，

盡殪。叔山冉搏人以投，中車折軾，晋師乃止。囚楚公子茷。欒鍼見子重之旌，請曰：『楚人謂

夫旌子重之麾也、彼其子重也。日臣之使於楚也、子重問晉國之勇、臣對曰：

「又何如？」臣對曰：「好以暇。」今兩國治戎，行人不使，不可謂整；臨事而食言，不可謂暇、請

攝飲焉。』公許之。使行人執榼承飲，造於子重，曰：『寡君乏使，使鍼御持矛，是以不得犒從者，

使某攝飲。』子重曰：『夫子嘗與吾言於楚、必是故也，不亦識乎！』受而飲之。免使者而復鼓。

旦而戰，見星未已。

子反命軍吏，察夷傷，補卒乘，繕甲兵，展車馬，雞鳴而食，唯命是聽。晉人患之。苗賁皇徇

曰：『蒐乘補卒，秣馬利兵，修陳固列，蓐食申禱，明日復戰。』乃逸楚囚。王聞之，召子反謀。穀

陽豎獻飲於子反，子反醉而不能見。王曰：『天敗楚也夫！余不可以待。』乃宵遁。

晉人楚軍，三日穀。范文子立於戎馬之前，曰：『君幼，諸臣不佞，何以及此？君其戒之！

《周書》曰：「惟命不于常。」有德之謂。』楚師還，及瑕，王使謂子反曰：『先大夫之覆師徒者，君

不在。子無以為過，不穀之罪也。』子反再拜稽首曰：『君賜臣死，死且不朽。臣之卒實奔，臣之

罪也。』子重使謂子反曰：『初隕師徒者，而亦聞之矣。盍圖之？』對曰：『雖微先大夫有之，大

夫命側、側敢不義？側亡君師、敢忘其死？』王使止之，弗及而卒。

方望溪云：『此篇大旨在爲三郤之亡、厲公之弒張本、故以范文子之言貫串通篇、而中間「國之存亡，天也」二語、尤前後之樞紐。蓋鄭之叛服，關晉、楚之興衰，欒書知之。晉之勝，孟獻子知之；楚之敗，申叔時知之，姚句耳知之；楚有間可乘，郤至知之，苗賁皇知之、而晉之逃楚可以紓憂，倖勝轉爲亂本、則衆人皆不知。蓋衆人所知者，人事之得失；而文子所憂者，天命之去留。』『衆人夢夢，再告以國憂而不喻、故推極于天命之存亡以警之。既勝之後、又正言天命無常、惟德是與，以警其君也。』

○又評『癸巳』句云：『記事書日，常法也。已叙戰事，復追叙未戰時事、措筆甚難。直舉日子，便顯然可知爲甲午前一日事，而承接無間。』『又因養由基之射，連類而及呂錡夢中之射，遂以「及戰」二字，直入「射王、中目」，何等神奇！』

○又云：『欒鍼見子重之旌，與郤至遇楚子之卒相映。行人執榼以飲子重，與工尹持

弓以問郤至相映。子重受飲免使者而復鼓，與郤至受弓肅使者而免冑相映、至二卿之從鄭伯，杜涸羅謂「可及」，韓厥止之；茀翰胡謂「可俘」，郤至止之；晉侯中目之筮，呂錡射月之占，又其顯焉者也。」

○余按：此篇一離一合，一閃一爍，神光忽隱忽現，可謂至矣。《左傳》五大戰，皆有『神光離合法』，而此篇楚晨壓晉軍而陳、楚子登巢車以望晉師、神光尤妙，故專錄之。此外四篇，學者亦均宜熟玩。望溪謂：『左氏後叙次戰功，莫若《史記》項羽救趙之師。然其辭意精采，頗顯而易見，不若左氏千巖萬壑，風雲變現，不可端倪。」此說誠然。然余謂學《史記》易，學《左傳》難；學《史記》而不至，猶不失爲煉氣之文；學《左傳》而不至，則成畫虎矣。

《公羊傳·盜竊寶玉大弓》(定公八年)

『盜竊寶玉大弓。』盜者孰謂？謂陽虎也。陽虎者曷爲者也？季氏之宰也。季氏之宰，則微者也、惡乎得國寶而竊之？陽虎專季氏，季氏專魯國。陽虎拘季孫，孟氏與叔孫氏迭而食之，睨

而錽其板，曰：『某月某日，將殺我于蒲圃，力能救我則於是。』至乎日若時而出、臨南者，陽虎之出也，御之。於其乘焉，季孫謂臨南曰：『以季氏之世世有子，子可以不免我死乎？』臨南曰：『有力不足，臣何敢不勉？』陽越者，陽虎之從弟也，為右。諸陽之從者，車數十乘，至於孟衢，臨南投策而墜之，陽越下取策。臨南騁馬，而由乎孟氏，陽虎從而射之，矢著於莊門。然而甲起於琴如，弒不成，却反舍於郊，皆说然息。或曰、『弒千乘之主而不克，舍此、、可乎？』陽虎曰：『夫孺子得國而已，如丈夫何？』睋而曰：『彼哉！彼哉！趣駕。』既駕，公斂處父帥師而至，懂然後得免，自是走之晋。　寶者何？璋判白，弓綉質，龜青純。

變化離奇、恍恍惚惚，不可方物、　蓋練極而神光乃出，是《公羊傳》中第一篇文字，恐丘明，子長亦將斂手佩服。

○叙『錽板』一段，恍惚之至，實則為『甲起』張本、甲者，公斂處父所帥也、而公斂處父至末始露出，此斂藏神光之法，亦即離合法也。

○季孫何由錄板？孟氏何由知之、？公斂處父何由伏甲、？絕不敘出、所以神奇。結處尤奇勁、。

《史記·范雎列傳》（節錄）

范雎者，魏人也，字叔。游說諸侯，欲事魏王，家貧，無以自資，乃先事魏中大夫須賈。

須賈爲魏昭王使於齊，范雎從。留數月，未得報。齊襄王聞雎辯口，乃使人賜雎金十斤及牛酒、、、雎辭謝不敢受。須賈知之，大怒，以爲雎持魏國陰事告齊、、、故得此饋，令雎受其牛酒、還其金。既歸、、、心怒雎，以告魏相。魏相、魏之諸公子，曰魏齊。魏齊大怒，使舍人笞擊雎，折脅摺齒。雎佯死，即捲以簀，置廁中。賓客飲者醉，更溺雎，故僇辱以懲後，令無妄言者。雎從簀中謂守者曰：『公能出我，我必厚謝公。』守者乃請出棄簀中死人。魏齊醉，曰：『可矣。』范雎得出。後魏齊悔，復召求之、。魏人鄭安平聞之，乃遂操范雎亡、伏匿、更名姓曰張祿。

當此時，秦昭王使謁者王稽於魏。鄭安平詐爲卒，侍王稽。王稽問：『魏有賢人可與俱西

游者乎、?』鄭安平曰：『臣里中有張禄先生，欲見君，言天下事、、、。其人有仇，不敢晝見、、、。』王稽曰：『夜與俱來。』鄭安平夜與張禄見王稽。語未究，王稽知范雎賢，謂曰：『先生待我於三亭之南。』與私約而去、、、。王稽辭魏去，過載范雎入秦。至湖關，望見車騎從西來。范雎曰：『彼來者爲誰？』王稽曰：『秦相穰侯東行縣邑。』范雎曰：『吾聞穰侯專秦權，惡內諸侯客，此恐辱我，我寧且匿車中。』有頃，穰侯果至，勞王稽，因立車而語曰：『關東有何變？』曰：『無有。』又謂王稽曰：『謁君得無與諸侯客子俱來乎？無益，徒亂人國耳。』王稽曰：『不敢。』即別去。范雎曰：『吾聞穰侯，智士也，其見事遲，鄉者疑車中有人，忘索之。』於是范雎下車走，曰：『此必悔之。』行十餘里，果使騎還索車中，無客，乃已。王稽遂與范雎入咸陽。

范雎既相秦，秦號曰張禄，而魏不知，以爲范雎已死久矣。魏聞秦且東伐韓、魏、魏使須賈于秦。范雎聞之，爲微行，敝衣閑步之邸，見須賈。須賈見之而驚曰：『范叔固無恙乎？』范雎曰：『然。』須賈笑曰：『范叔有說於秦邪？』曰：『不也。雎前日得過於魏相，故亡逃至此，安敢說乎！』須賈曰：『今叔何事？』范雎曰：『臣爲人庸賃。』須賈意哀之，留與坐飲食，曰：『范叔一

國文經緯貫通大義

五四八

寒如此哉！』乃取其一綈袍以賜之。須賈因問曰：『秦相張君，公知之乎？吾聞幸于王，天下之

事，皆決于相君。今吾事之去留，在張君。孺子豈有客習於相君者哉？』范雎曰：『主人翁習知

之。唯雎亦得謁，雎請君爲見於張君。』須賈曰：『吾馬病，車軸折，非大車駟馬，吾固不出。』范

雎曰：『願爲君借大車駟馬於主人翁。』

范雎歸，取大車駟馬，爲須賈御之，入秦相府。府中望見，有識者皆避匿。須賈怪之。至相

舍門，謂須賈曰：『待我，我爲君先入通于相君。』須賈待門下，持車良久，問門下曰：『范叔不

出，何也？』門下曰：『無范叔。』須賈曰：『鄉者與我載而入者。』門下曰：『乃吾相張君也。』

須賈大驚，自知見賣，乃肉袒膝行，因門下人謝罪。於是范雎盛帷帳，待者甚衆，見之。須賈頓首

言死罪，曰：『賈不意君能自致于青雲之上，賈不敢復讀天下之書，不敢復與天下之事。賈有湯

鑊之罪，請自屏於胡貉之地，唯君死生之！』范雎曰：『汝罪有幾？』曰：『擢賈之髮，以續賈之

罪，尚未足。』范雎曰：『汝罪有三耳。昔者楚昭王時，而申包胥爲楚却吳軍，楚王封之以荆五千

户，包胥辭不受，爲丘墓之寄於荆也。今雎之先人丘墓亦在魏，公前以雎爲有外心於齊，而惡雎

於魏齊，公之罪一也。當魏齊辱我於廁中，公不止，罪二也。更醉而溺我，公其何忍乎？罪三也。

然公之所以得無死者，以綈袍戀戀，有故人之意，故釋公。』乃謝罷。入言之昭王，罷歸須賈。須

賈辭於范雎，范雎大供具，盡請諸侯使，與坐堂上，食飲甚設。而坐須賈於堂下，置莝豆其前，令

兩黥徒夾而馬食之。數曰：『爲我告魏王，急持魏齊頭來。不然者，我且屠大梁。』須賈歸，以告

魏齊。魏齊恐，亡走趙，匿平原君所。

秦昭王聞魏齊在平原君所，欲爲范雎必報其仇，乃佯爲好書遺平原君曰：『寡人聞君之高

義，願與君爲布衣之友，君幸過寡人，寡人願與君爲十日之飲。』平原君畏秦，且以爲然，而入秦

見昭王。昭王與平原君飲數日，昭王謂平原君曰：『昔周文王得呂尚以爲太公，齊桓公得管夷

吾以爲仲父，今范君亦寡人之叔父也。范君之仇在君之家，願使人歸取其頭來。不然，吾不出君

於關。』平原君曰：『貴而爲友者，爲賤也；富而爲交者，爲貧也。夫魏齊者，勝之友也，在固不

出也，今又不在臣所。』

昭王乃遺趙王書曰：『王之弟在秦，范君之仇魏齊，在平原君之家，王使人疾持其頭來、

不然，吾舉兵而伐趙、又不出王之弟於關。」趙孝成王乃發卒圍平原君家、、、魏齊夜亡出、見趙相虞卿。虞卿度趙王終不可説、乃解其相印、與魏齊亡、間行。念諸侯莫可以急抵者、乃復走大梁、欲因信陵君以走楚。

信陵君聞之、畏秦、猶豫未肯見、曰：「虞卿何如人也？」時侯嬴在旁、曰：「人固未易知，知人亦未易也。夫虞卿躡屩擔簦、一見趙王、賜白璧一雙，黃金百鎰；再見，拜爲上卿；三見，卒受相印、封萬戶侯。當此之時，天下爭知之。夫魏齊窮困過虞卿、虞卿不敢重爵祿之尊，解相印、捐萬戶侯，而間行。急士之窮而歸公子、公子曰：『何如人。』人固不易知，知人亦未易也。」信陵君大慚、駕如野迎之。魏齊聞信陵君之初難見之、怒而自剄。趙王聞之、卒取其頭予秦。秦昭王乃、、、、出平原君歸趙。

　　○苧田某氏評云：『范雎之於魏、秦，所以僅而獲免者數矣。原諸人之意，亦莫不知

　　『范雎至湖關』一段及『見須賈』一段、又魏齊亡走情形、俱是一片神光。

睢之賢也，徒以一念媢嫉以惡之之私，遂貽後身許多怨仇之氣而不可復解。如篇首言睢在魏欲事魏王，而須賈、魏齊無能爲之先容者，乃居人籬下，逐隊隨行；而鄰國之君顧聞名而致餽，言外便隱隱托出二人蔽賢罪案矣。及其後鄭安平知之，王稽知之，而穰侯以宰輔之尊，偏不能容一外來之客，于是又增一重蔽賢公案矣。厥後睢既得志，辱須賈，僇魏齊，逐穰侯，害人者適以自害。要之懷才之士，終不能抑之使居人下。後之君子，慎毋效三人之心勞日拙而卒以自禍也。」

〇又云：『「范睢見須賈」一段，寫得神情畢現，讀者皆以須賈爲范睢所賣，吾獨以爲范睢實爲須賈所賣。』此説誠然。蓋須賈實係油滑之徒，觀其笑而問『范叔有説於秦耶』，又曰『今叔何事』，又欲其通謁相君，又欲其借大車駟馬，蓋逆知范睢必已得志，來見必無好意，故歷歷試之。至謝罪之辭，則一味油滑。而范睢數其三罪，則皆血性中語也。嗟乎！范睢雖非君子，而小人如須賈之流，真可畏矣。子長叙此等處，俱係神光所注、學者宜深味之。

跋

余編讀文四十四法，名曰《國文經緯貫通大義》。既成，門人問曰：「先生茲編，高矣美矣，似不可及也。何不使彼爲可幾及乎？」

曰：『初學作文，文宜從句法、段法、篇法始，所謂積字乃可成句，積句乃可成段，積段乃可成篇。茲編初選，原有「意義明顯法」，所選者如李習之《高愍女碑》、蘇子瞻《伊尹論》《宋襄公論》《留侯論》《賈誼論》之類。繼思此編原爲大學生徒而設，無取乎此，故刪之、。要知開人智慧，宜高宜美，不宜揣摩風氣，一味求淺，以致錮蔽人之聰明，窒塞人之靈性也。』

問曰：『先生言法不盡於此，尚有幾類？』曰：『法生於理，而從於心，悉數之不能盡也。有「旋氣內轉法」，如《過秦論》中「然而陳涉」一段、《送窮文》中「單獨一身，誰爲朋儔」等皆是也。此等法幾於篇篇有之。又有「操縱離合法」，如《辨微論》二篇、《〈論語·微子篇〉大義》等

皆是也、此等法亦幾於篇篇有之、至於「神光離合法」、則又就「操縱離合法」神而明之、微矣

妙矣。要在學者自能尋覓會悟，不必多立門類也。」

問曰：『如斯而已乎？』曰：『有「斬關直入法」，如《左傳》齊侯問展喜「何恃而不恐」，對

曰「恃先王之命」、楚子問王孫「滿鼎之大小輕重」，對曰「在德不在鼎」之類。又有「針鋒相對

法」，如《孟子・公都子問性無善無不善章》「乃若其情」兩節，準對「有性善有性不善」；「惻

隱之心」節，以有對無，準對「無善無不善」；「好是懿德」節，準對「民好善」「好暴」。又如《國

策》齊宣王見顏斶，王曰「斶前」，斶亦曰「王前」，士貴耳，王者不貴」，俱系「針鋒相對法」。此等

亦須學者推類旁通，自然領會。若耳目紛繁，則轉覺其難矣。

問曰：『文家有所謂「欲吐仍吞法」「按而不斷法」如何？』曰：『《曾文正言文章妙處有八

字，曰：「雄、直、怪、麗、茹、遠、潔、適」。欲吐仍吞，「茹」字訣也。文正之贊詞曰：「眾義輻輳，

吞多吐少，幽獨咀含，不求共曉。」云「幽獨咀含」蓋「一唱三嘆法」盡之矣。如《游俠列傳叙》

《送徐無黨南歸叙》等皆是也。至「按而不斷法」，余於《國文大義》申論「依違之神」，曾略言

之，兹亦散見於各法中、學者但須求言外之味。聖人有言、「舉一隅不以三隅反、則不復也。」

是故知類通達，謂之大成。」

問曰：『曾文正初見張濂卿時，教以讀王介甫《泰州海寧縣主簿許君墓誌銘》。先生最重讀

篆》云：「文正在座中，讀此文抑揚遲速，抗墜斂侈，無不中節。張大有悟」云云。余夷考其文，

法，此文不入選，何也？』曰：『余素薄介甫之為人，故未選錄。然更有進焉：據吳評《古文辭類

其中段蓋「奇峰突起法」，亦即「移步換形，避實擊虛法」也。許君本無事實可紀，是以介甫用此

法。後人效之，乃不叙實事，不研真理，專於題外吞吐夷猶，無裨閎指。此則流於取巧，遁於空

虛，為文家之大弊矣。故兹編不列「避實擊虛法」。至《許君墓誌銘》，衹可補入「奇峰突起法」

內，用備參考』。曰：『然則《柳子厚墓誌銘》中後兩段非歟？』曰：『此乃「夾叙夾議法」，非

「避實擊虛」也。豈特子厚墓誌，即如《史記·屈原列傳》《孟子列傳》，亦皆「夾叙夾議」，較諸

「移步換形」者，不同日而語矣。

問曰：『有一文而兼二法者乎？』曰：『是則夥矣。如《豐樂亭記》兼「奇峰突起法」、《送

李愿歸盤谷序》兼「心境兩閑法」、《南海神廟碑》《英軺日記序》兼「琢句古雅法」。《過秦論》、

《原道》《封建論》兼「萬馬奔騰法」、。余近撰《張生光炤哀辭》（見《茹經堂外集》）兼「淒入心

肺」「追魂攝魄」兩法。此外不勝枚舉。要之,學者讀書窮理,貫串靡遺。惟爲文能經緯萬端,而

後作事能經論萬彙。是以聖門文學之科,基於德行,而達於言語政事。望諸生其共勉之。」

問曰:「然則先生茲編,宗旨何所歸宿、」曰:「通人情、達物理、正人心而已。學者之心

理,不宜迂拘,不宜固塞。此今人之所知也。宜開拓心胸,務求高遠,痌瘝周孔,蔚成至高尚之人

格。此則今人之所不知,而學者之所當知也。世道陵夷,人道將不勝其苦,非豪傑之士,孰與救

之。然非提倡文化,陶淑人心,又安得豪傑之士乎哉?昔黄山谷《贈米元章》詩云:「滄江靜夜

虹貫月,定是米家書畫船。」茲編雖僅百數十篇,而菁華所萃,光氣熊熊,可燭霄漢,儻亦有虹貫

月之象與?若夫筌蹄或有未密之處,皆粗迹也,俟後日補正焉。」

問曰:「茲編宗旨,既得而聞之矣。嘗聞先生欲以孟子養氣之法施之於文,何如、」曰:

「難言也。約而語之,當從「跌宕頓挫」四字悟入。曾文正論文章「雄」字訣云:「跌宕頓挫,捫

跋

之有芒。」然此豈特陽剛之文哉？陰柔之文爲尤美也。即《孟子》論之，《莊暴章》，陽剛之文

也」「獨樂樂」兩節爲頓法。下兩節「父子不相見，兄弟妻子離散」均爲頓法，「此無他，與民同樂

也」「不與民同樂也」均爲挫法。「今王與百姓同樂」句，爲宕法。《尹士章》陰柔之文也。「予

三宿」一節爲頓法。「夫出晝」句爲跌法，「予然後」句爲頓法。「予雖然」兩句爲跌法。「王猶足

用爲善」以下爲頓法。「予豈若是」句爲跌法。「見於其君」三句爲宕法。又如《過秦論》，陽剛

之文也。「始皇既沒」二句爲頓法。「然而陳涉」爲挫法。「山東豪俊」二句爲宕法。「且夫天下

非小弱」以下均爲頓法。「然而成敗易變」爲挫法。「仁義不施」二句爲宕法。《寄歐陽舍人書》，

陰柔之文也。「然蓄道德而能文章者」五句爲頓法、「而世之學者」爲跌法。「況其子孫」二句爲

宕法。由是推之，大概可見。《易傳》曰：「一闔一闢謂之變，往來不窮謂之通。」人身一呼一吸

之氣，與天地一闔一闢，清明廣大之氣相接，無形而不可見，惟聖人善養之。故其文章之跌宕頓

挫，抑揚徐疾，合乎人心之喜怒哀樂，而悉得其中。并吾世者，賴吾文而傳；後吾世者，取吾文爲

法。《易傳》曰：「聖人感人心而天下和平。」此精神教育之旨，即人心教育之本原也。由是而播

、、之爲樂，《記》曰：「大樂與天地同和。」又曰：「流而不息，合同而化，而樂興焉。」文章之妙，要

在感動人情，「合同而化」。讀「一唱三嘆」「淒入心脾」「響遏行云」諸法，而可得其淺。讀「翕

純皦繹」「議論錯綜」「煉氣歸神」諸法，而可得其深。然斯詣也，必本於修德凝道、窮理盡性之

功。人格愈高，善氣愈深，浩然之氣愈盛，而文章之程度乃愈進。可爲知者道，難與俗人言也。」

乙丑冬十月蔚芝唐文治跋

附録：《國文經緯貫通大義》學理脈絡的梳理

朱光磊

《國文經緯貫通大義》是唐文治所撰文章學著作中較爲精深的作品，該書主要講授文章法度。然而，此『文章法度』之理解，必須在唐文治整體的文章理論中進行考察纔能獲得健全的理解。

爲了行文方便，本文藉用唐文治文章學的三個關鍵術語『圈點』『經緯』『讀文』來貫穿其文章學體系，并由此而梳理《國文經緯貫通大義》的學理脈絡。

一、圈點：綫索變化的有效標識

圈點是説明閱讀的輔助標識。在通常情況下，圈點一般具有句讀功能。但在唐文治的著作中，圈點除了具有句讀功能之外，還有鑒賞與吟誦的功能。

在《讀文法箋注》一書中，圈點主要側重於吟誦的功能，而在《國文陰陽剛柔大義》《國文經

緯貫通大義》兩書中，圈點主要側重於鑒賞的功能，但兩書由於鑒賞的著重點不同，故圈點又有所差异。在《國文陰陽剛柔大義》一書中，所圈之處爲文章之精神，所點之處爲文章之綫索。而在《國文經緯貫通大義》中，圈點又有了新的變化。

唐文治在叙言中說：『是編精意，專在綫索，而綫索專在於圈點。如「局度整齊處」，「鷹隼盤空法」專圈騰空處，「段落變化法」專圈變化處。』通觀《國文經緯貫通大義》一書，所點之處爲文章之句讀，所圈之處爲文章之綫索。并且，此綫索較爲詳盡，因各法之不同而有相應的側重。唐文治希望讀者能够從這些圈點處發現文章之綫索，從而領悟到四十四法的經緯變化。

二、經緯：命意神氣的書寫法度

圈點在於標識經緯。『經緯』一詞，乃是該書的主題詞，而『經緯貫通』可謂該書的重點。何謂經緯？我們可以對書名做一初步的解析。『國文』即今之所謂文言文；『經緯貫通』則點出了全書的奥妙之所在。『經』是縱，『緯』是横，『經緯』聯用，縱横交錯，用來比喻文章法度。『貫通』

意在說明此文章法度并非僵化死板，而是變化萬千。此經緯之法，既有客觀多樣性，又在更深層的意義上具有同一的根源。該書的意義在於，讀者可以通過圈點來瞭解各類文章之經緯，并達到『經緯貫通』的融通結果。

經緯是文章法度的比喻說法，但以『經緯』名之，而不直接說『文章法度』，則蘊含深意。這與唐文治的性理學世界觀具有內在緊密的聯繫。從性理學世界觀的視角，我們可以更好地理解經緯的生成和經緯的內容，從而全面把握唐文治的文章學理論。

（一）形氣之間：經緯的生成理論

唐文治是一位性理學家，具有基於儒家傳統的世界觀。唐文治的文章理論必須從儒家傳統的世界觀考察纔能獲得真正的理解。在儒家傳統看來，天地萬物為一氣所化。氣之中的必然方向為理。天地萬物皆為氣所凝聚而成，亦各有其性理。人為萬物之靈，亦為氣凝聚而成。人心為氣之靈者，可以感通萬物，既可以對萬物進行感知，又可以對萬物傾注情感。感知與情感生成聲音，行諸文字，就成為一篇篇文章，所謂『并世之孝子忠臣、義夫烈婦，一切可驚可駭、可喜可

悲之事，宇宙間形形色色、怪怪奇奇，壹見之於文章。於是我之精神更有以歆動後人之精神，不相謀而適相感，奮乎百世之上，百世之下，聞者莫不興起也」。天地萬物都在作者的感通觀照之中，活躍於作者的文章之間。

對於作者而言，如何將天地萬物安排在文章世界之中？唐文治説：『文字者，經天而緯地者也。』又説：『惟一區一徑、一庭一壺、一草一木，皆得其所，而後謂之胸有丘壑。若是者何也？經緯而已矣。』前者經緯是指文字，後者經緯是指法度。結合起來看，所謂『國文經緯』，就是作文之法度——作者將心中感通的氤氳之氣凝聚爲文章的方法，從感通中的無形無相的精神狀態落實爲客觀的有形有象的文章狀態。

對於讀者而言，讀者看到往聖前賢的文章，亦會被前人心靈感通所塑造的世界激揚奮發。

因此，我們讀書，要讀優秀的作品，他們的作品皆是在感通上『發而皆中節』的典範。正如唐文治所説：『蓋規矩者，形也，通於形之變化離奇，則進於神矣；音律者，聲也，通於聲之抑揚徐疾，則斂於氣矣。』我們要通過文章狀態中規矩音律這些形而下的內容，去感受作者心中更爲深層

的浩然之氣，領悟氤氳變化的性理主宰。通過誦讀前人的作品，『我之精神與古人之精神訴合而無間，乃借古人之精神，發揮我之精神』。

經緯，就是氣的凝聚法則。所凝聚之物爲社會，經緯就是人生倫理與社會法則；所凝聚之物爲文章，經緯就是文章法度。故『經緯』一詞，實從一氣之生化立言，具有深層的本體論意義。生化之氣落實在文章上方爲具象化的文章法度。『經緯』的理解，又有靜態與動態兩個側面。從靜態而論，經緯是多種客觀的文章法度。從動態而論，經緯又需貫通，可以分作兩義：其一，每一種文章法度，皆可靈活變動。如本書中某一法下舉例多篇範文，行文有別，風姿各異。其二，文章法度本身不是終極目的，而是有形與無形之間的媒介。對於作者來說，經緯是有形之文章升華爲無形之神氣的媒介；對於讀者來說，經緯是無形之神氣落實爲有形之文章的媒介。故經緯實有貫通有無，勾連讀者與作者之效用。

（二）四十四法：經緯的內容疏解

該書共八卷，每卷五或六種法度，正式闡述的內容共有四十四法。這四十四法就是具體的

作文法度，也就是國文經緯的主體內容。

卷一包含『局度整齊法』『轆轤旋轉法』『格律謹嚴法』『鷹隼盤空法』『奇峰突起法』。『局度整齊法』適用撰寫各類文章。此法需要設置總領與分領文字，使文章脈絡井井有條，次序分明，其特徵可以歸納為分綱目。『轆轤旋轉法』適用撰寫意義繁難的文章。此法在於由淺入深，諸層揭示文意之遞進關聯，其特徵可以歸納為轉遞進。『格律謹嚴法』適用撰寫說理之文。此法先以『總冒』提出論點，中間再排列各類分論點，最後點出主旨作為文章的『封鎖』，其特徵可以歸納為立論點。『鷹隼盤空法』適用撰寫辯論之文。此法在可擒題之處不去擒題，而是盤旋作勢，左右縈繞，舉出其他例證作為輔助，最後再點到主題上，其特徵可以歸納為用於撰寫敘事之文。此法或在於篇首，或在於文中，或在於結尾，對於天文地理、人情時事進行感慨議論。作者通過插入這些文辭來做陪襯，從而烘托文章之主旨，其特徵可以歸納為發議論。

卷二包含『兩扇開闔法』『段落變化法』『一唱三嘆法』『逐層駁離法』『空中樓閣法』。『兩扇開闔法』適用於撰寫義理之文。此法以正反兩個方面進行對比，從而更為鮮明地揭示義理的內

涵，其特徵可以歸納爲作對比。『段落變化法』適用於撰寫詭恬適之文。此法講究在文章起首，結尾處多加變化，使其不復雷同，其特徵可以歸納爲善變化。『一唱三嘆法』適用於撰寫感喟情景之文。此法在於反復抑揚，曲折迴旋，善於感慨抒情，其特徵可以歸納爲多詠嘆。『逐層駁離法』適用於撰寫事理辯駁之文。此法需要借著對方論點逐一駁斥，一直駁斥到底，其特徵可以歸納爲駁論點。『空中樓閣法』適用於撰寫恬適之文。此法在於虛設一個境界，顯現無窮變化，抒發作者心靈中之願景，其特徵可以歸納爲抒願景。

卷三包含『匣劍帷燈法』『萬馬奔騰法』『淒入心脾法』『説經鏗鏘法』『逸趣橫生法』。『匣劍帷燈法』適用於撰寫叙事之文。此法在於行文至結尾處有一亮點。此亮點爲一事實，前文故意隱藏，至後文才忽然呈露，一刹華彩畢露，有千刃之力，其特徵可以歸納爲亮包袱。『萬馬奔騰法』適用於撰寫議論之文。此法圍繞主題而將其分論點、論證紛紛展現，氣勢洶涌，讓人有目不暇接之感，其特徵可以歸納爲鋪材料。『淒入心脾法』適用於撰寫哀感、吊祭、銘志之文。此法在於真情之流露，以白描行文，動人肺腑，其特徵可以歸納爲露性情。『説經鏗鏘法』適用於撰寫釋

經解字之文。此法在於簡煉精當，歷敘源流，條理分梳，其特徵可以歸納爲疏條理。『逸趣橫生法』適用於撰寫紀人叙事之小品文。此法善於在文中穿插詼諧短章，活躍文章氛圍，其特徵可以歸納爲善穿插。

卷四包含『短兵相接法』『光怪離奇法』『倒捲珠簾法』『布局神化法』『響遏行雲法』。『短兵相接法』適用於撰寫刑名家、法律家之文。此法使用生辣之筆、嚴正之辭，問答相屬，層層相套，其特徵可以歸納爲屢問答。『光怪離奇法』適用於撰寫叙事比喻之文。此法通過叙述奇特之事，表達言外之意，其特徵可以歸納爲設寓言。『倒捲珠簾法』適用於撰寫叙事說理之文。此法以倒序叙事、逆序說理，需要綫索分明，不能凌雜無序，其特徵可以歸納爲倒叙述。『布局神化法』適用於撰寫紀人叙事之文。此法夾叙夾議、虛實相間，忽而提筆以醒命意，忽而排開以叙輔意，忽而宕筆以發議論，形雖散而神能聚，其特徵可以歸納爲夾叙議。『響遏行雲法』適用於撰寫典制金石之文。此法擅長歌頌浩然之德，不斷升華主題，格調愈唱愈高，其特徵可以歸納爲宜升華。

卷五包含『摹繪炎涼法』『摹繪英鶩法』『摹繪激昂法』『摹繪旖旎法』『刻畫物理法』『鐘鼓鏗

鏃法』。『摹繪炎涼法』適用於撰寫叙事感慨之文。此法『描摹炎涼』之事，善於刻畫言行，前後對比，其特徵可以歸納爲嘆炎涼。『摹繪英鷙法』適用於撰寫叙事紀人之文。此法描摹智勇之事，筆法精煉簡净，舉重若輕，其特徵可以歸納爲養智勇。『摹繪激昂法』適用於撰寫叙事紀人之文。此法描摹俠義之事，用筆沉鬱頓挫，主旨衷於大道，顯出凜凜生氣，其特徵可以歸納爲抒俠義。『摹繪旖旎法』適用於撰寫言情之文。此法描摹柔情之事，筆端纏綿柔婉，立意務求大雅，其特徵可以歸納爲顯柔婉。『刻畫物理法』適用於撰寫小品趣味之文。此法描摹事物之理，常常即小喻大，意在言外，其特徵可以歸納爲析物理。『鐘鼓鏗鏘法』普遍適用於各類文章。此法講究筆調抑揚婉轉、音節琅然，有金石之聲，其特徵可以歸納爲振音節。

卷六包含『俯仰進退法』『皎潔無塵法』『心境兩閑法』『畫龍點睛法』『風雲變態法』『典綴華藻法』。『俯仰進退法』適用於撰寫叙跋説理之文。此法以天則爲理據，隨勢而成文，有從容閑雅、雍容華貴之致，其特徵可以歸納爲展事理。『皎潔無塵法』適用於撰寫辭賦游記之文。此法需有光明之性靈、高峻之氣節、皎潔無塵之心靈。以之爲文，文辭淡遠高潔，洗盡俗塵，故有空山

鼓琴、月明天外之致，其特徵可以歸納為舒性靈。「心境兩閑法」適用於撰寫記游山水之文。此法需性靜、心清、品潔之人為之，為者之心靈有倏然世外之意，所作之文境則清微淡遠，有閑適之致，令人心曠神怡，其特徵可以歸納為摹閑境。「畫龍點睛法」適用於撰寫言事小品之文。此法在於前文設喻，此為畫龍；文末點題，此為點睛，其特徵可以歸納為末點題。「風雲變態法」適用於撰寫紀人叙事之文。此法宜寫戰事，前文閑閑布置，結尾處忽然變化，全體震動，如風雲并馳、雷電交作，其特徵可以歸納為尾轉折。「典綴華藻法」普遍適用於各類文章。此法以義理為主幹，煉辭煉氣，由質而生文，藻采紛綸之中，時有見道之言，其特徵可以歸納為質生文。

卷七包含『層波叠浪法』『典重喬皇法』『追魂攝魄法』『洸洋詼詭法』『高瞻遠矚法』『翁純皦繹法』。「層波叠浪法」適用於撰寫序記之文。「典重喬皇法」適用於撰寫典制金石之文。此法宜將諸家事理鋪陳，分類點評辨析，其特徵可以歸納為評諸家。「典重喬皇法」適用於撰寫典制金石之文。此法本於《詩》《書》，不斷夯實其基石，格調厚重，燦爛莊嚴，其特徵可以歸納為凝厚重。「追魂攝魄法」適用於撰寫鬼神之文。此法索諸幽渺之鄉，源之於精神魂魄迷離惝恍之態，文辭倏忽變幻，不可思議，讀來有陰森之氣，

其特徵可以歸納爲蕩鬼氣。『洸洋詼詭法』適用於撰寫鋪陳之文。此法縱橫馳驟，惟意所適，造語詼奇，養氣凝練，有黃河一瀉千里之勢，其特徵可以歸納爲馳意氣。『高瞻遠矚法』適用於撰寫説理之文。此法需先養浩然之氣，與天地清明之氣相接，從而書寫道德文章，增長志氣，激勵名節，其特徵可以歸納爲崇道德。『翁純皦繹法』適用於撰寫論著之文。此法煉氣運機，善布起承轉合之局，其特徵可以歸納爲善布局。

卷八包含『叙事精煉法』『硬語螯牙法』『選韻精純法』『議論錯綜法』『煉氣歸神法』『神光離合法』。『叙事精煉法』適用於撰寫紀人紀事之文。此法行文需要做到事繁語約，綫索一貫，其特徵可以歸納爲主一貫。『硬語螯牙法』普遍適用於各類文章。此法多用《尚書》風格，字句長短錯綜，艱深奇澀，而有琦瑋僑俍之致，其特徵可以歸納爲變僑俍。『選韻精純法』普遍適用於詩賦銘頌之文。此法多講究音聲之選用，文辭宜多用東、陽、庚、蒸等韻，并間用入聲韻，可顯音聲之發皇，其特徵可以歸納爲善揀韻。『議論錯綜法』普遍適用於各類文章。此法布局參差錯落、陰陽開合，但需通篇議論與主旨相連，故經緯分明，絲絲入扣，結尾遂有百川歸海之勢，其特徵可以

歸納爲統擲闔。『煉氣歸神法』普遍適用於各類文章。此法氣不外露，歸於靜斂，均莫之爲而爲。

忘音忘味，虛極傳神，其特徵可以歸納爲歸靜斂。『神光離合法』普遍適用於各類文章。此法有

如群龍見首，變化無方，有顯有隱。精彩之處，屢有乍見，其特徵可以歸納爲現精彩。

上述四十四法雖然各有特徵，但大致用於文章的結構謀劃、段落安排、風格營造、聲情描繪、神

韵醞釀上。結構謀劃、段落安排屬於文章之形質，風格營造、聲情描繪屬於文章之情境、神韵醞釀

屬於文章之神韵。四十四法大體上是由形質到情境，再由情境到神韵，如是循序漸進，諸層深入。

表一：四十四法作用特徵表

卷數	作用	名稱	特徵
卷一	結構謀劃	（一）局度整齊法	分綱目
		（二）轆轤旋轉法	轉遞進
		（三）格律謹嚴法	立論點
		（四）鷹隼盤空法	做延伸
		（五）奇峰突起法	發議論

卷數	作用	名稱	特徵
卷二	段落安排	（六）兩扇開闔法	作對比
		（七）段落變化法	善變化
		（八）一唱三嘆法	多咏嘆
		（九）逐層駁離法	駁論點
卷三	段落安排	（一〇）空中樓閣法	抒願景
		（一一）匣劍帷燈法	亮包袱
		（一二）萬馬奔騰法	鋪材料
		（一三）淒入心脾法	露性情
	風格營造	（一四）説經鏗鏘法	疏條理
		（一五）逸趣橫生法	善穿插
卷四	段落安排	（一六）短兵相接法	屢問答
		（一七）光怪離奇法	設寓言
		（一八）倒捲珠簾法	倒叙述
		（一九）布局神化法	夾叙議
		（二〇）響遏行雲法	宜升華

续上表

卷數	作用	名稱	特徵
卷五	聲情描繪	（二一）摹繪炎涼法	嘆炎涼
		（二二）摹繪英鷙法	養智勇
		（二三）摹繪激昂法	抒俠義
		（二四）摹繪旖旎法	顯柔婉
		（二五）刻畫物理法	析物理
		（二六）鐘鼓鏗鏘法	振音節
		（二七）俯仰進退法	展事理
		（二八）皎潔無塵法	舒性靈
		（二九）心境兩閑法	摹閑境
卷六	風格營造	（三〇）畫龍點睛法	末點題
		（三一）風雲變態法	尾轉折
		（三二）典綴華藻法	質生文
卷七	風格營造	（三三）層波叠浪法	評諸家
		（三四）典重喬皇法	凝厚重
		（三五）追魂攝魄法	蕩鬼氣

卷數	作用	名稱	特徵
卷七	風格營造	(三六)洸洋詭詭法	馳意氣
		(三七)高瞻遠矚法	崇道德
	結構謀劃	(三八)翁純皦繹法	善布局
		(三九)敘事精煉法	主一貫
卷八	風格營造	(四〇)硬語警牙法	變儷偊
		(四一)選韻精純法	善揀韻
		(四二)議論錯綜法	善捭闔
	神韻醞釀	(四三)煉氣歸神法	歸靜斂
		(四四)神光離合法	現精彩

形質是氣之粗，情境是氣之感，神韻是氣之魂。四十四法無非是心中文氣跌宕頓挫、感通生化之物。知此四十四法，則可知國文之經緯；用此四十四法，則可悟煉氣之精微。

三、讀文：因聲求氣的工夫路徑

圈點與經緯作爲文章理論的知識部分書寫在文本之中，這種知識的活化則需要實踐操作。

於是，唐文治提出了三十遍讀文法，其言：『前十遍求其綫索之所在，劃分段落，最爲重要。次十遍，求其命意之所在，有虛意，有實意，有旁意，有正意，有言中之意，有言外之意。再十遍，考其聲音，以求其神氣，細玩其長短疾徐、抑揚頓挫之致。以三十遍後，自不知手之舞之、足之蹈之，雖讀百遍而不厭矣。』唐文治的這段文字其實講了四個狀態，可謂桐城派『因聲求氣』說的具體闡釋，分述如下：

第一個狀態是前十遍的讀文。前十遍讀文尋求文章綫索。這在圈點的幫助下，讀者可以較爲容易地達到此要求。在這前十遍的狀態中，我是我，文是文，我去客觀地分析作爲對象的文章綫索。此時是人與文處於二分的狀態。

第二個狀態是次十遍的讀文。次十遍讀文尋求文章命意。所謂命意，就是文章所要表達的情感、意向、主旨。當然，情感、意向是有變化起伏的，故而在主旨的方向之下還有虛實、旁正、言中言外之分。虛實相對，托辭爲虛，真情爲實；旁正相雜，支綫爲旁，宗旨爲正；言中言外相連，字面之意爲中，隱涉之意爲外。此次十遍的讀文工夫，仍舊我是我，文是文，我去客觀地分析作

為對象的文章命意，仍舊處於人與文二分的狀態。第二個狀態與第一個狀態相比，第一個狀態是在人文二分的前提下研讀文章之綫索，即文章之形質；而第二個狀態是在人文二分的前提下研讀文章之命意，即文章之精神。

第三個狀態是再十遍的讀文。再十遍的讀文尋求文章與自我精神的合一境界。讀者因聲求氣，通過吟誦聲音之變化，我之聲與文之音融合爲一，我即文，文即我，讀者的自我精神融入文章之命意中，作者之命意由讀者之精神得以朗現，讀者與作者在此境界中相互融合。

第四個狀態是三十遍讀文工夫之後所呈現的境界。在人文合一的狀態下，我與古人精神相通，人與文一體無間，天下萬物在我的精神狀態中發而皆中節，故能手舞足蹈、讀百遍而不厭。

至於所讀的旋律，可參考唐文治的灌音唱片；所讀音調的高低緩急，則與所讀詩文的四象有關，可參考《國文陰陽剛柔大義》一書。

綜上，圈點是綫索，經緯是法度，讀文是路徑。通過讀文來尋其圈點，學其經緯，則可以真正獲得文章之道。

後 記

唐文治先生的文章理論是體用兼備之學。讀《讀文法箋註》一書,可以由文章之音聲入其門;讀《國文陰陽剛柔大義》一書,可以由文章之神氣入其門;讀《國文經緯貫通大義》一書,則可以由文章之形質入其門。《讀文法箋註》《國文陰陽剛柔大義》《國文經緯貫通大義》這三部著作可謂『唐文治文章學三書』,代表唐文治文章學理論的精華。

貫穿此三書的,則是文章中的圈點。《讀文法箋註》的圈點主要是標註吟誦之高低緩急,《國文陰陽剛柔大義》的圈點主要是揭示文章之精神與綫索,而《國文經緯貫通大義》的圈點則主要是指明各類文章撰寫之法度。

繼《讀文法箋註》《國文陰陽剛柔大義》二書的圈點整理本面世後,《國文經緯貫通大義》的整理出版則成爲順理成章且迫在眉睫的任務。藉助本人在蘇州大學唐文治書院授課的機會,我

邀請了書院的學生參與該書的文字錄入工作。這些學生是唐文治書院一九級的趙嘉程、王麗萍、王明敏、張藝鑫、邵怡、羅逍逍、張心怡、錢吳越、黃奕揚、陸貝寧、劉明居、唐亦丁、朱天怡、楊晨昕、徐婧越、楊忻璐、吳栩薇、王怡蔚、宋衍、戴亦欣、孫予安、李思睿、沃裕、胡佳希、湯浩然、趙雨萌、李凌雲、錢婧、董成芮、張岩枚；二一級的金子昊、沙逸文、陳序輝、薄俊陽、趙一霏、黃靖欣、王禕辰、韓蘇渝、李巍彤、何冰雁、劉蕎瑜、胡心悅、李昀曉、李雨蔓、朱可涵、周健、李凌一、王一宇、李文婧、施楠、朱佳琪、張夢筠、莊梓煊、金艾迪、李曉、郭嘉、景川鈺、裴知也、王煜琳、李夢茹、吳冠秋、劉昀廷、張晏郡、任凱。我和我的研究生孫明柱針對上述同學所完成的文字錄入本又做了幾番校對工作，終於形成了目前的書稿。

感謝上述文字錄入的同學，文字錄入工作是乏味而無趣的，但他們幾乎一絲不苟地完成了這項任務。感謝蘇州大學哲學系學科帶頭人車玉玲教授，在她的支持下該書仍被列入蘇州大學哲學系『吳文化研究叢書』之中。感謝淮陰師範學院李文靈教授，他的題簽爲本書增色不少。

感謝廣陵書社孫語婧老師，她曾編輯過《讀文法箋注》《國文陰陽剛柔大義》二書，而對於本書的

編輯出版，她仍舊付出了巨大的熱情和艱辛的勞動。

由於國專初版之後的其他整理本都將圈點刪去，故此次由廣陵書社出版的『唐文治文學三書』圈點本就顯得尤為珍貴。希望此三部著作的整理出版，對於唐調吟誦以及唐文治文學、圈點學的研究都能起到一定的推動作用。

此外，由於《國文經緯貫通大義》一書所論乃文章法度，與吟誦距離較遠，故不再配備相應的吟誦錄音。有心者只要熟玩《讀文法箋註》《國文陰陽剛柔大義》之精義，自然能夠做到過目成誦。